아틀라스 전차전

KODEF 안보총서 62

ATLAS OF TANK WARFARE
아틀라스 전차전

스티븐 하트 · 마틴 J. 도허티 · 마이클 E. 해스큐 지음 | 김홍래 옮김

플래닛미디어
Planet Media

CONTENTS

서문

기동성과 화력
초기 기갑부대는 포병화력지원의 기동성 문제 때문에 제약을 받았다. M109A6 팔라딘(Paladin)과 같은 자주포는 신속하게 전진하는 기갑부대와 보조를 맞추면서 목표에 도달할 때까지 끊임없이 화력을 지원을 할 수 있다.

1917년 장갑을 두르고 치명적인 대포로 무장한 전차가 처음으로 전투에 투입되었다. 전차는 독일군 방어 병력 사이에서 극도의 공포를 불러일으키면서 지상전의 양상을 완전히 바꾸어버렸다. 한 세대가 지난 뒤 독일인들은 이 새로운 기술을 수용하여 1940년 전격전(Blitzkrieg)에 효율적으로 사용함으로써 파멸적인 효과를 거두면서 2차 세계대전에서 거의 승리할 뻔했다. 이 책은 최초로 전차가 등장한 1차 세계대전부터 오늘날까지 전차의 개발과 진화, 그리고 배치와 활약상을 추적한다.

사람들은 2차 세계대전을 기억할 때 1942년 11월 스탈린그라드(Stalingrad)에서 소련군이 독일 6군을 기습공격했던 천왕성 작전(Operation Uranus)과 같은 역사상 가장 파괴적인 전차전들을 떠올린다. 그중 가장 규모가 컸던 전차전은 1943년 7월 12일 소련 남서부의 프로호로프카(Prokhorovka)라는 평범한 작은 마을 근처에서 격렬하게 벌어진 쿠르스크 전투(Battle of Kursk)였다.

냉전시대에는 미소 양측 모두 기갑전력을 개발했지만, 가장 큰 전차전은 중동에서 벌어졌다. 그중에서도 1967년 6일 전쟁(Six-Day War) 당시 벌어진 전투가 가장 유명한데, 당시 이스라엘군의 센추리온(Centurion) 전차들은 이집트군의 방어선으로 침투한 뒤 치명적인 매복을 감행하여 아랍 군대를 괴멸시켰다. 1991년에는 미 7군단 소속 전차들이 사담 후세인(Saddam Hussein)의 군대를 저지하기 위한 '사막의 폭풍 작전(Operation Desert Storm)'의 일환으로 빠르고 불

가항력적인 좌선회 기동을 실시했다.

20세기에 내연기관으로 작동하는 장갑차량이 전장에 도입되면서 통상적인 작전들은 서서히 변해갔다. 이 혁명으로 기갑·기계화·차량화여단 및 사단과 같은 기동부대가 새롭게 등장했다. 이들은 전차와 장갑차, 정찰차량, 반궤도 병력수송차량, 트럭을 포함해 수백 대의 완전무한궤도 방식과 반무한궤도 방식, 차륜식의 장갑차량들을 보유했다. 이와 같은 전력 구조를 가진 부대들을 배치한 덕분에 육군은 걷거나 말을 타는 것보다 몇 배나 더 빨리 특정 지역을 통과하는 신속한 기동을 펼칠 수 있게 되었다. 전략적인 기갑전의 시대가 온 것이다. 이제 육군은 기갑부대를 동원해 적의 방어선을 돌파하거나 우회 혹은 침투한 뒤 과감하게 적의 후방지역 깊숙이 전진하여 적을 신속하게 패배시킬 수 있게 되었다. 그 결과, 1916년 이래로 세계 전역에서 벌어진 전쟁은 대부분 기계들 그리고 그것들을 조작하는 인간들이 서로 맞서는 가운데 전의(戰意)에 불타는 대규모 기갑부대들이 충돌해 생존을 위해 필사적으로 싸우는 전장에서 펼쳐졌다.

세계대전

1차 세계대전 중 교전국들은 특히 솜 전투(Battle of the Somme)의 후기 단계와 1917년 11월 캉브레(Cambrai), 1918년 8월 8일 아미앵(Amiens)에서 두드러졌던 서부전선 참호전의 교착상태를 타개하고자 제일 먼저 시험적으로 전차를 배치했다. 1918년 전쟁 종결로 인한 대규모 동원해제에도 불구하고 유럽의 군대는 전차의 역량을 계속 실험했다. 이 시기 기갑전 이론은 특히 J. F. C. 풀러(Fuller)의 『작계 1919(Plan 1919)』와 하인츠 구데리안(Heinz Guderian)의 『경계, 전차!(Achtung-Panzer!)』에 의해 더욱 발전했다. 또한 독일 전격전 교리를 비롯해 소련의 종심전투와 종심작전 개념 역시 양차 대전 전간기에 진화했다. 유럽의 각국 육군은 새로운 부대 구조를 실험했는데, 영국의 경우 실험적 기계화부대-전 병과가 기동화된 세계 최초의 여단전투단-가 1920년대 말에 기동훈련을 실시했다. 이어 1939년~1942년에 독일은 자국 기갑부대가 유럽의 대부분을 서서히 정복해가는 동안 자신들의 전격전 방식을 최대로 활용했다. 잘 알려진 이 시기의 격렬한 전차전의 예를 몇 가지 들면, 1939년 폴란드 전역, 1940년 5월 스당(Sedan) 공격, 1941년 6월 독일의 소련 침공 작전인 바르바로사 작전(Operation Barbarossa), 스탈린그라드 포위전 등이 있다. 서방 연합국과

기동요새
독일이 설계한 첫 번째 전차 A7V는 크고 느린 표적에 불과했다. 몇 대 생산되어 전투에 투입된 전차들은 거의 효과가 없는 것으로 드러났다.

소련은 점진적으로 전세를 역전시켜 1945년 초까지 자신들의 기갑부대로 적을 제3제국 본토로 서서히 몰아냈다. 이 시기에 일어난 일련의 엄청난 기갑부대 격돌은 너무도 강렬해서 아직까지도 그 명성이 자자하다. 독일 6군이 괴멸당한 스탈린그라드 전투, 쿠르스크 전투(1943년 7월), 1944년 소련군의 하계 바그라티온 공세(Bagration Offensive), 1944년 9월 중순 서방 연합군의 마켓 가든 작전(Operation Market Garden) 등이 여기에 포함된다. 1945년 5월 연합군 기갑부대는 마침내 히틀러의 독일을 패배시키고 나치즘의 끔찍한 재앙으로부터 유럽을 해방시켰다.

전후

하지만 1945년 이후의 세계에도 평화는 오지 않았고 기갑부대 간의 충돌이 계속 국제 정치에 영향을 미치는 가운데 21세기를 맞이했다. 예를 들어, 1948년 5월부터 적어도 1982년까지 이스라엘은 국가의 생존을 위해 싸울 수밖에 없는 상황에 휘말려 1967년 6일 전쟁(Six-Day War)과 1973년 욤 키푸르 전쟁(Yom Kippur War)이 발발했다. 그와 비슷하게 서방 연합국 군대는 한국과 프랑스령 인도차이나, 베트남에서 공산주의자들의 기갑부대와 전투를 벌였다. 1990~1991년에는 미국이 주도한 다국적군이 쿠웨이트를 점령한 이라크 군대를 축출했고, 2003년에는 전보다 참여 국가는 줄었지만 역시 미국이 주도한 다국적군이 이라크를

점령하고 사담 후세인의 바트당(Ba'ath) 정권을 전복시켰다. 서방 군대가 이라크(2003~2008년)와 아프가니스탄(2001~현재)에서 수행하고 있는 대반란 전역에서도 장갑차량은 중요한 역할을 수행했다. 많은 군사평론가들이 전차의 종말을 수도 없이 선언했음에도 불구하고, 적대적인 전장에서 장갑의 보호 아래 병력을 이동시키고 치명적인 화력을 쏟아낼 수 있는 능력 덕분에 미래에도 첨단 장갑차량은 다양한 군사 작전에서 중요한 역할을 수행할 것이다.

성숙한 무기체계
2차 세계대전 당시 장갑차량은 급속한 진화를 거쳐 점령 또는 해방의 시각적 상징물인 동시에 그것을 달성하는 수단이 되었다.

초기 개발

홀트 트랙터
홀트 농업용 트랙터는 대포견인차량부
터 시제 전차 설계에 이르기까지 여러
가지 군용 차량의 기반으로 활용되었다.

장갑전투차량 개념은 1차 세계대전 이전에 고안되었지만, 전쟁의 요구에 자극받아 비로소 진지하게 개발되기 시작했다. 1914년 이전에는 일반적으로 미래의 전쟁이 기병과 보병, 포병에 의해 전통적인 방식으로 수행될 것이라고 생각했기 때문에 그와 같은 병력 구조 내에서 자체 추진 장갑 포대와 같은 크고 무거우며 신뢰할 수 없는 기이한 무기가 필요하다고 생각하는 사람은 거의 없었다.

하지만 전차에 필요한 부품들과 개념들은 19세기 말에 이미 사용되고 있었다. 무한궤도는 18세기 말부터 증기기관 차량에 사용되고 있었고(비록 제한적이기는 하지만), 전차에 적합한 중화기도 이미 생산되어 해군에서 사용되고 있었다. 또한 장갑판은 19세기 중반부터 철갑함의 시대가 계속되면서 언제든 사용이 가능했다. 여기에 한 가지 빠진 것이 있다면 적절한 엔진이었는데, 그것도 1차 세계대전의 발발로 기술과 공학이 발전하면서 크고 무거운 차량을 끌고 험한 지형을 통과할 수 있는 내연기관의 생산이 가능해졌다. 하지만 이 모든 부품들을 결합하기까지 약간의 실험상의 시행착오를 거쳐야 했고, 무엇보다도 그 사업을 승인하고 지원해줄 당사자가 장갑전투차량에 대한 필요성을 인식하는 것이 중요했다.

트랙터와 '전투차량'

크림 전쟁(Crimean War, 1853~1856년) 때부터 군대는 자체 추진 차량들을 사용했다. 처음에는 증기기관 트랙터가 대포를 끄는 데 사용되었지만, 성공적이지는 않았다. 그럼에도 불구하고 보어 전쟁(Boer War, 1899~1902년) 당시에는 증기기관 트랙터가 영국군 공병부대에 배치되어 여러 가지 군수 활동을 수행했다. 비록 자체 추진력을 제공하고 아주 험한 지형을 횡단할 수 있는 능력을 갖추고 있기는 했지만, 무기운용체계로서는 전적으로 부적합했다.

몇 가지 실험이 이루어지기는 했지만, 증기기관은 전투차량에 효과적이지 않았다. 1918년 말까지 홀트 사(Holt Company)는 조향용 바퀴가 달린 증기기관 전차 설계안을 미국 정부에 제출했다. 홀트 사는 한동안 농업용 무한궤도 트랙터를 생산해왔으며, 1894년에 내연기관을 사용하는 트랙터의 설계를 완성했다. 홀트 트랙터는 군사용으로 채택되어 대포견인 군수차량으로 1차 세계대전에 참전했다.

홀트 트랙터는 트레일러 위에 설치한 이동정비실을 끌고 다니면서 초기 전차부대를 지원하는 데 사용되기도 했다. 또 공격이 끝난 뒤 험한 지형에 빠지거나 고장이 난 전차를 회수하는 등 원시적인 구난장갑차량의 역할도 수행했다. 지반이 약한 진창과 험한 지형을 통과할 수 있는 홀트 트랙터의 검증된 능력은 첫 번째 전차에 무한궤도 체계를 채택하는 데 가장 중요한 요소로 작용했다.

한편 첫 번째 장갑차, 즉 '전투차량'이 등장하기 시작했다. 전투차량은 민수용 소형 트럭에 장갑판과 무장체계를 설치한 것이었다. 19세기 말에 처음으로 등장한 장갑차는 15~25마력 엔진으로 구동되었지만, 그 정도로는 출력이 심각하게 부족했다.

프랑스의 샤롱-지라도 이 부아(Charron-Giradot et Voigt)와 같은 일부 차량들은 진정한 전투차량이라기보다는 기동무기운영체계였다. 그와 같은 차량은 포방패나 이후에 등장한 포와 운용자를 에워싼 강철 드럼통을 제외한 그 어떤 장갑 보호수단도 없었지만, 무기를 적절한 사격진지로 신속하게 재배치할 수 있었기 때문에 유용했다. 그러나 이 개념이 프랑스군을 대상으로 훌륭하게 시연되었음에도 불구하고 주문은 단 한 건도 이루어지지 않았다.

다른 설계안들은 야심이 너무 컸거나 거의 공상에 가까웠다. 영국 해군 항공병과에서 설계한 시제르-베르위크(Sizaire-Berwick) '윈드 왜건(Wind Wagon)'은 통상적인 이륜구동 변속기가 있었지만, 평평한 지형에서 고속으로 달릴 경우 대체추진계통, 즉 프로펠러를 구동하는 항공기 엔진으로 전환할 수 있었다. 그러나 이것은 전방 기관총의 사계(射界)가 대단히 제한적이었고 라디에이터나 항공기 엔진을 보호할 수단이 전혀 없었기 때문에 실용적인 전투차량이 될 수 없었다.

영국 해군의 한가한 항공병들이 바퀴 달린 전투기를 고안했다면, 해군성은 지상기지 전투함을 배치하려고 했다. 시브룩(Seabrook) 장갑차는 경첩으로 차체 측면에 장갑을 대고 사격을 할 때는 사계를 넓히기 위해 장갑을 밑으로 내릴 수 있게 되어 있었다. 무장으로는 3파운드[47밀리미터(1.85인

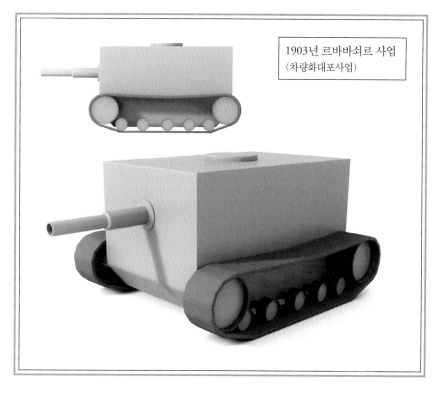

1903년 르바바쇠르 사업
(차량화대포사업)

치) 탄약을 사용하는] 포를 포함해 기관총을 최대 4정까지 장착할 수 있었으며, 장갑차를 운용하기 위해 6명의 승무원이 필요했다. 시브룩 장갑차는 5톤 트럭의 차체를 바탕으로 했지만 여전히 과도한 무게 때문에 기동성이 떨어졌다. 몇 대가 배치되기는 했지만, 아무런 인상도 남기지 못했다.

대부분의 장갑차 설계가 다소 상투적으로 흐르는가 싶더니 1914년에 이르러서는 일반적인 유형이 등장했다. 소형 트럭이나 승용차 차체를 바탕으로 한 일반적 유형의 장갑차는 대부분 회전포탑에 1개 혹은 2개 무기를 장착하고 얇은 장갑판을 댔다. 여전히 과도한 무게가 문제였지만, 이들 차량은 몇 군데 전구에서 유용성이 입증되었다. 그러나 일단 서부전선이 참호전으로 교착상태에 빠지자, 그곳에서는 쓸모

르바바쇠르 사업
르바바쇠르 사업(Levavasseur Project)은 기본적으로 75밀리미터(3인치) 대포를 장갑 하우징에 넣고 무한궤도 차체에 실어서 이동시키는 개념이었다. 이 사업은 관심 부족으로 도중에 중단되었지만, 나중에 등장하는 생샤몽(St. Chamond) 전차는 아마 이 사업의 전반적 개념에 영향을 받았을 것이다.

실험차량들
초기 실험차량들이 모두 성공작은 아니었다. 시브룩 장갑차는 차체가 감당할 수 없을 정도로 무게가 증가하여 결과적으로 장갑차로서 성공을 거두는 데 필수조건인 기동성이 떨어졌다.

'리틀 윌리'
시제 전차 '리틀 윌리'는 무한궤도 차체 위에 보일러용 강판으로 만든 장갑판 상자를 장착한 것에 지나지 않았다. 이 것은 양산 단계에 이르지 못했지만, 장갑전투차량이 실현 가능한 개념임을 입증했다.

마크 I 전차
영국의 두 번째 전차 설계는 '마더' 혹은 '빅 윌리'로 불렸는데, 이것은 마크 I 전차로 생산될 만큼 가능성이 충분했다.

가 없게 되었다.

대부분의 장갑차는 무장으로 기관총 1정을 장비했지만, 일부 장갑차는 구경 37밀리미터(1.5인치)까지 소구경 대포를 장착하기도 했다. 독일은 적의 관측기구(observation balloon)에 대항하기 위해 1906년에 기동대공차량을 제작해 실험했다. 당시에는 이 개념을 계속 발전시키지 않았지만, 대공차량은 결국 기갑부대의 필수적인 요소가 되었다.

장갑차는 1차 세계대전 동안 여러 가지 유용한 임무를 수행했는데, 특히 기갑경계차량으로서의 역할과 서부전선을 제외한 전구에서는 정찰 및 타격 역할이 두드러졌다. 하지만 참호전에서 승리하는 데 필요한 무기는 아니었다. 그러기 위해서는 두 가지 개념, 즉 경량 장갑전투차량과 전투지원 및 군수용 무한궤도 트랙터의 기능들을 결합시켜야만 했다.

초기 실험

전쟁 발발 이전부터 대형 장갑차량을 위한 다양한 설계가 제안되었지만, 사람들의 관심을 거의 끌지 못했다. 일부는 워킹빔(walking beam: 힘받이 보)이나 바퀴를 이용해 기동하는 등 거의 실용적이지 못했다. 얼마 후 실행 가능한 유일한 해결책은 무한궤도밖에 없다는 사실이 분명해졌다. 증기기관은 부적합했다. 내연기관만이 적절한 출력 대 중량비를 제공할 수 있는 유일한 동력원이었다.

1912년에 오스트리아군 장교 귄터 부르슈틴(Günther Burstyn)이 현실적으로 가능한 전차 설계를 제안했다. 회전포탑에 무기를 장착한 그의 장갑차는 무한궤도를 사용해 기동하고, 험한 지형을 통과할 때는 차체 앞뒤로 길게 돌출된 장대 끝에 단 보조 롤러를 이용했다. 하지만 이것은 주목받지 못하고 거의 잊혀졌다. 랑슬로 드 몰(Lancelot de Mole)도 부르슈틴만큼 유용한 설계를 영국군에게 제안했지만, 역시 주목을 받지 못했다. 이 차량은 여러 가지 측면에서 1916년 실전에 배치된 설계보다 훨씬 뛰어났지만, 그와 같은 차량의 필요성에 대한 인식이 부족하던 시기에 제안되었다. 그보다 몇 년 앞서 르바바쇠르(Levavasseur) 대위가 진행했던 프랑스의 무기사업도 똑같이 별다른 지지를 얻지 못했었다.

1차 세계대전 초기부터 적의 진지를 돌파할 수 있는 무기가 긴급하게 필요했다. 다양한 개념들이 개발되고 독가스와 거대한 화염방사기 같은 일부 개념들은 실제로 배치되기도 했다. 하지만 그것들 중 어떤 무기도 전장에서 기동성을 부활시키거나 결정적인 돌파를 하는 데 기여하지 못했다. 전통

주의자들의 저항에도 불구하고 그에 대한 해결책을 제공해줄지 모르는 장갑전투차량에 대한 연구가 시작되었다.

새로운 무기는 기동성, 화력, 방어력, 이 세 가지 요건을 제공할 수 있어야 했다. 그것은 적의 강력한 거점이나 보병 집단을 제거하기에 충분한 무기를 보유하고 적어도 소병기 사격에 견딜 수 있어야만 했다. 그리고 이런 능력과 함께 폭탄탄공으로 울퉁불퉁해진 지형과 진창을 지나 참호를 건널 수 있는 능력이 무엇보다도 중요했다.

'리틀 윌리'와 '마더'

영국은 전차를 실험하는 데 있어서 그 어떤 나라보다도 앞서 있었는데, 육군보다 장갑차에 대한 경험이 더 풍부한 인력을 보유한 해군이 주도적인 역할을 수행했다. 육상함정위원회(Landship Committee)라는 이름의 개발단은 '리틀 윌리(Little Willie)'라는 별명의 무한궤도 차량을 개발했다. 리틀 윌리는 2파운드 포[40밀리미터(1.5인치) 탄약을 사용하는]와 적어도 기관총 1정을 장착했다. 추가적으로 다양한 무장에 대한 실험이 이루어졌다. 방향을 전환할 때는 보통 차량 뒤쪽에 있는 바퀴 1쌍을 사용했지만, 한쪽 무한궤도를 정지시키고 반대쪽 무한궤도만 사용하여 옆으로 미끄러지면서 회전할 경우 더 급격한 방향전환이 가능했다.

'리틀 윌리'는 보일러용 강판으로 만든 장갑으로 보호되었으며, 0.3미터(1피트) 높이의 장애물을 넘어갈 수 있었다. 폭 1.5미터(5피트) 구멍 위를 통과함으로써 참호 돌파 능력도 입증했다. 이 모든 사실을 종합할 때 리틀 윌리는 더욱 발전된 모델을 주문할 만큼 장래성이 있었다.

때때로 '빅 윌리(Big Willie)'로 불리기도 했지만 대부분은 '마더(Mother)'로 통했던 이 차량은 마크 I 전차(Mark I tank)라는 이름으로 양산되었을 만큼 아주 효과적이었다. 이름 중에 'tank'라는 말은 비밀을 유지하기 위해 제작 중인 커다란 금속 구조물을 물탱크(water tank)라고 한 데서 비롯되었다. 그 이름이 그대로 정해져서 이후 계속 사용되었다.

'마더'는 차체 길이와 비슷한 크기의 무한궤도를 가지고 있고 직사각형처럼 긴 마름모꼴 형태여서 참호를 통과하는 데 유리했기 때문에 더 넓은 구멍을 지나갈 수 있었다. 운행이 매우 복잡해서 승무원 4명이 필요했는데, 그중 2명은 변속기를 조작했다. 조향(操向) 능력을 보강하기 위해 뒤쪽에 보조바퀴 2개를 장착했지만, 불필요한 것으로 밝혀져 나중에 제거했다.

비록 '마더'가 폭 2.7미터(9피트) 참호까지 통과할 수 있었지만, 서스펜션(suspension: 차체의 무게를 받쳐주는 장치. 노면으로부터의 진동이 차에 전달되는 것을 막아준다-옮긴이)이 없어서 승무원들이 부상을 당하는 경우가 잦았다. 승무원들은 비좁은 좌석에서 굴러 떨어지거나 심지어 장애물을 통과할 때의 충격으로 의식을 잃어 가끔 내부의 돌출부나 뜨거운 엔진 부품 위에 쓰러지기도 했다. 105마력 엔진의 큰 소음 때문에 승무원들은 말을 주고받기 어려워 수신호를 사용할 수밖에 없었다.

'마더'(그리고 그 뒤를 잇는 마크 I)는 설계가 아주 원시적이었다. 신뢰성도 떨어지고 자주 고장을 일으켰으며, 장애물이나 참호를 통과하다가 처박혀서 꼼짝 못하는 상황이 발생하곤 했다. 이 문제에 대한 해결책은 고급 기술을 쓸 필요 없이 진창이나 참호에 처박히는 것을 방지하기 위해 긴 장대를 전차 위에 싣고 다니다가 진창이나 무한궤도 길이보다 폭이 긴 참호를 만났을 때 그것을 무한궤도 밑에 놓아서 디딤판을 만드는 것이었다.

부르슈틴의 전차 설계
권터 부르슈틴이 설계한 장갑차량은 실제로 구현된 것보다 더 발전된 것이었다. 이것은 회전포탑이 있고 참호를 건너기 쉽도록 경첩으로 고정한 장대 끝에 바퀴를 달아놓았다. 당시 많은 무기 사업들이 그랬던 것처럼 이것 역시 홀트 농업용 트랙터의 영향을 받았다.

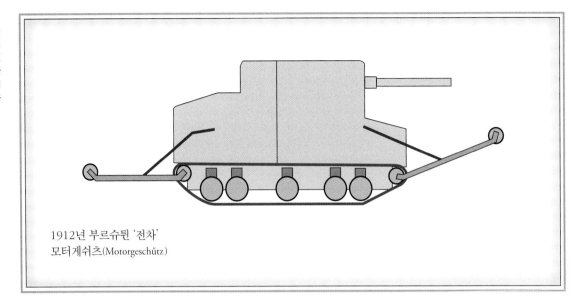

1912년 부르슈틴 '전차'
모터게쉬츠(Motorgeschütz)

장갑차에서는 회전포탑이 성공적으로 사용되었지만, '마더'의 무기는 차체 측면의 돌출포탑에 장착하는 것으로 결정이 났다. 상부 구조물 위에 높게 설치한 회전포탑에 무기를 장착할 경우 적의 참호에 사격을 할 수 없을 수도 있는 반면, 측면 돌출포탑에 무기를 장착하면 좀 더 쉽게 적의 참호를 사격할 수 있었다. 이것은 전방위 사격을 위해서는 더 많은 무기와 그에 따른 더 많은 승무원이 필요했기 때문에 비효율적인 무기 배치였지만, 어쨌든 수용 가능한 해결책이었다.

돌출포탑에 6파운드 포[57밀리미터(2.25인치) 탄약을 사용하는]를 장착한 전차가 보병의 측면 공격에 취약할지 모른다는 우려 때문에 파생형이 등장했다. '수컷(male)'은 원래 해군용으로 개발된 6파운드 포 2문을 주무장으로 삼은 반면,

'암컷(female)'은 돌출포탑에 기관총을 장착했다. 모든 전차는 인마살상용 기관총을 추가로 장착했으며, 일부 전차는 자웅동체로 제작되어 한쪽 돌출포탑에는 6파운드 포를, 반대편에는 기관총을 장착했다.

'마더'는 시운전 동안 사람들에게 좋은 인상을 남겼다. 아니, 어쩌면 그 무렵 영국 군부는 너무나 절박해서 무엇이든 허용할 분위기였는지 모르지만 '마더' 100대를 발주했고, 이후 추가로 더 발주했다. 일부는 변형된 형태로 제작되었는데, 이를테면 지휘/무선통신차량은 지휘통제장비를 설치할 공간을 마련하기 위해 무장을 제거했다.

세계 최초로 전차 돌격을 수행한 것이 바로 마크 I이었다. 비록 공격이 실시된 지역이 습한 지역이라서 좋은 성과

독일 전차
독일의 A7V 전차는 결정적 결함을 갖고 있었다. 크기가 너무 커서 적에게 손쉬운 표적이 되었고, 최저지상고가 너무 낮아 참호를 건너기 곤란했다.

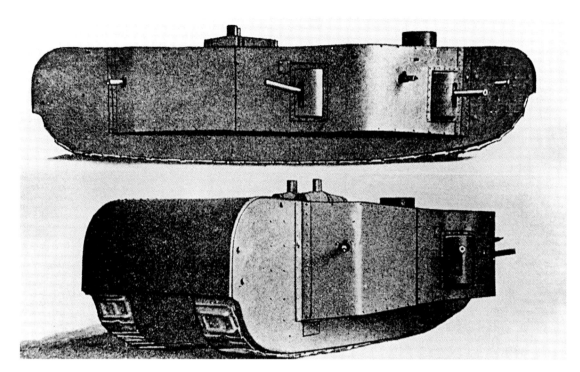

육상 거탑
독일의 K-바겐(K-Wagen)은 연합군의
참호선을 돌파하기 위해 제작된 아주
거대한 차량이었다. 그러나 이것은 시
제품 단계를 벗어나지 못했다.

를 보여주지 못했지만, 그래도 추가적인 개발을 자극하기에
는 충분했다. 마크 I에서 1차 세계대전 당시 영국군 주력 전
차가 될 마크 IV로 전환되는 동안 변경된 사항들 중 하나는
초기의 40구경장 6파운드 포가 포신을 줄인 23구경장 6파
운드 포로 바뀐 것이었다.

장포신 6파운드 포는 험한 지형에서는 땅에 걸리는 경향이
있었다. 그것은 마크 VIII '인터내셔널(International)' 전차에
전방 장착 무기로 재도입되었는데, 이 경우에는 긴 포신 덕
분에 조종수가 발사 후폭풍(대포를 쏠 때 그 반작용으로 뒤편에
생기는 강한 바람 – 옮긴이)으로 부상을 입을 염려가 없었다. 엔
진과 더불어 장갑도 개량되었지만, 여전히 서스펜션은 장착
되지 않았다.

기타 개발사업

독일의 전차 설계는 1916년에 재개되었지만, 그것은 기갑
전투 역량의 확보보다는 대전차 방어에 역점을 두었다. 그
결과물인 A7V는 마크 I의 모든 단점들은 그대로 가져오면
서 그것의 장점은 거의 흉내 내지 못했다. 18명 이상의 많은
승무원을 필요로 하는 A7V는 장갑돌격차량이라기보다는
육상의 기동요새에 더 가까웠으며 야지횡단 능력이 형편없
었다.

전쟁 말기에 독일 설계자들은 또 하나의 거대 전차를 고
안했는데, 이것은 다소 영국의 설계를 연상케 했다. K-바겐
(K-Wagen)으로 알려진 이 거대 전차는 자그마치 77밀리미
터(3인치) 대포 4문과 기관총 7정을 장착했다. 이것은 승무
원이 22명이나 필요했기 때문에 만약 설계 단계를 넘어섰
다고 해도 차량을 제어하기 너무 어려웠을 것이다. 이 거대

한 기계는 2차 세계대전 중 독일이 보여준 거대 장갑차량에
대한 집착의 전조였으며, 어떤 효과를 거둘 수 있을 만큼 충
분한 수가 배치될 수도 없었을 것이다.

좀 더 실용적인 설계는 LK II였는데, 그것은 본질적으로
무한궤도를 장착한 장갑차였다. 적군을 수와 집중적인 화력
으로 압도하기 위해 고안된 이것은 얇은 장갑을 두르고 57
밀리미터(2.25인치) 대포 1문 혹은 기관총 1쌍으로 무장했
다. 이런 차량이 돌파구를 형성할 가능성은 별로 없었지만,
일단 돌파구가 형성되어 전과를 확대하는 단계에서는 뛰어
난 능력을 발휘할 수 있었을 것이다.

프랑스의 전차 설계도 많은 문제로 어려움을 겪고 있었다.
르노(Renault) FT-17 경전차는 효과적인 전투차량이었지만
(그리고 전쟁이 끝난 후에도 계속 사용되었지만), 그보다 앞선 슈
네데르(Schneider) 전차와 생샤몽 전차의 설계는 치명적인 결
점을 갖고 있었다. 이 두 전차 모두 야지횡단 능력이 떨어져
어려움을 겪었는데, 생샤몽 전차는 무한궤도보다 차체가 더
길어서 문제가 심각했다. 게다가 그것은 휘발유 엔진으로 전
력을 얻는 전기구동체계를 사용했기 때문에 이미 과적 상태
인 차량에 무게를 더 증가시키는 결과를 초래했다.

프랑스군은 조달체계의 내부 정치적 문제들로 인해 설계
가 비슷한 이 두 전차를 모두 주문했다. 첫 번째 교전에 참
가한 이 두 전차는 모두 심각한 결함을 드러냈다. 첫 번째
공격에 참가한 생샤몽 전차는 통과해야 할 첫 번째 참호에
서 전부 참호에 처박혀버렸다. 그 결과, 이들 설계에 대한
연구는 보급물자 운반차량과 같은 다른 용도를 찾거나 몇
가지 단점을 개선하는 쪽으로 제한되는 바람에 오랫동안
이 전차들을 전장에서 거의 볼 수 없게 되었다.

초기 기갑부대

방어화력
1차 세계대전 당시의 크고 무거운 기관총은 기동성이 떨어져 유동적인 전투에서는 효과적이지 못했다. 하지만 일단 방어진지가 구축되면, 기관총과 철조망은 진지를 난공불락으로 만들었다.

1차 세계대전 당시 기갑부대는 가시철조망을 치고 기관총과 소총으로 무장한 채 참호 속에서 사격하는 보병의 방어력에 대한 대항책으로 창설되었다. 이런 방어망의 조합으로 인해 어마어마한 피해를 입지 않고는 적을 진지에서 몰아내기가 불가능했기 때문에 전쟁수행 양상에 변화가 일어났던 것이다.

여기에 두 가지 핵심 요소가 작용했다. 그것은 바로 화력과 시간이었다. 18세기의 전쟁과 19세기 대부분의 전쟁에서 보병 무기는 사거리가 짧고 부정확했으며 장전에서 발사까지 걸리는 시간이 길었다. 1815년 적의 사격으로부터 200미터(218야드) 떨어진 병사는 별로 위험하지 않았다. 양측 병사들이 밀집하여 마주보고 일제사격을 하는 것만이 어느 정도 효과를 거둘 수 있는 유일한 방법이었다. 대규모 병력이 동시에 사격하지 않는 한, 사격량도 대단히 적었다.

이것은 보병 진형 전방의 '위협 거리'가 짧아서 도보로 빨리, 말을 타고는 더 빨리 통과할 수 있다는 의미였다. 접근 단계에서 적이 쏠 수 있는 사격의 횟수가 상당히 제한적이었고 명중률도 낮았기 때문에 큰 피해 없이 백병돌격을 하거나 기병도를 휘두를 수 있는 거리까지 접근할 수 있었다.

뇌관 격발식 소총과 이후에 장약과 탄자가 일체화된 탄약이 등장하면서 소총의 발사 횟수와 명중률이 모두 개선된 반면, 보병이나 기병이 주어진 거리를 통과하는 데 걸리는 시간은 변함이 없었다. 이렇게 보병 화기는 화력이 증가했을 뿐만 아니라 나중에는 유효사거리까지 길어졌기 때문에 공격자가 적의 사격을 받으면서 통과해야 하는 거리가 더 늘어났고, 이는 그만큼 적이 사격할 수 있는 시간도 늘어났음을 의미했다. 19세기 말에는 대형을 갖춘 적을 향해 기병이 돌격했다가는 완전히 붕괴되기 십상이었다. 속사 기관총의 등장은 그저 주어진 시간 내에 발사할 수 있는 방어화력의 양을 증가시켰을 뿐이었다.

19세기 말의 식민지 전쟁에서 좋은 장비를 갖춘 유럽 병사들은 냉병기나 흑연화약 화기로 무장한 대규모 전사들이 개활지에서 전통적인 전열이나 방진을 형성한 채 공격해오는 것을 쉽게 물리쳤다. 1차 세계대전 초기의 전투가 증명해주는 것처럼 노리쇠 작동식 소총과 기관총으로 무장한 적을 상대할 때 그것은 자살이나 다름없었다. 이에 대한 확실한 해결책은 총탄과 포격, 그리고 방어진지 안의 병력을 제거하는 데 사용되는 수류탄으로부터 보호받기 위해 땅을 파고 참호 속에 숨는 것이었다.

참호 속에서 사격하는 병력은 아무리 해도 제거하기 힘든 표적이었다. 집중포격, 심지어 독가스조차도 그들을 참호 밖으로 몰아내지 못했다. 참호 안의 적과 교전하는 데 유일하게 효과가 있어 보이는 방법은 가까이 접근해서 참호 안으로 폭발물을 발사하거나 투척하는 것이었다. 하지만 그러기 위해서는 견고한 엄폐물 뒤에 숨은 적이 쏘는 사격을 받으면서 양측 사이에 있는 개활지를 통과해야만 했다. 가시철조망이 발명된 이래로 공격자의 상황은 훨씬 더 악화되어 적의 진지에 조금이라도 영향을 미칠 수 있는 거리에 도달하기까지 사격에 노출되는 시간은 더욱 증가했다.

적의 진지 위로 떨어지는 포격은 방어자가 뿜어내는 사격의 양을 줄이는 데 효과적인 수단이었지만, 보병과 공조를 이루기가 매우 어려웠기 때문에 전적으로 효과적인 것만은 아니었다. 아무리 지휘관이 적의 가시철조망을 절단하고 적의 병력을 살상하거나 진지에서 몰아내줄 것으로 낙관한다 해도, 구경이 큰 대포를 많이 투입했다는 것만으로 단순히 적의 참호까지 '걸어가서 점령'할 수 있는 것은 아니었다.

돌격 지원

돌격부대의 생존 가능성을 높일 만큼 충분히 적의 화력의 양을 감소시키거나 참호선의 전방지대를 빨리 통과할 수 없다면, 유일하게 남아 있는 해결책은 적의 사격으로부터 보호받으면서 참호 속의 적에게 사격을 가할 수 있는 위치로 어떻게든 무기를 이동시키는 것이다. 바로 이것이 초기 전차의 임무였다. 그러기 위해서는 적합한 무기를 장착하고 그 무기가 임무를 수행하는 동안 적의 사격으로부터 무기 체계와 승무원들을 보호할 수 있어야 했다.

전차가 임무를 수행하는 동안 적의 사격을 버틸 수 있는 한, 속력은 그다지 중요한 요소가 아니었다. 약간이라도 속력을 증가시킬 수 있다면 설계자가 기뻐했겠지만, 중요한 요소는 포탄 구멍으로 울퉁불퉁해진 지면과 참호를 통과할 수 있는 능력이었다. 따라서 초기 전차 설계는 장갑 방어력과 화력, 다양한 야지횡단능력 간의 균형을 잡는 데 역점을 두었다. 나중에는 속력이 중요한 요소가 되지만 초기 전차는 보병 돌격을 선도하거나 지원하는 목적으로 설계되었기 때문에 보병의 전진 속도보다 더 빠른 속력은 반드시 필요한 것이 아니었다.

적의 기관총 진지를 파괴하기 위해 대포를 장비하는 것이 바람직했다. 대포는 사거리가 길거나 정교한 사격통제 기능을 갖고 있을 필요가 없었다. 전차가 근거리까지 접근해서 영점사격으로 표적을 파괴할 수만 있으면 충분했다. 하지만 대포는 표적과 교전하기 위해 상하좌우로 회전할 필요가 있었다. 대부분의 초기 전차 설계에서 회전포탑은 효과적이지 못한 것으로 여겨졌는데, 부분적으로는 기술적 복잡성 때문이지만 주된 이유는 낮은 위치에 장착된 포가 더 쉽게 근거리에서 적의 참호에 사격을 할 수 있기 때문이었다.

따라서 차체 혹은 돌출포탑에 대포를 장착하는 방식이 일반화되었다.

모든 초기 전차들은 인마살상용 기관총을 장착했지만, 영국 설계자들은 대포를 장착한 전차가 보병의 공격에 취약할 수도 있다고 생각했다. 그에 대한 해결책으로 대포를 주무장으로 하는 '수컷' 전차와 돌출포탑에 기관총을 장착하는 '암컷' 전차 파생형이 탄생했다. 기관총은 훨씬 더 넓은 사계를 갖기 때문에 '암컷' 전차들은 '수컷' 전차들을 호위하면서 전차를 공격하거나 수류탄으로 무력화시키려는 보병의 모든 시도를 격퇴할 수 있었다.

기갑 참호전
초기 전차들은 참호전을 염두에 두고 설계되었다. 돌출포탑에 장착된 대포는 적의 병력이 대포의 '사각지대'로 들어가 숨지 못하게 근거리에서 참호 속에 사격을 가할 수 있었다.

초기 전차의 제한적인 시야
초기 전차 조종수의 시야는 매우 제한적이었다. 무한궤도가 장착된 전방 돌출부 때문에 시야는 더욱 줄어들었다. 그래서 많은 전차들이 보병에게는 분명하게 보였을 장애물을 향해 돌진하곤 했다.

사계
슈네데르의 중화기들이 동시에 여러 방향으로 사격을 할 수 있었지만, 르노FT-17의 단일 무기는 전방위 사격이 가능했기 때문에 전반적으로 훨씬 더 효율적이었다. 여러 개의 포탑을 설치하던 단계가 지나자, 이러한 형식이 모든 전차들의 표준이 되었다.

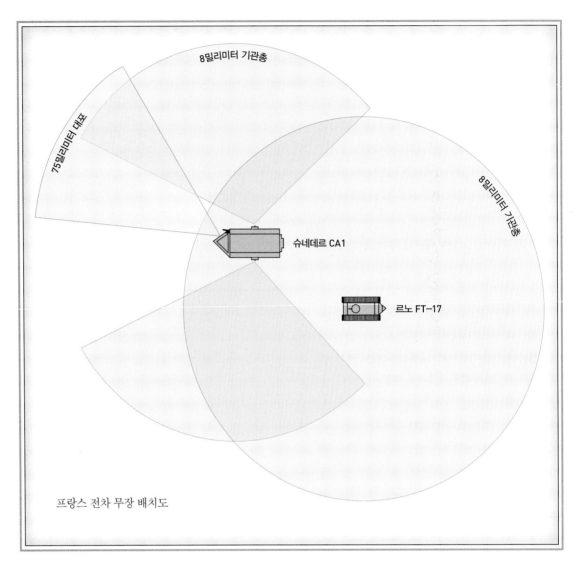

8밀리미터 기관총

75밀리미터 대포

8밀리미터 기관총

슈네데르 CA1

르노 FT-17

프랑스 전차 무장 배치도

초기 전차 설계

초기 영국 전차 전술은 이렇게 수컷과 암컷이 상호 지원하는 협력관계를 이용하면서 전차의 무장을 최대한 활용하는 데 역점을 두었다. 표준 전술은 적의 참호선까지 전진한 다음 참호선과 나란히 기동하면서 참호 바닥에 은신하려는 적 병사를 위에서 내려다보며 돌출포탑에 장착된 무기로 사격을 가하는 것이었다. 이런 식으로 전차는 무기가 효과를 발휘할 수 있는 적의 참호 가까운 곳까지 무기를 운반하는 역할을 정확하게 수행했다.

프랑스 전차 설계자들은 달성하고자 하는 개념이 그다지 명확하지 않은 것처럼 보였다. 그들은 중화기를 운반하고 보호할 수 있는 장갑차량을 만드는 데는 성공했지만, 슈네데르와 생샤몽 모두 기동성이 떨어졌다. 이것들은 '처음 시도'하는 무기사업이나 다름없었기 때문에 기술적 어려움은 당연히 예상된 일이었다. 하지만 초기 전차의 가장 중요한 요건이 험한 지형을 극복하고 적의 참호에 도달하는 능력이라는 점을 고려할 때, 부족한 야지횡단능력은 중요한 결함이었다. 슈네데르의 중화기 사계가 극도로 제한적이라는

점도 심각한 약점이었다. 이 전차에 대해 말할 수 있는 최선의 평가는 그래도 생샤몽 전차보다는 낫다는 것이었다.

생샤몽에 비해 무게는 3분의 1에 불과하고 승무원 2명만 있으면 되는 르노(Renault) FT-17이 훨씬 더 우수한 개념이었지만, 이것조차도 몇 가지 측면에서 결점을 갖고 있었다. 회전포탑에 장착된 무기는 단일 무기로 전방위 사격이 가능해 필요한 무기의 개수가 줄어들었고, 그에 따라 승무원과 무기 장착에 필요한 공간도 줄일 수 있었다. 하지만 전차장이 매우 협소한 공간에서 사수의 역할도 수행해야 했기 때문에 효율성은 예상보다 그다지 높지 않았다.

여러 가지 측면에서 FT-17은 1차 세계대전의 모든 전차들 중에서 가장 현대적인 설계에 가까웠지만, 여전히 그 시대의 산물로서의 면모를 보였다. 보병지원용으로 설계된 FT-17은 느리고 작전반경도 짧았다. 이것은 미국과 이탈리아, 소련에서 설계된 초기 차량들의 바탕이 되었으며, 양차 대전 전간기의 식민지 분쟁에서 활약했을 만큼 충분히 성공작이었다.

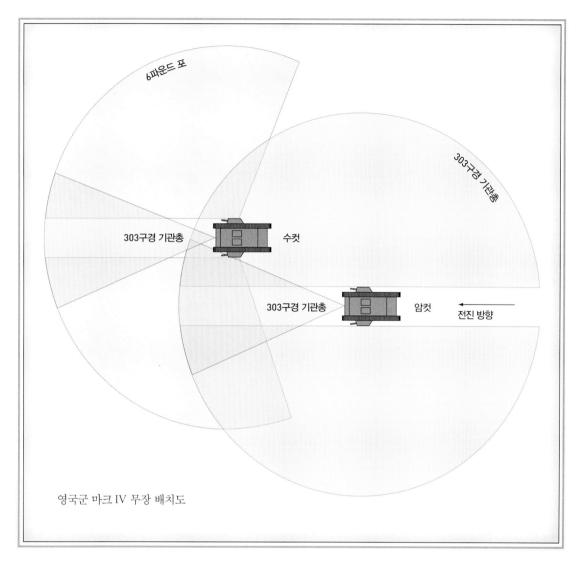

6파운드 포

303구경 기관총

303구경 기관총

수컷

303구경 기관총

암컷

전진 방향

영국군 마크 Ⅳ 무장 배치도

집중이냐 분산이냐?

장갑차량은 집결한 상태에서 교전을 수행할 때 가치가 있음이 입증되었음에도 불구하고 이후에도 이것들을 방어 자산으로서 '소단위(penny packets)'로, 심지어는 1대씩 분산시키려는 압력이 상당히 강했다. 방어 역할을 하는 전차들은 땅을 파고 들어가 국부적인 반격을 하거나 위험 구역을 강화하기 위해 자기 위치를 벗어날 수 있는 기동력을 유지한 채 벙커의 역할을 수행했다. '사나운 토끼(savage rabbits)'로 알려지게 되는 이런 방어적 배치가 비록 몇 가지 장점을 갖고 있기는 했지만, 승전 전략이 아니었기 때문에 아주 비효율적이었다. 전차는 아무것도 하지 않은 채 정지해 있을 때조차 상당한 유지보수를 요구하기 때문에 당연히 예비부품과 연료를 분배해야만 했다.

전차를 집결시킬 경우, 군수 문제가 줄어들 뿐만 아니라 전차를 대규모로 활용할 수도 있었다. 이것은 초기 전차들이 쉽게 고장 나는 경향이 있었기 때문에 특히 중요했다. 공격이 성공했을 때는 고장 난 전차를 회수하는 것이 가능했다. 반면, 공격이 실패할 경우에는 적이 그 전차를 포획할 가

능성이 있었다. 소규모 전차부대라면 모든 전차들이 고장이 나거나 참호 혹은 흙 속에 빠져서 작전 불능 상태에 빠질 수 있는 반면, 대규모 부대는 적어도 약간의 전투 능력을 유지할 가능성이 있었다. '사나운 토끼' 전략은 전차부대를 거의 쓸모없는 존재로 전락시켜 그들이 자신의 가치를 증명할 수 있는 모든 기회를 없애는 것이었다. 다행히도 집중의 원칙이라는 군사교리에 충실하자는 쪽으로 결정이 내려졌다.

상호 지원
영국군 전차들은 훨씬 더 넓은 각도로 일제사격이 가능한 무장을 장착한 '암컷' 전차들이 중무장한 '수컷' 전차들을 보호하는 방식의 협동작전을 추구했다. 전차들이 집결해 있을 경우, 특정 전차를 공격하는 보병은 인근의 다른 전차들로부터도 사격을 당했다.

장애물 통과
초기 영국 전차들은 커다란 장애물을 넘어갈 수 있었지만, 차량이 장애물을 지나 밑으로 뚝 떨어질 때 승무원들이 부상을 입는 경우가 잦았다. 이들 차량에는 서스펜션 체계가 없었기 때문에 충격은 탑승자에게 그대로 전달되었다.

전차부대의 팽창

최초의 전차부대는 소규모였고 필요에 따라 그때그때 근무 지원을 받을 수 있었지만, 다수의 전차가 전장에 배치되면서 그것에 맞는 적절한 부대 편제를 만들 필요가 생겼다. 적절한 편제를 만들기까지 상당히 많은 시행착오를 거쳐야 했고, 다른 영향력도 작용했다. 일부 장교들은 전차를 지역 사령부 예하로 분산시키기를 원했고, 일부는 전차를 소규모 부대로 조직해 보병 편제에 통합하는 것이 최선책이라고 생각했다. 전차 옹호론자들은 당연히 자체 편제와 지휘체계를 갖춘 기갑전문 병과를 창설하길 원했다.

영국 전차들은 원래 기관총대(Machine Gun Corps)의 중화기반(Heavy Section)[나중에 중화기병과(Heavy Branch)로 개칭]

에 배속되었는데, 이렇게 한 이유에는 전차의 정체를 비밀로 하기 위한 속셈도 있었을 것이다. 중화기반이 확장되면서 이것은 전차대(Tank Corps)로 알려지게 되었으며, 1917년 7월부터 이 명칭을 유지하다가 1923년 10월부터 왕립전차대(Royal Tank Corps)로 명칭이 바뀌었다가 1939년에 다시 왕립전차연대(Royal Tank Regiment)로 바뀌었다.

초기 영국군 전차부대 편제는 전차 3대로 구성된 반(section)을 기본 단위로 했는데, 고장으로 인해 종종 2대로 줄어들었다. 반이 모여서 중대를 구성하고 중대가 모여 대대를 이루게 되면 자체적인 정비창과 근무지원 편제를 보유할 수 있었다. 이런 편제 개념은 다른 전투병과의 편제와 그다지 큰 차이가 없었지만, 전차부대의 경우에는 다른 전투병과에 비해 더 많은 전문 인력과 근무지원을 위한 '후방제대(tail)'가 필요했다.

돌격 전후에 전차부대가 적절하게 보급과 유지보수를 받기 위해서는 편제가 중요했다. 전차는 지속적으로 유지보수를 받아야 하기 때문에 공구와 예비부품을 확보하는 것은 필수적이었다. 또 경험을 공유하는 것도 그만큼 중요했을 것이다. 전차는 완전히 새로운 무기체계였기 때문에 교전 하나하나가 잠재적으로 새로운 지식을 내포하고 있었다. 내연기관 역시 아직 유아기였기 때문에 그것을 운용해본 경험을 가진 인원이 결코 흔하지 않았다.

영국군 전차대는 장갑차를 운용하는 기관총대의 차량병과(Motor Branch)를 비롯한 육군근무지원대(Army Service Corps) 등 다양한 인력 공급원으로부터 인력을 차출했다. 많은 인력이 자신의 원소속 부대로부터 공식적인 전출이 이루어지지 않은 채 근무했지만, 전차대는 점차 정체성과 자신들의 요건에 적합한 근무 관행을 정착시켜나갔다.

전쟁 말기의 개선
사진 속의 전차들 중 3대가 차체 위에 참호통과용 크립(Trench-Crossing Crib)을 싣고 있다. 1918년에 처음 등장한 크립은 장작단(fascine: 참호 벽 보강용 막대기 다발-옮긴이)과 똑같은 목적, 즉 폭이 넓은 참호를 전차가 통과할 때 전차를 지탱해주는 용도로 사용되었지만 무게는 장작단의 절반 정도에 불과했다.

전차대는 신속하게 확장되었기 때문에 중대들은 빠르게 대대로 전환될 필요가 있었다. 이것은 많은 인원들이 중대에서 필요한 요구사항들을 제대로 배울 시간도 없이 대대에서 더 높은 지위의 역할을 수행하게 되었음을 의미한다. 따라서 전차대는 자신들의 업무를 '현장'에서 배울 수밖에 없었고, 효율적인 정보 전파를 통해 효과적인 병과가 될 수 있었다. 미국 전차부대는 이것을 잘 입증해 보였는데, 미국 전차부대의 어느 사병이 일부 전차를 기동정비소로 개조하여 다른 전차들을 지원한다는 아이디어를 생각해냈다. 좀 더 체계가 잡힌 부대였다면, 일개 사병이 자신의 아이디어를 제출하지도 못했을 것이고 그것이 실행될 수도 없었을 것이다.

전차부대와 예하 부대를 지휘하고 관리하는 것은 개발해야 하는 기술 중 하나였다. 1개 반에 속한 전차들은 서로를 지원하게 되어 있었고, 각 반별로 적의 전선에 대한 공격 구역이 할당되어 있었다. 하지만 실제로는 전차 내부의 시계가 제한되었기 때문에 일단 교전이 시작되면 조직이 붕괴되어 전차장들은 자신의 독단적인 판단에 따라 행동했다.

전차들 사이의 협조와 의사소통을 개선하기 위해 전차에 전서구(傳書鳩: 편지를 보내는 데 쓸 수 있게 훈련된 비둘기-옮긴이)를 배치하는 방법이나 전차들 사이를 뛰어다니며 통신문을 전달하는 지원 장교를 배치하는 방법 등을 시도했다. 그러나 이것은 실행하기 매우 위험한 방법이었을 뿐만 아니라 설사 전차 승무원들이 새로운 명령을 수령했다고 해도 수행하지 못할 수도 있었다. 관측구를 통해 볼 수 있는 시야가 좁기 때문에 전차 승무원들은 때때로 중세 기사들과 비슷한 상황에 처했다. 중세 기사들도 투구 때문에 전차

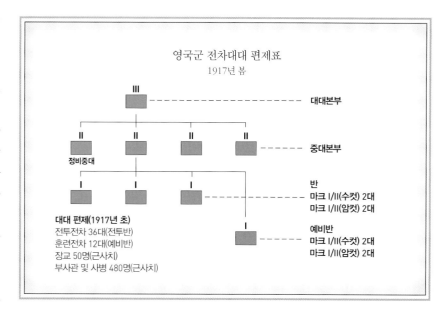

영국군 전차대대 편제표
1917년 봄

III — 대대본부

II — 중대본부
정비중대

반
I — 마크 I/II(수컷) 2대
  마크 I/II(암컷) 2대

예비반
I — 마크 I/II(수컷) 2대
  마크 I/II(암컷) 2대

대대 편제(1917년 초)
전투전차 36대(전투반)
훈련전차 12대(예비반)
장교 50명(근사치)
부사관 및 사병 480명(근사치)

초기 영국군 전차대대
초기 전차부대의 편제는 보병대대보다 포병연대의 구조와 더 많은 공통점을 갖고 있었다. 손실과 고장으로 인해 서류상의 전력을 보유한 부대는 거의 없었다.

승무원들처럼 전장을 인식하는 데 제약을 받았다.

따라서 실전에서 일단 공격이 시작되면 많은 전차들이 전진 방향으로 계속 이동하다가 무엇이든 표적이 나타나기만 하면 공격했다. 이것은 가끔 적의 방어선에 큰 피해를 주기에 충분했다. 초기 전차들은 어느 정도까지는 정교한 레이피어(rapier: 16~17세기 무렵 유럽에서 사용된 찌르기 전법 전용의 길고 가느다란 한손 검 - 옮긴이)보다 둔탁한 공성망치에 더 가까웠다. 전차들은 대규모로 집결하여 대충 적이 있는 방향으로 전진했다. 비효율적이기는 했지만, 그처럼 단단하게 장갑을 두른 화력 집단은 여전히 저지하기 어려웠다. 1차 세계대전 나머지 기간 동안은 이런 접근 방식만으로도 충분했기 때문에 양차 대전 전간기에는 기갑부대를 잘 조직해 운용하는 방법에 대한 많은 논쟁이 벌어졌다.

전략적 기동성
전차는 가능한 한 전투지역에서 가까운 곳까지 철도로 이동했다. 아무리 좋은 도로 위를 이동하더라도 어느 정도 거리를 주행할 경우 고장으로 인한 전차의 손실이 발생했고, 유지보수에 따른 부담이 증가했다.

전선별 상황 1914~1916년

1차 세계대전이 발발하자, 작전계획자들 사이에서는 이 전쟁도 1870년의 보불 전쟁처럼 최근 유럽에서 벌어진 이전의 전쟁들과 비슷하게 전개될 것이라는 예측이 흘러나왔다. 비록 현대 소총들이 보병의 살상 범위를 증가시키기는 했지만, 전통적인 방식의 전진과 돌격이 성공을 거둘 수 있고, 기병이 전장에서 유용한 역할을 할 것이라는 기대는 여전히 그럴듯해 보였다.

특히 기관총이 대규모 전쟁에서 그 잠재력을 입증해 보인 적이 단 한 번도 없었기 때문에 작전계획자들은 전쟁의 균형추가 방어자 쪽으로 얼마나 심하게 기울어졌는지 제대로 인식하지 못했다. 게다가 전쟁이 시작되고 첫 몇 주 동안은 그런 사실이 즉시 분명하게 드러나지도 않았다. 전통적인 전술이 과거보다 심한 손실을 초래하기는 했지만, 여전히 효과를 거두고 있었다. 하지만 일단 상황이 안정되기 시작하자, 아니나 다를까 전황은 교착상태에 빠졌다.

서부전선의 상황 전개

서부전선에서 초기 격돌은 전통적인 양상을 보였다. 기병이 정찰을 수행하면서 적군 진형의 측면을 우회하려 했고, 포병은 마지막으로 나폴레옹 시대의 방식대로 횡대 대형으로 길게 배치되었다. 보병은 가능한 곳에서 지형을 이용해 몸을 보호하기도 했지만, 백병전도 불사할 만큼 공세를 강조했다.

독일군 작전계획은 파리와 영국해협 항구도시들을 호를 그리며 휩쓰는 신속한 진격을 요구했다. 비록 이 대회전의 바깥쪽에 위치한 부대의 이동 거리가 그 부대의 역량을 넘어섰지만, 적의 저항에도 불구하고 그것은 달성이 가능해 보였다. 최초의 격돌에서 영국군과 프랑스군은 무질서하게 후퇴했기 때문에 겉으로 보기에는 이 이론이 분명하게 입증되는 듯했다.

연합군은 후퇴하면서 시간을 벌기 위해 잠시 저항하다가 가끔 전면적인 반격을 실시하는 후위전투를 하곤 했다. 끊임없이 이어지는 독일군의 압박으로 인해 견고한 방어선을 구축할 수 없었기 때문에 멈춰서 저항하던 영국군과 프랑스군은 보통 다른 곳에서 발생한 패배로 다시 후퇴할 수밖에 없었다.

교착상태의 시작

이때까지의 사건에 기갑부대는 실제적인 참여가 전혀 없었다. 당시에 다양한 장갑차들이 존재했지만, 이들은 주로 양호한 도로를 따라 치안활동을 펼치는 데 적합했기 때문에 야지횡단능력은 대단히 형편없었다. 이는 주로 그들의 원시적인 특징에서 기인했다. 오늘날에는 '장갑차'라는 용어가 별도로 설계된 경량 장갑차량을 의미하지만, 1914년의 장갑차는 투어링카(touring car)나 소형 트럭에 무기와 장갑판

푸조 아우토블린다
민간용 차체를 바탕으로 한 푸조(Peu-geot) 장갑차 아우토블린다(Autoblin-da)는 5명의 승무원이 탑승하고 37밀리미터(1.5인치) 포 1문으로 무장했다. 이것은 도로 위나 아주 단단하고 평평한 지형에서만 운용이 가능했다.

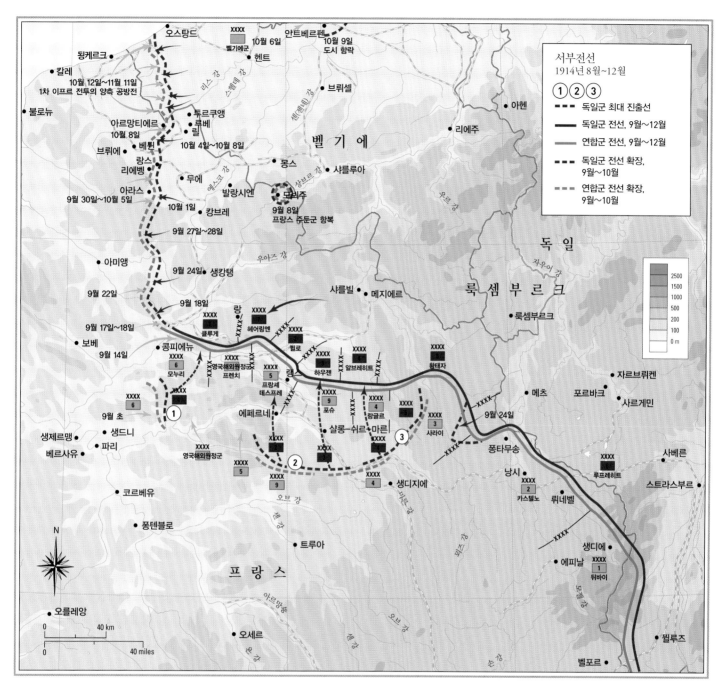

1914년 서부전선
초기 기동전 단계가 끝나자, 전쟁은 거의 정적인 참호전으로 고착되었다. 포병과 보병의 밀집공격을 통해 기동성을 회복하려 했던 초기 시도들은 별다른 효과를 거두지 못했다.

을 추가한 것에 불과했다. 일부 모델은 무게가 지나치게 늘어난 데 반해 출력은 부족해서 울퉁불퉁한 도로를 달리다 차축이 부러지는 경우도 발생할 정도였다. 이들 차량 중 소수는 초기 전투에 참가하기도 했지만, 어떤 인상을 남기기에는 그 수가 충분하지 않았다.

따라서 서부전선의 초기 전투는 전통적인 성격을 띠었으며 주로 근육의 힘에 의존해 이동했다. 보병은 전투 장비를 짊어진 채 도보로 행군했고 기병과 포병은 말에 의존했다. 필연적으로 근육의 힘은 소진될 수밖에 없었다. 인간과 말이 지쳐감에 따라 이동은 점점 더 느려졌으며, 동시에 저항은 점점 더 거세졌다.

독일의 작전계획은 거의 성공 일보직전까지 갔다. 영국-프랑스 연합군은 포위를 당하거나 각자의 임무가 달랐기 때문에 분리될 수밖에 없는 실제적 위기에 처했다. 영국군은 영국해협 항구도시들을 보호해야 했다. 그곳에 그들의 보급선과 퇴로가 있었기 때문이다. 반면, 프랑스군은 자국 수도를 향한 위협을 가장 우려했다.

기동전에서 참호전으로

포위당하거나 붕괴를 면하기 위해서는 철수가 불가피했지만, 결국 어디선가는 저항이 이루어질 수밖에 없었다. 파리를 향한 독일군의 공세는 마른 전투(Battle of the Marne)에서 저지되었고, 연합군의 반격이 성공하면서 독일군은 프랑스의 수도 파리 근처에까지 도달했다가 밀려났다. 마침내 영

란체스터 장갑차
원래 영국해군항공대를 위해 개발된 란체스터(Lanchester) 장갑차는 1차 세계대전 동안 동부전선에서 뛰어난 활약을 보이면서 상당한 수출액을 기록했다.

국군과 프랑스군이 서로 연계를 이루고 방어진지에 투입되면서 방어선의 기반을 형성하기에 충분할 만큼 많은 지점에서 적의 공격을 저지할 수 있게 되었다. 영국과 프랑스 병사들은 가능한 곳이면 어디에서든 참호를 팠고, 독일군이 참호진지를 우회하려고 시도할 때마다 참호를 연장하는 방법으로 대응했다.

참호선 돌파가 분명히 빠른 시일 내에 이루어지지 않을 것 같자, 독일군도 참호를 팠다. 이로써 전쟁 기간 대부분 지속될 교착상태가 시작되었다. 양측은 기회가 오면 이용하기 위해 기병과 장갑차 부대를 전선 근처에 배치시켜두었지만, 그런 기회는 한 번도 오지 않았다. 그 대신 점점 더 많

1915년형 르노 장갑차
1915년형 르노 장갑차는 민간 차량의 차체를 이용해 장갑과 무장의 무게를 감당하도록 개조한 것이었다. 무장은 보통 기관총 1정을 장착했지만, 37밀리미터(1.5인치) 대포도 장착이 가능했다.

은 대포가 전선에 배치되어 적의 진지를 포격하는 가운데 공격은 대규모 보병을 동원해 완력을 이용한 방법으로 수행되었다.

이런 방법으로 약간의 전진에 성공한 경우조차 적의 예비대에 의해 모든 돌파구는 즉시 봉쇄당했고, 참호선은 다시 안정을 되찾았다. 결정적인 결과가 가능한 유동적인 전쟁 양상으로 복귀하기 위해서는 단지 무인지대를 횡단해 적의 진지에 돌입하는 정도가 아니라 그 진지 너머로 전진을 계속할 수 있는 수단이 필요했다. 독가스나 화염방사기 같은 무기는 어느 정도 가능성이 있었지만, 궁극적인 목표를 달성하는 데는 실패했다.

서부전선이 교착상태에 머물러 있는 동안, 공학자들은 새로운 개념을 개발하고 있었다. 그것은 장갑차 ─ 적의 사격으로부터 승무원을 보호할 능력을 가진 무장 장착 차량 ─ 의 개념에 무거운 짐을 얹고도 거친 지형을 통과할 수 있는 농업용 무한궤도 트랙터를 결합한 것이었다. 그와 같은 차량이 등장하기 전까지는 참호전의 교착상태는 깨지지 않을 운명이었다.

동부전선

동부전선에서는 상황이 약간 다르게 전개되었다. 여기서는 결코 서부전선의 교착상태와 같은 양상은 볼 수 없었다. 방어선이 설정되고 참호선도 구축되었지만, 공격과 반격을 통한 전선의 이동이 자주 발생했다. 적어도 어느 시점에서는 기병들이 전통적인 방식으로 작전을 수행했고, 기병대 사이에 기병도와 리볼버 권총을 사용한 교전도 벌어졌다.

독일군이 계획한 전략은 동부전선에서 수세를 유지하면서 서부전선에서 공세를 취해 프랑스를 전쟁에서 이탈시킨 다음 병력을 동부전선으로 이동시켜 러시아에 집중한다는 것이었다. 러시아가 공세를 취할 수 있을 때까지 전쟁 발발로부터 40일이 걸릴 거라는 믿음에 따라 독일군은 8개 군 중 단 1개 군만을 동부전선에 배치했다.

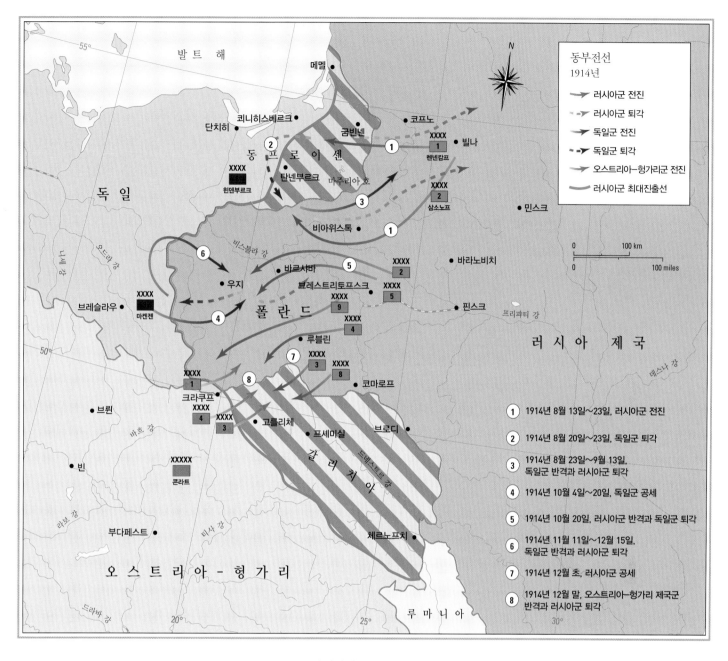

1914년 동부전선
러시아군은 예상보다 빨리 동원을 마치고 갈리치아와 동프로이센으로 밀고 들어왔기 때문에 전황이 유동적으로 전개되었고, 그 속에서 장갑차와 기병이 중요한 역할을 했다.

그러나 정작 러시아군이 예상한 것보다 훨씬 더 빨리 공세 준비를 끝냈을 뿐만 아니라 프랑스군이 전쟁에서 이탈하지도 않았다. 하지만 동부전선에서 러시아군은 까다로운 지형과 지도부의 신중한 대응으로 인해 전진하는 데 애를 먹었다. 초기의 실패에도 불구하고 독일군은 반격에 성공하여 러시아군의 전진을 저지할 수 있었다.

동부전선의 전투는 러시아군이 독일군과 오스트리아-헝가리 제국군을 상대하는 가운데 대부분 폴란드와 갈리치아(Galicia)에서 전개되었다. 양측의 전세가 서로 극적인 역전을 거듭하다 보니 위기에 빠진 지역에서는 신속하게 퇴각하고 다른 지역에서는 공세를 취해 위기 지역의 압박을 해소하는 작전이 필요할 수밖에 없었다. 따라서 동부전선은 전쟁 기간 내내 정적인 참호전에 빠져들기보다는 비교적 유동적이었다.

동부전선의 장갑차 운용

동부전선에서 장갑차부대는 상당히 중요한 역할을 했다. 비록 도로에 제한되기는 했지만, 그들은 신속하게 진격하여 목표를 타격하거나 점령할 수 있었고 전투 현장에 중화기를 이동시킬 수도 있었다. 장갑차들은 현대 기갑부대의 방식으로 운용되기보다는 일종의 기동 포좌로 운용되어 지정된 사격 위치로 이동한 다음 멈춰서 전투를 수행했다.

이런 식으로 운용된 차량들 중 다수는 투어링카를 개조해 얇은 장갑의 포탑 안이나 포방패 뒤에 기관총 1정을 장착한 것이었다. 일부는 이보다 무겁고 화력이 강한 중화기를 장착했다. 이런 차량들 중에는 더 많은 장갑과 무장을 추가로 실을 수 있는 민수용 소형 트럭들도 포함되어 있었는데, 이들 차량에는 일반적으로 다수의 기관총을 장착했고, 해군용 소구경 대포 같은 더 강력한 무기를 장착하는 경우도 일부

롤스로이스 장갑차
롤스로이스(Rolls-Royce) 장갑차는 추락한 조종사를 구조하고 치안을 유지하는 등 광범위한 작전에 활용되었다. 실험 버전은 무전통신기를 장착하게 제작되어 기동통신소 역할을 수행했다.

있었다.

다른 설계의 경우처럼 이들 무기체계는 과도한 중량 때문에 결정적인 돌파구를 형성한 뒤 야지를 횡단하여 적의 후방으로 진격할 수 없었다. 하지만 무기와 탄약을 재빨리 새

로운 사격진지로 이동시켜 공격을 지원하거나 적의 돌파를 봉쇄할 수는 있었다. 이들 차량이 소병기 사격에 피해를 입지 않는다는 사실은 적에게 심리적인 효과를 발휘하여 소규모 장갑차부대의 출현에도 적이 퇴각하는 상황이 종종 벌어졌다.

동부전선에서 장갑차는 신속하고 과감하게 사용할 경우 단순히 수치 이상의 큰 효과를 거두었다. 전선이 안정되어 있을 때는 주로 기동예비대로 활용되어 적의 공격이 성공했을 때 전선 후방의 도로를 타고 신속하게 방어진지를 확보했다. 공세를 취할 때는 신속하게 기동하여 예상치 못한 순간에 출현함으로써 적군 병사들 사이에 불안감과 위기감을 조성했는데, 이는 미래 기갑 작전의 전조가 되었다.

팔레스타인

오스만투르크 제국(Osman Turk Empire)이 동맹국 편으로 참전하면서 영국은 팔레스타인(Palestine)과 중동에서도 전쟁을 수행해야만 했다. 다르다넬스 해협(Dardanelles)의 뱃길을 열기 위한 상륙작전은 실패했지만, 성공은 다른 곳에서 거둘 운명이었다. 영국군은 유프라테스(Euphrates) 강을 향해 진격하여 결국 바그다드(Baghdad)를 점령했으며 한편으로는 수에즈 운하(Suez Canal)를 점령하려는 오스만투르크 제

미네르바 장갑차
공격적으로 활용된 미네르바(Minerva) 장갑차는 1차 세계대전 초기 벨기에를 방어하는 데 중요한 역할을 수행했다.

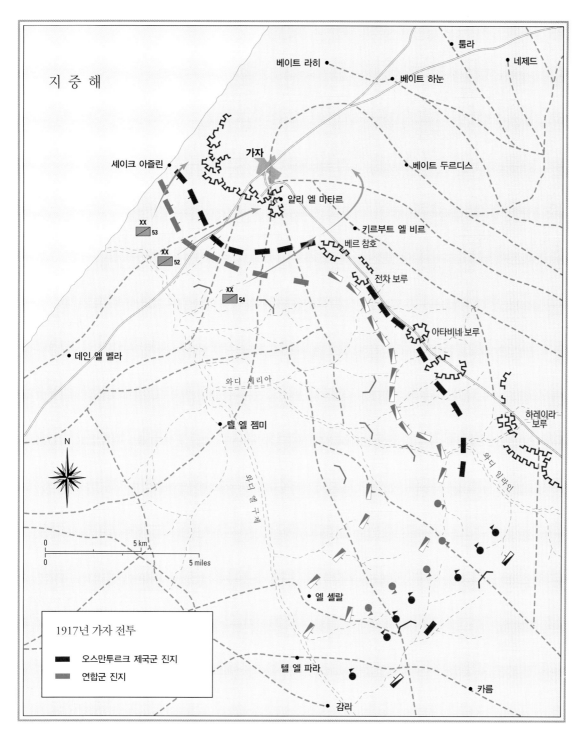

지 중 해

툼라

베이트 라히

네제드

베이트 하눈

가자

셰이크 아즐린

베이트 두르디스

알리 엘 마타르

키르부트 엘 비르

베르 참호

XX 53

전차 보루

XX 52

아타비네 보루

XX 54

데인 엘 벨라

와디 셰리아

하레이라 보루

와디 임라인

텔 엘 젬미

와디 엘 구체

N

0   5 km
0   5 miles

엘 셀랄

텔 엘 파라

카름

감리

1917년 가자 전투

■ 오스만투르크 제국군 진지

■ 연합군 진지

1917년 가자 전투
영국군 전차는 적시에 중동에 배치되어
2차 가자 전투에 참가했다. 마크 I 전차
8대가 참가하기는 했지만, 이들이 넓게
분산 배치되는 바람에 강력한 오스만투
르크 제국군 방어선에 별다른 영향을
미치지는 못했다.

국군의 공격을 격퇴한 뒤 팔레스타인을 통해 북으로 진군
하기 시작했다. 오스만투르크 제국으로부터 독립하기를 원
하는 현지 아랍 지도자들과 함께 작전하는 영국과 대영제
국 식민지의 군대는 오스만투르크 제국군을 서서히 북으로
밀어붙여 그 지역에서 몰아냈다.

팔레스타인에서의 군사작전은 서부전선의 군사작전과는
상당히 달랐다. 전통적인 보병 및 포병과 함께 하천의 포함
과 비행기, 기병, 장갑차부대들이 모두 사용되었다. 팔레스
타인에서의 군사작전은 많은 시간이 걸렸고 종종 차질이
발생하기도 했다. 여러 차례 독일로부터 군사자문과 지원을

받은 오스만투르크 제국군은 전투에서 상당히 효율적인 면
모를 보여주기도 했지만, 한 방어선에서 다른 방어선으로
서서히 밀려났다.

팔레스타인 전역에서 장갑차부대와 기병은 비행기 지원
하에 정찰 임무와 장거리 습격 임무를 수행할 수 있음을 입
증해 보였다. 보병중대 수준의 화력을 장착할 수 있는 경장
갑차는 보병이 적절한 시점에 도달할 수 없는 위치에 화력
을 실어 나를 수 있었다. 하지만 바그다드와 가자(Gaza), 예
루살렘(Jerusalem)과 같은 핵심 표적들을 점령하여 오스만투
르크 제국을 협상장으로 끌어낸 것은 바로 보병이었다.

솜 1916년 7월

솜의 전차들
솜 공세가 정체되자, 사용 가능한 소수의 영국군 전차가 서둘러 배치되기에 이르렀다. 이 전차들은 물리적 성과보다 심리적 효과가 더 컸다.

수류탄 방어책
경사진 철망 때문에 전차의 지붕으로 수류탄을 투척하기 어려웠다. 이런 보호망이 없더라도 수류탄은 움직이는 전차 위에서 쉽게 굴러 떨어졌다.

사 요새를 점령하지 못한다 해도, 프랑스 육군은 '고기 분쇄기' 속으로 끌려 들어가 예비대의 인력과 전투의지를 잃게 될 것이다. 베르됭이 지속적인 압박을 받게 되자, 연합군은 가능한 모든 수단을 동원해 압박을 풀 필요가 있었다. 이것은 독일군 예비대를 끌어들이기 위한 공세의 시작을 의미했다. 연합군 돌파를 저지할 독일군 병력이 베르됭에 배치될 수 없을 것이 분명했기 때문에 그 도시가 버티기만 한다면 재앙을 막을 수 있을 터였다.

솜 공세

영국군과 프랑스군이 공세 지역으로 선정한 장소는 솜(Somme) 강 유역으로, 이곳은 전쟁이 시작된 이래 별다른 교전이 벌어지지 않았다. 이곳을 선정했다는 것은 적이 고지대에 파둔 견고한 참호를 공격해야 한다는 것을 의미했기 때문에 그 선정의 타당성이 의심스러웠다. 게다가 적은 교전이 없는 그 긴 기간 동안에 지하 깊이 벙커들을 구축해 놓기까지 했다.

물론 연합군도 방어진지를 구축해두었지만, 대규모 공세에 필요한 탄약과 보급품을 수송할 수 있는 기반시설들이 완벽하게 개발되어 있지 않은 상태였다. 공격을 개시할 수 있으려면 먼저 현지에 탄약과 보급품을 비축하고 포병을 집중하고 병력을 집결시키는 일을 끝내야 했다.

솜 공세를 위한 작전계획의 개념은 간단했다. 보병의 연속적인 파상공격을 통해 적을 진지에서 몰아낸다는 것이었다. 실패한 공격파의 생존자는 후속하는 공격파에 합류하여 다음 공격에 참가하며 승리할 때까지 이 과정을 반복한다는 것이었다. 완력에 의존한 접근방식은 포병에도 적용되어 방어 병력을 약화시키는 것은 물론 가시철조망과 적의 진지가 파괴되기를 기대하며 한 주간에 걸쳐 포격이 실시되었다.

그러나 실제로 포격은 가시철조망을 이리저리 흔들어놓는 것 외에 별다른 효과가 없었고, 독일군 참호는 포화에 거의 영향을 받지 않은 것으로 드러났다. 공격 사단들이 1916년 7월 1일에 전진을 시작했을 때, 거의 멀쩡한 적의 진지들로부터 사격을 받아 앞으로 조금도 나아가지도 못한 채 엄청난 피해를 입었다. 포병과 보병 간에 협조가 제대로 이루어지지 않아 보병은 적의 모든 화력에 그대로 노출되었다. 전투 개시 24시간 만에 영국군 사상자가 무려 5만 7,000명을 넘어섰다.

첫날 공세의 재앙과 같은 결과에도 불구하고, 연합군은 압

예비대의 이동은 1차 세계대전의 향방에 상당한 영향을 미쳤다. 전술적 수준에서 예비대는 전선에 생긴 어떤 틈도 공격자가 증원부대를 불러와 획득한 지역을 강화하거나 전진을 계속하기 전에 봉쇄가 가능했다. 전략적 수준에서 방어자가 훨씬 더 유리한 상황이었기 때문에 예비대는 결정적인 돌파를 불가능하게 만들었다.

따라서 독일군 최고사령부는 베르됭(Verdun) 요새를 공격하여 프랑스군의 예비대를 끌어낸 뒤 격파하려는 작전을 시작했다. 베르됭을 함락하면 프랑스인의 사기가 크게 떨어질 것이고 그러면 항복마저 강요할 수 있을지도 몰랐다. 설

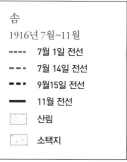

솜
1916년 7월~11월
---- 7월 1일 전선
--- 7월 14일 전선
▬▬ 9월 15일 전선
━━ 11월 전선
□ 산림
□ 소택지

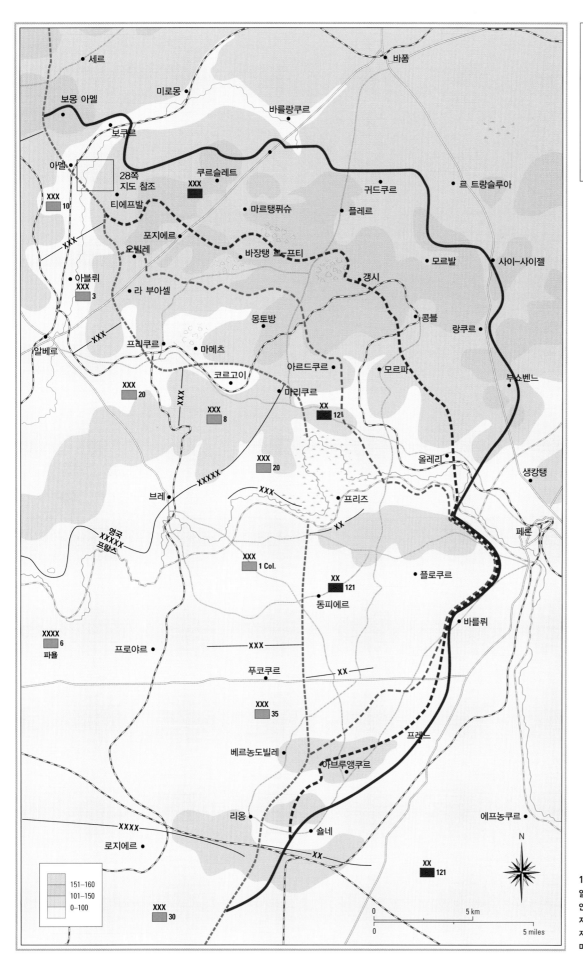

세르
미로몽
바를랑쿠르
바폼
보몽 아멜
보쿠르
아멜
28쪽 지도 참조
쿠르슬레트
귀드쿠르
르 트랑슬루아
XXX 10
티에프발
마르탱퓌슈
플레르
포지에르
오빌레
바장탱 르 프티
모르발
사이-사이젤
아블뤼
XXX 3
라 부아셀
갱시
몽토방
콩블
랑쿠르
프리쿠르
마메츠
아르드쿠르
모르파
부소벤느
알베로
XXX 20
코르고이
마리쿠르
XXX 8
XX 121
올레리
생캉탱
XXX 20
XXXXX
브레
프리즈
XX
영국
XXXXX
프랑스
페론
XXX 1 Col.
XX 121
플로쿠르
동피에르
XXXX 6
파욜
프로야르
바를뤼
XXX
푸코쿠르
XX
XXX 35
프랜느
베르농도빌레
아브루앵쿠르
리옹
에프농쿠르
XXXX
솔네
XX
로지에르
XX
XX 121
N

151–160
101–150
0–100

0   5 km
0   5 miles

XXX 30

1916년 솜 공세
일단 솜 공세에 돌입하자, 연합군은 살인적인 인명피해에도 불구하고 압박을 지속할 수밖에 없었다. 약간의 땅을 차지하기는 했지만, 의미 있는 돌파구는 마련하지 못했다.

운용 손실
솜에서는 이 전차처럼 적의 공격보다 기계고장을 일으키거나 회수 불가능할 정도로 심하게 땅속에 빠져버려 고칠 수 없게 된 전차가 더 많았다. 일부 전차라도 확실하게 적의 방어선에 도달하기 위해서는 대량의 전차를 배치해야 할 필요가 있었다.

전술 변화

솜 전투는 양측의 예비대를 끌어들이면서 소모전 양상을 띠게 되었다. 솜 공세는 이런 식으로 베르됭에 대한 독일군의 압박을 어느 정도 제거하는 데 성공했지만, 엄청난 사상자를 낳았다. 약간의 전술 변화 덕분에 연합군은 조금 전진했지만, 결정적인 승리를 달성하기도 전에 병력이 소진될 것이 틀림없었다.

연합군은 솜의 교착상태를 타개하려는 희망을 품고 새로운 무기체계인 마크 I 전차를 배치하기로 결정했다. 마크 I 전차는 아주 원시적이어서 배기소음장치도 없었고 조향 보조용 뒷바퀴를 사용했다. 고장도 잦고 너무 느려서 공격개시선까지 이동시키는 것만으로도 힘들고 지루한 과정을 거쳐야 했다.

가용한 전차 49대가 당시 영국군의 전차부대 명칭인 기관총대 중화기반에 배치되었다. 이것이 당시 연합군이 사용할 수 있는 전차의 전부였지만, 고장으로 그 수가 감소해 제시간에 공격개시선에 도달한 것은 22대에 불과했다. 그나마도 공격 당일에 공격개시선을 통과할 수 있었던 것은 15대뿐이었고, 나머지 중 일부는 공격이 가능해졌을 때 그들의

박을 지속해야만 했다. 공격축선을 바꾸려면 몇 개월 동안 군수물자를 집적해야만 했다. 그러면 그사이 베르됭이 함락될 것이 분명했다. 노력을 계속하는 것 외에 다른 대안이 없는 상태에서 연합군은 똑같은 지역을 대상으로 새로운 사단들을 투입해 공격에 공격을 계속했다.

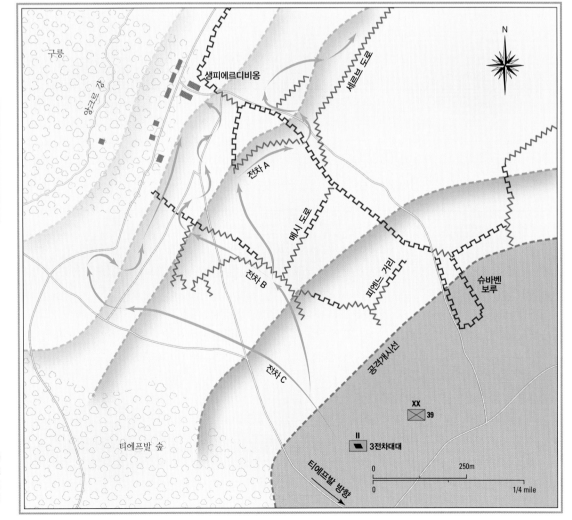

솜 전장의 전차
1916년 11월 13일 39사단과 협동공격하는 전차들이 의 도했던 경로

▓▓ 포병 이동탄막사격

⊓⊔⊓⊔ 참호/보루

〰〰〰 교통호

↙ 예정된 전차 경로

▢ 숲/산림

당시 작성된 약도를 근거로 재구성

전차 경로
가능한 한 전차 경로는 적의 진지를 향해 신속하게 곧바로 접근한 다음 참호선과 평행하게 이동하면서 참호 속의 적에게 최대한 많은 화력을 집중시킬 수 있도록 계획되었다.

구릉

앙크르 강

생피에르디비옹

전차 A

메시 도로

세르 도로

전차 B

피엔느 거리

슈바벤 보루

전차 C

공격개시선

티에프발 숲

XX 39

II 3전차대대

티에프발 방향

0 ─ 250m
0 ─ 1/4 mile

N

뒤를 따랐다.

최초 전차 공격

1916년 9월 15일 플뢰르(Fleurs)-쿠르슬레트(Courcelette)에서 공격이 시작되었다. 느린 전진 속도와 잦은 고장에도 불구하고 전차를 본 적군 보병들은 공황상태에 빠졌다. 마크 I 전차는 기관총 사격에 장갑이 관통되었는데도 병사들은 이른바 '전차 공포(Tank Terror)'에 빠져 자신의 진지를 이탈했다.

여러 가지 점에서 이 작전은 너무 기대치가 높았다. 많은 작전계획자들은 시연 장면만 보고 전차가 단독으로 적의 전선을 무너뜨릴 수 있는 불가항력적 괴물이라고 확신했다. 하지만 전차 작전에 몇 가지 고려사항이 반영되었다. 전차들이 타고 넘어야 하는 탄공의 수를 줄이기 위해 몇 개의 도로는 포격을 하지 않고 남겨둔 채 공격준비사격을 실시했다.

일부 전차는 진흙에 빠져버렸고, 1대는 적이 쏜 단 1발의 포탄을 맞고 망가져 적의 공격으로 피해를 입은 최초의 전차가 되었다. 9대의 전차가 적의 진지에 도달했고, 비슷한 수가 나중에 잇달아 도착하여 고립된 저항진지들을 제거하는 데 일조했다. 적에게 전차는 정말로 저지가 불가능한 것처럼 보였다. 기관총 사격에도 아랑곳하지 않는 전차가 연합군의 사기에 미치는 영향은 상당했다.

하지만 소병기와 기관총도 전차에 손상을 입힐 수 있었다. 일부 전차는 기관총 사격에 장갑이 관통되어 승무원 중에 사상자가 발생했지만, 전차 밖에 있는 사람들은 그 사실을 알 리 없었다. 마크 I의 파생형인 '수컷'과 '암컷' 전차는 무장을 제외하면 공식적으로는 같았지만, 장갑 관통으로 인한 사상자 보고는 '암컷' 전차가 더 많았다.

관통되지 않은 명중탄조차도 전차를 위태롭게 할 수 있었다. 전차 조종수의 프리즘에 탄환이 명중하면 프리즘이 산산조각이 났고, 장갑에 탄환이 명중하면 뜨거운 파편이 튀어 승무원에게 상해를 입힐 수 있었다. 이런 문제를 해결하고자 전차 승무원들에게 쇠사슬로 만든 '파편' 마스크를 지급했다. 그러나 파편 마스크는 너무 무겁고 불편해서 그것을 착용한 승무원은 거의 없었다.

승무원들 사이에 인명피해가 발생하고 전차가 움푹한 지형에 빠지거나 고장을 일으켰음에도 불구하고 최초의 기갑 돌격은 일부 성공을 거두었다. 3일간의 전투에서 약 2킬로미터(1마일)를 전진하는 데 성공했다. 그 기간 동안 전차는 직접 돌격에 참가하는 것은 물론 독일군의 반격을 격퇴하는 교전에도 참가했다. 손실과 고장은 대부분의 경우 전차들이 단독으로 작전하거나 소수만이 보병의 공격을 지원했다는 것을 의미했다. 기상 악화와 독일군 예비대 재배치로 더 이상의 성공은 없었다.

장기적 결과

플뢰르-쿠르슬레트 공격은 특히 1916년 솜 지역에서 수행된 다른 공격과 비교했을 때 훌륭한 성과를 달성했다. 하지만 전략적 상황에는 아무런 변화가 없었다. 이후 몇 개월 동안 전차들은 주로 '소단위'로 국부적인 보병의 활동을 지원하는 데 활용되었다. 그처럼 소규모 부대로는 결정적인 결과를 얻기 불가능했지만, 전차는 보병을 위한 근접지원체계로서 그 가치를 입증했다. 그 결과 수백 대의 전차가 추가로 발주되었으며, 10월에는 기관총대 중화기반의 확대 개편이 발표되었다.

독일군 지휘관들은 플뢰르-쿠르슬레트 전투로부터 다른 결론을 도출했다. 그들은 전차가 위협적인 존재임을 인정했지만, 처음에 생각했던 것만큼 그렇게 위험하지는 않다는 결론을 내렸다. 전차가 많은 것을 제공해줄 수 있을 것 같기는 했지만, 사용하는 데 많은 문제가 있었고 고장을 일으켜 작전불능상태에 빠지곤 했다. 따라서 독일은 노획한 전차를 수리하여 몇 대의 전차를 확보했음에도 불구하고, 자체 전차 개발 프로그램은 별다른 열의 없이 진행되어 비효율적인 설계가 나왔다. 대신 그들은 '전차 공포'를 방지하고 보병과 포병을 위한 대전차 역량을 창출하는 데 더 역점을 두었다.

마크 I 전차
마크 I 전차의 후미 종륜은 실제로 별로 쓸모가 없어서 이후 모델은 그것을 사용하지 않고 무한궤도만 사용해서 적절하게 방향을 조종했다.

니벨 공세 1917년 4월

1917년 프랑스군 보병
1917년 무렵 프랑스 육군은 기진맥진하게 된다. 니벨의 웅대한 계획은 승리의 희망을 드높였지만 그 희망이 깨지면서 1917년의 폭동을 초래했다.

1916년 12월 서부전선 프랑스군 지휘관으로 임명된 로베르 니벨(Robert Nivelle) 장군은 기병학교 졸업생이었지만 기병 대신 포병의 길을 선택했다. 그는 강력한 공세작전 지지자였다. 마른 전투(Battle of the Marne)에서 니벨은 동요하는 보병부대를 뚫고 포병을 전진시켜 근거리에서 진격하는 독일군과 교전했으며, 1916년 10월에는 혁신적인 전술로 수 개월 만에 처음으로 베르됭에서 프랑스 육군에 의미 있는 승리를 안겨주었다. 니벨은 자신이 제안한 공세가 성공할 것이라고 생각할 만한 타당한 이유를 갖고 있었기 때문에 연합군 정치 지도자들을 설득해 계획을 승인받는 데 성공했다.

니벨의 공격계획
니벨의 공격계획은 고전적인 양익포위기동으로, 앞선 솜 공세 결과로 형성된 독일군 전선의 거대한 돌출부를 목표로 했다. 영국군은 먼저 돌출부 북쪽 모서리를 공격해 독일군 예비대를 끌어내야 했다. 이어서 프랑스군이 남쪽 모서리를 공격해 돌파한 다음 새로운 부대들이 공격에 나서서 지친 부대들을 추월하여 전진하고 지친 부대들은 보강과 휴식을 취한 뒤 다시 이동하게 되어 있었다.

니벨은 솜 전역에서 엄청난 손실을 입어 많이 약화된 것으로 알려진 독일군 방어 병력을 제압하기 위해서는 공격과 신속한 전진이 필요하다고 누차 강조했다. 보병들은 베르됭에서 사용한 것과 같은 신속한 돌격 기법을 훈련했고, 공격 부대들에는 적의 거점을 처리하는 데 도움이 될 소구

경 야포가 추가로 배치되었다. 한편 전차부대는 '중단 없는 전진'을 핵심 개념으로 삼고 포병과 협동작전을 연습했다.

니벨은 프랑스군의 사기가 아주 낮고, 많은 병사들이 전체 전황을-어떤 경우에는 자기 참호 너머의 어떤 것도-보지 못하고 있다는 사실을 알고 있었기 때문에 내부 선전물을 통해 병사들에게 자기 계획을 '설득'하기로 결심했다. 그러나 어리석게도 그 선전물에는 전체 작전계획이 담긴 문서가 포

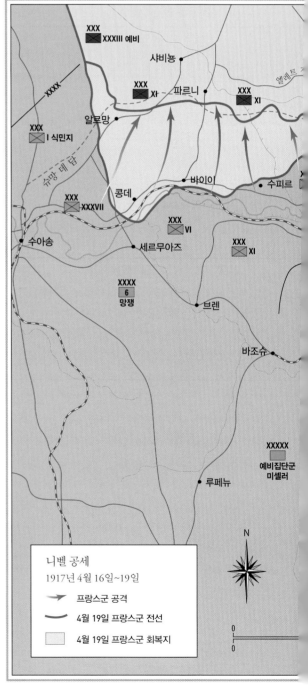

니벨 공세
1917년 4월 16일~19일
→ 프랑스군 공격
─ 4월 19일 프랑스군 전선
▨ 4월 19일 프랑스군 회복지

함되어 있었다. 이 사본을 독일군이 노획하면서 독일군 지휘관들도 니벨 공격계획의 내용을 자세히 알게 되었다.

독일군의 대응

돌출부를 방어할 수 없다는 사실을 깨달은 독일군 지휘관들은 병력을 후퇴시켜 후방에 좀 더 짧고 직선에 가까운 방어선을 구축하기로 했다. 이것은 어떤 증원이 이루어지기 전에 병력의 밀도를 상승시키는 효과가 있었다. 독일군은 연합군이 사용할 수도 있는 모든 것들을 파괴한 뒤, 2월 9일부터 힌덴부르크 선(Hindenburg Line)으로 퇴각했다. 이런 조치로 전쟁을 통틀어 가장 강력한 방어진지가 탄생하게

되었다. 이 방어진지는 고지대에 위치해 방어에 유리할 뿐만 아니라 후방에 대한 적의 포병 관측이 어렵다는 이점이 있었다.

3월 중순 무렵 독일군이 은밀하게 돌출부를 버리고 떠나자 그것을 돌파하겠다는 니벨의 계획은 쓸모없는 것이 되어버렸다. 일단 독일군이 떠난 것이 분명해지자, 프랑스군은 그곳을 점령하기 위해 전진했다. 프랑스군의 전진을 가로막은 것은 부비트랩과 엉망이 되어 위험한 지형뿐이었다. 돌출부의 '점령'은 승리로 묘사되었고, 니벨은 계획했던 공세의 목표를 새로운 독일군 방어선으로 변경했다. 그러는 과정에서 그는 전략적 상황이 완전히 바뀌었으며 그 변화

니벨 공세
독일군이 목표 돌출부에서 후퇴하여 더 짧아진 전선을 따라 방어선을 강화하지 않았다면, 니벨의 양익포위계획은 효과가 있었을지도 모른다.

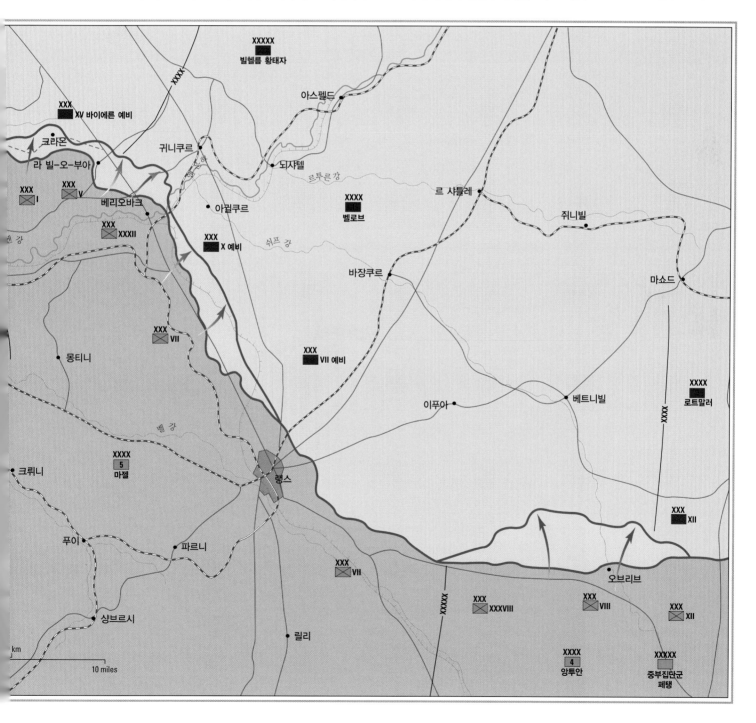

가 단지 국지적인 수준에만 그치지 않았다는 사실을 무시했다.

러시아 차르(Tsar) 체제 붕괴와 잇따른 강화 제의는 수십 개 독일군 사단들이 동부전선에서 풀려나 서부전선에서 전투 중인 사단들을 증원하게 된다는 것을 의미했다. 반면에 미국이 곧 참전하여 연합군에 엄청난 인력을 제공할 것처럼 보였다. 공격을 연기하거나 아니면 새로운 계획을 수립하는 것이 적절해 보였지만, 니벨은 자신의 원래 계획을 약간 손질해서 추진하기로 결정했다.

공세 개시

공격에 앞서 집중 포격이 실시되었다. 1917년 4월 16일 새벽, 첫 번째 부대가 전진을 시작했다. 밤새 추위에 시달리며 전방진지에서 대기했음에도 불구하고 보병들은 자신감이 넘쳤다. 공세를 위해 전차도 128대나 배치되었다. 이 전차들은 슈네데르(Schneider) 모델로 75밀리미터(3인치) 대포와 기관총으로 무장했으며, 이론적으로는 소병기 사격에 끄떡없었다. 하지만 연료탱크가 취약하다는 사실이 드러났을 뿐만 아니라 더 심각한 문제는 험한 지형에 곧잘 처박혀버린다는 것이었다.

1916년 영국 전차를 처음 보고 충격을 받은 뒤, 독일 작전계획자들은 기갑 돌격에 대처하기 위한 수단을 개발해두었다. 그중에는 그야말로 깊고 넓은 도랑이라고 할 수 있는 '대전차호'나 느리게 이동하는 차량을 향해 직접사격을 할 수 있는 위치에 배치된 곡사포가 포함되어 있었다. 보병은 단 한 번의 강력한 타격으로 전차를 관통할 수 있을 만큼 구경이 큰 대전차총으로 무장했으며, 대전차 임무용 소구경 대포를 몇 문 보유했다.

보병에 대한 방어책 역시 훌륭했다. 방어병력은 수백 정의 기관총을 밀집시켜 운용했으며, 깊은 참호의 이점을 이용했다. 프랑스 보병의 움직임을 확인하기 위해 조명탄을 발사해 그들의 머리 위를 밝혔다. 독일군 포병이 프랑스 전차와 보병을 동시에 타격했지만, 프랑스군의 이동탄막은 그들을 보호하지 못했다. 낙관적 계산에 따라 사전에 계획된 시간표대로 실시된 탄막사격은 공격부대보다 훨씬 빨리 전진해서 방어병력을 지나쳐버렸고 그때부터 방어병력은 날아오는 포탄에 전혀 방해받지 않고 전투를 수행할 수 있었다. 탄막사격 시간표를 수정하려고 시도했다가 적과 아군의 참호선 사이에서 전진이 지연된 공격부대 병사들이 적의 포대는 물론이고 아군의 포대로부터 동시에 사격을 당하는 사태가 벌어졌다.

전차도 큰 도움이 되지는 못했다. 대다수가 적의 전방진지

슈네데르 전차
군사작전을 수행하기에는 설계가 부적절했지만 더 나은 대안이 없었던 슈네데르 전차는 첫 번째 작전에서 초라한 성적을 거두어 대량으로 생산되지 못했다.

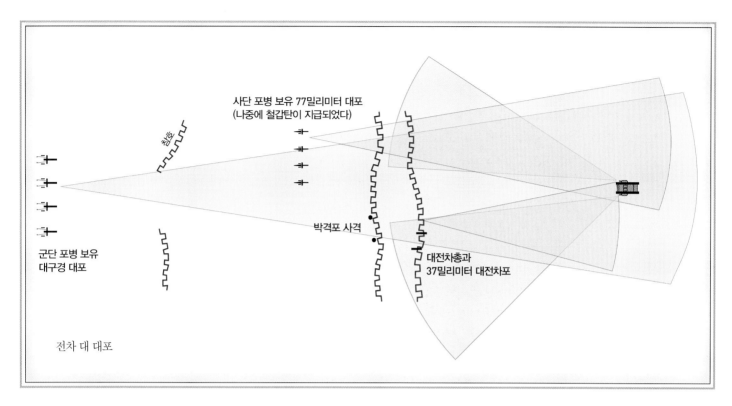

사단 포병 보유 77밀리미터 대포
(나중에 철갑탄이 지급되었다)

참호

군단 포병 보유
대구경 대포

박격포 사격

대전차총과
37밀리미터 대전차포

전차 대 대포

에 도달하기도 전에 진창이나 도랑에 처박혀버렸고, 그 상태에서 대구경 대포의 포격은 물론이고 소구경이나 중구경 대포의 직접사격을 받아 대부분이 곧 무력화되었다. 정오가 되자 공격은 완전히 정지되었고, 독일군의 반격이 시작되었다. 일부 부대는 붕괴되어 도주했으며, 다른 부대들은 완강하게 저항하여 총체적인 붕괴를 막았다. 첫날 하루 동안 프랑스 육군은 예상했던 1만 명을 훨씬 능가하는 9만 명의 사상자가 발생했고, 예정된 10킬로미터(6마일)가 아니라 550미터(600야드)를 전진했다.

공세 지속

이런 재앙과도 같은 시작에도 불구하고 공세는 지속되어 다음날 최대진출선에 도달했다. 이것은 독일군의 전선을 돌파했기 때문이 아니라 독일군 병력 재배치 때문이었다. 이후 전역은 거의 교착상태에 빠져 격렬한 전투에도 불구하고 아무런 성과를 거두지 못했다. 이 공세는 혁신적인 전술을 통해 승리를 쟁취하기는커녕 예전 방식을 고수한 도살에 불과했다. 4월 29일이 되자 공세는 중지되었다. 이때 프랑스군 전차부대는 사실상 소멸되었으며, 보병은 13만 4,000명이 넘는 사상자가 발생했다. 프랑스군은 조금 전진하는 성과를 거두고 독일군에 상당한 인명피해를 입히기는 했지만, 그들이 입은 피해는 그것을 훨씬 능가했다.

비록 대부분의 경우 심각한 단계로 발전하지는 않았지만, 절반이 넘는 프랑스군 사단에서 명령 불복종과 노골적인 폭동이 발생했다. 대부분의 부대는 자기 구역을 방어하거나 자신의 상황에 유익한 소규모 공세에는 기꺼이 참가했다.

하지만 대규모 공세에 참가해야 할 경우 부대가 완전히 명령을 거부하는 '전투 거부' 사례가 무수히 발생했다. 이 기간 동안 프랑스군은 아주 취약했지만, 폭동의 규모가 어느 정도인지 적이 알지 못하게 최대한 비밀로 했다.

니벨은 앙리 필리프 페탱(Henri Philippe Pétain) 장군으로 교체되었다. 페탱은 사기를 회복시키기 위한 조치를 취했고, 6월 말이 되자 상황은 나아졌다. 하지만 프랑스 육군은 집중적으로 방어되는 진지에 대한 살인적인 정면 공격에 더 이상 동의하지 않을 것임을 분명히 했다. 앞으로 프랑스 보병이 기꺼이 대규모 공격을 수행하기 위해서는 더 많은 지원, 그리고 그 이상의 무언가가 필요했다.

다중 방어
전차는 전진하는 도중에 참호 전면에 배치된 소구경 화기의 직접사격과 전차 무기의 사정거리 밖에 배치된 대구경 대포의 포격을 받았다.

무력화된 영국군 전차
공격이 성공한 경우 무력화된 전차는 회수가 가능했지만, 그렇지 않을 경우 무인지대에 그대로 방치되어 새로운 공격이 시작되었을 때 전진을 방해하는 장애물로 전락하기 십상이었다.

캉브레 1917년

공격 준비
영국군 마크 IV 전차가 1917년 캉브레 전투가 시작되기 전 공격개시선으로 이동하고 있다.

전차 습격(35쪽 지도)
1917년이 되자, 영국군 지휘관들은 공세에서 결정적 결과를 기대하지 않게 되었다. 따라서 캉브레 '전차 습격'을 최대한 활용하기 위한 준비를 하지 않았다.

특수 차량
캉브레 공격을 지원하기 위해 여러 종류의 특수 차량들이 제작되었다. 철조망제거전차는 공병장갑차의 전신이었다.

모든 새로운 무기체계가 도입될 때 언제나 그렇듯이 전차를 효과적으로 사용하기 위해서는 전술교리를 개발해야 했고, 그러기까지 어느 정도 시행착오를 거쳐야 했다. 일부 사람들은 장갑차량을 자원의 낭비, 혹은 기껏해야 흥미로운 장난감 정도로 여겼다. 다른 몇몇 사람들은 국지적 공격이나 반격 시에 보병을 지원하기 위해 소규모 단위로 사용하는 것이 최선이라고 생각했다. 많은 전차 옹호론자들은 충분한 수를 사용할 수 있을 때까지 기다렸다가 한꺼번에 투입해야 한다고 생각했다.

전차 사용을 반대하는 또 다른 사람들이 있었다. 육군 내부의 많은 전통주의자들은 단지 혁신에 의구심만 품은 것이 아니었다. 그들은 자신의 병종에 전차가 미칠 영향을 걱

정했다. 기병은 오랜 세월 동안 전장의 '결전 병기'였기 때문에, 기병 장교들은 자신의 지위를 걱정하느라 전차로 인해 적용될 새로운 전쟁수행 방식을 수용하기가 어려웠다. 마찬가지로 자기 휘하의 기갑부대를 가장 잘 활용하는 방법을 몰랐던 고위 지휘관들은 잘못해서 대참사를 초래하지는 않을까 고민이 많았다.

게다가 전차에 대한 한 가지 질문은 아직 답을 얻지 못한 상태였다. 기존의 작전체계 속에서 전차를 어떻게 운용할 것인가? 대포를 장비하고 있으니 전차를 일종의 포대로 볼 수 있었지만, 대포는 돌격을 선도하지 않았다. 기동성이 있고 적의 전선을 돌파할 수 있다는 점에서는 기병과 많은 공통점이 있었다. 그러나 많은 기병들은 전차와 비교되는 것을 싫어했다. 많은 사람들이 전차는 일종의 전투지원체계로서 보병 부대에 통합되어야 한다고 생각했다. 또 다른 사람들은 전차를 별도의 병과로 독립시켜야 한다고 주장했다.

준비

이 질문에 대한 적절한 답을 얻었다 하더라도 장갑차량의 역량을 활용하는 최선의 방법은 여전히 확인이 필요한 상태였다. 따라서 전차로 하여금 대규모 공세를 선도하게 한다는 결정은 쉽게 내릴 수 있는 성질의 것이 아니었다. 계획과 군수물자 축적에만 몇 개월이 걸리는 특정 작전을 입증되지도 않은 무기체계에 전적으로 의지하는 것은 너무나 위험부담이 컸지만, 이외에 다른 어떤 방법도 별다른 성과를 거두지 못했기 때문에 대규모 전차 공격이 승인되었다. 선정된 공격 장소는 캉브레(Cambrai) 인근 지역으로, 그곳의 지형이 전차 운용에 적합한 것처럼 보였기 때문이었다.

작전계획과 준비가 전차에 맞게 조정되었다. 공격 개시 전에 지상에 탄공을 만들어 적의 참호선에 도달하는 데 방해가 되는 장시간의 공격준비사격 대신 기습적으로 짧고 집중적인 사전포격만 실시하는 것으로 결정이 났다. 대포는 사격 후 탄착을 관측하는 방식이 아니라 지도의 좌표를 이용해 사격을 유도했다. 물론 이것이 전차에만 한정된 전술은 아니었다. 다른 곳에서 기습공격은 좋은 결과를 거둔 반면, 이전의 대규모 공격준비사격은 대부분 적에게 공격이 임박했다는 사실을 알려주는 구실만 했다.

보병은 가능한 한 전차와 공동으로 작전하는 훈련을 받았지만, 가장 많은 준비를 한 것은 전차부대였다. 전차들은 기관총만 장비한 '암컷' 2대와 6파운드 포로 무장한 '수컷' 1대로 반을 이루었다. 각 전차는 장작단을 차체 위에 싣고 다

캉브레 공격에 참가한 전차 대수 1917년 11월 20일	
전투전차(각각 전차 42대를 보유한 9개 대대)	378대
보급전차와 대포수송전차(7)	54대
철조망제거전차	32대
가교전차	2대
무선전차(대대당 1대)	9대
수송전차(군사령부를 위한 전화선 운반용)	1대
총	476대

출처: 『Official History』, 1917, Vol. 3, p. 28

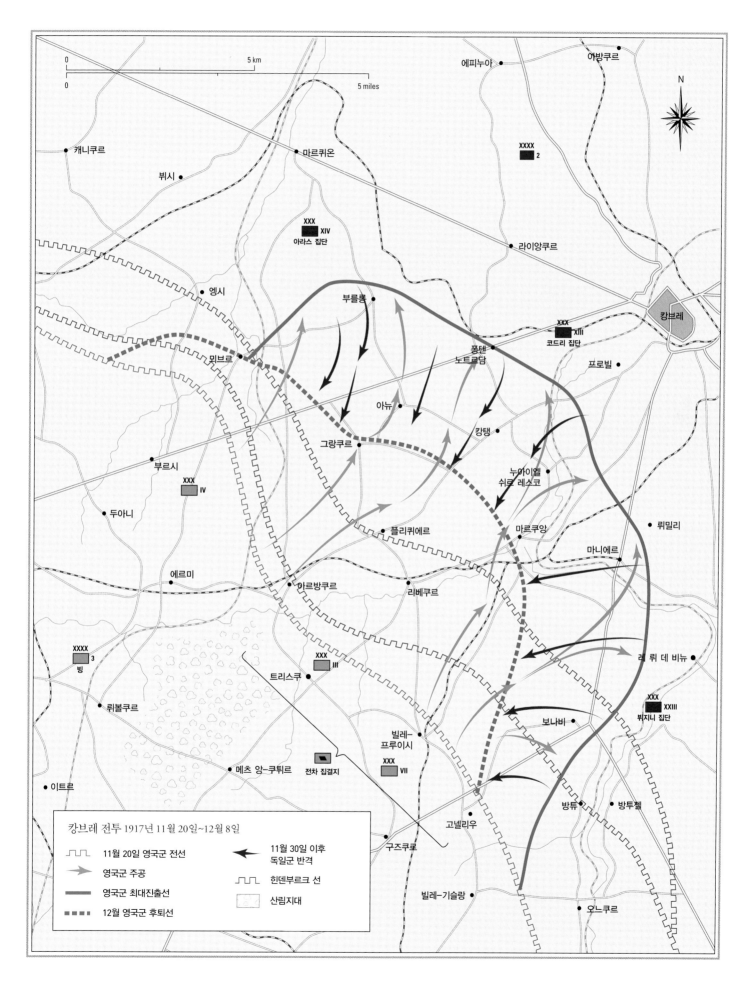

1917년 전차 공격

전차들이 적의 참호와 거점들을 통과하여 배후로 침투한다.

전차가 넘어갈 수 있도록 적의 참호 안에 '장작단'을 떨어뜨린다.

포병의 이동탄막을 따라 전차가 전진한다.

포병의 이동탄막을 따라 전차가 전진한다.

보전협동공격
전차 3대로 구성된 각 반이 1개 보병부대가 동행했는데, 그들은 전차 뒤에 숨어 적의 사격으로부터 자신들을 보호했다. 또한 전차는 철조망을 뭉개서 무력화하거나 끌어서 제거했다.

니다가 적의 참호 속에 굴려 넣은 뒤 그것을 타고 참호를 넘었다.

각 반이 적의 참호선에 도달할 때까지 삼각편대를 이루어 전진하는 것이 표준 전술이었다. 참호선에 도달한 선두 전차는 참호 속에 장작단을 굴려 넣지만 건너지는 않는다. 그 대신 좌회전하여 참호선을 따라 이동하며 참호 안에 있는 적병을 향해 우측에 장착된 화기로 사격을 가한다. 한편 같

직격탄에 맞은 전차
대포에 직격탄을 맞을 가능성은 낮았지만, 그런 일이 벌어질 경우 결과는 참혹했다. 승무원들이 즉사하지 않더라도 보통 불타는 차체 안에 갇히게 될 가능성이 높았다.

은 반의 다른 전차들은 자신의 장작단을 사용해 전방참호를 돌파한다. 두 번째 전차가 빠르게 좌선회하여 전방참호와 지원참호 사이로 기동하면서 양측면의 무기로 이 두 참호를 동시에 사격한다.

세 번째 전차는 지원참호를 횡단하여 그것과 나란히 병진하며 왼쪽 측면의 무기로 참호 안에 사격을 가하면서 오른쪽 측면의 무기로 표적이 등장할 때마다 그것과 교전한다. 각각의 전차반이 이렇게 한 구역의 참호지대를 소탕하면, 이어 보병이 그곳을 점령한다. 전차들은 참호선 뒤에 재집결한 뒤 다음 2선 참호진지를 향해 전진을 계속한다.

이것이 전투전차의 역할이었지만, 공격대형에는 특수 전차들도 포함되어 있었다. 이들 중 일부는 철조망을 제거하기 위한 고리를 장착하여 보병이 통과할 수 있도록 적의 철조망을 끌고 가는 임무를 수행했다. 보급전차와 통신전차도 전진부대를 따랐는데, 통신전차는 무선통신장비를 장착했다.

전차 습격

캉브레 공격은 결정적인 돌파구를 마련하기 위한 전면적인 시도라기보다는 '전차 습격'으로 계획된 것이었다. 그 개념이 계획 단계에서 어느 정도 확대되기는 했지만, 실낱같은 희망을 제외하고 큰 성공을 거두리라는 기대는 하지 않았

다. 돌파가 이루어질 경우 이용하기 위해 기병을 배속해 대기하게 했지만, 그들은 신속하게 대응하기에는 너무 먼 후방에 배치되어 있었다.

하지만 다른 측면에서 보면, 캉브레 공격은 최선의 노력을 다한 시도였다. 영국 전차대(최근에 알려지게 된 이름) 전체가 작전에 투입되었다. 약 476대의 장갑차량들이 배치되었으며, 그중 대부분은 마크 IV였다. 마크 IV는 대부분 '전투전차'로 활약했으며, 이보다 장갑이 얇은 마크 I과 마크 II는 특수 용도로 개조되었다.

공격은 1917년 11월 20일 약 1,000문의 대포가 동원된 기습포격으로 시작되었고, 완벽한 기습을 달성했다. 단시간 적의 진지를 포격한 뒤, 보병이 공격부대 전방을 향해 '이동탄막사격'으로 전환하면서 전차가 전진하기 시작했다. 처음에는 저항이 간헐적이고 경미해서 공격부대는 큰 어려움 없이 독일군 전방참호에 도달했다.

공격의 충격이 가시고 방어자들이 정신을 가다듬으면서 저항이 거세졌다. 하지만 저항은 대체로 단편적으로 이루어졌다. 일부 부대는 자리를 지킨 반면, 다른 부대들은 후퇴했던 것이다. 반격도 있었지만, 영국군 전차와 그들이 지원하는 보병의 화력에 격퇴되었다. 보전협동 전술이 훈련대로 수행되면서 대체로 성공을 거두었다. 하지만 일부 구역에서는 전차와 보병이 분리되는 바람에 한쪽이 처리해줄 수 있는 저항에 막혀 다른 쪽이 저지당하는 사태가 벌어지기도 했다.

전술적 승리

그날 저녁까지 영국군 보병은 일부 구역에서 8킬로미터(5마일)를 전진하는 데 성공했다. 이는 1차 세계대전의 기준으로 볼 때 눈부신 성과였다. 하지만 돌파가 이루어진 다음 그것을 활용하여 전략적 승리를 이끌어낼 수 있는 기회는 오지 않았다. 일부 지원 기병부대가 전진에 기여하기는 했지만, 오랫동안 기회가 오기만을 기다렸음에도 불구하고 정작 기회가 왔을 때 준비가 되어 있지 않아서 다른 병종이 거둔 전과를 활용하지 못했다.

전차와 보병도 전술적 승리 이상의 성공을 거두지 못했다. 다음날에도 전진은 계속되었지만, 이번에는 적이 사전 경고를 받은 상태였고 물러서지 않고 싸울 준비가 되어 있었다. 공격은 기세를 잃고 며칠 만에 안정된 상태로 돌아갔다. 그 후 독일군의 반격으로 전세가 역전되어 영국군은 점령했던 지역을 다시 빼앗겼다.

캉브레 공격에서 전차 65대가 적의 작전으로 무력화되었으며, 114대가 거친 지형에 처박히거나 고장이 났다. 이들 중 다수는 회수되어 다시 전장에 복귀할 수 있었다. 비록 '전차 습격'으로 대포 150문을 노획하고 대규모 전차 전술이 매우

효과적일 수 있다는 결정적 증거를 얻기는 했지만, 그럼에도 불구하고 그것은 말 그대로 그냥 습격에 불과했다.

캉브레 전투는 결정적인 전략적 성과를 달성하지 못하고 전술적 성과마저도 대부분 오래가지 못했지만, 전쟁의 향방에 큰 영향을 미쳤다. 캉브레 전투에서 전차의 역량이 충분히 증명되면서, 연합군은 전차를 대량 생산하고 그것을 전투에 투입하는 데 몰두했다. 이것은 이후 전쟁에서 전략적 돌파로 이어지게 되고 궁극적으로 독일 육군의 붕괴에 기여했다. 만약 캉브레에서 전차가 실패했다면, 다시 밀집대형 보병돌격 전술로 돌아갔을 테고, 그로 인해 전쟁은 상당히 더 오래 지속되었을 것이다.

캉브레 작전을 통해 전차를 보병지원 병기로 봐야 하며 따라서 도보로 이동하는 보병의 속도에 전차의 속도를 맞춰야 한다는 이론이 증명된 것처럼 보였다. 이런 견해는 한동안 연합군 계획입안자들의 생각에 영향을 미쳤다. 하지만 일각에서는 전차가 공격을 이끌어야 하고 나머지 병과는 전차와 보조를 맞출 방법을 찾아야 한다고 믿는 사람들도 있었다.

전차 전술
초기 전차 전술은 복잡해서 개별 전차에는 참호선의 일정 구역을 소탕하는 임무가 할당되었고, 보병에게는 전차 뒤에 바짝 붙어 전진하면서 소탕된 참호들을 점령하는 임무가 할당되었다.

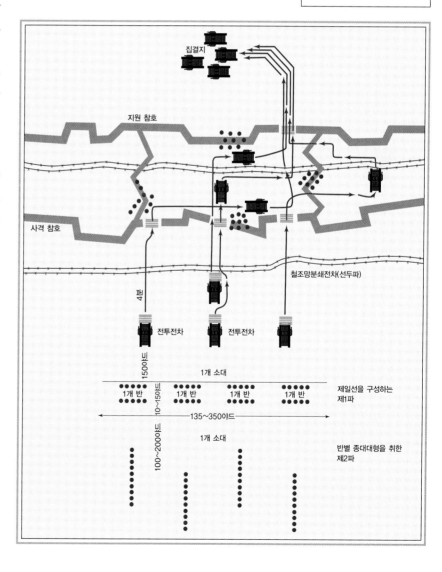

전차 대 전차
1918년 빌레르-브르토뇌

독일은 영국이나 그 동맹국만큼 장갑차량 개발을 중요하게 여기지 않았기 때문에 자체 전차 개발 프로그램을 마지못해 뒤늦게 시작했다. 심지어 기갑타격부대를 만들겠다는 결정이 내려진 뒤에도 자국 전차보다는 노획한 영국 및 프랑스 전차들을 훨씬 더 많이 사용했다. 많은 전차들이 공격 도중 고장이 나거나 거친 지형에 처박히면서 대체로 운용 가능한 상태로 노획되었다.

1차 세계대전 중 교전을 경험한 유일한 독일 자체 설계 전차인 A7V는 심지어 영국이나 프랑스 전차들보다 더 잦은 고장을 일으킬 정도로 심각한 결함을 가지고 있었다. 이것은 그 자체로 거대한 표적에 불과했다. 장갑에 약점이 많았을 뿐만 아니라 장갑에 있는 셸 트랩(shell-trap) 때문에

돈 먹는 하마
독일군 A7V는 확실히 무시무시해 보였다. 하지만 전쟁 무기로서 이것은 자원 낭비에 불과했다. 소수만이 완성되어 사용되었으며 실제 교전에 참가한 것들은 사실상 아무 전과도 올리지 못했다.

A7V 무장
A7V의 무장은 동시에 여러 방향으로 사격을 할 수 있도록 배열되었지만, 개별 무기는 사계가 대단히 제한되어 여러 군데 사각지대가 존재했다.

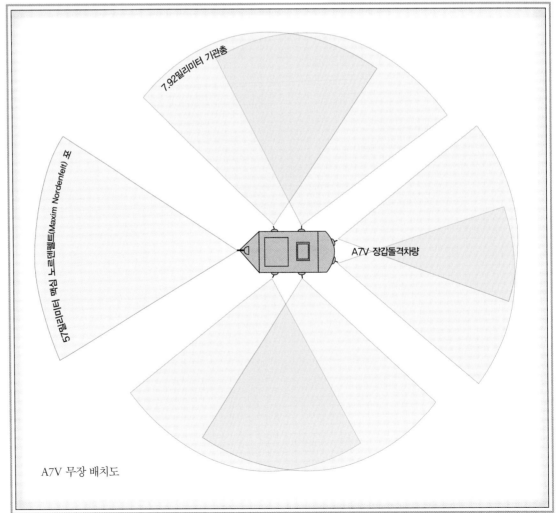

7.92밀리미터 기관총

57밀리미터 노르덴펠트(Maxim Nordenfelt) 포

A7V 장갑돌격차량

A7V 무장 배치도

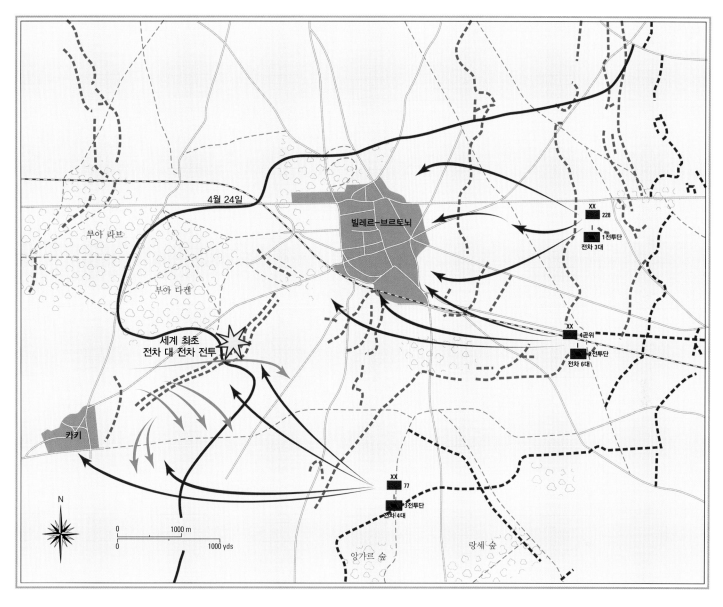

4월 24일

부아 라브

빌레르-브르토뇌

부아 다켄

세계 최초
전차 대 전차 전투

카키

N

| 0 | 1000 m |
| 0 | 1000 yds |

XX 228
1전투단
전차 3대

XX 4군위
2전투단
전차 6대

XX 77
3전투단
전차 4대

앙가르 숲

랑세 숲

적의 사격에 더욱 취약했다. 전차가 참호 공격을 지원하기 위한 돌격차량으로 간주되던 시기에 A7V는 최저지상고가 너무 낮아 쉽게 노면에 걸리는 경향이 있었다. 게다가 많은 수의 승무원이 필요했는데, 그들 사이에는 의사소통도 쉽지 않았다.

다른 독일 전차 설계안도 제출되기는 했지만, 전쟁이 끝날 때까지 생산되지 못했다. 이들은 장갑차 설계를 바탕으로 기관총 포탑을 장착한 경차량부터 영국군 마크 IV나 유사 전차들의 대형화 버전이나 다름없는 거대 '돌파전차'에 이르기까지 다양했다. 이 거대 돌파전차는 77밀리미터(3인치) 주포 4문을 비롯해 기관총 7정을 장착하고 22명이나 되는 승무원이 탑승할 수 있었다. A7V보다도 더 컸지만, 어떤 측면에서는 이 차량이 더 실용적이었다. 차체가 낮아서 덜 매력적인 표적이었으며 야지횡단능력도 더 나았다. 그럼에도 불구하고 설계가 여전히 비실용적이어서 전투 상황에서 A7V보다 조금도 더 효과적이지는 않았을 것이다.

빌레르-브르토뇌 공격

1918년 4월, 아미앵(Amiens)까지 돌진하기를 바라던 독일군은 독가스탄을 사용해가며 공격을 개시해 빌레르-브르토뇌(Villers-Bretonneux)를 점령하는 데 성공했다. 이로 인해 아미앵으로 가는 통로가 열렸으며, 결정적 돌파 가능성이 생겼다. 이 위협에 대처하기 위해, 오스트레일리아 보병은 적이 돌파구를 강화하기 전에 역습을 감행하라는 명령을 받았다. 공격은 야간에 이루어져 독일군을 퇴각시키는 데 성공했다.

추가 공격에 대비해 그 지역을 지키는 데 도움이 되도록 영국군 마크 IV 전차 3대가 전방으로 파견되었다. 당시 관행에 따라 그중 1대는 '수컷' 전차였고, 2대는 '암컷' 전차였다. '암컷' 전차는 주로 보병을 상대하기 위해 기관총으로 무장한 반면, '수컷' 전차는 포좌나 방어시설을 비롯해 그곳에 배치된 기관총을 상대하기 위해 6파운드 포를 장착했다. '수컷' 전차가 적 장갑차를 파괴할 수 있는 대포를 장착하

빌레르-브르토뇌에서
실시된 독일군 전차 공격
1918년 4월 24일

독일군 전차 공격
연합군 반격
일자별 독일군 전선
독일군 참호
연합군 참호
산림/숲

전차 대 전차
빌레르-브르토뇌에서 벌어진 전차전은 어느 쪽도 의도한 것이 아니었지만, 연합군 측의 전차 대수를 고려할 때 머지않아 벌어질 수밖에 없는 충돌이었다.

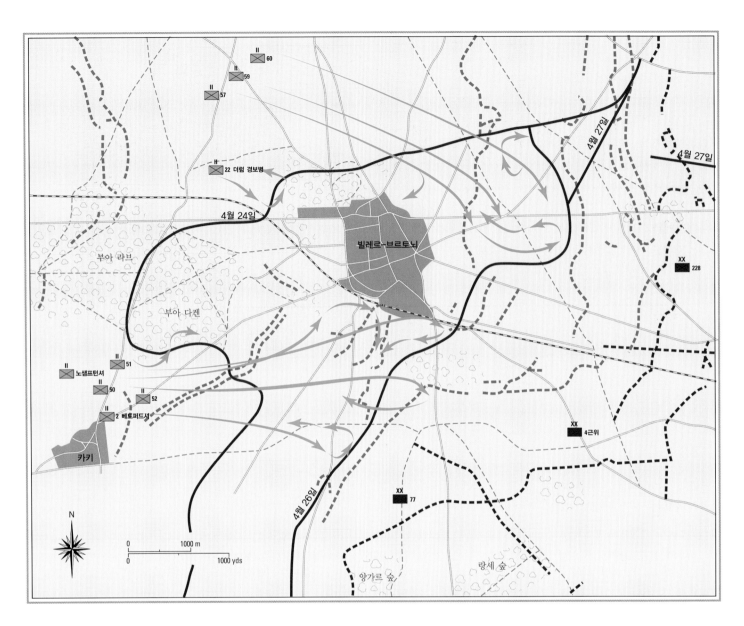

빌레르-브르토뇌
연합군 반격
1918년 4월 27일까지

↗ 연합군 반격
━━ 일자별 독일군 전선
- - - 독일군 참호
- - - 연합군 참호
▨ 산림/숲

전차부대의 반격
반격에 참가한 영국군 휘핏 경전차 몇 대가 기관총으로 적의 보병과 교전하여 여러 차례 그들을 제압했다. 그중 몇몇 전차는 교전 도중 포탄에 맞아 무력화되었다.

기는 했지만, 당시에는 대전차 용도를 전혀 고려하지 않았다. 전차는 보병지원차량으로서 대전차포 혹은 보병진지를 상대하게 될지는 몰라도 적의 전차를 만날 가능성은 별로 없었다. 이때까지만 해도 그런 일은 결코 일어나지 않았다.

독일군 전차 출현
영국군 기갑부대가 전진하자, 독일군 A7V가 그들을 포착하고 사격을 가했다. A7V는 기관총 6정 외에도 영국군 6파운드 포에 해당하는 57밀리미터(2.25인치) 포를 장착하고 있었다. A7V는 주포가 전방에 장착되어 있고 기관총은 사계가 제한적이었기 때문에 장갑차량이라기보다 기동 벙커에 더 가까웠다. 따라서 A7V가 상당한 화력을 장비하고 있었음에도 불구하고 그것을 단일 표적에 집중시킬 수 없었다.

이와 대조적으로 영국 전차들은 주무장을 사계가 더 넓은 측면 돌출포탑에 장착했다. 물론 이것도 전방위로 사격이 가능한 회전포탑보다는 사계가 제한적이기는 했다. 당시

회전포탑을 채용한 전차가 개발되고 있었지만, 아직 실전에 배치되지는 않았다. 회전포탑을 도입하지 않을 경우 전차 제작이 더 단순해지지만 여러 가지 면에서 약점이 생겼다. 회전포탑을 설치할 경우 한 가지 무기만으로 전방위를 제압할 수 있는 반면, 돌출포탑이나 차체 내부에 무기를 장착한 전차는 사각지대를 없애기 위해 다수의 무기를 장착해야 했다. 이것은 승무원의 수뿐만 아니라 차량의 크기와 중량도 증가시켰다.

게다가 회전포탑은 전차가 주포의 방향을 바꾸기 위해 회전하는 것보다 더 빨리 포신을 회전시킬 수 있었고 전차가 포탑만 지상에 노출시키는 차체차폐가 가능했다. 따라서 전차 대 전차의 전투가 벌어질 가능성이 높아지자, 회전포탑 차량이 필요해졌다. 전반적인 차량의 크기를 작게 유지하면서 어떤 방향으로든 이동하는 표적과 교전할 수 있는 능력은 전투에 효과적인 무기체계가 지녀야 할 필수요건이었다.

A7V는 영국군 '암컷' 전차들을 향해 사격을 개시했다. 영

국군 '암컷' 전차들도 기관총으로 응사했다. 영국 전차는 장갑의 두께가 최대 12밀리미터(0.5인치)인 데 비해, A7V는 장갑의 두께가 최대 30밀리미터(1인치)에 달해 장갑 면에서 훨씬 더 우월했다. 결국 영국군의 기관총은 독일 전차에 아무런 효과가 없다는 것이 입증되었다. 영국군 '암컷' 전차는 독일군의 독가스 공격을 받아 이미 사상자가 발생했기 때문에 승무원이 부족한 상태에서 손상을 입은 채 교전을 중단하고 퇴각할 수밖에 없었다.

다수 전차들의 교전

이어서 영국군 '수컷' 전차가 등장해서 6파운드 포로 A7V와 교전하기 시작했다. 포탄이 A7V에 명중하기는 했지만, 장갑을 뚫지는 못했다. 하지만 포탄이 장갑을 뚫지 못했다고 해도 승무원에게 부상을 입히고 시스템에 손상을 줄 수는 있었다. 주로 파쇄파편 – 전차 차체 내부로 튀는 뜨거운 금속 파편 – 때문이었다. 파쇄파편으로 인해 약간 손상을 입은 독일 전차는 영국군의 사격을 피하면서 자신의 무기를 쏘기 위해 최선을 다해 기동했다.

A7V는 경사지를 오르다가 엄청난 크기와 높은 무게중심을 감당하지 못하고 뒤집혀버렸다. 역사상 최초의 전차 대 전차 '살상'이 별로 극적이지 않았지만, 이로 인해 독일군 전차는 전투력을 상실했다. 하지만 다른 독일군 전차 2대가 도착하여 영국군 마크 IV와 교전을 시작했다.

당시 원시적인 대포조준체계로는 이동하는 표적을 명중하기 어려웠기 때문에 교전은 아무런 결론을 내지 못한 채 한동안 지속되었다. 당시 전차의 대포는 고정된 포좌를 공격하는 데는 적합했지만, 이동하는 다른 전차를 명중시킬 수 없었다. 하지만 잠시 뒤 독일군 승무원들이 전차 1대를 버리고 도주하는 바람에 나머지 1대는 후퇴할 수밖에 없었다.

식별 표식
영국군 전차는 독일군이 노획해 사용하는 전차와 구분하기 위해 수직 줄무늬를 칠했다.

전투 중인 A7V
많은 약점을 가진 A7V는 적에게 그저 커다란 표적에 불과했다. 아주 평평한 땅에서만 운용이 가능했기 때문에 적의 참호를 돌파하는 데 아무런 소용이 없었다.

수아송 1918년 7월

슈네데르 돌격전차
홀트 트랙터 차체를 기반으로 제작된 대부분의 슈네데르 전차는 비무장 보급 차량으로 제작되어 군대에 납품되었다.

연합군의 해상봉쇄가 전쟁을 수행하는 독일의 목을 서서히 조이는 가운데 전쟁피로로 인해 사기가 떨어지고 사상자를 보충하기가 점점 어려워지자, 독일 작전계획자들은 대규모 미군 병력이 도착하기 전에 교착상태를 타개하고 전쟁에서 승리해야 할 필요가 있었다. 이를 위해 그들은 미하엘 작전(Operation Michael)을 구상하기에 이른다.

미하엘 공세는 영국군과 프랑스군 사이를 파고들어 영국군을 영국해협 항구로 몰아붙이는 동시에 프랑스군을 파리로 밀어내려는 의도를 갖고 있었다. 이것은 1914년에 시도된 공세와 크게 다르지 않았으며, 그런대로 괜찮은 전략이었다. 하지만 이것은 1914년에 강한 인상을 남긴 독일 육군에게도 벅찬 작전임이 증명된 상태에서 지칠 대로 지친 1918년의 독일군 사단들에게는 필사적인 도박이나 다름없었다.

미하엘 공세는 초기에는 성공적이었는데, 특히 경보병 '돌격대' 전술을 사용한 것이 효과가 컸다. 이것은 소규모 부대가 적의 전선으로 침투하면서 거점을 정면공격으로 제거하기보다는 우회하는 전술이었다. 연합군이 전차를 선두에 세워 공세를 펼치는 방식에 의존한 반면, 동맹국 군대는 돌격대를 사용해 그와 비슷한 성공을 거두었다. 일련의 돌격으로 여러 지점에서 연합군 전선을 뒤로 밀어냈지만, 결국 공세로 승부를 내지는 못했다.

양측 모두 엄청난 사상자가 발생했지만, 연합군은 손실을 미군으로 보충할 수 있었던 반면, 독일군은 손실을 보충할 수 없었다. 그럼에도 불구하고 몇 개월에 걸쳐 여러 차례 공격이 이어졌고, 때로는 상당한 거리를 전진하는 데 성공하기도 했다. 7월 18일이 되자 커다란 돌출부가 파리를 향해 밀고 나왔지만, 1918년 8월 2차 마른 전투가 끝나자 독일 육군은 방어태세로 전환할 수밖에 없었다. 그들의 역량으로는 더 이상의 공격이 불가능했던 것이다.

프랑스군 전차 작전

1918년 독일군 춘계 공세 기간에 프랑스군은 반격을 위해 전차들을 집결시켰다. 생샤몽이나 슈네데르 전차와 비슷한 중전차들이 대부분이었다. 1917년 초 중전차중대에서 사용할 지휘차량으로 신형 르노 경전차가 발주되었다. 1918년 초에는 르노 전차가 전면적인 양산에 들어가 경전차대대들이 창설되었다.

이때까지 중전차들은 좋은 성과를 거두지 못하고 있었다. 전차가 험한 지형을 통과할 수 있도록 도와주는 임무를 띠고 특별 훈련을 받은 보병 분견대의 지원을 받으면서도 중전차들은 거친 지형에 처박히기 일쑤였고, 당시의 모든 전차들이 그랬듯이 쉽게 고장을 일으켰다. 생샤몽 전차는 적의 방해가 없는 상황에서도 곤경에 빠지는 경향이 특히 더 심했다.

그럼에도 불구하고 전차부대는 독일군의 공세 당시 잃었던 목표 지역들을 탈환하는 데 성공했다. 대부분 이런 성공은 소규모 교전에서 거둔 것이었지만, 6월 초에는 훨씬 더 규모가 큰 전차부대가 누아용(Noyon)과 몽디디에(Montdidier) 사이에서 반격을 가하는 데 참가했다. 반격은 성공했지만 전차의 손실이 컸기 때문에 르노 경전차가 중전차의 손실을 메워야만 했다. 이로 인해 전적으로 르노 경전차만으로 구성된 경전차대대와 함께 중전차와 경전차가 혼합된 혼성대대가 창설되었다.

연합군의 반격

독일군이 수행한 마지막 대규모 공세는 1918년 6월 15일에 시작되었다. 이 공세는 독일군에게 2개의 커다란 돌출부를 남긴 채 이틀 만에 중단되었다. 하나는 아미앵 인근의 전략적 철도 연결점을 절단함으로써 연합군의 군수물자 및 병력 이동을 차단했고, 다른 하나는 파리를 위협했다. 이것을 축소시키는 것이 연합군 반격의 주요 목표였다. 프랑스 4개 군이 그것을 축소시키는 임무에 투입되었고, 영국군과 미군

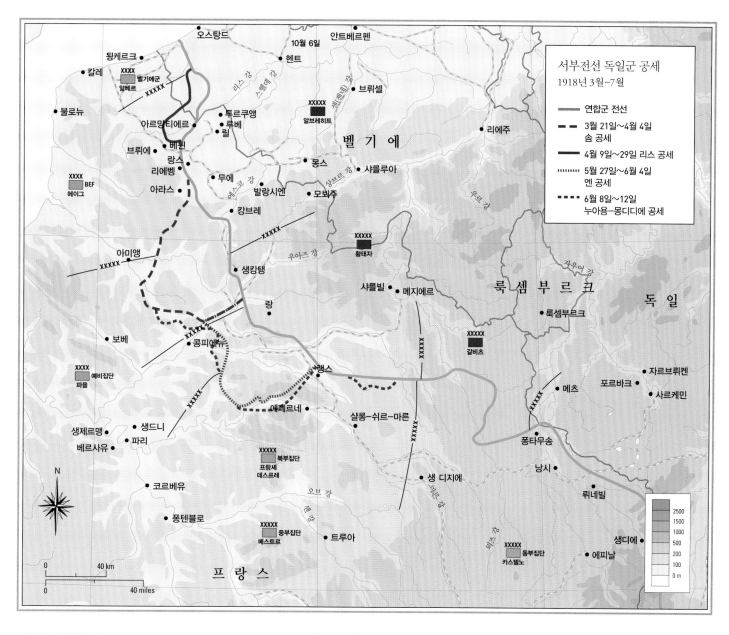

서부전선 독일군 공세
1918년 3월~7월

──── 연합군 전선
- - - - 3월 21일~4월 4일 솜 공세
───── 4월 9일~29일 리스 공세
········· 5월 27일~6월 4일 엔 공세
▪▪▪▪▪ 6월 8일~12일 누아용-몽디디에 공세

2500
1500
1000
500
200
100
0 m

0   40 km
0   40 miles

사단의 지원을 받았다.

일부 미군 병력은 프랑스군 지휘체계에 통합되었지만, 공세를 지원하기 위해 예비대로 편성된 미군 8개 사단은 미군이 지휘했다. 미군 사단들은 유럽 교전국들이 배치한 사단에 비해 규모가 더 크고, 신규 병력들로 구성되어 있어서 동시대 프랑스군이나 독일군 사단보다 전력이 더 셌다.

프랑스군의 반격은 처음으로 전차부대를 근간으로 삼았다. 이제까지 프랑스군은 전차 공격과 기습 포격을 결합한 적도, 전차 전력의 전체를 투입한 적도 없었다. 가용한 모든 중전차들이 공격의 선봉에 섰다. 그리고 그 뒤를 16개 보병사단이 따랐는데, 여기에는 미군 2개 사단이 포함되어 있었다.

그들을 상대할 독일군 10개 사단은 이전의 공세에서 입은 인명피해로 인해 위태로울 정도로 병력이 감소된 상태였다. 독일군 포병 대부분은 플랑드르(Flandre)에서 계획된 공세를 지원하기 위해 그곳으로 이동했으며, 각 사단은 진지를

차지한 지 얼마 되지 않은 상태였다. 따라서 연합군은 이전까지 상대했던 잘 구축된 참호선이 아니라 급조된 방어선을 향해 공격을 개시했다.

10군 공격을 선도하다

7월 18일 프랑스 10군은 다른 3개 군의 지원을 받으며 공격을 개시했다. 최초 공격에 6개 중전차대대가 할당되었고, 3개 경전차대대의 1개 여단이 예비부대로 대기했다. 공격은 아침 안개의 이점을 이용해 완벽한 기습을 달성했으며, 3시간 만에 선두 제대는 적의 진지 안으로 3~4킬로미터(1~2마일)를 진출했다.

첫날 10군은 전차 324대를 배치했고, 그중 225대가 전투에 참가했다. 중전차부대는 모두 전투에 참가한 반면, 경전차대대는 1개 대대만이 교전을 경험했다. 독일군 대포가 많이 줄었음에도 불구하고 전차 62대가 포 사격으로 무력화되

독일군 춘계 공세
독일군 춘계 공세는 미군 인력으로 인해 승리가 불가능해지기 전에 전쟁을 끝내려는 마지막 시도였다. 비록 큰 성공을 거두기는 했지만, 이미 지친 독일군에게 승리는 그들의 능력을 벗어나 있었다.

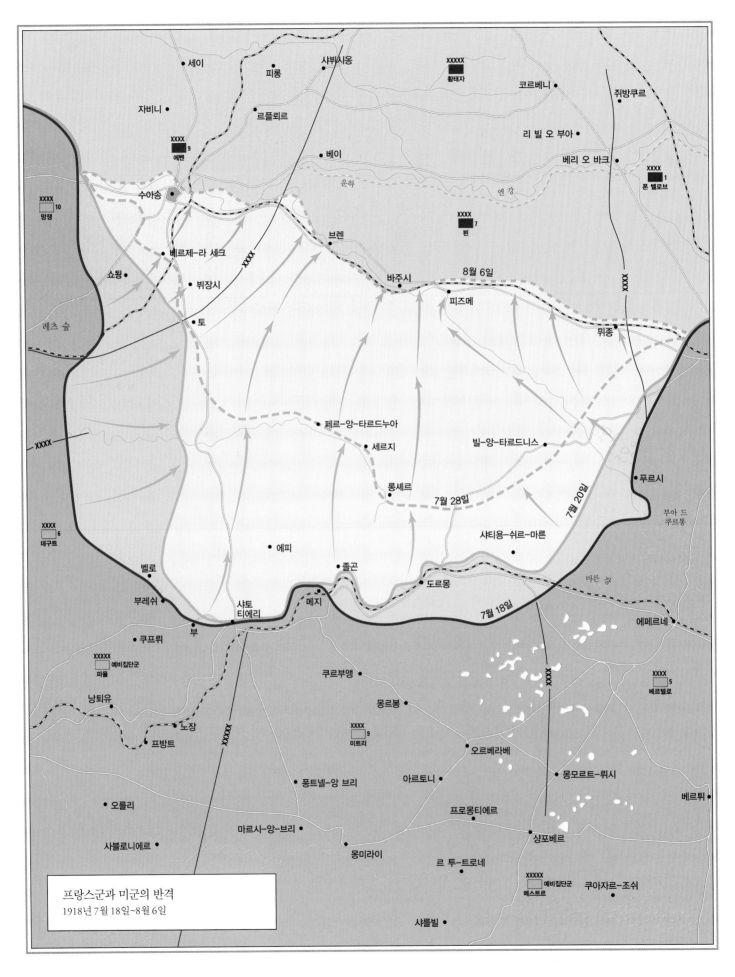

세이
피롱
샤뷔시옹
XXXXX
황태자
코르베니
쥐방쿠르

자비니
르플뢰르
리 빌 오 부아

XXXX
9
에벤
베이
운하
엔 강
베리 오 바크
XXXX
1
퐁 벨로브

XXXX
10
망쟁
수아송
브렌
XXXX
7
뷘

베르제-라 세크
바주시
8월 6일

쇼됭
뷔장시
피즈메
XXXX

레츠 숲
토
뮈종

페르-앙-타르드누아
빌-앙-타르드니스

세르지

롱셰르
7월 28일
7월 20일
푸르시

부아 드 쿠르통

XXXX
6
데구트
에피
샤티용-쉬르-마른

벨로
졸곤
마른 강

부레쉬
메지
도르몽

부
샤토 티에리
7월 18일
에페르네

쿠프뤼

XXXXX
예비집단군
파욜
쿠르부앵
몽르봉

XXXX
5
베르텔로

낭퇴유
노장
XXXX
9
미트리
오르베라베

프방트
XXXXX
몽모르트-뤼시
베르튀

오를리
퐁트넬-앙 브리
아르토니

프로몽티에르

마르시-앙-브리
몽미라이
샹포베르
쿠아자르-조쉬

사블로니에르
르 투-트로네
XXXXX
예비집단군
메스트르

프랑스군과 미군의 반격
1918년 7월 18일~8월 6일

샤를빌

었고, 다른 이유로 인해 40대가 추가로 전력에서 이탈했다. 당연히 선두에 섰던 중전차부대가 가장 큰 손실을 입었다.

너무 많은 중전차들이 무력화되면서 급하게 혼성부대를 편성하여 다음날 전진을 재개했다. 19일에는 약 105대의 전차가 전투에 참가했지만 이번에도 고장이 나거나 땅 속에 처박히거나 적의 공격으로 인해 큰 손실을 입었다. 3중 전차대대는 7월 18일 27대의 전차로 출발했지만, 19일에는 운용 가능한 전차가 단 2대밖에 남아 있지 않았다. 12중 전차대대는 목표 지점에 도달할 때까지 30대의 전차 중 29대 – 18일과 19일 사이 야간에 교체된 보충전차들은 제외하고 – 를 잃었다.

점령지를 보강하면서 하루를 보내는 동안 프랑스군은 역습에 할당된 전차 35대 중 17대를 잃었으며, 이후 대규모 공격을 선도하도록 100대의 전차를 투입해 다시 전진을 시작했다. 공격은 성공했지만 독일군의 반격으로 탈환한 지역을 다시 빼앗겼다. 재편성 후 전차부대는 23일의 마지막 공격에 82대의 전차를 동원할 수 있었다. 이후 탈진한 전차부대는 예비로 전환되었다.

다른 지역의 전차 작전

한편 주공을 지원하기 위해 6군도 공격을 감행했다. 1개 중전차대대와 3개 경전차대대를 할당받은 6군은 18일 자신의 구역에서 전반적으로 성공을 거두었지만, 마찬가지로 전차의 손실은 상당히 컸다. 대부분 고장이 원인이었기 때문에 일부는 신속하게 수리되었다. 그럼에도 불구하고 전차부대의 지원은 빠르게 감소했다. 19일에는 보병대대당 전차 5대가 일반적인 비율이었지만, 26일이 되면 전투가 가능한 전차는 소수에 불과했다.

한편 다른 전차부대는 랭스(Rheims) 인근 구역으로 전출되었다. 독일군의 공격으로 그곳이 위협을 받았던 것이다. 일단 그 공격이 저지되자, 전차부대는 재배치되어 9군이 수행하는 작전에 참가했다. 7월 23일 상황은 대체로 안정 상태에 접어들었다. 전투는 그 이후에도 한동안 계속되었지만, 23일 프랑스군의 전진이 느려지면서 더 이상의 성과는 없었다. 하지만 이 작전은 프랑스 전차대, 더 나아가 연합군 전체의 놀라운 성공으로 독일군의 사기를 떨어뜨리는 데 기여했다.

결과와 여파

프랑스군은 이번 반격을 통해 파리를 향한 위협을 제거하고 독일군의 춘계 공세 때 잃은 땅을 탈환했다. 이것은 독일 육군의 사기에도 상당한 영향을 미쳤다. 밀집된 전차들의 공격 효과는 강렬했고, 새로 도착해 전투 준비를 마친 미군은 강적임이 입증되었다.

르노 FT-17
비록 동시대 다른 전차 설계에 비해 유달리 작았지만, 르노 FT-17은 효과적인 보병지원 플랫폼으로서 초기의 어떤 전차 설계보다도 오래 살아남았다.

슈네데르, 그리고 특히 생샤몽 전차는 모두 교전에서 형편없는 성적을 거두었지만, 신형 르노 전차는 자신의 효용성을 입증해 보였다. 여러 회사가 대량생산체계를 가동했기 때문에 빠른 시일 내에 대량의 전차를 사용할 수 있게 되었다. 생산의 절정기에는 1주일 만에 1개 대대를 편성하는 것도 가능했다. 따라서 르노 전차는 초기 모델들을 밀어내고 단연코 1차 세계대전 중 프랑스군의 가장 중요한 전차로 자리 잡았다.

소규모 반격이든 1918년 8월과 9월에 재개된 공세든 이후 모든 교전을 감당한 것은 르노 전차였다. 생샤몽이나 슈네데르 전차보다 더 작고 가벼웠지만, 르노 전차는 회전포탑에 무장을 장착했다. 이 한 가지 무기로 전방위 사격이 가능했기 때문에 르노 전차는 고작 2명의 승무원만으로도 9명이나 탑승해야 하는 생샤몽 전차와 거의 대등한 효과를 보였다.

르노 전차는 포탑에 기관총과 37밀리미터(1.5인치) 대포를 선택적으로 장착할 수 있었다. 보병지원용으로 설계되었기 때문에 행동반경이 작았고 속도도 느렸다. 르노 전차의 성공은 오히려 양차 대전 전간기에 다소 역효과를 냈다. 사용 가능한 르노 전차가 너무 많다 보니, 프랑스는 적극적으로 전차의 설계를 추구하지 않았기 때문에 1940년에도 구식이 된 1세대 전차들이 여전히 사용되었고, 그중 다수는 마지노선(Maginot Line)의 고정된 진지에 배치되었다.

수아송 전투(Battle of Soissons)로 초래된 또 하나의 의미 있는 결과는 그 실체를 드러내기까지 오랜 시간이 걸렸다. 독일군 최고사령부는 프랑스군이 전차부대를 대규모로 집결시켜 전투에 투입한 것이 패전의 주된 이유라고 결론을 내렸다. 이런 결론은 이후 20여 년 동안 독일군 군사사상의 핵심적인 요소가 되었다.

연합군의 반격(44쪽 지도)
연합군은 혁신적 전술과 미군의 증원 병력을 결합해 춘계 공세에서 독일군에게 빼앗긴 지역을 신속하게 되찾았다.

독일 육군 암흑의 날
1918년 8월

2차 마른 전투에서 입은 손실을 보충할 수는 없었지만, 1918년 8월 초까지만 해도 독일 육군의 상황은 안전한 것처럼 보였다. 연합군은 마른에서 방어전의 승리를 거두고 전과를 확대하기 위한 어떠한 움직임도 보이지 않았다. 겉으로 보기에 상황은 크게 변하지 않았다.

그러나 이런 인식은 틀린 것이었다. 마른 공세 기간 중에 이미 영국군과 프랑스군은 아미앵 지역에 각자의 공격을 위해 전차부대를 집결시키고 있었다. 아미앵이 선택된 이유는 부분적으로 그곳이 전차가 작전하기에 적합한 지형이었기 때문이다. 공격의 성공은 전적으로 전차의 활약에 달려 있었다. 독일군이 마른에서 공격을 감행했을 때 약 52개 보병사단이 참가한 반면, 연합군은 그보다 훨씬 적은 병력으로 공격을 시작했지만 대신 약 600대의 장갑차량이 공격의 선봉에 섰다.

연합군은 작전 보안을 잘 유지해서 적이 눈치채지 못하게 병력을 집결시킬 수 있었다. 공격이 시작되기 전에 장시간에 걸친 사전포격도 실시하지 않았다. 대신 연합군 대포는 항공정찰을 활용해 지도상의 좌표로 표적을 조준하고 먼저 독일군 포병과 방어진지를 공격한 뒤 이어서 이동탄막사격으로 전환해 전진부대를 지원한다는 세부계획에 따라 사격을 실시했다.

공격에 참가한 보병은 대부분 오스트레일리아와 캐나다

영국군 마크 V 전차
1918년에 등장한 마크 V는 이전 모델보다 더 강력한 엔진을 장착하고 조작도 더 간단해서 운전병이 1명이면 되었다. 하지만 기어조작자는 여전히 2명이 필요했다.

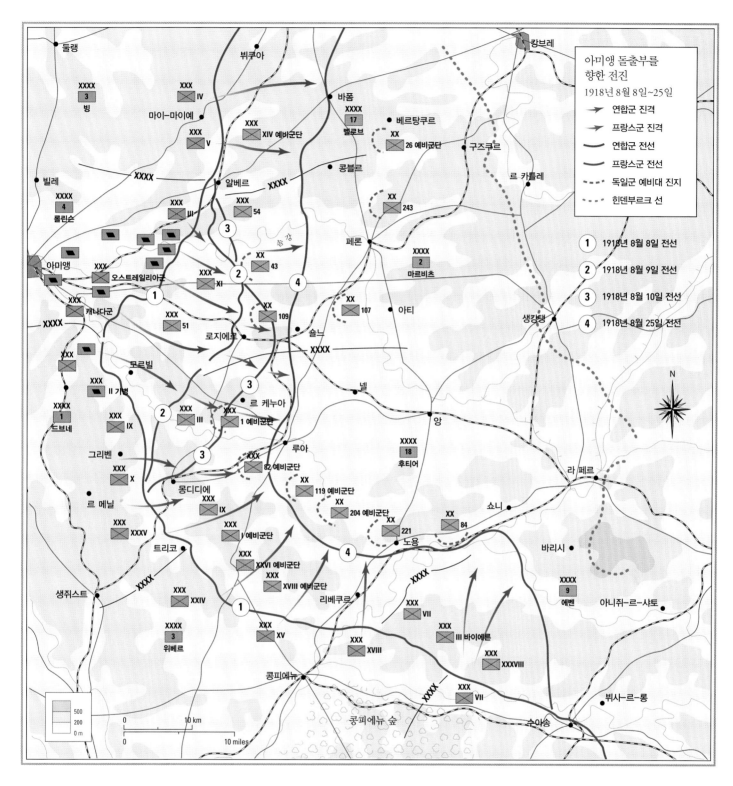

아미앵 돌출부를
향한 전진
1918년 8월 8일~25일

→ 연합군 진격
→ 프랑스군 진격
⌒ 연합군 전선
─ 프랑스군 전선
--- 독일군 예비대 진지
··· 힌덴부르크 선

① 1918년 8월 8일 전선
② 1918년 8월 9일 전선
③ 1918년 8월 10일 전선
④ 1918년 8월 25일 전선

병사들로 소규모 기습공격을 통해 전투 경험을 쌓았다. 이 공세에 사용된 포병전술과 보병전술, 작전술은 앞서 독일군이 성공적으로 사용한 것이었지만, 연합군은 전차부대 지원이라는 추가적 이점을 갖고 있었다.

지난 며칠 동안 그 지역에서 일련의 소규모 습격과 보복 공격이 있었기 때문에 독일군은 어느 정도 경계태세를 갖추고 있었다. 하지만 대규모 공세를 전혀 예상하지 못했기 때문에 대응은 신속하지 못했다. 포병이 연합군의 집결지에

사격을 가했을 때 병력은 이미 그곳을 떠나 상당히 진출한 상태였다.

70대의 전차가 선도하는 프랑스군이 몽디디에를 공격하는 동안, 주공은 530대의 장갑차량이 선도하는 영국군이 맡았다. 여기에는 전투전차를 비롯해 장갑보급차량과 무장을 제거한 보병분대 수송용 전차들이 포함되어 있었다. 기습의 효과와 잘 조율된 포병의 지원, 희미한 아침 안개 덕분에 공격은 신속하게 첫 번째 독일군 전선을 돌파하고 몇 시간 만

성공적인 공세
전력의 우위에 기습의 효과까지 결합되면서 아미앵 공세는 독일군 방어 병력을 완전히 붕괴시켰다. 전차부대는 지휘소를 휩쓸어버림으로써 그나마 싸울 의지가 있는 부대들조차도 대응할 수 없게 만들어버렸다.

독일 육군 암흑의 날 1918년 8월

프랑스군과 미군의 협동작전
미군 전차병과가 1차 세계대전 중에 창설되기는 했지만, 처음에는 미군 보병들이 슈네데르 중전차를 장비한 프랑스 전차부대의 지원을 받았다.

연합군 진격(49쪽 지도)
1차 세계대전의 막바지 단계에서 서부 전선에도 기동전이 부활했다. 지친 독일 육군은 전차 돌격에 저항할 수 있는 방어선을 만들 수 없었다.

1918년 11월 정전
1918년 11월 독일군은 정치적 내부갈등과 경제적 붕괴상태로 인해 고통을 받고 있었다. 정전은 연합군이 독일 내부까지 침입하는 상황을 저지할 수 있는 유일한 희망이었다.

연합군의 진격
1918년 9월~11월
☐ 1918년 11월 11일까지 연합군이 탈환한 지역
☐ 정전 당시까지 독일이 점령하고 있던 지역

에 두 번째 전선에도 돌파구를 형성했다.

당시 주된 대전차무기는 포병 혹은 특화된 대전차포였는데, 이들은 이동수단으로 말을 사용했기 때문에 재배치하는 데 시간이 걸렸다. 전차와 그들을 지원하는 보병이 빠르게 전진하자 속도와 공격성 덕분에 상대적으로 피해를 줄일 수 있었으며, 계속되는 압박은 독일군이 새로운 방어선을 만들 틈을 주지 않았다.

8월 8일 연합군이 새로 전진을 시작하자 이미 기력을 다한 독일군의 많은 방어 병력들이 결국 붕괴되면서 이 날은 '독일 육군 암흑의 날'로 불리게 되었다. 전차부대는 통신선을 절단하고 지휘소를 붕괴시켰으며, 앞으로 전차부대 공격에서 계속 반복될 방식으로 방어부대를 무력화했다. 많은 부대가 붕괴되어 도주했으며, 일부는 방어진지를 구축하려는 동료들에게 욕설을 퍼부었다.

상대적으로 손실이 적었기 때문에 연합군은 공세를 계속 유지할 수 있었지만, 나흘 뒤에는 전차부대 전력이 거의 고갈되어버렸다. 하지만 이것은 주로 전차가 고장이 나거나 땅에 처박혀서 발생한 것이었기 때문에 그런 전차들 중 다수는 회수되어 다시 교전에 참가할 수 있었다. 이 기간 동안 연합군은 이전 솜 전장을 대부분 탈환했으며, 8월 나머지 기간 동안 공격을 반복해 독일군을 힌덴부르크 선까지 몰아냈다. 전차가 선도하는 일련의 공격들은 1차 세계대전이 막바지에 다다랐음을 알리는 전조였다.

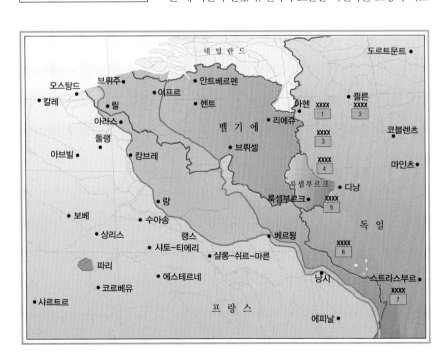

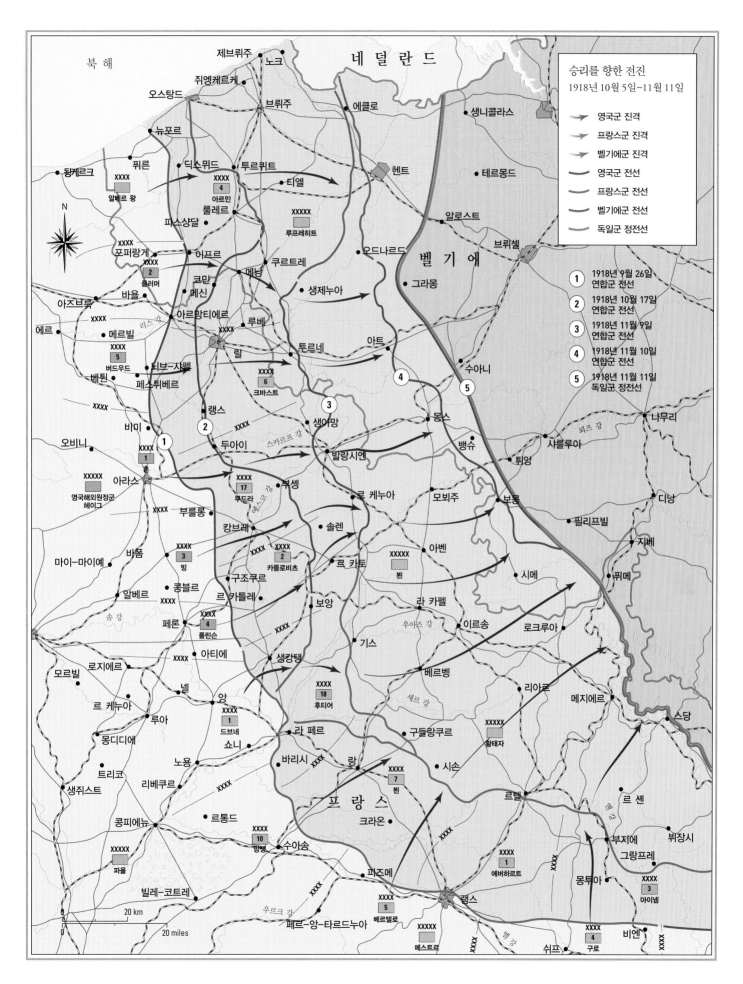

북 해

제브뤼주

네 덜 란 드

노크

쥐엥케르케

오스탕드

브뤼주

에클로

뉴포르

딕스뮈드

투르쿠트

티엘

헨트

됭케르크

XXXX
4
알베르 왕

XXXX
4
아르민

생니콜라스

룰레르

테르몽드

N

파스상달

루프레히트

XXXXX
5
루프레히트

XXXX
포퍼링게

어프르

메냉

쿠르트레

오드나르드

알로스트

XXXX
2
플러머

코만

메신

생제누아

벨 기 에

그라몽

브뤼셀

아즈브뤽

바욀

아르망티에르

루베

리스 강

에르

메르빌

XXXX
5
버드우드

릴

투르네

아트

수아니

나무리

뒤보-사펠

XXXX
6
크바스트

몽스

뷔즈 강

샤를루아

페스튀베르

베튄

랭스

XXXX

생아망

뱅슈

튀앵

디낭

비미

두아이

스카르프 강

발랑시엔

보롱

오비니

XXXX
1
아라스

부르세

르 케누아

모뵈주

아벤

필리프빌

XXXXX
영국해외원정군
헤이그

XXXX
17
루드라

메스 강

시메

지베

부를롱

캉브레

솔렌

르 카토

XXXXX
뷘

퓌메

마이-마이예

바퓜

XXXX
3
빙

XXXX XXXX
2
카를로비츠

콩블르

구조쿠르

라 카펠

알베르

르 카틀레

보앙

이르송

로크루아

솜 강

페론

XXXX
4
롤린슨

생캉탱

우아즈 강

라 카펠

리아르

메지에르

로지에르

넬

XXXX
18
후티어

기스

베르벵

모르빌

르 케누아

루아

XXXX
1
드브네

라 페르

랑

시손

세르 강

스당

르 셀

몽디디에

쇼니

구들랑쿠르

XXXXX
황태자

르텔

부지에

트리코

리베쿠르

바리시

XXXX
7
뷘

크라온

뷔장시

생쥐스트

노용

콩피에뉴

르통드

XXXX
10
망쟁

수아송

XXXX
에버하르트

그랑프레

XXXXX
파욜

빌레-코트레

파즈메

몽튀아

XXXX
3
아이넴

20 km

우르크 강

페르-앙-타르드누아

베르텔로

랭스

비엔

0

20 miles

XXXXX
메스트르

쉬프

XXXX
4
구로

승리를 향한 전진
1918년 10월 5일~11월 11일

→ 영국군 진격
→ 프랑스군 진격
→ 벨기에군 진격
— 영국군 전선
— 프랑스군 전선
— 벨기에군 전선
— 독일군 정전선

① 1918년 9월 26일 연합군 전선
② 1918년 10월 17일 연합군 전선
③ 1918년 11월 9일 연합군 전선
④ 1918년 11월 10일 연합군 전선
⑤ 1918년 11월 11일 독일군 정전선

미군의 공세
1918년 9월~10월

전략적 기동
전차를 전장에 보내는 것조차도 큰일이
었다. 행군하는 보병은 장애물을 만나
면 기어올라서라도 통과하지만, 전차는
다리와 철도, 도로가 끊어진 곳 없이 연
결되어 있어야만 했다.

미군 전차군단
1차 세계대전이 끝나기 직전에 미군 전
차군단은 대부분 프랑스 FT-17 전차를
장비하고 상당한 전투력을 갖추었다.
전쟁이 끝나자 전차군단은 순식간에 감
축되어 20년 뒤에는 사실상 다시 창설
해야만 했다.

초기에만 해도 일부 독일군 지휘관들은 미국의 개입 가능
성을 대수롭지 않게 여겼다. 미국이 아예 전쟁에 뛰어들지
않을 수도 있었고, 참전한다 하더라도 그들의 병력수송선이
잠수함의 집중공격을 받아 충분한 병력이 유럽에 도착할
수 없을 게 분명했다.

처음에 미군은 소수가 유럽에 도착했지만, 차츰 전력을 증
가시키면서 영국군과 프랑스군의 작전에 기여했다. 2차 마
른 전투에서는 미군 5개 사단이 프랑스군의 지휘를 받았다.
각 사단은 약 2만 8,000명의 생기 넘치는 병사들을 보유하고
있었다. 이들은 장시간의 전쟁 수행과 고난으로 지치지 않았
을 뿐만 아니라 독일군보다 더 잘 먹고 잘 보급을 받았다.

1918년 6월까지 약 25만 명의 미군 병력이 프랑스에 상륙
하여 연합군 틈에 끼어 전투 경험을 쌓았다. 8월 말이 되자
이들은 미군 사령부 예하로 재편성되어 생미엘(St Mihiel)
돌출부 제거 임무를 띠고 베르됭 남쪽에 배치되었다. 연합
군은 이 작전에 동의하면서 미군이 1918년 9월 26일부터
시작되는 아르곤(Argonne) 지역 공격을 지원하는 데 지장이
없어야 한다는 단서를 달았다.

긴박한 일정에도 불구하고 미군 지휘관인 존 퍼싱(John
Pershing) 장군은 목표를 달성할 수 있다고 믿었기 때문에

생미엘 공격을 실시했다. 독일군은 1914년부터 그곳을 장악하고 있었지만, 방어가 더 유리한 지형으로 후퇴를 계획하고 있었다. 하지만 독일군이 후퇴하기 전에 2,900문의 대포를 동원한 미군 포병의 포격이 시작되었고 이어서 미군 1군단과 4군단이 공격을 개시했다.

이 작전은 새로 창설된 미군 전차군단의 첫 전투인 동시에 오로지 미군만으로 수행된 최초의 공격이었다. 여러 측면에서 이것은 전쟁 초기의 공세와 비슷했다. 생기 넘치는 미군 사단들은 다른 연합군 사단들보다 훨씬 더 공격적이었고 목표를 달성하기 위해 큰 피해도 기꺼이 감수하려고 했다. 다른 국가의 병사들은 전쟁이 진행되는 과정에서 점차 인명피해에 민감해졌기 때문에 승리보다는 생존에 더 신경을 썼다.

1군단을 지원하는 미군 전차분견대는 144대의 프랑스제 르노 전차로 장비했으며, 프랑스군 승무원이 운용하는 생샤몽과 슈네데르 전차들의 지원하에 419대의 전차가 공세에 참가했다. 프랑스 전차는 신뢰할 수 없다는 사실을 여실히 드러내며 잦은 고장을 일으켰고 다수가 전장의 진창에 빠져서 꼼짝도 못했다. 적의 공격으로 무력화된 전차는 겨우 3대뿐이었다. 약 40대가 고장을 일으키거나 땅에 처박혀 꼼짝 못하는 상태가 되었다.

압도적 승리

미군 전차군단의 출발은 순조롭지 않았지만, 공세는 압도적인 승리를 거두었다. 방어자는 450문 이상의 대포와 1만 3,000명 이상의 포로를 남긴 채 진지에서 쫓겨나 도주했다. 이 공격은 독일군의 사기에도 심각한 영향을 미쳤다. 끊임없이 밀려오는 것 같은 미군을 보고 많은 독일 병사들은 전쟁에서 승리할 가망이 없다고 생각하게 되었다. 싸움을 지

속하기 위한 어떤 일도 무의미하고 살아남을 기회를 박탈하는 행위로 보였다. 비록 독일 육군이 전투를 중단하지는 않았지만, 정전을 요구하는 목소리는 점점 더 커졌다.

26일 퍼싱의 부대는 아르곤 계곡으로 재배치되었으며, 그곳에서 한 번 더 승리를 거둘 수 있기를 바랐다. 승리할 경우 스당을 탈환하고 부차적으로 독일군의 생명선과 같은 철도체계를 붕괴시키는 엄청난 전과를 올리게 될 터였다. 전차군단은 다른 미군 부대와 함께 이동했으며, 그들 앞에 닥친 최악의 문제들을 임기응변으로 해결해나갔다.

군수 문제를 벌충하기 위해, 미군 전차는 차체에 연료 드럼통을 묶은 채 전투에 참가했다. 이것은 분명 위험한 행동이었다. 만약 드럼통에 구멍이 뚫리기라도 하면 순식간에 화재가 발생할 수 있었다. 하지만 드럼통을 묶은 로프가 먼저 타들어가 전차가 파괴되기 전에 드럼통이 굴러 떨어지

훈련 중인 미군 병사
자체적으로 보유한 전차부대 전력이 충분치 못했기 때문에, 프랑스의 미군 병사들은 연합국인 영국과 프랑스가 제공한 전차로 훈련했다. 보병과 전차부대 사이에 상호신뢰를 구축하기 위해서는 무엇보다 전차에 익숙해지는 것이 중요했다.

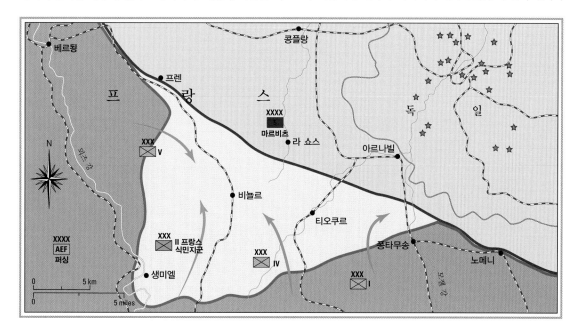

생미엘 돌출부
프랑스군 포병과 전차의 지원하에 미군은 생미엘 돌출부에서 독일군 방어병력을 몰아내는 데 성공했다. 독일군은 1914년 이래로 그곳을 점령하고 있었지만, 이미 포기할 준비를 하고 있었다.

생미엘 전투
1918년 9월 12일~18일
——— 9월 12일 전선
━━━ 9월 18일 독일군 전선
★ 요새
➔ 미군 공격
➔ 프랑스군 공격

* AEF: 미국해외원정군

뫼즈-아르곤 공세
여러 가지 군수 문제와 방어에 유리한 지형에 발목이 잡히면서 9월부터 10월까지 더디기만 했던 미군의 전진이 11월이 되자 훨씬 빨라졌다.

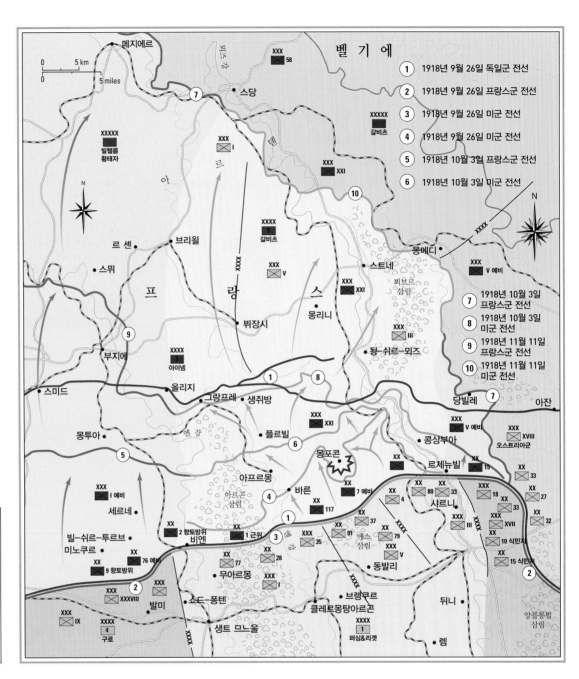

벨 기 에

① 1918년 9월 26일 독일군 전선
② 1918년 9월 26일 프랑스군 전선
③ 1918년 9월 26일 미군 전선
④ 1918년 9월 26일 미군 전선
⑤ 1918년 10월 3일 프랑스군 전선
⑥ 1918년 10월 3일 미군 전선
⑦ 1918년 10월 3일 프랑스군 전선
⑧ 1918년 10월 3일 미군 전선
⑨ 1918년 11월 11일 프랑스군 전선
⑩ 1918년 11월 11일 미군 전선

뫼즈-아르곤 공세
1918년 9월 26일~
11월 11일

➤ 프랑스군 진격
→ 미군 진격
— 독일군 전선
— 프랑스군 전선
— 미군 전선

기를 바랐다. 어쨌든 미군은 전차부대 전체가 연료 부족으로 멈추느니 차라리 이런 식으로 전차 몇 대를 잃는 편이 더 낫다고 생각했다.

또 한 가지 혁신은 각 중대별로 전차 1대를 기동정비창으로 전용하여 중요한 예비부품을 탑재하고 다니게 하는 것이었다. 특정 부품들이 가장 흔한 고장 원인으로 알려졌는데, 그중 대부분은 아주 사소한 것들이었다. 기동정비창은 무력화된 전차에 접근해 전투 중일 때는 신속하게 수리하여 그것을 교전에 복귀시키고 전투가 끝났을 때는 자체 수리가 가능하도록 예비부품을 전달했다. 일부 전차는 몇 차례나 수리를 받고 전투에 복귀하기도 했다.

아르곤 공세 계획은 특히 미군 병력 중 절반이 이전에 교전을 경험해본 적이 없다는 점을 고려하면 욕심이 너무 지

나쳤다. 지형 또한 급경사와 울창한 숲으로 이루어져 생미엘의 경우와 달리 방어자에게 유리했다. 그럼에도 불구하고 대포 2,700문의 지원을 받고 미군과 프랑스군 전차부대가 선도하는 가운데 공격부대가 전진을 시작했다.

공세 첫날은 순조로웠지만, 방어부대가 무사히 새로운 방어선으로 후퇴했을 뿐만 아니라 증원까지 받았다. 10월 4일이 되자 전투 경험이 있는 몇 개 사단이 경험이 부족한 부대와 교대하면서 새로운 공세가 시작되었다. 하지만 전진은 아주 미약했고 오히려 커다란 손실을 입었다.

적과의 교전으로 무력화된 미군 전차는 비교적 적었고, 그중에서도 다수는 간접적인 방식으로 무력화되었다. 치명적 함정 중 하나가 물을 채운 참호였는데, 여기에 빠지면 전차의 엔진이 물에 잠길 뿐 아니라 제시간에 탈출하지 못

할 경우 승무원도 익사했다. 좀 더 직접적인 전차 대항책으로 대전차총이 있었는데, 대전차총은 그 효과가 미미했다. 엔진실을 명중하면 전차를 멈추게 할 수 있었지만, 그래도 최고의 방어책은 여전히 대포를 직사화기처럼 운용하는 것이었다.

여러 가지 어려움에 당면하면서도 미군 병사들이 계속 앞으로 밀어붙이자, 이것의 영향을 받은 독일군은 계급에 상관없이 모두 사기가 저하되었다. 9월 28일 무기력해진 에리히 루덴도르프(Erich Ludendorff) 장군은 격분하면서 자기 집무실로 들어갔다가 잠시 후 밖으로 나오더니 이제 전쟁에 승리할 수 없게 되었다고 동료들에게 말했다. 사기가 떨어진 많은 독일군 병사들은 그것에 동의하면서도 아주 완강하게 방어선을 지켰다.

경험이 부족한 미군

10월 13일~15일이 되어서야 미군이 비로소 독일군 진지를 돌파하여 공격 첫째 날 목표에 도달했다. 새로 도착한 미군 병사들의 경험 부족과 공격적 성향 때문에 그 과정에서 많은 인명손실이 발생했다. 독일군은 예비 병력이 거의 남아 있지 않았던 반면, 미군은 인명손실을 보충할 수 있었기 때문에 11월에 공세를 재개할 수 있었고 이번에는 신속하게 진격할 수 있었다. 11월 5일 미군은 뫼즈(Meuse) 강을 건넜다. 스당이 프랑스군에게 함락될 무렵 전쟁은 끝이 났다.

그 무렵 프랑스 전차뿐만이 아니라 영국 전차도 받아들이고 있던 미군 전차군단은 재보급과 야전 수리에 관심을 기울인 결과, 전쟁 마지막 몇 달 동안 전투능력을 계속 유지할 수 있었다. 11월 11일 정전이 이루어졌을 당시, 미군 전차군단의 사용 가능한 전차 수는 약 50대로 줄어든 채 그 수준을 유지하여 평균 128퍼센트의 소모율을 보였으며, 그 주된 원인은 고장이었다.

미군 소속 FT-17
FT-17은 영국과 프랑스가 배치한 엄청난 괴물들에 비하면 초라했지만, 프랑스 전차부대의 근간이 되었다. 미군이 운용한 FT-17 역시 훌륭한 전공을 세웠다. 사진은 345전차대대 소속 FT-17이다.

시야와 환기
FT-17의 승무원 2명이 장갑판을 열고 앉아 있다. FT-17은 장갑판을 열면 시야가 탁 트였다. 그러나 일단 전투를 위해 '장갑판을 닫으면' 승무원의 시야는 작은 틈으로 볼 수 있는 범위로 제한되었다.

작계 1919
마비에 의한 공격

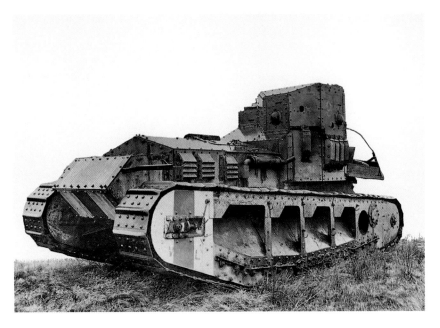

영국군 마크 A '휘핏' 중형전차
원래 '휘핏'은 회전포탑을 장착하게 되어 있었지만, 공학적 문제로 인해 회전포탑 대신 고정된 장갑판 상자로 교체되었다. 약간의 어려움은 있었지만, 휘핏은 승무원 1명이 운전할 수 있는 최초의 전차였다.

기갑전 이론가
J. F. C. 풀러는 고속 기갑전의 옹호자로, 여기서는 전차가 선두에 서고 다른 병과가 전차에 보조를 맞춰야 했다. 그의 이론은 영국보다는 양차 대전 전간기에 독일에서 더 많은 주목을 받았다.

1차 세계대전 동안 서부전선에서의 전투 경험은 이미 군사 사상가들이 알고 있던 사실 - 오로지 적의 전투 자산하고만 교전할 경우 결정적 결과를 거의 달성하기 어렵다는 사실 - 을 재확인시켜주었을 뿐이다. 모든 역사를 통틀어 패전한 군대가 질서정연하게 후퇴하는 데 성공할 경우 보통 대부분의 전투력을 유지한 채 다시 교전에 복귀하는 것이 가능했다. 오로지 적의 진형이 붕괴되고 격렬한 추격이 이어질 때만 지속적인 결과를 얻을 가능성이 있었다. 반대로 기지나 군수역량을 잃게 될 경우, 그렇지 않았다면 전장에 남아 있었을 군대가 패배하는 경우는 많았다.

1차 세계대전의 대부분 기간 동안 방어자가 누린 엄청난 이점으로 인해 적의 예비 병력이나 병사들의 전투의지를 약화시키지 않는 한 결정적인 결과를 달성하기는 불가능했다. 1917년 프랑스 육군의 항명은 전투의지 약화로 발생한 사례라고 할 수 있었지만, 심지어 그때조차도 몇 주 만에 사기가 회복되었다. 하지만 전쟁의 대부분 기간 동안 다른 방식으로 승리를 안겨줄 수단은 전혀 존재하지 않았다.

1918년 초가 되자, 동맹국은 국력이 고갈되어 장기전에서 승리할 수 없게 되었다. 독일에 대한 봉쇄로 본토와 전선의 참호에 물자가 심각하게 부족하자, 독일군의 전투의지는 점점 약화되었다. 하지만 마지막 도박인 1918년 춘계 공세가 실패한 뒤에도 독일 육군은 연이어 새로운 방어선을 구축

해가며 진지를 고수할 계획인 것처럼 보였다. 연합군은 방어선을 돌파하려고 시도할 때마다 대규모 사상자가 발생했다. 결국 내부 정치적 문제들로 인해 동맹국은 결국 패배를 인정했지만, 어차피 그러지 않아도 연합국은 공세행동을 통해 전쟁을 신속하게 결판내려 하고 있었다.

결정적 결과

대량의 전차와 그보다 적지만 항공기를 사용할 수 있게 됨으로써 결정적 결과를 얻을 수 있는 공세 방식을 고려할 수 있게 되었다. 충분한 수가 배치된다면, 전차는 적의 1차 방어선과 2차 방어선을 돌파하고 전선의 돌파구를 봉쇄하기 위한 반격을 격퇴할 수 있을 것이다. 이것은 그 자체로 전술적 성공에 불과하겠지만, 돌파구를 통한 전과 확대를 가능하게 해줄 것이다.

전차부대에 의한 세계 최초의 전과 확대는 1918년 8월 '휘핏(Whippet)'으로 더 많이 알려진 영국군 마크 A 중형전차에 의해 이루어졌다. 일단의 휘핏 전차들이 적의 방어선을 돌파하여 포대를 괴멸시켰다. 그사이 '뮤직 박스(Musical Box)'라는 애칭의 전차 1대가 본대로부터 이탈했다. 적의 영역에 깊숙이 침투한 뒤 연합군 지역으로 복귀할 수 없게 된 '뮤직 박스'는 9시간에 걸쳐 적진을 헤집고 다녔다. 이 시간 동안 그 전차는 적의 포대와 보급품 호송대를 괴멸시키고

적의 보병들에게 커다란 피해를 입힌 뒤 마침내 무력화되었다.

전차 1대가 벌인 이 광란의 질주는 투입된 전력에 비해 초래한 결과가 너무 커서 기병이 적의 후방지역에 침투해 혼란을 초래할 수 있었던 시절을 연상케 했다. 이 사건은 만약 일단의 전차부대가 적의 후방에 침투할 수 있다면 그 구역 전체를 붕괴시키거나 적어도 방어력을 심각하게 약화시킬 수 있다는 것을 분명하게 시사해주었다.

핵심 표적

1차 세계대전의 대부분 기간 동안 공세의 주요 표적은 적의 전투 병력과 그들이 장악하고 있는 방어지대였다. 이것이 당시 이룰 수 있는 유일한 목표였다. 비록 전차 공격이 일련의 전략적 지점들을 점령함으로써 쉽게 승리할 수 있게 해줄 수도 있었지만, J. F. C. 풀러(Fuller)라는 영국군 장교는 좀 더 야심만만한 전략을 제안했다.

풀러는 적의 병력과 진지를 공격하는 것은 최후의 수단에 불과하다는 관점을 옹호했다. 핵심 표적은 그것이 제거됨으로써 적의 부대 다수가 전투력에 심각한 손실을 입게 되는 것들이었다. 심지어 포대와 같은 고가치 표적들도 적의 두 가지 핵심 표적을 제거하는 것에 비하면 부차적인 표적에 지나지 않았다.

첫 번째 핵심 표적은 지휘통제 역량이었다. 적의 사령부를 제거하거나 적어도 운용에 지장을 줌으로써 해당 사령부의 지휘계통에 속하는 부대들의 두뇌를 제거할 수 있다. 이 부대들은 국지적 통제 아래 전투를 계속할 수 있을지는 몰라도 적군은 분리되어 연합군이 특정 지점을 선택해 가하는 집중공격에 그대로 노출될 것이다. 일부 부대는 혼란에 빠지거나 명령을 받지 못해 후퇴하거나 심지어 항복하는 사태까지 초래될 수 있다.

좀 더 상위제대의 사령부일 경우 당연히 성과도 더 크겠지만, 이들은 전선에서 멀리 떨어져 있다. 따라서 군단이나 군 사령부를 괴멸시키기 위해서는 부대가 적진 깊숙이 침투해야만 했다. 목표를 달성하기까지 여전히 많은 제약이 따랐는데, 그중 다수는 기술적인 것이었다. 전차 공격은 연료량과 고장, 전차를 적절하게 지원해줄 보병의 능력에 의해 제약을 받았다.

두 번째 핵심 표적은 적의 군수 자산이었다. 군대가 일상적인 기능을 유지하기 위해서는 엄청난 양의 식량과 탄약이 필요했다. 공세작전을 고려할 때는 심지어 그것보다도 더 많은 양이 필요했다. 따라서 적의 보급물자에 대한 공격은 전방부대와 그들을 지원하는 포병의 전투능력에 지장을 초래했다. 굶주린 병사들은 자신의 진지에서 후퇴할 수밖에 없었을 것이다.

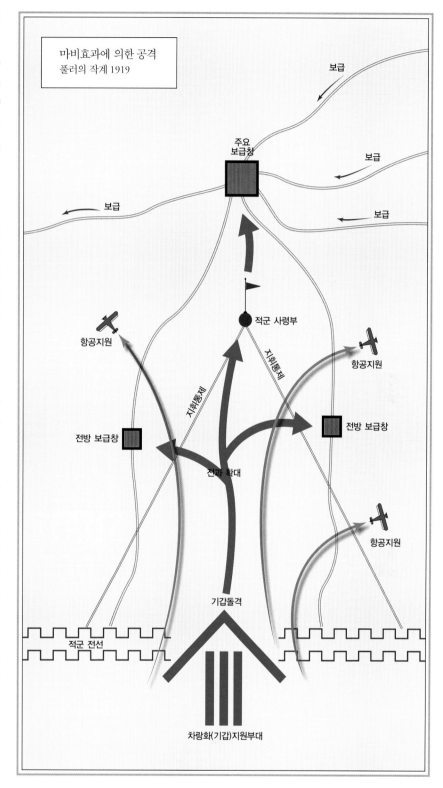

군수체계를 공격하는 것도 가능했다. 전투부대에 보급물자를 전달하는 일을 수행하려면 도로와 철도 같은 운송수단이 필요했다. 운송수단의 파괴는 그들이 운반하는 보급물자를 파괴하는 것만큼이나 효과적이었다. 이전에 수행된 공세에서도 적의 철도연결점을 절단할 수 있는 가능성을 검토했었는데, 마침내 그것을 절단할 수 있는 수단을 사용할 수 있게 되었다.

기갑돌격
적의 전선을 돌파하는 것은 그 자체가 목표가 아니라 수단이었다. 풀러의 작계 1919의 목표는 신속한 기갑부대 전진을 통해 적의 지휘기능과 보급체계를 붕괴시켜 적의 전투력을 마비시키는 것이었다.

이동 중인 FT-17 전차
작계 1919에서 프랑스군이 담당해야 할 부분은 대부분 FT-17 전차가 수행하게 되어 있었다. FT-17 전차는 많은 수가 이미 실전배치 가능한 상태였다. 하지만 작전반경이 짧아서 달성 가능한 결과에는 한계가 있었을 것이다.

마크 VIII '인터내셔널' 전차
마크 VIII '인터내셔널' 혹은 '리버티' 전차는 영국군과 미군의 기갑부대를 위해 대량 발주가 이루어졌다. 프랑스에 마크 VIII 전차 생산 공장을 건설하는 것도 전쟁이 끝날 무렵에는 상당히 진척된 상태였다.

기갑돌격

고가치 표적을 타격하기 위해서는 당연히 전과를 확대하기에 충분한 병력과 함께 적의 전선을 돌파해야만 했다. 또한 적이 친절하게 자신들의 진지를 버리지 않을 경우에 대비해 후퇴로를 열어둘 필요가 있었다. 이를 위해서 몇 가지 요건이 충족되어야 했는데, 일부는 수적인 것이었고 일부는 기술적인 것이었다.

기갑부대 집중공세 개념으로 알려진 풀러의 '작계 1919'

원안은 145킬로미터(90마일) 전선에 걸친 공격을 요구했다. 이 정도 규모의 공격에는 최소 5,000대의 전차가 필요했는데, 모두 1917년 말에 존재하던 전차 모델보다 더 뛰어난 모델이어야 했다.

'돌파' 전차와 '전과 확대' 전차, 이 두 가지 유형의 전차가 적합한 것으로 여겨졌다. '돌파' 전차는 중전차로 온갖 저항을 견디면서 계속 적의 진지를 돌파할 능력을 갖고 있었다. 이 전차는 군이 작전반경이 클 필요가 없었다. 화력과 장갑이 가장 중요한 요건이었다. '전과 확대' 전차는 중형전차(medium tank)로 더 가볍고 빨라서 개활지로 나간 뒤 적이 방어준비를 할 틈을 주지 않고 후방을 덮칠 것이다. 풀러의 계획은 3단계 공격으로 되어 있었다. 먼저 중전차들이 항공기의 지원하에 적의 방어선을 침투하여 가능한 한 많은 수의 적을 붕괴시키고 혼란을 초래하도록 되어 있었다. 돌파는 마찬가지로 항공지원을 받는 중전차와 보병으로 구성된 부대가 수행했다. 일단 적의 전선에 적절한 크기의 돌파구가 형성되면 중전차와 보병이 돌파구를 계속 유지하는 가운데 중형전차와 기병이 물밀듯 적의 후방으로 휩쓸고 들어가 가능한 한 큰 혼란을 일으킨다.

새로운 전차 설계 요건

1917~1918년의 전차들은 그들 앞에 놓인 임무에 적합하지 않았다. 그나마 프랑스 르노 전차가 대규모 전과 확대를 효과적으로 수행할 수 있는 능력을 갖고 있었지만, 그에 상응하는 영국 전차 휘핏은 장갑이 너무 빈약했고 작전반경도 짧았다. 영국 중전차가 효과적이기는 했지만 고장이 잦았던 반면, 프랑스 중전차는 아예 설계가 부적절했다.

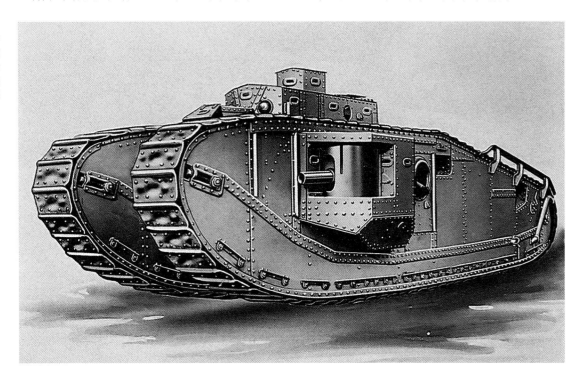

중형전차 마크 C
전차 승무원들의 의견을 반영해 디자인한 중형전차 마크 C는 마름모꼴 전차에서 차체의 높이를 더 낮추고 좀 더 현대적인 설계로 전환되는 과정의 시작을 알렸다.

의미 있는 성능 개선이 이루어진 신세대 전차가 필요했다. 한 가지 핵심 요소는 거주성이었다. 초기 전차들은 연료가 내부로 유출되거나 배기가스가 승무원 구역으로 흘러들어와 운용자들이 가스에 중독되었다. 소음 그리고 전반적인 조작의 어려움도 운용상의 비효율과 승무원의 피로를 가중시켰다.

따라서 차세대 전차는 운용하기 쉽고 고장도 잘 안 나고 무장 수준을 떨어뜨리지 않으면서 승무원들에게 적절한 보호수단을 제공해야만 했다. 참호횡단능력 또한 매우 중요했기 때문에 신형 중전차와 중형전차는 계속해서 장사방형으로 설계되었다.

작계 1919를 수행하게 될 '돌파' 전차, 즉 중전차는 마크 VIII '인터내셔널(International)' 혹은 '리버티(Liberty)' 전차로 리카도(Ricardo) 엔진이나 리버티 엔진을 사용해 제작되었으며, 프랑스에 있는 공장에서 미국과 영국이 공동으로 생산했다. 이 전차는 4,500대가 발주되었지만, 전쟁이 끝날 때까지 소수만이 생산되었다.

마크 VIII은 이전 모델에 비해 상당히 크고 무거웠으며 더 두꺼운 장갑을 설치하고 비슷한 무장을 탑재했다. 돌출포탑에 2문의 6파운드 포[57밀리미터(2.25인치) 탄약과 함께]를 장착했으며, 기관총 7정으로 전방위 인마살상능력을 구현했다. 내부격실을 채택해 승무원 구역을 엔진실과 격리했기 때문에 승무원의 안전과 거주성이 크게 향상되었다.

중형전차 마크 C, 즉 '호넷(Hornet)' 전차는 전과 확대 역할을 수행하기 위한 모델로 여러 가지 면에서 마크 VIII과 비슷했지만, 그보다 더 작고 장갑이 더 얇았다. 약 6,000대가 발주되었는데, 그중 3분의 1은 6파운드 포를 장착한 '수컷' 전차였고 나머지는 기관총만으로 무장한 '암컷' 전차였다. 마크 VIII과 마찬가지로 승무원들은 단일 격실에 모여 있었고 엔진은 후방에 장착되었다.

조종수의 조종장치
조종수와 기어조작수가 팀을 이루어야 할 필요성이 제거된 뒤에도 초기 전차를 운전하는 것은 복잡하고 신체적으로 힘든 일이었다. 심지어 전투로 인한 스트레스가 추가될 경우는 말할 필요도 없었다.

프랑스도 전차 설계안을 제출했지만 전쟁이 끝날 때까지 그중 단 한 가지 설계도 실전에 배치되지 않았다. 프랑스는 자국 돌파 전차 설계안에 샤르 드 포르트레스 2C(Char de Fortresse 2C)라는 명칭을 부여했는데, 이것은 성공작인 르노 경전차를 확장시킨 형태를 기반으로 했다. '기동요새'라는 명칭에 걸맞게 샤르 2C는 차체 전방에 설치된 회전포탑에 75밀리미터(3인치) 대포를 장착했으며, 후방에 설치된 그보다 작은 회전포탑에는 기관총 1정을 장착했다. 차체 측면을 따라 설치된 볼 마운트(ball mount)에 기관총을 추가로 장착하여 보병의 공격에 대한 방어수단으로 삼았다.

샤르 2C는 여러 개의 회전포탑을 설치한 최초의 실전배치 전차로, 중전차는 '육상전함'이 되어야 한다는 사상을 대변하는 것이었다. 샤르 2C는 전함처럼 12명이나 되는 많은 승무원이 필요했고 그로 인해 지휘통제에 어려움이 있었는데, 특히 전차장이 주포 사수를 겸했기 때문에 어려움은 더 클 수밖에 없었다. 그와는 대조적으로 마크 VIII는 비슷한 크기에도 불구하고 장갑이 더 얇기는 했지만 8명의 승무원으로 충분했다.

양차 대전 전간기에 여러 개의 회전포탑을 설치한 설계가 계속 등장했는데, 그중 일부는 회전포탑이 5개나 되었다.

비효율적일 뿐만 아니라 때로는 거추장스럽기까지 한 이런 전차들은 엄청난 무장이 암시하는 것보다 훨씬 덜 효과적임이 전투에서 드러났다. 샤르 2C는 2차 세계대전이 발발했을 때에도 여전히 현역에 있었지만, 기차에 실려 전선으로 수송되는 도중 모두 파괴되었다. 설사 성공적으로 배치되었다고 해도 큰 전과를 올렸을 가능성은 별로 없다.

공지협동

항공기는 작계 1919의 구성요소 중 하나였다. 정찰 임무를 수행하는 것 외에도 근접지원을 제공할 수 있었다. 항공기는 기갑부대가 그들을 지원하는 포병의 역량을 초월해 진격할 때 특히 중요했다. 폭격기는 적의 반격을 분쇄하고 포병 진지를 무력화시킬 수 있을 뿐만 아니라 차단 임무를 수행해 도로와 철도, 다리를 비롯해 그곳을 통해 이동하는 적의 모든 부대에 폭격을 가함으로써 전투지역에 대한 적의 접근을 방해할 수도 있었다. 더 작은 소형 항공기는 적의 병력에 기총소사를 가하거나 폭탄을 투하해 혼란을 초래하고 질서정연한 대응을 방해할 수 있었다.

또한 항공기는 후방과 연락을 유지하는 중요한 수단이었다. 무선통신은 신뢰성이 떨어졌지만 항공기는 전투지역의

육상 기동요새
샤르 2C는 복수 회전포탑을 채택한 최초의 전차였다. 그것은 너무나 무겁고 거추장스러워서 적에게 커다란 표적이 되었으며, 전선까지 수송하기 위해 특별 무개화차가 필요했다. 생산된 모든 전차가 1940년 수송 도중 파괴되었다.

상황에 대한 최신 정보를 입수해 그것을 지휘관에게 중계하고 적의 전선 후방에서 작전 중인 부대로 돌아가 통신문을 투하할 수 있었다. 조명탄을 발사하거나 지상에 긴 천을 까는 등 사전에 정해놓은 신호를 전달하는 방법으로 '접촉초계(contact patrol)' 작전을 수행 중인 항공기와 통신을 유지할 수 있기 때문에 작전 지휘관은 전선 후방에 머물러 있을 수 있었다.

이로 인해 접촉초계에 최적화된 특수한 유형의 항공기가 필수적인 요건이 되었다. 이들은 예측 가능한 작전구역 상공을 저고도로 비행해야 했지만, 표준 복좌기는 적의 사격에 취약했다. 기동성과 속력을 희생하는 대신 장갑판을 장착한 특별 설계 모델이 작계 1919의 기갑돌격을 지원하기 위해 양산에 들어갔다.

마찬가지로 전차의 공세를 지원하기 위해 지상 공격에 특화된 항공기가 설계되었다. 이것 역시 승무원을 보호하기 위해 장갑판을 부착했고, 저고도 작전에 최적화되었다. 제안된 설계 중에는 지상사격용으로 자그마치 기관총 8정을 장착한 기체도 있었다. 하지만 이들 특화된 기체 중 어느 것도 제시간에 전력화되지 못해 교전에 참가할 수 없었다. 전쟁이 끝나기 전에 공지협동작전이 대규모로 수행되지는 못했지만, 1917~1918년에 그 개념에 대한 연구가 이루어졌기 때문에 20년 뒤 독일군의 '전격전' 전술을 위한 초석이 마련될 수 있었다. 작계 1919의 전차 집중공격에서 영감을 얻은 또 한 종류의 항공기는 초기 형태의 '대전차공격기(tank-buster)'였다. 독일의 설계안 중 하나는 당시 사용된 모든 전차의 상부 장갑을 관통하기에 충분한 20밀리미터(0.75인치) 기관포 1문을 탑재했다. 이것은 결국 실현되지 않았지만, 작계 1919에 따라 연합군이 기갑돌격을 실행했다면 그것을 저지하기 위해 사용되었을 것이다.

작계 1919가 미래 전차에 미친 영향

비록 작계 1919가 실행되지는 않았지만, 그것의 근간이 되는 사상은 전차의 미래에 중요한 영향을 미쳤다. 이때까지 전차는 전투지원체계로서 보병이 무인지대를 통과해 적의 진지에 도달하도록 도움을 주는 도구였다. 그러나 작계 1919는 전차를 고속으로 전진하여 결정적 전과를 달성하는 결전 병기로 보았다.

이런 사상을 논리적으로 확대하면 미래에는 전차가 보병의 속도에 보조를 맞추는 것이 아니라 전진 속도를 결정하게 될 것이라는 결론에 이른다. 기갑부대는 전차가 달릴 수 있는 최대 속도로 진격하고 다른 병과는 그 속도에 맞춰야만 할 것이다. 자주포가 등장하려면 아직 멀었지만, 가능성 있는 대안으로 '공중 포대' 역할을 수행하는 항공기가 제안된 상태였다. 또 1916년에 이미 병력수송장갑차가 실험을 거쳤으며, 머지않아 기갑부대의 핵심적 부분으로 자리 잡게 될 운명이었다.

아이러니하게도 기갑전 이론에 가장 큰 기여를 한 국가들이 전쟁이 끝나자 더 이상 그것을 열정적으로 추구하지 않아 풀러와 같은 기갑전 옹호론자들이 자국에서 무시당하는 지경에 이르렀다. 하지만 독일은 1917~1918년의 교훈과 작계 1919의 암시를 훨씬 더 잘 습득했다. 베르사유 조약(Treaty of Versailles)에 따라 오랜 기간 전차 보유가 금지되었지만, 조약을 준수하지 않기로 결정한 독일은 강력한 전차 병과를 창설했다. 하지만 그때조차도 전차가 보병·기갑·포병 협동작전의 일부여야 하는지, 아니면 육군의 주력 타격부대여야 하는지에 대해 많은 논란이 있었다.

1940년에 세계 최초로 기갑부대에 재량권을 주어 프랑스 후방 깊숙이 침투하라는 결정이 내려졌다. 심지어 1939년 폴란드 침공 때조차 기갑부대는 훨씬 더 조심스럽게 사용되었다. 하지만 전격전으로 알려지게 될 개념의 기원은 이미 작계 1919를 위한 준비 과정에서 분명하게 드러났다.

T-18	
생산연도	1928년
생산대수	960대
중량	5.9톤
길이	4.38미터
승무원	2명
장갑	6~16밀리미터
주무장	37밀리미터 M28
부무장	7.62밀리미터 기관총
속력	10마일/시 (16킬로미터/시)

T-24	
생산연도	1931년
생산대수	약 25대
중량	18.5톤
길이	6.5미터
승무원	5명
장갑	8~20밀리미터
주무장	45밀리미터 M32
부무장	7.62밀리미터 기관총 3정
속력	16마일/시 (26킬로미터/시)

1호 전차	
생산연도	1934년
생산대수	1,493대
중량	5.4톤
길이	4.02미터
승무원	2명
장갑	7~13밀리미터
주무장	7.92밀리미터 기관총 2정
부무장	–
속력	31마일/시 (50킬로미터/시)

전차 설계의 성숙기
1차 세계대전 말과 2차 세계대전 초 사이 기간에 전차 설계는 발전했다. 1930년대 중반 무렵 전차가 현대적인 모습을 갖추게 되면서 1세대 장갑차량들이 가졌던 많은 특징들이 사라졌다.

대전차 수단의 발전
1917~1919년

상호연계 방어진지
가장 효과적인 대전차방어체계는 한 종류의 무기에만 의존하지 않는다. 지뢰와 장애물, 거점을 이용해 전차의 공격이 한곳에 쏠리게 만든 다음 대구경과 소구경 대전차화기를 동원해 사방에서 공격한다.

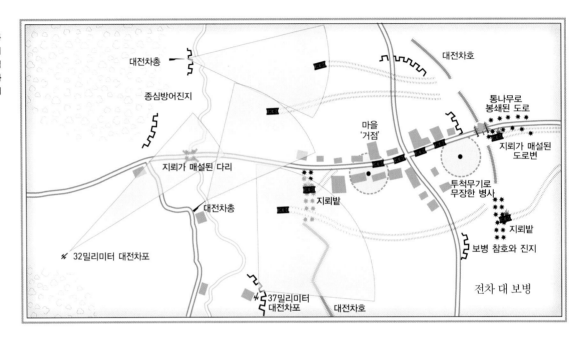

새로운 무기체계는 효과적인 대항책을 찾으려는 움직임을 촉진한다. 전차의 경우도 예외는 아니었다. 사실 독일은 장갑차량개발사업을 시도하기는 했지만, 대전차 역량에 더 큰 노력을 기울였다. 플뢰르-쿠르슬레트에 대한 최초의 전차 공격이 큰 전과를 거두지는 못했지만, 전차가 접근하는 모습은 방어하는 병사들에게 큰 심리적 효과를 발휘했다. 실제로 전차를 파괴하는 것뿐만 아니라 병사들이 공황상태에 빠지는 것을 막기 위해서도 효과적인 대항책은 필수 요건이었다.

1917년 당시로서는 다음 두 가지 방법이 유용한 대전차 방어수단이었던 것 같다. 하나는 전차가 방어구역 안으로 들어오지 못하게 하거나 적어도 속도를 둔화시키는 것이었다. 험한 지형에서 전차는 쉽게 땅 속에 처박히는 경향이 있었으며 작전 시간이 길어질수록 고장 확률도 높았다. 또한 지연은 공격 경로에 포병의 곡사화력지원을 요청할 수 있는 시간적 여유를 제공하고 포병이 직접사격으로 전차와 교전할 수 있는 시간을 벌어주었다. 게다가 지연은 전차가 속도를 늦추거나 어쩔 수 없이 장애물을 우회하느라 사전에 준비된 '살상지대'로 진입하게 만들 경우 효과를 볼 가능성이 더욱 높았다. 물론 장애물 때문에 소수의 전차들이 정지하기도 했지만 화력 증원이 이루어지지 않으면 그것은 한낱 지연 전술에 불과할 뿐이었다.

최선의 만능 대전차무기는 전차라는 것은 거의 틀림없는 사실이었다. 하지만 구축전차나 철갑탄을 보유한 전차와 같이 전차와 교전하여 파괴하는 것을 전문으로 하는 장갑차량이 1차 세계대전 중에는 배치되지 않았다. 따라서 전차를 공격해 무력화시키는 역할은 포병과 보병이 맡아야만 했다. 초기에는 이미 존재하는 무기를 활용했지만, 곧 특화된 대전차무기들이 등장하기 시작했다.

수동적 대응책

자연적 장애물과 탄공은 효과적인 대전차 방어수단이 될 수 있었다. 병사들은 모든 거점들을 최대한 활용하는 방법을 배웠다. 벙커나 건물, 구조물의 잔해 등은 보병이 전차로부터 은폐 및 엄폐할 수 있는 수단을 제공하는 동시에 그 구역에 전차가 쉽게 진입할 수 없게 만들었다. 그와 같은 진지들을 강화할 수 있는 위치에는 즉각 바리케이드를 설치했다. 따라서 도시 지역은, 심지어 아무리 규모가 작은 마을이나 폐허가 된 농가라도, 선두 전차들이 일단 그 안으로 진입하게 되면 보병이 전차에 접근할 수 있었고, 뒤를 따르는 다른 전차로부터 보병을 보호해주었다.

최초의 전차는 참호 통과를 염두에 두고 설계되었지만, 단순히 참호의 폭을 넓히는 것만으로도 참호를 통과하기가 어려웠다. 하지만 병사들을 포격으로부터 보호하는 능력을 지나치게 약화시키지 않으면서 단순히 참호의 폭을 넓히는 데는 한계가 있었다. 대안은 방어진지 전면에 대전차호, 즉 '전차 함정'을 구축하는 것이었다. 어떤 경우에는 거기에 물을 채우기도 했는데, 물을 채운 장애물은 특히 더 위험했다. 물은 전차의 엔진을 침수시키거나 승무원들이 익사하지 않으면 적어도 전차를 포기하게 만들 수 있었기 때문이다. 아무리 참호에 빠져 꼼짝 못하게 된 전차라도 사격을 할 수 있으면 주변의 적군에게 위협을 줄 수 있었다. 때로는 참호에 빠진 전차가 일종의 전진배치된 사격진지가 되어 몇 시간 동안이나 전투를 수행하기도 했다.

'용치(龍齒)'로 알려진 콘크리트 장애물은 전차가 통과할 수 없는 장벽을 만드는 데 이용되었다. 이것은 단순한 벽보다 훨씬 더 적은 자원을 이용하면서도 더 효과적이었다. 벽은 대포 사격으로 파괴될 수 있기 때문이다. '용치'가 열을 지어 배열된 지역에서 전차가 그 사이로 들어갔다가 좌우로 선회할 수 없는 상태에서 앞이 막힐 경우, 어느 정도 물러섰다가 앞으로 달리는 탄성을 이용해 장애물을 타고 넘을 수도, 뒤로 물러설 수도 없게 된다. 용치는 포격으로도 제거나 파괴가 대단히 어렵기 때문에 전차의 공격로를 효과적으로 차단할 수 있다.

연합군은 이런 대전차 수단에 대응하기 위해 항공정찰을 통해 최악의 장애물을 식별하고 그것들을 피해서 공격로를 계획하고 폭이 넓은 참호와 대전차호를 좀 더 쉽게 통과할 수 있도록 장작단을 전차의 지붕 위에서 참호로 굴려 떨어뜨리는 방법을 사용했다.

나중에 영국 전차들이 더 길어지자, 대전차장애물인 참호의 폭을 더 넓혀야 했다. 아이러니하게도 대전차호에 대한 효과적인 대응 수단은 어쩌면 대구경 포탄으로 그것을 포격하는 것이었을지도 모른다. 포격으로 지형은 아주 험해졌겠지만, 그 정도는 전차가 감당할 수 있었을 것이다. 급경사를 이루는 참호의 정면이나 후면은 지근탄에 흙이 무너지면서 경사가 좀 더 완만해질 가능성도 있다.

대전차지뢰도 사용되었다. 종종 공격부대를 지뢰밭으로 유도하기 위한 수단으로 장애물이 사용되었으며, 그곳에 매설된 지뢰들은 그 위를 통과하는 전차의 압력으로 폭발했다. 최초의 대전차지뢰는 대포 포탄의 신관을 판자와 못으로 교체해 개조한 것으로, 위에서 압력을 받으면 못이 포탄

야지횡단능력
초기 전차는 경사가 급하지 않고 무한궤도가 접지력을 발휘할 수 있을 정도로 지면이 단단하기만 하면 상당히 높은 경사지도 돌파할 수 있었다. 전차는 비록 느리기는 했지만, 그들의 표적에게는 결코 저지할 수 없는 존재로 보였을 것이다.

참호 속에 빠진 전차
독일군이 노획해 사용하던 이 영국제 전차는 경사가 심한 참호 벽면을 타고 올라가다가 참호 속으로 빠져 버렸다. 마름모꼴 차체를 전부 무한궤도로 감는 방식은 이와 같은 상황에 도움이 되었지만, 전차가 넘어갈 수 있는 장애물에는 한계가 있었다.

고사계사격
고사계사격은 가장 멀리 쏠 때의 포의 각도보다 더 큰 각도로 쏘는 사격으로, 높은 장애물 뒤를 사격할 때 사정거리를 줄이기 위한 사격 방법이다.

대전차총
강력한 대전차총은 보병 1명이 운반하고 사격할 수 있는 무기로서 최외각에 배치되었지만, 비교적 저렴한 비용으로 사용할 수 있는 대전차 방어수단이었다.

의 탄두로 밀려들어가는 형태였다. 전적으로 대전차 임무를 위해 설계된 대전차지뢰는 1918년부터 생산되기 시작했다. 당시 충분한 수의 대전차지뢰가 생산되어 일부는 2차 세계대전 발발 당시에도 여전히 사용되었다.

보병 무기

초창기에 전차의 공격을 받은 보병이 유일하게 선택할 수 있었던 무기는 소병기와 수류탄뿐이었으며, 특화된 무기가 배치되기 전까지 그들이 보유하고 있는 것을 활용할 수밖에 없었다. 원래 전차는 그런 보병 무기들에 대한 대항책으로 고안된 것이었기 때문에 당연히 보병 무기들은 그다지 효과적이지 못했다. 보병이 전차를 공격할 수 있는 유일한 방법은 수류탄을 전차의 지붕 위로 투척하는 것이었는데,

이것조차도 효과가 미미했다. 수류탄은 종종 전차의 지붕에서 굴러 떨어지곤 했는데, 특히 전차가 험한 지형을 이동 중일 경우 더 쉽게 튕겨 나왔다. 게다가 수류탄이 전차의 지붕에 떨어지지 못하게 철망을 사용했는데, 그 결과 수류탄이 비스듬히 설치된 철망을 따라 지면으로 굴러 떨어졌다. 어쨌든 당시 세열수류탄은 장갑 파괴용으로는 별로 적합하지 않았으며, 전차의 장갑판에 거의 아무런 피해도 입히지 못했다. 수류탄은 전차보다는 공격하는 보병에게 더 위험한 존재였다. 하지만 때때로 수류탄이 전과를 거두기도 했는데, 특히 전차가 기동불능상태에 빠졌거나 밀집지형 속에서 움직임이 둔해졌을 때 그런 경우가 많았다.

좀 더 효과적인 대안은 무한궤도를 노리고 전차의 차체 밑으로 수류탄 다발이나 장약을 던져넣는 것이었다. 이미 막대수류탄을 가운데 놓고 여러 개의 수류탄을 묶어서 만든 수류탄 다발이 참호나 거점 속에 있는 적을 공격하기 위한 폭약으로 사용되고 있었다. 이것들은 쉽게 대전차용으로 적용할 수 있었으며, 어느 정도 피해를 입힐 수 있는 확률이 상당히 높았다. 이런 종류의 공격은 전차에 가까이 접근해야만 가능하기 때문에 아주 위험했지만, 이미 존재하는 무기만 사용하기 때문에 초기에 적용 가능했던 그나마 나은 대안에 속했다.

1차 세계대전 당시 사용 가능했던 총유탄은 전차를 향해 발사되었지만 그다지 효과적이지는 않았다. 대전차총유탄은 20년 뒤에나 등장했다. 1917~1918년 당시 독일군 병사들이 구할 수 있었던 총유탄은 인마살상용 세열수류탄을 사용했기 때문에 장갑을 두른 표적에 사용하기에는 적합하지 않았다. 총유탄은 수류탄 손잡이의 긴 막대를 소총의 총구에 꽂은 다음 공포탄을 사용해 발사하는 방식이어서 소총에 장전된 탄약을 교체할 필요가 있었기 때문에 준비하는 데 많은 시간이 걸렸다. 탄도가 높은 원호를 그리고 정확성도 떨어졌기 때문에 일단 보병이 노출된 상태에서 표적을 조준할 수 있을 만큼 충분히 오랜 시간 생존해서 발사에 성공했다고 해도 움직이는 표적에 명중할 가능성은 별로 없었다.

보병의 소총도 초기의 전차에는 효과가 있었다. 특히 충분히 많은 인원이 전차 1대에 집중적으로 사격할 경우 효과적이었다. 우박처럼 쏟아지는 사격에도 불구하고 전차가 계속 밀려오는 장면은 보병들을 낙담하게 만들었을지 모르지만, 소총 탄자가 장갑을 관통하지 못할 때조차 전차의 승무원들을 동요하게 만드는 효과가 있었다. 소총 탄자가 끊임없이 장갑판에 부딪치는 소리가 아니더라도 초창기 전차의 내부는 이미 지옥과 같았다. 따라서 소총 사격은 장갑을 관통하지 못하더라도 전차 승무원들을 탈진시키는 데 기여했으며, 일부 전차 모델의 경우 장갑으로 적절한 보호가 이루

어지지 않는 부분을 파손시킬 수도 있었다.

또한 소병기 사격으로 승무원에게 간접적인 손상을 입힐 수도 있었다. 조종수의 관측 프리즘을 명중시킬 경우 프리즘이 부서지면서 파편이 조종수의 얼굴에 튈 수도 있었다. 또 소병기 사격으로 장갑이 관통되지 않아도 탄자가 튕겨 나오면서 뜨거운 금속 파편이 장갑판에서 떨어져 나오는 '탄환 튀김(Bullet Splash)', 즉 파쇄 때문에 승무원이 위험했다. 그로 인해 승무원이 죽을 가능성은 높지 않았지만, 많은 부상을 입었다. 이런 위험에 대처하기 위해 쇠사슬로 된 마스크가 지급되었지만, 그다지 많이 사용되지는 않았다.

운이 좋으면 소총의 명중탄이 전차의 약한 부분을 관통하거나, 총안이나 관측 프리즘, 기타 장갑판의 틈새로 들어갈 수도 있었다. 그와 같은 상황이 벌어질 확률이 아주 낮다고 해도 전차는 커다란 표적이기 때문에 많은 사격을 받았다. 통계적으로 볼 때, 우연히 명중탄이 전차 내부로 들어갈 확률은 전차 1대를 향해 여러 정의 기관총이 사격을 가할 때 더 높았다. 본질적으로 전차 자체가 너무나 위협적이다 보니 전차를 목표로 사격을 하라는 명령이 있든 없든 기관총 사수들은 전차를 최우선 표적으로 여겼다.

보병 무기의 효과를 높이기 위해 저격수와 기관총 사수, 그리고 일부 소총수에게 철갑탄이 지급되었다. 도입된 지 얼마 안 된 이 'K'탄들은 저격수들이 기관총 노리쇠 부분을 명중시켜 기관총을 무력화시키는 데 사용하고 있었다. 이 'K'탄들이 금속 표면에 효과적이라는 사실이 이미 입증되기도 했지만, 어쨌든 이미 도입되어 있었기 때문에 신속하게 지급해 사용할 수 있다는 사실이 사기를 유지하는 데 매우 중요한 역할을 했다.

소총용 철갑탄도 대부분의 초기 전차를 관통할 수 있었다. 다만 그 관통된 탄자가 차량 내부의 중요한 부품에 타격을 가할지는 전혀 보장할 수 없었다. 아이러니하게도 영국군 마크 IV와 이후 전차들은 K탄에 별로 취약하지 않았는데도 독일 보병들은 그 사실을 몰랐기 때문에 전보다 더 강한 자신감으로 전차를 상대했다. 대전차 수단이 존재한다는 사실은 '전차 공포'의 효과를 감소시키는 중요한 요인이었다.

전문적인 대전차총 또한 새로 개발하거나 대구경 사냥용 소총을 개조해 만들었다. 이것들은 대략 100미터(109야드) 거리에서 20밀리미터(0.75인치) 두께의 전차 장갑을 뚫고 들어갈 수 있었고, 300미터(328야드) 혹은 그 이상의 거리에서도 어느 정도 효과를 발휘했다. 많은 초기 전차들이 채택한 평평한 측면 장갑은 이와 같은 대전차총에 대단히 취약했다. 경사진 장갑을 채택할 경우 대전차총의 유효사거리는 크게 감소했다.

1918년에 보급된 13.2밀리미터(0.5인치) 대전차총은 당시

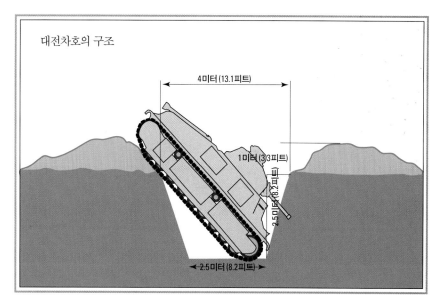

대전차호의 구조

4미터(13.1피트)

1미터(3.3피트)

2.5미터(8.2피트)

2.5미터(8.2피트)

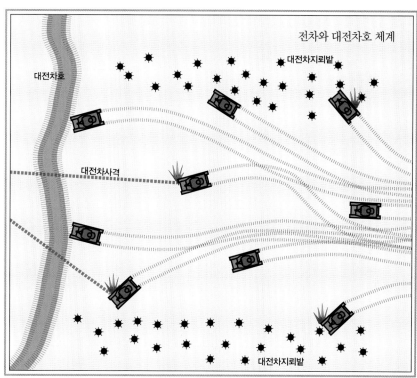

전차와 대전차호 체계

대전차지뢰밭

대전차호

대전차사격

대전차지뢰밭

사용되던 노리쇠 작동식 보병용 소총을 대형화한 버전을 사용했는데, 이것은 대형 사냥감을 사냥하는 무기를 바탕으로 개발되었다. 모든 대전차총이 그렇듯이 이것은 대단히 무거웠고 끔찍할 정도로 반동이 심해서 사수에게 부상을 입힐 수도 있었다. 나중에 일부 대전차총은 소형 포가 위에 장착되어 축소판 보병 화기처럼 사용되었다. 일부 중기관총도 전문적인 대전차 화기로 재설계되어 돌격해오는 보병보다 전차에 사격을 가하는 용도로 사용되었다.

때때로 화염방사기와 같은 다른 보병 화기들이 대전차 용도로 사용되기도 했다. 초기 전차들은 화염무기에 대단히 취약해서 비교적 쉽게 불이 붙었지만, 초기 화염무기의 사거리가 짧았기 때문에 그것을 사용하는 것은 대단히 위험

전차 함정
폭이 전차의 궤도 길이와 같거나 더 긴 모든 참호는 잠재적으로 치명적인 장애물이었다.

공격로 유도
지뢰밭과 참호는 전차의 공격을 대전차 무기가 있는 '살상지대'로 유도하고 전차가 위험지역을 통과하는 속도를 늦추게 하는 역할을 했다. 참호만으로는 전차를 저지할 수 없었겠지만, 전차가 속도를 늦추게 함으로써 대포가 자기 역할을 수행할 수 있도록 시간을 벌어주었다.

화염방사기
초기 화염방사기는 참호를 소탕하는 데
효과적이었지만, 대단히 거추장스러웠
다. 또한 사거리가 짧아 화염방사기 운
용자가 적의 전차에 가까이 접근해 화염
방사기를 쏴야 하는 어려움이 있었다.

파괴된 전차
적의 공격으로 완전히 파괴된 전차는
비교적 소수였다. 대부분은 무력화되었
다가 나중에 수리되거나 회수되었다.
완전히 파괴된 전차들은 대부분 대포
포탄에 맞은 것들이었다.

했다. 특히 사수가 그것을 효과적으로 사용하기 위해 은폐
물을 벗어나야 했기 때문에 더욱 위험했다. 영국의 '암컷'
전차가 방어용으로 다수의 기관총을 장착하고 있었기 때문
에 어떤 종류의 근접공격도 사실상 자살행위나 다름없었다.

포병의 간접사격은 전차를 무력화시키거나 지면에 많은
탄공을 만들어 전차가 신속하게 통과하지 못하게 할 수 있
었다. 하지만 포병이 전차 공격을 저지하는 데 가장 효과

적일 때는 직접사격을 할 때였다. 직접사격은 처음에 전차
가 포병 진지로 접근할 때 그곳의 포병들이 도주하기보다
는 자리를 지키며 싸우기로 하면서 의도하지 않게 일어났
다. 포병들이 전혀 공황상태에 빠지지 않았던 그와 같은 사
례에서, 당시에는 철갑탄이 없어서 일반적인 인마살상용 고
폭탄을 사용했는데도 전차 공격을 저지하는 것은 물론이고
심지어 격퇴하기까지 했다.

보병의 전방진지를 돌파하려는 전차 공격의 위협에 대응
하기 위해 대전차무기체계로서 대포가 고려되었다. 거의 모
든 종류의 대포 포탄이 전차를 무력화하거나 적어도 손상
을 입힐 수 있었지만, 대체로 소구경 대포가 선호되었다. 당
시에는 소구경 대포가 대구경 대포에 비해 최전방에 더 가
까이 배치되어 있었다. 따라서 공격을 받을 당시 현장에는
소구경 대포가 있었을 가능성이 더 높다. 이 소구경 대포는
전차가 아직 직사사거리 안에 들어오지 않았을 때는 일반
적인 포격 임무를 수행하다가 일단 전차가 직사사거리 안
에 들어오면 직접사격으로 전차와 교전했을 것이다.

이런 임무에 사용된 대포들은 기관총의 직사로부터 포병
들을 보호하기 위한 전형적인 포진지를 구축하지 않았기
때문에 적의 공격에 아주 취약해서 대체로 큰 손실을 입었
다. 곧 보병의 모든 전방진지뿐만 아니라 참호에 적의 공격
을 격퇴하는 데 사용될 대포들도 배치하는 것이 관행으로
자리 잡았다. 그나마 그것도 대포가 배치될 지점을 적이 이
미 공격했거나 적의 공격 지점을 미리 예측하고 그곳에 대
포를 배치했을 때만 가능했다. 측면을 돌파당하거나 교전
중에 이동해야만 하는 포대는 아주 취약했지만, 대포는 전
차 공격에 대항하기 위해 사용 가능한 최고의 수단이었다.

전쟁이 거의 끝나갈 무렵 특화된 대전차포들이 모습을 나
타내기 시작했다. 이 대전차포들은 수평탄도로 발포하게 설
정된 37밀리미터(1.5인치) 구경 포였기 때문에 사거리에는
제약이 있었지만, 표적을 관통할 확률이 더 높았다. 일부는
실전에 배치되기도 했지만, 이 무기들은 대부분 너무 늦게
출현해 별다른 활약을 하지 못했다. 그동안은 기존 포병 화
기가 대전차 임무를 전담해야 했다. 1918년에는 모든 포병
부대가 자체 전력의 일정 부분을 대전차 전력으로 지정하
고 철갑탄을 지급했다. 심지어 박격포마저 대전차 임무에
동원했다. 독일 육군은 전차의 위협을 너무나 심각하게 여
겼기 때문에 사실상 전차의 장갑을 관통할 가능성이 조금
이라도 있는 모든 무기를 잠재적 대전차무기체계로 고려했
으며, 때때로 모든 대포와 중기관총은 전차를 최우선 표적
으로 삼아야 한다는 지침을 하달하기도 했다. 그러나 이것
은 어찌 보면 불필요한 명령이었다. 전차의 출현이 너무나
심각한 위협이어서 무기 운용자들이 절대로 그것을 무시할
리 없었기 때문이다.

전차를 어떤 식으로든 저지하려는 이런 필사적인 수단들은 어떤 측면에서 전차가 의도하는 역할 – 보병이 적진에 돌입해 공격을 할 수 있게 만드는 것 – 을 오히려 효과적으로 수행하는 데 도움이 되었다. 전차를 상대하는 대포는 보병을 향해 사격하지 않았기 때문에 전차는 심지어 무력화되었을 때조차도 자신 쪽으로 많은 사격을 유도하기만 하면 임무를 성공시키는 데 기여할 수 있었다. 어떤 면에서 전차의 손실은 보병의 손실에 비해 덜 심각했다. 무력화된 전차들 중 다수는 고칠 수 있었고, 그것이 어려우면 적어도 분해해 예비부품을 확보하는 데 사용할 수 있었다. 그에 비하면 보병의 손실은 훨씬 더 영구적이었다.

전술 개선

최초의 전차 공격이 있은 뒤 곧바로 대전차 방어가 방어진지를 구축하는 데 주요 고려사항으로 자리 잡기 시작했다. 대전차무기는 전선을 따라 분산배치하기보다 적이 공격할 가능성이 높은 지역에 집중적으로 배치하는 것이 더 효과적이라는 사실이 밝혀졌다. 대전차무기는 전차가 하나의 무기를 상대하는 동안 다른 무기가 전차의 측면을 공격할 수 있도록 적어도 2개 이상 무리 지어 배치했다.

또한 참호와 지뢰밭, 장애물은 대전차 지대를 구축하기 위한 요소들로, 전차가 예측 가능한 경로를 따라 전진할 수밖에 없는 상황을 만드는 데 이용되었다. 이론상 전차가 장애물을 피하기 위해 방향을 전환하면서 측면을 노출하게 되면 그때 사격을 가하면 되었다. 예측하지 못한 방향에서 사격을 개시할 수 있도록 가능한 한 무기는 은폐했다. 대전차무기들이 사격당하지 않은 상황에서 최초 사격을 실시해야 그 효과가 컸기 때문에 적의 공격으로부터 대전차무기를 보호하기 위해 엄폐물을 사용했다.

이와 더불어 독일군은 대전차총과 같은 소구경 화기들을 상당히 전진배치하고 후방에 자리 잡은 박격포와 대포, 대전차포로 엄호하는 방식으로 상호 연계된 방어진지를 구축하여 대전차 거점을 만드는 개념을 실험적으로 시도했다. 대전차 거점의 접근로는 장애물로 보호하고, 보병진지는 이들 장애물을 제거하여 전차가 진출할 수 있는 통로를 개척하려는 적의 움직임을 저지했다. 이 방어체계는 대전차 화기들의 효과를 증가시키는 장점 외에도 보병으로 하여금 적 전차의 공격을 맞아 후퇴하기보다는 자기 위치를 고수한 채 싸움을 계속할 수 있는 자신감을 주었다. 전차는 물리적인 효과뿐만 아니라 심리적인 효과도 있었기 때문에 독일 육군은 효과적인 방어체계를 구축함으로써 기갑돌격의 심리적 효과로부터 병사들을 보호했다.

버려진 전차
전차 승무원들은 전차가 무력화되었을 때 두 가지 선택이 가능했다. 하나는 무인지대를 가로질러 아군 전선으로 복귀를 시도하는 것이고, 다른 하나는 아직 작동하는 무기를 사용하면서 전차 안에 그대로 머무는 것이다. 후자는 기동불능상태에 빠진 전차로 적의 사격을 유도하는 역할을 했다.

양차 대전 전간기

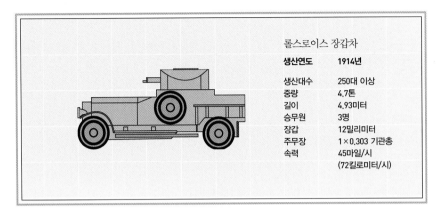

롤스로이스 장갑차

생산연도	1914년
생산대수	250대 이상
중량	4.7톤
길이	4.93미터
승무원	3명
장갑	12밀리미터
주무장	1×0.303 기관총
속력	45마일/시 (72킬로미터/시)

롤스로이스 장갑차
롤스로이스 장갑차는 1920년대와 1930년대에 세계 전역에서 사용되었으며, 주로 식민지에서 치안활동에 사용되었다. 지원무기 플랫폼으로서 매우 유용했지만, 1930년대 말에 이르면 구식 차량이 되었다.

1차 세계대전을 종결시킨 방식은 이후 20년 동안 전차의 설계와 개발에 많은 영향을 미쳤다. 1차 세계대전 동안 세계 전역에서 이루어진 전차와 관련된 모든 일들은 고작 몇 개월의 급격한 전차 개발과 개량 과정으로 압축할 수 있었고, 마찬가지로 전투나 기갑작전의 경험도 비교적 소수에 불과했다.

장갑차량이 등장하자, 군사계획자들은 미래에 그것이 필수 전력이 될 것이라고 확신했다. 하지만 너무 늦게 등장해서 전반적인 체계 내에서 그것이 차지해야 할 정확한 위치를 확립할 수 없었다. 일부 국가의 경우에는 1차 세계대전을 치르기 위해 생산한 초기 모델 전차들이 많이 남아서 1920년대에 전차 개발을 소홀히 했다.

대부분의 국가들은 1차 세계대전 당시 생산한 전차들이 상당히 많이 남아서, 이것들이 원시적인 수준이었음에도 불구하고 새로운 설계의 전차를 개발하고 적정한 수를 생산하는 것보다 남아 있는 전차를 사용하는 것이 훨씬 비용이 적게 든다고 생각했다. 특히 프랑스는 전차의 설계와 개발을 소홀히 한 결과, 1940년에 1917년식 FT-17 전차가 프랑스군 기갑부대의 주력을 형성하는 바람에 독일 기갑돌격을 상대하는 데 실패했다.

전차 설계와 개발을 선도한 영국조차도 이 새로운 전투병과를 무시했다. 일부 사상가들이 설계와 전술 개념을 포함해 몇 가지 전차 이론을 제안했지만, 대부분 무시되었다. 독일은 전차 공격으로 가장 많은 피해를 입었고 처음에는 전차를 우선적으로 개발하지 않았지만, 종전 후에는 장갑전투차량을 실험하는 데 가장 열성적인 국가가 되었다. 하지만 그들은 베르사유 조약에 의해 전차의 보유가 금지되어 있었다.

어쩌면 이것은 오히려 독일에 유리하게 작용했을지 모른다. 독일에게 베르사유 조약은 대규모 잔여 장비를 사용할 수 없으니 처음부터 전차를 다시 만들어야 한다는 의미나 다름없었기 때문이다. 따라서 독일 전차들은 기존 설계에 영향을 받지 않고 전차 옹호자들의 요구에 적합하도록 개발되었다. 전반적으로 이런 상황은 훨씬 더 자유롭고 신선한 사고를 가능케 했으며, 마침내 독일 기갑부대가 창설되었을 때 다른 나라의 기갑부대처럼 현실과 타협할 일이 별로 없었다.

소전차와 장갑차

양차 대전 전간기에 등장한 새로운 한 가지 개념이 바로 '소전차(tankette)'인데, 근본적으로 이것은 경장갑과 소구경 화기를 탑재하고 전차의 형태를 취한 대단히 작은 장갑차량이었다. 대부분은 기관총만을 장착했고 장갑판을 설치했는데, 이 장갑판은 보병 화기로 관통시킬 수 있었다. 소전차는

보전협동
소련의 BT-7은 뛰어난 기동성에 적절한 화력을 결합시켰다. BT-7의 장갑은 얇았지만, 경사가 심해서 장갑의 방어력을 최대한 발휘할 수 있었다. T-34와 같은 후속 전차들도 이와 비슷한 형태를 취했다.

보병을 지원하는 화력지원차량으로서 유용한 역할을 수행할 능력이 있었고, 장갑 덕분에 어느 정도 회복력도 있었다. 하지만 그렇다고 해서 제대로 된 장갑전투차량을 대체할 수는 없었다.

소전차는 한 가지 점에서 아주 유리했다. 그것은 쌌다. 그 덕분에 재정난에 시달리는 국가도 적절한 규모의 기갑부대를 조직하여 기계화 작전 경험을 쌓을 수 있었다. 소전차는 영국 및 이탈리아 육군이 양차 대전 전간기에 수행했던 식민지 치안 유지 임무에는 아주 적합했으며, 1930년대 일본의 중국 침공과 같은 사례를 통해 무장이 빈약한 민병대에 효과적임이 증명되었다.

제한적인 방어력과 무장 외에도 소전차가 가진 중요한 단점 중 하나는 한두 명의 승무원이 여러 가지 조작을 동시에 수행해야 한다는 것이었다. 유용성이 미미한 소전차는 이 때문에 더 큰 전차들보다 훨씬 더 비효율적이었다. 그럼에도 불구하고 영국은 1920년대 중반 자국의 실험적인 기갑부대에 소전차부대를 포함시켰으며, 한편 폴란드는 더 나은 대안이 없었기 때문에 소전차를 전투 자산으로 일선에 배치했다.

궁극적으로 소전차는 결함이 있는 개념임이 증명되었지만, 여러 가지 경전차의 설계가 등장할 수 있는 여건을 제공했다. 일부 경전차는 소전차 설계로부터 발전했으며, 일부는 소전차를 바로 개조한 것이었고, 일부는 소전차의 경험을 활용해 만든 것이었다. 이 경장갑 무한궤도 차량에는 일

련의 범용·정찰용·지원용 차량도 포함되어 있었는데, 그 중에서 존 카든(John Carden)과 비비안 로이드(Vivian Loyd)가 소전차를 발전시켜 설계한 영국의 유니버설 캐리어(Universal Carrier)가 가장 유명하다. 주무장이 브렌(Bren) 기관총이기 때문에 브렌 캐리어(Bren Carrier)로 더 잘 알려진 유니버설 캐리어는 지붕이 없는 다목적 무한궤도 차량으로, 트레일러나 대포를 견인하면서 병력과 보급품, 무기를 실어 나를 수 있었다. 이것은 현대 장갑차량 '계보'에서 시조나 다름없었다.

각각의 임무에 최적화된 여러 개의 모델을 만들기보다 아주 비슷한 형태의 차량들을 다양한 임무에 사용하는 것이

실험 차량
모리스 마텔(Morris Martel) 소전차는 뒤쪽에 조향용 바퀴를 설치하고 차량 중량의 대부분이 앞쪽에 설치한 무한궤도에 집중되는 특이한 구동 계통을 사용했으나, 성공적이지 못했다.

M2 중형전차
미국의 M2 중형전차는 돌출포탑에 장착된 차체 기관총으로 무장했으며 실전에 배치되기도 전에 M3로 대체된 과도기적 설계였다. 완성된 차량들은 훈련용으로 사용되었다.

마크 I 중형전차

마크 I은 1차 세계대전 후 처음으로 개발된 영국 전차이자 포 자체는 고각만 조절되고 포탑이 회전하는 방식을 채택한 첫 번째 영국 전차이기도 했다. 또한 스프링 현가장치를 채택해 야지기동능력을 크게 개선했다.

마크 II 중형전차

마크 I 중형전차를 개량한 마크 II는 2차 세계대전이 발발했을 때 이미 구식이 되어 있었다. 일부는 지상에 포탑만 내놓은 채 일종의 특화점(特火點)으로 잉글랜드 남부 해안을 따라 방어적 임무에 배치되기도 했다.

유지보수와 군수의 관점에서 훨씬 더 비용이 저렴하고 효율적이다. 따라서 범용 수송차량은 초기 병력수송장갑차와 화력지원차량, 대포견인차량의 역할을 수행하면서 필요할 때마다 뛰어난 야지기동능력까지 제공했다. 다른 국가들도 이와 비슷한 개념을 적용했는데, 실제로 전차를 대신해 직접 전투를 수행하게 하지 않는 한, 대체로 성공적이었다.

또한 양차 대전 전간기에는 장갑차 개발도 진행되었다. 민수용 자동차를 개조한 것이 대부분의 경우 바퀴 달린 경전차와 비슷한 형태의 차량으로 서서히 진화했다. 처음부터 군용으로 설계된 1930년대의 장갑차들은 자신의 선조들보다 더 뛰어난 야지횡단능력을 갖추었으며, 때로는 정찰차량으로 기갑부대에 통합되기도 했다.

무한궤도차량이 험한 지형이나 진창을 통과하고 장애물을 넘는 능력이 훨씬 더 뛰어났지만, 차륜식 차량은 무한궤도차량에 비해 확실한 이점 한 가지를 가지고 있었다. 아주 평탄한 지형이나 도로 위에서는 차륜식 차량이 무한궤도차량보다 최고속력이 훨씬 더 빠르고 한 번 주유로 이동할 수 있는 작전반경이 대체로 훨씬 더 넓다는 것이었다. 차륜식 차량은 무한궤도차량에 비해 정비가 필요한 부분이 훨씬 적었으며, 자체 추진력으로 장거리를 이동할 수 있었기 때문에 다른 것을 이용해 수송할 필요가 없었다. 반면, 전차는 철도나 도로를 이용해 전용 수송차량으로 수송해야 했다.

따라서 차륜식 장갑차는 전차에 비해 전술적 기동성이 떨어지기는 했지만, 전략적 기동성은 훨씬 더 뛰어났다. 차륜식 장갑차는 소전차처럼 가격이 저렴했고 베르사유 조약의 제약도 받지 않았다. 예를 들어, 독일도 치안 유지를 위해 차륜식 장갑차의 소유와 운용은 허용되었지만, 베르사유 조약을 파기할 때까지 전차를 생산하지는 못했다. 대규모 장갑차부대를 창설한 덕분에 독일군은 기갑부대의 작전 경험을 축적하고 국제적 반발을 일으키지 않으면서 효과적인 기갑부대를 창설할 수 있는 여건을 마련할 수 있었다. 1940년에 독일군은 훈련에 사용할 전차조차 보유하지 못했던 1930년대와 심지어 1920년대에 개발해두었던 기술들을 활용했다.

소전차처럼 장갑차는 식민지를 보유한 국가들을 괴롭히는 소규모 분쟁에 유용하다는 사실이 입증되었다. 기동성과 경장갑, 인마살상용 무장을 결합한 장갑차의 특성은 이류급 군대, 즉 '식민지' 군대를 상대하는 데 매우 효과적이었고, 그로 인해 중무장한 주력전차는 필요하지 않을지도 모른다는 인식이 생기기까지 했다. 실제로 1930년대 일본의 전차 설계자들은 더욱 강력한 중전차의 설계를 추진했지만, 일본 육군이 그것을 거부했다. 당시 그들이 관여했던 분쟁에 경량의 차량이 더 적합한 것으로 이미 증명된 상태였기 때문에 일본 육군 지도부는 좀 더 경량의 차량을 원했던 것이다.

다중포탑 열풍

전차 설계의 요건과 역량에 대한 잘못된 인식은 경차량에만 국한되지 않았다. 장갑전투차량은 등장하는 그 순간부터 '육상함정(landship)'으로 불렸다. 해군과 연관된 이런 이름은 전차 개발을 위한 많은 결정에 영향을 미쳤다. 특히 영국에서는 장갑전투차량을 세 가지 유형으로 구분하는 경향이 있었다.

가장 강력한 전차는 '육상전함(land battleship)', 즉 '전투전차'로 간주되었다. 느리고 작전 범위도 짧은 전투전차는 가장 강력한 무장을 탑재하고 가장 두꺼운 장갑을 사용했다. 전투전차는 적의 진지를 돌파하여 경전차들이 전과를 확대할 수 있도록 돕는 데 사용되었다. 전과 확대를 위해서는 좀 더 가벼운 장비를 채택해 작전 범위를 더 길게 할 필요가 있었다. 이런 역할을 맡은 경전차와 전투전차의 관계는 해군의 순양함과 전함의 관계와 비슷했다. 실제로 많은 국가들이 이 중형전차를 '순항전차(cruiser tank)'라고 불렀다.

일단 전투전차들이 적의 전선에 돌파구를 형성하면, 순항전차는 전원지대를 종횡무진 달리며 어쩌다 마주치는 표적을 공격하여 후방을 교란하는 임무를 띠고 있었다. 순항전차는 단독으로 작전할 때조차 자신을 방어하고 적의 모든 역습을 격퇴할 수 있는 능력을 갖춰야 했다. 그렇기 때문에 인마살상용 기관총과 대포라는 혼합무장을 채택할 수밖에 없었다. 하지만 이번에도 전차는 여전히 보병지원차량으로 간주되었다. 따라서 많은 순항전차는 매우 두꺼운 장갑의 보호를 받는 반면, 아주 부적절한 주포를 탑재했다.

더 경량의 전차들은 '함대의 눈'과 같은 해군 초계함의 역할을 수행했다. 따라서 일부 국가들은 실제로 자국의 경전차를 한동안 '초계전차(frigate tank)'라고 불렀다. '초계전차'는 주로 정찰과 더 대형인 장갑차량들을 지원하는 역할을 수행했지만, 보병진지를 분쇄할 수 있는 능력도 갖고 있었다. 모든 국가가 이런 식의 육상전함·순항·초계전차 모델을 전적으로 수용한 것은 아니었다. 많은 국가들, 특히 독일은 좀 더 단순하고 합리적인 중전차·중형전차·경전차

라는 명칭을 선호했다. 다만 이렇게 폭넓은 명칭에는 정찰전차나 돌파전차처럼 특화된 전차들이 비집고 들어갈 틈이 존재했다.

'육상함정' 개념은 이후 몇 년 동안 지속될 한 가지 현상을 불러일으켰다. 다중포탑 전차가 바로 그것이다. 이 다중포탑 전차의 이면에 깔려 있는 개념은 1차 세계대전 시기 전차들의 개념과 별로 다르지 않았다. 전차가 다수의 표적을 상대할 때 각각의 표적마다 그에 적절한 무기를 할당하여 여러 방향으로 동시에 사격을 가할 수 있도록 복수의 무기를 장착하겠다는 것이다. 따라서 육상전함은 다중포탑을 채택함으로써 적의 파도 속을 헤치고 나아가면서 적의 거점이나 대포를 자신의 대포로 파괴하고 기관총으로 보병의 돌격을 저지할 수 있을 것이라는 기대를 받았다.

MS 경전차
프랑스의 FT-17에서 파생된 소련의 MS 경전차는 개량된 엔진과 재설계된 차체 형태를 적용했다. 1920년대에는 효과적이었지만, 1941년 독일군의 소련 침공 때까지 살아남은 MS 경전차는 성능이 아주 뒤떨어졌다.

포탑이 늘어난다는 것은 (더 늘어난) 승무원과 무기, 탄약을 위해 더 많은 공간이 필요하고 그만큼 장갑의 양도 늘어난다는 것을 의미했다. 각각의 포탑은 포탑구동장치가 필요했을 뿐만 아니라 다른 포탑에 장착된 무기의 사격에 너무 방해되지 않도록 배치해야 했다. 이 모든 요건들 때문에 전차는 더욱 커지고 무거워졌으며, 이로 인해 더 큰 변속기와 엔진이 필요해지자 다시 전차의 크기는 더욱더 커질 수밖에 없었다.

따라서 다중포탑 전차는 일단 운용이 가능해도 크고 느린 경향이 있었다. 가장 현실적인 것은 주포 포탑 1개와 기관총을 장착한 방어용 포탑 1개를 장착하는 것이었다. 가장 터무니없는 것은 포탑 5개를 장착한 것이었다. 다중포탑 전차는 적의 파도 속을 헤치고 전투를 승리로 이끌기는커녕 전투에서 미미한 역할밖에 하지 못했으며, 대부분은 시제품 단계조차 넘어서지 못했다.

현대 전차들이 주포 1문과 인마살상용 동축기관총(co-axial

machine gun) 1정을 장착하고 필요에 따라 전차장이 사용할 수 있도록 기관총 1정을 추가로 설치하는 것은 다 그럴 만한 이유가 있는 것이다. 이런 형태는 유연성을 부여하는 동시에 무게를 크게 증가시키지 않기 때문에 1930년대의 전차 설계는 점차 이런 개념을 지향하게 되었다. 하지만 오늘날 존재하는 것과 같은 형태의 주력전차는 2차 세계대전이 끝날 때까지 등장하지 않았다. 2차 세계대전이 끝난 뒤 비로소 중형전차의 기동성과 방어력, 그리고 중전차의 강력한 무장이 결합되어 오늘날과 같은 주력전차가 등장했다.

한편 다중포탑 형태가 서서히 사라져가는 추세임에도 불구하고 전차는 다수의 무기를 장착하는 경향이 있었다. 비록 전부는 아니더라도 일부는 포탑에 동축기관총 1정을 장착했지만, 차체 전면에 기관총을 장착하는 경우도 흔했다. 이 전방사격용 기관총은 사계가 제한적이어서 방어용이 아니라 공격용이었다. 보병의 공격으로부터 전차의 측면을 보호하는 것이 아니라 목표를 향해 전진하는 동안 전방에 있는 표적을 노렸다.

일부 전차는 방어용 기관총을 포탑 후방에 장착하기도 했다. 그러나 이 개념은 2차 세계대전 이후 사라졌다. 기관총을 포탑 후방에 장착하는 것이 비효율적이었을 뿐만 아니라, 주무장을 사용하는 동안 포탑 후방에 장착한 기관총을 사용하기 곤란했기 때문이다. 차체에 장착하는 무기에는 돌출포탑 대포도 포함되어 있었는데, 결국 이것도 서서히 사라지게 될 운명이었다. 대포를 장착할 수 있을 만큼 커다란 회전포탑을 제작하는 것보다는 회전각도가 제한된 차체에 대포를 장착하기가 더 쉬웠다. 하지만 차체에 장착된 대포는 여러 가지 측면에서 한계가 있었다.

무엇보다 차체에 장착된 대포는 갑자기 측면에 나타난 표적을 조준할 수 있을 만큼 신속하게 회전시킬 수 없었으며, 장애물 혹은 엄폐물에 가려지기 쉬웠다. 대전차 용도의 주포를 차체에 낮게 장착한 전차는 미처 응사를 하기도 전에 일반적인 형태의 적 전차에 피격당할 가능성이 있기 때문에, 전문적인 구축전차로는 적합할지 모르지만 유동적인 기갑전에는 효과적이지 않다.

현대적 전차 설계를 향한 발전

1930년대를 거치면서 전차 설계는 그 형태에 있어서 점점 '현대적'으로 바뀌어가고 있었다. 현가장치와 변속기의 발달로 전차는 험한 지형을 더 신속하게 이동할 수 있게 되었다. 다만 사격통제장치가 원시적인 수준에 머물렀기 때문에 정확성을 유지하기 위해서는 전차가 사격하기 전에 반드시 멈춰야만 했다. 1930년대 말의 전차 설계, 즉 2차 세계대전 초기에 전투에 투입되었던 전차들은 1차 세계대전 당시의 느림보 괴물들보다 크게 발전된 상태였다. 하지만 전차 개념은 아직도 현대적인 수준에 도달하지 못했다.

전차의 역할에 대한 질문들은 여전히 해답을 찾지 못한 상태였다. 대부분의 국가들이 용도에 따라 다양한 종류의 전차를 선보였다. 반면, 전후에는 다목적 모델 한 가지에만 집중하게 된다. 하지만 가장 크게 간과한 부분은 대부분의 전차가 다른 전차를 상대하기에는 끔찍할 정도로 무장이 빈약하다는 사실이었다.

많은 전차들, 특히 영국이 설계한 전차들은 소구경 대포를 사용해서 다른 나라의 순항전차, 즉 중형전차를 관통할 수 없었다. 상당히 대형인 차량들도 상당수가 기관총만 장착하

M3 (스튜어트Stuart) 경전차
M2에서 발전한 M3는 자이로 안정식 주포를 사용했기 때문에 이동 중에도 정확한 사격이 가능했다. 이후 모델에서는 차체의 돌출포탑 탑재 기관총이 제거되었다.

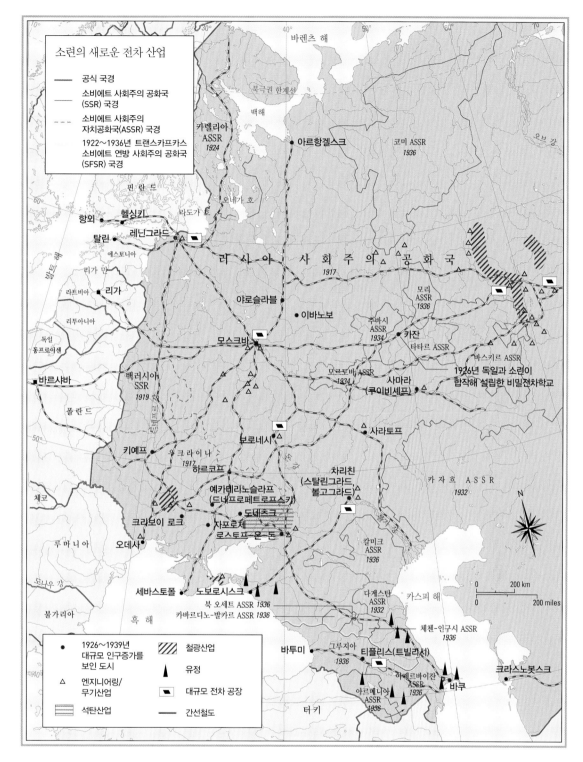

소련의 새로운 전차 산업

- ── 공식 국경
- ── 소비에트 사회주의 공화국 (SSR) 국경
- ─── 소비에트 사회주의 자치공화국(ASSR) 국경
- 1922~1936년 트랜스카프카스 소비에트 연방 사회주의 공화국 (SFSR) 국경

- ● 1926~1939년 대규모 인구증가를 보인 도시
- △ 엔지니어링/무기산업
- ▤ 석탄산업
- ▨ 철광산업
- ▲ 유정
- ▰ 대규모 전차 공장
- ── 간선철도

소련의 전차 산업
소련은 대규모 전차 생산 산업을 발전시키면서 종종 다른 나라에서 개발된 개념들을 통합·활용하여 전형적인 소련식 전차를 만들어냈다.

고 있어서 교전에서 인명을 살상하는 정도였거나 기껏해야 연성표적, 소구경 대포의 포대, 수송자산을 공격하는 역할만을 기대할 수 있을 뿐이었다. 대구경 포들도 대체로 포구 속도가 느리고 단포신 모델을 사용하는 바람에 장갑을 두른 표적에는 효과가 제한적이었다.

1930년대 말, 특히 스페인 내전 이후부터 이런 경향도 변하기 시작했다. 스페인 내전에서 기관총으로 무장한 독일군의 1호 전차는 근거리에서 철갑탄을 사용할 때만 적이 사용하는 소련제 전차를 관통할 수 있었기 때문에 20밀리미

터(0.75인치) 포로 주무장을 강화한 모델의 제작이 촉진되었다. 전차 설계는 구경이 대단히 작기는 했지만 전차전에 적합한 대포가 적용되면서 변화를 보이기 시작했다. 1939년에는 당시까지의 경험이나 양차 대전 전간기의 사고방식을 근거로 했을 때, 구경이 30~40밀리미터(1~1.5인치)인 전차포가 대전차 임무에 적합한 것처럼 보였다. 2차 세계대전 발발 이후 전차 설계가 급격하게 진화했다는 사실은 양차 대전 전간기의 결론이 항상 유효했던 것만은 아니라는 것을 보여준다.

영국 왕립전차대
실험적 부대

초기 전차
사진 속의 영국군 마크 IV는 1차 세계대전 시기의 크고 무거운 전차 설계의 전형적인 예를 보여준다. 돌출포탑에 장착된 대포와 차체 전면 기관총을 주목하기 바란다. 영국군 마크 IV는 독일군 A7V를 상대로 기록상 최초의 전차전을 벌였다.

기갑부대 선구자
영국 왕립전차대가 별개의 부대로 편성되면서 휴 J. 엘스 장군이 지휘를 맡았다. 원래 영국군 전차들은 기관총대의 중화기반으로 편성되어 있었다.

1차 세계대전에 참전했던 초창기 전차들은 기관총대 중화기반 소속으로 지정되었다. 1914년 유럽 대륙에 장갑차가 배치된 뒤, 전차는 1916년 솜에서 처음으로 전투를 경험했다. 전쟁이 끝날 때까지 25개 전차대대가 조직되었는데, 초창기의 8개 중대가 대대로 확대되고 1916년 가을부터 1918년 겨울 사이에 추가로 17개 대대가 더 생겼다.

1차 세계대전 중반기에 중화기반은 기관총대로부터 분리되어 휴 J. 엘스(Hugh J. Elles) 장군 지휘하에 전차대로 창설되었다. 최초의 전차전이 프랑스 카키(Cachy) 마을 인근에서 1918년 4월 24일에 발생했다. '닉세(Nixe)'라는 애칭의 독일군 A7V 전차가 영국군 마크 IV 전차 3대와 교전을 벌였다. 독일군 A7V 전차는 영국군 전차 2대에 손상을 입힌 뒤 작동불능상태에 빠졌다.

초라한 미래
1차 세계대전의 종전과 함께 영국군, 특히 전차대는 문제시되었다. 전시의 대규모 부대를 유지하는 데 비용이 너무 많이 들었기 때문에, 회의론자들은 전장에서 전차가 갖는 상대적 가치에 대해 여전히 확신하지 못하고 있었다. 겨우 5개 대대로 전력이 감축된 전차대는 내전 중인 러시아에 부대를 배치했고, 일부 장갑차와 전차는 이미 중동으로 파견한 상태였다.

군사비가 부족하고 영국 육군 기갑부대의 조직 구조를 직접적으로 강조하지 않았는데도 불구하고 1923년 영국 왕 조지 5세(Gorge V)는 공식적으로 전차부대를 왕립전차대로 재지정했다. 1939년 2차 세계대전 발발 직전에 대(corps)라는 말이 연대(regiment)로 바뀌었으며, 그에 앞서 몇 개월 동안 14개 대대가 추가로 편성되었다. 일련의 부대 명칭 재지정을 통해 기갑부대 전체가 '연대'로 알려지게 되었으며, 동시에 그 구성 부대들 또한 같은 이름의 단위부대로 편성되었다. 1933년 이집트에서 1개 대대가 편성되었다. 전쟁이 끝날 무렵, 몇 개의 대대가 연대로 재지정되어 총 24개 연대가 세계 전역에서 전투에 참가했다.

냉전 시기의 통폐합
1945년, 영국 왕립전차연대는 다시 한 번 전력이 감축되었다. 왕립전차연대의 8개 연대는 중동과 한국, 동남아시아, 북아일랜드 등과 같은 분쟁지역에 광범위하게 배치되었다. 1969년 각 연대들은 해산되거나 단일 부대로 통합되어 현재 왕립전차연대의 작전부대는 1왕립전차연대와 2왕립전차연대만 남았다. 왕립전차연대 소속 부대는 코소보(Kosovo) 평화유지활동과 1991년 1차 걸프 전쟁, 아프가니스탄 전쟁, 2003년 이라크 침공 등에 참가했다.

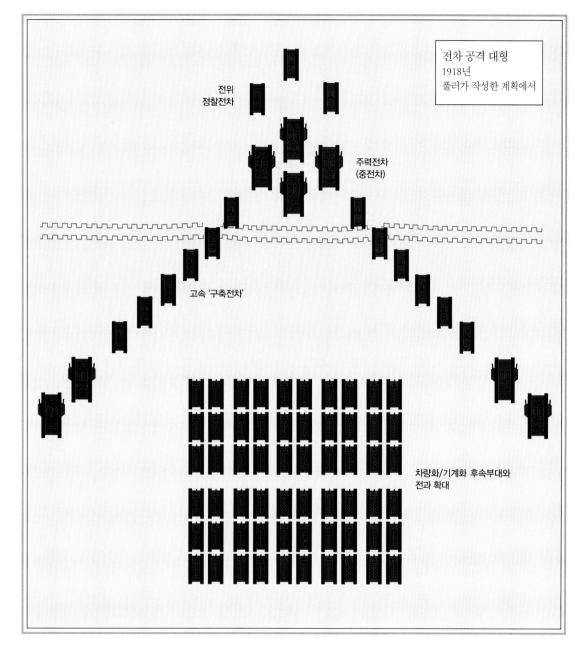

전차 공격 대형
1918년
풀러가 작성한 계획에서

전위
정찰전차

주력전차
(중전차)

고속 '구축전차'

차량화/기계화 후속부대와
전과 확대

풀러의 방진
영국의 기갑전 이론가 J. F. C. 풀러는
전차를 전장에 배치하는 방법과 관련하
여 제병협동 접근방식을 구상했다. 비
록 1918년에 그가 작성한 계획이 집행
되지는 않았지만, 그의 혁신적 전술교
리는 이후 세대의 기갑전술가들에게 영
향을 미쳤다.

전차 전술

왕립전차연대가 사용할 전차를 개발하고 그들이 일련의 분
쟁에 참가하는 과정에서 전차전 전술이 논의되고 재정립되
어 현대의 전장 환경에 맞게 바뀌었다. 기술의 발달은 더욱
강력한 전차와 대전차무기를 탄생시켰다.

전차전 개념에 가장 큰 기여를 한 J. F. C. 풀러는 사실 처
음에 1차 세계대전 동안 전차가 서부전선에 성공적으로 배
치될 수 있을지 의문을 품고 있었다. 그는 보병장교로 2년
간 복무한 뒤, 1916년에 기관총대 중화기반의 참모장에 임
명되었다. 비록 전차에 익숙하지는 않았지만, 그는 곧 전차
가 참호전의 교착상태를 타개할 수 있는 잠재력을 갖고 있
음을 인식하기 시작했다. 하지만 그는 새로운 무기인 전차
를 무거운 무한궤도 차량이 기동하기에 적합한 유리한 지
형에 배치해야 한다고 주장했다. 초기 교전에서 여러 대의

전차가 진창에 빠지고 탄공에 처박혀버리자, 그의 주장이
옳았음이 입증되었다.

풀러와 캉브레

1916년 이프르(Ypres)와 솜에서 전차가 실망스런 성과를 거
두는 데 그치자, 영국 육군에서 전차의 미래는 그 어느 때보
다도 불투명했다. 1916년 전투에서 엄청난 사상자가 발생
한 솜 강의 동쪽에 있는 캉브레(Cambrai)가 영국의 마크 V
전차에 유리한 곳으로 밝혀졌다.

풀러는 기회를 놓치지 않고 캉브레 주변의 유리한 지형
을 최대한 활용할 수 있는 전차 공격 계획을 작성했다. 그의
작전계획에는 전차가 전진하는 동안 전방에 이동탄막사격
을 가하는 것을 포함해 공격 개시 이전과 도중에 포병이 상
당한 역할을 담당하게 되어 있었다. 또한 풀러는 전차 300

영국군 휘핏 전차
영국군은 독일군 전선의 돌파구를 통해 전과 확대가 가능할 만큼 고속으로 기동할 수 있는 전차로 휘핏을 배치했다. 영국군은 1918년 여름 아미앵 인근의 전투에서 휘핏을 선보였다.

대 이상을 소단위로 분산하지 않고 대규모로 집중 배치해 전투에 임하게 하는 계획을 수립했다. 전차는 지상 공격 항공기들의 지원하에 신속하게 전진해 점령한 지역을 보병이 확보하면 후퇴할 예정이었다.

전투가 시작되자, 처음에는 상당한 거리를 전진하는 데 성공했다. 하지만 한 사단장의 실수로 인해 지원보병들이 사전에 계획된 100미터(109야드) 간격이 아니라 200미터(218야드) 간격으로 전차 뒤를 따르는 바람에 전차들은 가장 중요한 보병의 엄호를 받지 못하는 상태가 되었다. 그러자 독일군은 즉석에서 여러 발의 수류탄을 묶어 만든 대전차 폭탄을 들고 매복했으며 77밀리미터(3인치) 야포는 전차가 느

릿느릿 능선을 타고 넘을 때 사격할 수 있는 태세를 갖췄다. 불과 몇 분 사이에 전장의 좁은 구역에서 거의 30대나 되는 영국군 전차들이 파괴되었다.

1주일 만에 캉브레 공세는 추진력을 상실했고, 영국군은 적의 사격과 사고, 기계 고장 등의 이유로 수십 대의 전차를 잃은 채 후퇴했다.

진보적인 풀러

캉브레의 냉엄한 교훈을 통해 풀러는 전차가 기계적으로 더욱 신뢰할 수 있어야 하며 전차를 지원하는 요소들이 적절한 거리를 유지하며 서로 공조하는 것이 매우 중요하다는 결론에 도달했다. 결국 그는 장갑차량들에게 속력과 기동의 자유가 필요하다는 사실을 깨달았다.

저공비행 항공기에 더 나은 보호수단이 도입되어 왕립항공대가 더욱 효과적으로 지상군을 지원할 수 있게 되자, 풀러는 효과적인 기갑선봉대 전술교리를 재천명했다. 1918년 7월 아멜(Hamel)에서 마크 IV 전차 60대로 구성된 부대가 항공 지원과 거의 600문에 이르는 대포 사격 지원 아래 훌륭한 전과를 올렸다.

다음 달 아미앵에서 영국군은 고속 고기동성으로 독일군 전선의 돌파구를 신속하게 활용할 수 있는 능력을 가진 경전차 휘핏을 선보였다. 한편으로는 중형 A 전차(Medium A tank)로도 알려진 휘핏은 7.7밀리미터(0.3인치) 기관총 4정으로 무장했고, 최고속력은 13킬로미터/시(8마일/시)였으며, 작전반경은 64킬로미터(40마일)였다. 휘핏은 승무원 3명이

캉브레 전장
무력화된 영국군 마크 IV 전차가 캉브레 전장의 철조망 한가운데 놓여 있다. 캉브레에서 영국군 전차는 형편없는 지휘와 독일군 포병의 신속한 대응으로 인해 그 결과는 아주 실망스러웠다.

운용했다. 이와는 아주 대조적으로 18명이나 되는 승무원이 탑승한 독일 A7V 전차는 느리고 너무 커서 다루기 불편했다.

독일군이 지속적으로 효과적인 대전차전술을 구사했는데도 불구하고 영국군은 아미앵에 깊이 침투하여 독일군 고위 지휘관들이 서부전선의 역학관계가 바뀌었음을 인식했을 즈음에는 이미 탈환한 지역을 강화하고 있었다. 영국군의 신속한 전진에 독일군 최고사령부는 깜짝 놀라서 한동안 심리적으로 동요했으며, 패배주의의 기운이 독일 육군 병사들 사이에 스며들기 시작했다.

전술적 개선

오랜 시간이 흐른 뒤 마침내 자신의 전차대가 전장에서 자신들의 잠재력을 실현해 보이는 와중에도 풀러는 기갑전술교리를 개선하는 작업을 멈추지 않았다. 1918년이 지나도 전쟁이 계속될 것으로 예상되는 가운데, 그는 영국군 내에서 협동공격을 수행할 수 있는 역량이 증가하고 있는 것을 눈으로 확인하고, 앞으로 전쟁에서 전차가 성공하기 위해서는 기갑부대가 적의 영역 안으로 진격하는 동안 보병이 그들의 취약한 사각지대를 보호하는 동시에 항공기와 포병으로부터 지속적인 지원을 받을 수 있느냐가 관건이라고 파악했다.

풀러는 미래의 지상전 수행방식에 영향을 미치게 될 포괄적 전투계획을 구상했지만, 1918년 11월 11일에 정전이 선언되는 바람에 그 계획은 영국 육군에 제출되지 않았다. 하지만 그의 계획은 앞으로 있을 전쟁에서 좋은 본보기를 제공하게 된다.

풀러의 계획에 따르면, 일단 공세가 시작되면 영국군 전차들은 거대한 쐐기 대형을 형성해 공격한다. 포병의 탄막사격이 적의 방어진지를 약화시키고 전진부대를 위해 근접화력지원을 제공하는 동안 대규모 항공기들이 지상표적을 타격하고 통신선을 붕괴시키며 증원부대를 저지하게 된다. 몇 대의 정찰전차들이 척후임무를 수행하면서 적의 전선에서 약점을 탐색한다. 그들 뒤를 따라 육중한 마크 V 전차들이 치명적 타격을 감행해 독일군 전선에 돌파구를 형성한다.

일단 결정적 돌파구가 형성되면, 경전차 휘핏을 비롯해 전쟁이 끝날 당시에도 여전히 개발 단계에 있었던 고속 고기동성의 신형 전차들이 충격기병의 기능을 수행하여 전선이 붕괴된 곳이면 어디로든 뚫고 나가 적의 후방을 교란한다. 최신 경전차는 30킬로미터/시(20마일/시)까지 속도를 낼 수 있었는데, 풀러는 이것들을 전과 확대를 위한 공격의 핵심으로 간주했다. 최신 경전차는 독일군 지휘통제체계를 붕괴시켜 그들이 시도하는 반격이 효과를 거두지 못하게 만들고, 이상적으로는 적의 전방 방어진지를 후방에서 공격하여

함락시킬 것이다.

풀러의 계획은 신속하게 이동하는 전차와 보조를 맞추는 차량화보병이라는 개념을 탄생시켰다. 차량화보병은 트럭에 탑승하여 돌파구를 통해 전방으로 이동하다가 고정된 요새를 만나면 하차하여 공격을 가함으로써 그곳을 고립된 저항지대로 축소시키고 전차의 신속하고 예리한 전진으로 확보된 영역을 점령하게 될 것이다.

실제 적용

1930년대 독일 육군이 풀러의 전술적 통찰을 수용해 장차 유럽을 휩쓸게 될 전격전의 토대로 삼았는지 여부에 대해서는 여전히 이론의 여지가 있지만, 풀러가 전술가들의 사고방식에 영향을 미쳤다는 사실은 인정할 수밖에 없다. 비록 풀러를 비방하는 사람도 있었고 그의 이론이 갖는 가치를 제대로 파악하지 못한 사람들이 이의를 제기하기도 했지만, 그의 개념은 전장에서 정당성이 입증되었다.

운 좋게도 풀러는 1차 세계대전의 막바지에 적어도 부분적으로 자신의 기갑전술교리를 증명할 수 있는 기회를 맞게 되었다. 서부전선 전역은 그의 혁신적 실험을 위한 실험실을 제공했기 때문에 전역이 진행되는 동안 시행착오를 통한 평가와 조정이 가능했다. 그렇지 않았다면 그의 개념들은 단지 훈련교본과 위게임(war game)에서만 볼 수 있었을지 모른다. 나중에 밝혀진 것처럼, 실험적인 왕립전차대를 운용했던 초창기의 경험들은 오늘날까지도 장갑차량의 배치와 전장의 협조 개념에 영향을 미치고 있다.

영국군 마크 V
마크 V 전차는 1차 세계대전 말에 영국군과 함께 참전했기 때문에 전투 경험이 많지 않았다. 이 전차의 화력은 돌출 포탑에 장착된 6파운드 포 2문과 7.7밀리미터(0.3인치) 기관총 4정으로 구성되었다.

소련군의
종심돌파이론

소련 붉은 군대의 '종심돌파(Deep Penetration)' 교리는 크림 전쟁(Crimean War)(1854~1856)부터 1917년 러시아를 1차 세계대전에서 이탈하게 만든 독일과의 정전협정에 이르기까지 제정 러시아 군대가 겪은 좌절과 군사력 쇠퇴로 인해 탄생하게 되었다. 그 외에도 1904~1905년에 러일 전쟁에서 일본군에 당한 러시아 군대의 패배와 1920년대 초 폴란드와의 전쟁(러시아-폴란드 전쟁)에서의 실패 역시 쓰라린 경험이었다.

볼셰비키 혁명이 일어나자, 선견지명이 있는 붉은 군대의 몇몇 고위 지휘관들은 러시아의 군사력이 쇠퇴하는 것을 막고 전술적·전략적 수준에서 제병협동전술을 정립하려고 시도했다. 종심돌파이론의 옹호론자들은 나아가 군사계획과 실행에 작전이라는 세 번째 요소를 도입했다. 미하일 투하체프스키(Mikhail Tukhachevsky)와 블라디미르 트리안다필로프(Vladimir Triandafillov)는 당시 혁신적 교리를 고안해낸 붉은 군대 장교들로, 투하체프스키는 1차 세계대전과 러시아-폴란드 전쟁에 참전했으며, 1930년대 중반 붉은 군대 장교단에 대한 대대적 숙청이 이루어질 때 결국은 소련 수상 이오시프 스탈린(Iosif Stalin)에 의해 처형당했다. 트리안다필로프도 1차 세계대전에 참전했으며, 총참모본부 참모차장에 올라 현대 군사작전에 대한 광범위한 저술을 남기고 1931년 비행기 추락사고로 사망했다.

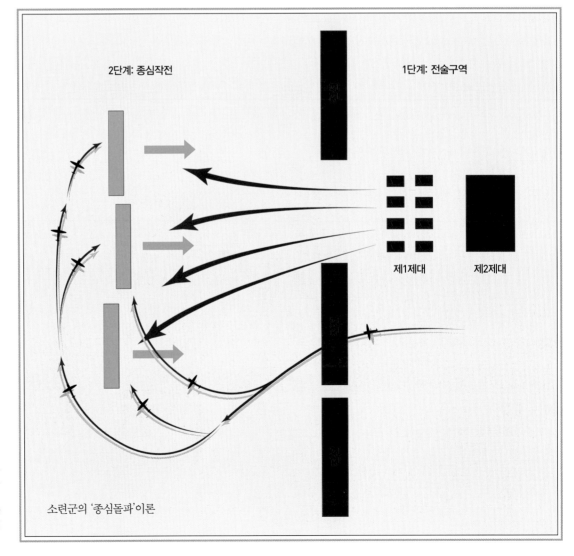

종심돌파
소련군의 종심돌파 개념은 적의 균형을 깨뜨리고 기갑부대의 전과 확대를 위한 돌파를 달성하는 것이다. 소련군 지휘관들에게는 초기 전투가 진행 중인 단계에서 전역의 궁극적인 전투를 구상해야 하는 추가적인 임무가 부여되었다.

2단계: 종심작전   1단계: 전술구역

제1제대   제2제대

소련군의 '종심돌파'이론

새로운 관점

종심돌파이론의 핵심은 적의 전선을 따라 여러 지점에서 동시에 공격하여 적의 고위 지휘관을 동요하게 만듦으로써 돌파 시도의 초점으로 분명하게 식별된 지점에 예비대를 투입하지 못하게 하는 것이다. 동시에 적의 지상 작전 지역을 뚫고 종심에 대한 공격이 이루어져야 한다. 이와 같은 철저한 공세행동은 적의 전투 효과를 급속하게 저하시켜 결국 적의 전술구역 전선을 돌파하게 된다.

적의 전술구역 전선이 돌파되면, 기동부대가 신속하게 적의 후방 깊숙한 지역을 타격하여 지휘통제소를 파괴하고 보급과 증원을 위한 시도를 좌절시켜 적을 총체적으로 교란시킨다. 궁극적으로 종심돌파는 붉은 군대가 전략적 목표를 달성하면 종결된다.

트리안다필로프가 종심돌파 개념을 구상하고 있을 때, 투하체프스키는 소련군 지휘관들이 전장에 대한 시각을 바꿔야 한다고 주장했다. 전장은 적대적인 두 군대가 단지 선형적으로만 대치하는 곳이 아니다. 전투와 그에 따른 전역은 종합적으로 고려하고 계속 관리해야만 한다. 승리하는 지휘관은 첫 전투를 준비할 때부터 전역의 최종 전투까지 구상할 줄 아는 지휘관이다.

군사력의 공조는 대단히 중요하기 때문에 통합된 병과들 사이에 이제까지 유례없는 협동이 요구된다. 보통 사단급 부대까지 포함되는 전술부대의 임무는 전선을 따라 적을 고착하는 것이다. 일단 돌파구가 형성되면 주로 기갑군단과 충격군으로 이루어진 기동부대가 돌파구의 이점을 최대한 이용하여 신속하게 적의 후방으로 뚫고 들어간다. 자신들이 후방에서 공격당하고 있다는 사실을 적이 깨닫는 순간 작전지역 내에서 그들의 저항은 붕괴된다. 집중 포격과 전술적 공습은 협동공격의 핵심적인 요소이다.

종심돌파가 성공하게 되면, 적군은 큰 충격을 받게 되어 효과적으로 대응할 수 있는 능력을 잃게 될 것이다.

순교자가 된 원수
기념우표까지 나와 있는 소련 육군 원수 미하일 투하체프스키는 종심돌파 교리의 개척자이자 초기 옹호자였다. 하지만 편집증에 걸린 스탈린의 희생양이 되어 소련군 장교단의 대대적인 숙청이 이루어질 때 처형당했다.

소련군 KV-1
두꺼운 장갑을 채용한 소련의 KV-1 전차는 76.2밀리미터(3인치) 주포를 탑재했다. 이 전차의 두꺼운 장갑은 독일군의 37밀리미터(1.5인치) 포탄에 끄떡도 하지 않았다. 하지만 생산단가가 너무 높아서 좀 더 경제적인 T-34로 대체되었다.

스탈린의 강철
소련의 IS-2 중전차는 1943년 가을 실전에 배치되어 쿠르스크 전투 당시 군사작전에 참가했다. 122밀리미터(4.75인치) 주포를 탑재한 IS-2 전차는 독일군의 88밀리미터(3.5인치) 대포에 대응하기 위해 두꺼운 장갑을 채택했다.

교관 투하체프스키

트리안다필로프가 사망한 뒤 붉은 군대 지휘부에 공세적 종심돌파 개념을 앞장서서 제기한 인물이 바로 투하체프스키였다. 투하체프스키의 이론은 다섯 가지 주요 요소로 구성되었다. 첫째, 전술부대는 작전기동을 지원하는 역할을 수행한다. 둘째, 광범위한 전선에 걸친 지속적인 공세는 확대된 전면을 따라 한곳 내지 여러 곳에서 발생할 수 있는 어떤 돌파에도 적이 대응할 수 없게 만든다. 셋째, 단검을 찌르듯 깊고 빠른 전선 돌파는 전후방에 상관없이 적군 사이에 충격과 혼란을 가중시킨다. 투하체프스키는 여기서 더 나아가 넷째, 기술의 발달은 화력과 기동력을 강화하는 도구로서 종심돌파 교리의 효과를 더욱 증가시킬 것으로 보았다. 마지막으로 붉은 군대 지휘관들은 전술적 기술과 더불어 전략적 안목을 갖추어야 하고, 현재와 미래의 전투들을 연속적인 작전으로 보아야 하며, 현재 진행 중인 전투의 요구를 처리하는 가운데 앞으로 다가올 전투를 계획할 수 있는 역량을 갖추어야 한다고 보았다.

공식 채택

1933년, 붉은 군대는 『종심전투를 준비하기 위한 준비지시(Provisional Instructions for Organizing the Deep Battle)』라는 제목의 교본까지 배포했다. 종심돌파 실행에 있어서, 여러 개의 붉은 군대 전선군, 기본적으로는 여러 개의 충격군으로 구성된 군집단이 동시에 연속적인 작전들을 펼쳐 적의 방어체계를 붕괴시키고 소련군의 압박에 효과적으로 대응하지 못하게 만드는 역할을 수행할 것이다. 공세의 속도를 계속 유지해 연속적인 공격을 수행하면 지원 역할을 수행하는 전선군이 전략적 목표를 쉽게 달성할 수 있다. 단, 전체 공세의 주요 전략적 목표는 소련군 최고사령부가 정한다.

종심돌파 공세를 시작하기 위한 계획 단계는 주요 전략적 목표를 정하는 것으로 시작된다. 그것으로부터 전술적 측면들이 정의된다. 보통 소총군단은 전술적 수준의 전투를 수행하는 주요 성분이며, 이들의 대형은 전차와 포병으로 보강된다. 공격은 3개 제대가 수행하는데, 첫 번째 제대는 전투를 시작하여 하나 혹은 그 이상의 전술구역에 대한 돌파를 시도한다. 두 번째 제대는 돌파가 이루어진 지점과 바로 그 후방의 점령지역을 강화한다. 마지막으로 세 번째 제대는 돌파구를 통해 빠르게 이동하여 신속하게 전과 확대를 수행한다. 이와 동시에 주로 소총군단 부대들로 구성된 견제부대는 전진부대의 측면을 방어하며 적의 반격을 막아내고 독자적으로 제한적인 공세작전을 수행한다.

종심돌파가 공세에 초점을 맞추고 있기는 하지만, 방어 준비도 상당히 중요하기 때문에 적에게 매력적인 전략적 요충지를 정해 관련 전술구역들을 요새화하고 보병과 포병을 배치해 두터운 방어진지를 구축해야 한다. 일선 방어선 너머에는 광범위하게 지뢰를 매설하여 적의 모든 전진을 방해한다. 전략적 요충지로부터 어느 정도 거리를 두고 설정되는 전술구역들은 공격부대의 전투효율을 소모시키는 핵심적인 방어요소이다. 이로 인해 공격해오는 적은 큰 인명 피해를 입고 추진력을 잃어 결국에는 공세 전역을 지속하는 데 필요한 전투의지를 상실한 채 결정적인 반격을 당하게 된다.

실용적 적용

종심돌파이론은 1930년대 붉은 군대에게 적합한 것처럼 보였는데, 당시 붉은 군대는 풍부한 병력을 보유하고 있었지만 대부분은 적절한 훈련을 받지 못한 상태였다. 붉은 군대의 작전계획 입안자들은 훈련이 부족한 대규모 병력과 러시아의 광활한 국토를 활용해 길게 뻗은 전선을 따라 종심돌파 전술과 작전, 전략을 실행했을 것이다. 여러 지점을 동시에 돌파할 경우, 적이 신속하게 후방으로 진격하는 소련군의 대규모 병력과 장갑차량을 상대하려다가 제압당하기 때문에 종심돌파 교리는 더욱 효과가 있었다.

종심돌파와 대조적으로 독일군의 전격전 이론은 단일 지점, 즉 중심(Schwerpunkt)에 대한 전력의 전술적 집중에만 의지했다. 전술적으로 통합된 병과들의 협동을 통해 독일군은 결정적인 한곳을 집중적으로 돌파했다. 이 두 이론은 제병협동에 의존한다는 점에서는 비슷했지만, 그것 이외의 유사점은 없었다.

수적 우위

가능한 한 붉은 군대는 종심돌파를 수행하는 동안 수적 우위를 유지하려고 했다. 시기에 따라 특정 역할에 할당되는 부대가 편차를 보이기는 하지만, 1943년의 소총군은 3개 군단, 12개나 되는 소총사단과 더불어 야전포과 대전차포, 대공포, 박격포로 명확하게 구분되는 4개 포병연대, 기타 항공자산을 비롯해 다른 제대와 공조하기 위한 통신부대들로 편성되었다. 소총군단은 3개 사단과 1개 포병연대, 통신부대와 공병부대로 구성되었다. 각각의 사단은 3개 소총연

대와 1개 포병연대, 1개 대전차대대, 지원부대로 편성되었다. 1개 소총사단은 총 9,400명의 병력과 44문의 야포, 거의 50문에 이르는 대전차포, 160문 이상의 박격포를 보유했다. 정예 근위소총사단은 병력이 1만 500명에 달했다.

전투 수행

작전이 성공을 거두기 위해서는 그 기세를 계속 유지해야 한다는 것은 틀림없는 사실이다. 단순히 적의 전선을 돌파한 것만으로는 성공이라고 하기에 충분하지 않다. 1차 세계대전 전장에서 얻은 최근의 경험을 통해 초기의 전술적 성

버려진 독일 기갑부대의 군마
피격되어 포탑이 날아가버린 독일군 4호 전차가 1943년 겨울 황량한 전장에 버려져 있다. 독일 기갑부대의 군마나 다름없었던 4호 전차는 엄청난 수가 생산되었다.

이빨 빠진 호랑이
1943년 우크라이나에서 노획된 이 독일군 티거 전차는 파손된 뒤 승무원들이 전장에 버린 것으로 보인다. 티거의 88밀리미터(3.5인치) 주포와 차체에 장착된 기관총이 선명하게 보인다.

겨울 황무지
후퇴하는 독일군의 뒤에 버려진 장갑차량과 전차들이 얼어붙은 겨울 풍경 속에 여기저기 어지럽게 흩어져 있다. 1944년 초, 부활한 붉은 군대는 일련의 동계 공세작전들을 벌여서 썰물이 빠지듯 독일군을 밀어냈다.

기동포병
소련 ISU-122 자주포가 1944년 여름 우크라이나 지역을 통과하고 있다. 122밀리미터(4.8인치) 곡사포를 장착한 ISU-122는 기동포병이나 보병근접지원화기, 구축전차를 포함해 다양한 역할을 수행했다.

공은 적이 회복하여 대규모 반격을 가할 수 있기 때문에 대체로 실패로 끝나기 마련이라는 사실이 드러났다. 속도와 종심은 소련군 교리의 핵심 요소였고, 무기의 개선은 현대 전장에서 종심돌파이론의 타당성을 높이는 데 도움이 될 터였다. 더 큰 화력과 더 넓은 작전반경을 가진 전차는 돌파구를 통해 신속하게 전과를 확대할 수 있었으며, 동시에 붉은 군대의 기계화가 진행될수록 차량화된 보병을 비롯해 후속제대의 이동도 더 용이해졌다. 게다가 신세대 소련 항공기도 운용이 가능해지고 있었다.

적진을 돌파하는 주력은 충격군이었는데, 처음에는 최대 18개 소총사단과 20개 포병대대, 12개 전차대대로 구성되었다. 전력이 최고 절정에 이르렀을 때, 충격군은 최대 30만 명의 병력과 3,200문 이상의 대포, 최소 700대의 항공기, 2,800대 이상의 전차를 보유했다.

다수의 충격군이 광범위한 전면에 걸쳐 공조를 이루며 작전을 벌이게 되어 있었고, 이들은 붉은 군대 전선군으로 편성되었다. 트리안다필로프가 죽은 뒤, 공세를 위한 충격군 편제가 공식적으로 결정되었으며, 각각은 2개 제대로 구성되었다. 첫 번째 제대는 여러 개의 소총군단으로 이루어졌으며, 두 번째 제대는 공격의 기세를 유지하기 위한 예비대와 증원부대를 포함하고 있었다. 이들 제대가 적의 전선을 붕괴하고 그 배후로 적정한 깊이까지 진출하면, 작전부대가 박차고 나가 물질적 파괴와 심리적 붕괴를 초래하는 종심 침투를 수행하여 붉은 군대에 최종 승리를 안겨주게 될 것이다.

종심돌파 공세가 어느 정도 형태를 갖추자, 적이 우월한 병력으로 반격을 가할 경우 제대별 공격은 충분한 병력으로 그에 맞서지 못할 수도 있다는 우려가 제기되었다. 하지만 그 문제는 붉은 군대 주력이 전장에 도달할 때까지 제대는 적의 모든 주요 집결지의 측면을 타격하라는 지시를 내림으로써 해결할 수 있었다. 그런 식으로 전진하는 붉은 군대의 전력은 작전지역에 주력이 도달할 때까지 대규모 교전을 회피했다.

숙청으로 인한 이탈

아이러니하게도 종심돌파이론을 개발한 다수의 소련군 고위 지휘관들이 장교단에 대한 대숙청이 벌어졌던 1930년대 말에 처형되거나 수감되거나 퇴역을 당했다. 결국 종심돌파이론은 스탈린을 축출하려던 음모를 꾸민 '죄인'들과 연관되어 있었기 때문에 보류되었다. 히틀러가 소련으로 관심을 돌려 1941년 6월에 소련을 침공했을 때, 한 세대의 고위 지휘관들을 잃은 붉은 군대는 이미 그 세력이 약화된 상태였다. 게다가 종심전투이론을 사용할 수 없게 되자, 작전을 제대로 펼 수 없게 되었다.

1941년 겨울 붉은 군대가 일단 상황을 안정시키고 나치의 모스크바 점령을 저지하자, 종심돌파이론이 다시 부상하기 시작했다. 분명 스탈린은 그것의 장점이 나치 독일의 적대행위가 시작되기 전에 감지되었던 어떤 정치적 내분보다도 중요하다는 사실을 깨닫고 있었다. 비록 붉은 군대가 끔찍한 손실을 입기는 했지만, 보유 인력과 막강한 산업역량으로 소련은 전세를 역전시켰다.

1941년 말과 1942년 초에 붉은 군대는 독일을 소련의 수도에서 밀어내기 위해 종심돌파 작전을 시도했다. 비록 초기에는 몇 차례 성공을 거두기도 했지만, 공세는 결국 실패했다. 그 주된 이유는 작전 단계에서 신속하게 진격해야 했던 소련 기계화부대가 만족스러운 실적을 보여주지 못했기 때문이었다. 하리코프(Kharkov) 인근에서 전개된 이후의 공세 역시 실패했다.

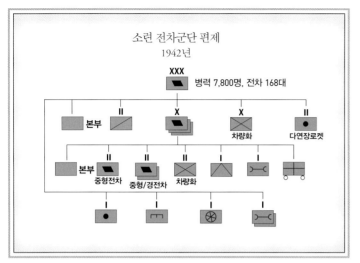

소련 전차군단 편제
1942년

XXX 병력 7,800명, 전차 168대

본부 차량화 다연장로켓

본부 중형전차 중형/경전차 차량화

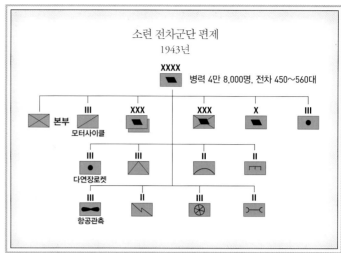

소련 전차군단 편제
1943년

XXXX 병력 4만 8,000명, 전차 450~560대

본부 모터사이클

다연장로켓

항공관측

1943년 여름 쿠르스크(Kursk) 돌출부에 대한 독일군의 공세에 대응하여, 소련군은 고전적인 종심돌파 교리에 따라 반격을 실시할 수 있었다. 독일군은 공세의 전방 부대들을 지원하기 위해 양익을 무시했기 때문에, 소련군은 북부에서 상당한 전진을 이루어 독일 중부집단군의 후방을 위협했지만, 독일 공군의 집중적 공습에 저지당했다. 돌출부의 남쪽 측면에서는 독일군이 쿠르스크 남서쪽의 프로호로프카(Prokhorovka)에서 소련군의 환상방어지대를 돌파했다. 이어서 역사상 가장 큰 규모의 전차전이 벌어졌고, 양측 모두 엄청난 손실을 입었다. 다른 용도로 사용될 예정이던 증원부대가 투입되면서 독일군의 기세가 꺾였다.

소련군의 돌진

쿠르스크에서 승리한 뒤 소련군은 동부전선에서 주도권을 장악했다. 1944년 내내 이루어진 일련의 인상적인 승리들은 종심돌파이론을 실제로 입증해 보였다. 몇 차례에 걸쳐 대규모 독일군이 포위된 채 보급과 구원으로부터 단절되어 항복할 수밖에 없었다. 붉은 군대는 광범위한 영토를 탈환했으며, 그들의 전진은 저지가 불가능한 것처럼 보였다. 1945년 봄이 되자 소련군은 나치 독일의 수도 베를린(Berlin) 외곽에 도달했다.

소련군의 거대한 협공작전이 도시 주위로 접근하며 서쪽으로 탈출하려는 독일군을 그 안에 가두었다. 격렬한 시가전이 이어졌고 소련군은 파괴된 건물의 잔해나 심지어 도시의 하수도로부터 독일군을 몰아내야 했다. 4월 말, 망치와 낫이 그려진 붉은 깃발이 이전 나치 권력의 보루였던 제국의회 의사당(Reichstag)에 휘날렸다.

지속적인 영향

몇몇 서방 자료들은 냉전 기간에도 종심돌파이론이 소련 군대의 구성요소로 남아 있었음을 지적하고 있다. 심지어

종심돌파이론은 NATO(North Atlantic Treaty Organization: 북대서양조약기구)의 후속제대공격(Follow-on Force Attack) 교리에도 영향을 주었는데, 그것은 바르샤바 조약기구(Warsaw Treaty Organization) 군대를 현재의 위치에 고착시키는 동안 후속제대를 공격해 무력화시켜 이미 공세를 지속할 여력이 없는 전선의 부대를 지원하지 못하게 하는 것이었다.

종심돌파이론의 긴 그림자는 2차 세계대전의 동부전선에 대한 연구에서도 분명하게 드러나고 있는 것처럼, 현대전에 미친 종심돌파이론의 영향은 거의 한 세기에 걸쳐 계속 인정받고 있다. 전술 혹은 전략 핵무기를 포함한 좀 더 파멸적인 종심침투이론의 가능성은 단지 이론과 개념의 단계에 머물고 있다.

군단 전력
1942년부터 1943년까지 소련 전차군단의 전력은 인력과 장비가 풍부해지면서 병력과 전차의 숫자 면에서 큰 증가를 보였다. 전차군단은 소련군의 기갑 작전에서 근간을 형성했다.

근접지원용 돌격포
1945년 5월 전쟁의 마지막 주에 촬영된 이 사진은 베를린 교외에 도착한 소련 ISU-122 돌격포를 보여준다. 오른쪽 담벼락에 "베를린은 독일에 남을 것이다"라는 공허한 구호가 씌어 있다.

경계, 전차!

독일군 3호 전차
독일군 3호 전차는 북아프리카의 사막과 프랑스, 저지대국가, 소련에서 벌어진 작전에서 다재다능성을 증명했다. 초기 설계에서 대대적인 개량이 이루어진 이 전차는 주포의 화력을 37밀리미터(1.5인치)에서 57밀리미터(2인치), 75밀리미터(3인치)로 강화했다.

독일군 1호 전차
독일군 1호 전차는 스페인 내전에서 처음 선보인 이래 폴란드 전역에서 대량으로 사용되었다. 비록 전투력은 약했지만, 독일군 전차부대의 대부분을 차지했으며, 1939년 9월~1941년 12월에 벌어진 주요 전투에 모두 참가했다.

아이러니하게도 2차 세계대전을 통해 현대 전장에서 기갑부대의 공격력을 가장 효과적으로 증명한 것은 독일 육군이었다. 1차 세계대전 당시 적 기갑부대의 위력을 처음으로 경험한 선견지명이 있는 몇몇 독일군 지휘자들은 그 직접적인 교훈을 결코 잊지 않았다. 그들 중에서도 최고의 인물은 하인츠 구데리안(Heinz Guderian) 장군이었다. 그는 양차대전 전간기에 두각을 나타냈고, 전격전으로 알려지게 될 이론상의 전술을 실전에 적용한 인물로 명성을 얻었다.

일부 역사가들은 전격전 사상이 독일 군부 내에서 실제로 존재했던 개념이 아니라는 입장이지만, 1939년에 독일군은 실제로 기갑과 보병, 포병, 공군의 공조를 통해 신속하게 적의 사기를 붕괴시켜 승리를 쟁취하는 전술을 적용하고 있었으며, 그 점에는 어떤 의문도 존재하지 않는다. 1940년 춘계 기간에 폴란드와 프랑스, 저지대국가(현재의 네덜란드 · 벨기에 · 룩셈부르크 지방-옮긴이)를 유린했던 독일군의 최선봉에 선 무기가 바로 전차였고, 전차는 공세작전에 투입되어 기동성 있는 화력을 발휘했다.

비밀 개발

1차 세계대전이 끝나자, 독일 군부는 베르사유 조약에 따른 심한 제약을 받았다. 상비군은 고작 10만 명으로 제한되었으며, 이와 동시에 독일은 전차와 장갑차를 비롯한 공세적 역량을 가진 어떤 수송용 차량도 생산이나 실전 배치가 금지되었다. 그럼에도 불구하고 독일 공화국군(Reichswehr) 최고사령부는 1920년대 중반에 은밀하게 훈련과 개발을 위한 활동을 시작했다.

판처바페(Panzerwaffe), 즉 기갑부대의 배아가 실제로 소련의 카잔(Kazan)에 있는 비밀 훈련시설에서 형태를 갖추기 시작했는데, 이곳에서 독일 병사들이 영국과 프랑스, 소련 전차를 운용하는 방법을 배우는 동안 연합군 감시단은 베르사유 조약 위배를 전혀 감지하지 못했다. 이와 동시에 공화국군은 역시 베르사유 조약에서 금지한 최고사령부 체제를 계속 유지하고 있었다. 1920년대 말이 되면, 독일군은 자국에서 처음 생산된 전차들을 실제 정체를 감추기 위해 '수송대대'라는 명칭하에 7개 대대로 편성했다. 표면적으로는 보급품을 실어 나르고 장비를 이동시키기 위해 편성된 이 수송대대들은 앞으로 전투작전을 수행하게 되어 있어서 정기적으로 전투훈련을 실시했다. 하지만 전차 개발에 대한 반대도 만만치 않아서, 차량화부대 감찰감인 오토 폰 슈튈프나겔(Otto von Stülpnagel)이 구데리안에게 이렇게 통보한 적도 있었다.

"자네는 너무 성급해. 내 장담하건대, 우리 생전에 독일 전차가 작전하는 모습은 볼 수 없을걸세."

전차 전력

정치적 알력과 완강한 반대에도 불구하고 구데리안은 어느 고위층 지지자로부터 도움을 받았다. 그가 바로 슈튈프나겔의 뒤를 이어 차량화부대 감찰감이 된 오스발트 루츠

(Oswald Lutz) 소장이었다. 루츠는 현대전에서 전차가 갖는 잠재력을 인식하고 구데리안을 차량화부대 참모장으로 발탁했다. 두 사람은 긴밀한 협력을 통해 자신들의 목표를 추진하고 비판을 잠재우는 데 성공했다. 보병과 모형 전차, 포병, 독일 육군에서 규모가 계속 줄어들고 있는 기병부대가 참가하는 훈련이 계속되고 있는 동안, 기동력과 화력을 갖추고 2차 세계대전에서 활약하게 될 독일군 장갑차량의 선조들이 형태를 갖추고 있었다. 1호 전차 A형이 전설적인 크루프(Krupp) 사의 설계와 제작으로 1934년 기갑부대에 배치되었다. 이 전차는 설계와 생산, 야전시험에만 1년 이상이 소요되었다. 7.92밀리미터(0.31인치) MG13 기관총 2정으로 무장한 1호 전차는 무게 5.5톤으로 승무원 2명이 탑승했다. 그해 겨울 아돌프 히틀러(Adolf Hitler)가 쿠메르스도

기갑부대 팽창
유럽 강대국이 개발한 장갑차량의 속력과 작전반경, 무장, 생산대수는 양차 대전 전간기에 꾸준히 증가했으며, 전술적 고려에 따라 장갑차량들의 임무도 뚜렷하게 분화되었다.

제식명칭	국적	승무원	주포 (mm)	기관총	탄약	장갑 (mm)	속력 (km/h)	작전반경 (km, 단독전차)	등판능력 (°)	도하가능수심 (m)	중량 (mt)	출력 (hp)	전장 (m)	전폭 (m)	전고 (m)	최저지상고 (m)
마크 I 중전차, 1916	영국	8	2 x 57	4	—	5–11	5.2	24	22	1.00	31	105	8.6	3.9	2.61	0.45
마크 V 중전차, 1918	영국	8	2 x 57	4	포탄 2,000발 기관총 탄약 7,800발	6–15	7.5	64	최대 35	1.00	37	105	9.88	3.95	2.65	0.43
슈네데르 중전차, 1917	프랑스	6	75	2	포탄 96발 기관총 탄약 4,000발	5.4–24	6	75	30	0.80	13.5	60	6	2	2.40	0.40
르노 FT 경전차, 1917	프랑스	2	37	혹은 1	포탄 240발 기관총 탄약 4,800발	6–22	8	60	45	0.70	6.7	40	4.04	1.74	2.14	0.50
생샤몽 중전차, 1917	프랑스	9	75	4	포탄 106발 기관총 탄약 7,488발	5–17	8.5	60	35	0.80	23	90	7.91	2.67	2.36	0.41
마크 A 휘핏 중형전차, 1918	영국	3	—	3	기관총 탄약 5,400발	6–14	12.5	100	40	0.90	14	90	6.08	2.61	2.75	0.56
비커스 마크 II 중형전차, 1929	영국	5	47	6	포탄 95발 기관총 탄약 5,000발	8–15	26	220	45	1.20	13.4	90	5.31	2.74	3.00	0.45
A7V 중형전차, 1918	독일	18	57	6	포탄 300발 기관총 탄약 18,000발	15–30	12	80	25	0.80	30	—	7.30	3.05	3.04	0.50
LK II 경전차, 1918	독일	4	—	1	기관총 탄약 3,000발	최대 14	18		45	1.00	9.5	60	5.70	2.05	2.52	0.27
비커스 인디펜던트 중전차, 1926	영국	10	47	4	—	20–25	32	320	40	1.22	30	350	9.30	3.20	2.75	0.60
샤르 3C 중전차, 1928	프랑스	13	1 x 155 1 x 75	6	—	30–50	13	150	45	2.00	74	1980	12	2.92	4.04	0.45
르노 NC2 경전차, 1932	프랑스	2		2	—	20–30	19	120	46	0.60	9.5	75	4.41	1.83	2.13	0.45
T2 중형전차, 1931	미국	4	47	1 x 12 1 x 7.6	포탄 75발, 기관총 탄약 약 2,000발&18,000발	6.35 최대 22	40	145	35	1.20	13.6	323	4.88	2.44	2.77	0.44
마크 II 경전차, 1932	영국	2	—	1	기관총 탄약 4,000발	8–13	56	210	45	0.75	3.6	75	3.96	1.83	1.68	0.26
르노 UE 경전차	프랑스	2	—	1	—	4–7	30	180	38	0.70	2.86	35	2.70	1.70	1.17	0.26
카덴-로이드 경전차(러스키)	영국	2	—	1	기관총 탄약 2,500발	최대 9	수상 9.7 기타 64	260	30	수륙 양용	3.1	56	3.96	2.08	1.83	0.26
크리스티(Christie) 고속전차	러시아	3	47	1	—	6.35 최대 16	차륜 110 무한궤도 62	400	40	1.00	10.2	343	5.76	2.15	2.31	0.38
피아트 안살도(Fiat Ansaldo) 경전차, 1933	이탈리아	2	—	1	기관총 탄약 4,800발	5–13	42	110	45	0.90	3.3	40	3.03	1.40	1.20	0.29
에어로모바일 카덴-로이드(러스키)	러시아	2	—	1	—	6–9	40	160	45	0.66	1.7	220	2.46	1.70	1.22	0.29
비커스 가이(Vickers Guy), 장갑정찰차량	영국	6	—	2	기관총 탄약 6,000발	6–11	50	220	—	—	9.25	75	6.58	2.35	2.86	0.25
팡아르 케그레스 앵스탕 장갑정찰차량, 1929	프랑스	3	37	1	포탄 100발 기관총 탄약 3,000발	5–11.5	55	200	35	1.20	6	66	4.75	1.78	2.46	0.25

전차표
1916~1933년

장갑차량 생산량
(세계 총생산 대수에서 각국이 차지하는 비율)

1935		1936	
미국	74.1%	미국	77.2%
영국	9.1%	영국	7.8%
프랑스	5.3%	독일	4.8%
독일	4.7%	프랑스	3.5%
캐나다	3.1%	캐나다	3.4%
이탈리아	1.2%	이탈리아	0.9%
기타	2.5%	기타	2.4%

전차 생산
1930년대 중반에 미국은 장갑차량 생산에 있어서 서구 나머지 국가들을 압도했다. 이때부터 미국은 군사대비태세를 강화하는 차원에서 기갑부대의 전력을 증강하기 시작했다.

1935년 독일군 기갑사단
초기 독일군 기갑사단의 전력은 1호 전차의 보유 대수에 달려 있었다. 비록 1호 전차가 기관총만으로 무장하고 있기는 했지만, 고속기동능력 덕분에 적의 전선에 형성된 돌파구를 신속하게 확대시킬 수 있었다.

르프(Kummersdorf) 육군 성능시험장에서 열린 장갑차량 시연행사에 참석했다. 그는 엔진의 굉음과 기동화력의 집중에 너무나 깊은 인상을 받은 나머지 이렇게 선언했다.

"이것이 내가 원하는 것이고, 이것이 내가 가져야 할 것이다."

세상 밖으로

1935년 3월, 히틀러는 공개적으로 베르사유 조약을 파기하고 징병제로 복귀하여 전반적 재무장 프로그램에 박차를 가했다. 10월에는 독립적인 3개 기갑사단이 창설되었다. 국방군(Wehrmacht)과 무장친위대 기갑사단들의 편제가 이후 10년 동안 수도 없이 바뀌게 되지만, 이들 3개 기갑사단은 서유럽을 휩쓸고 모스크바의 입구까지 돌진하게 될 강력한

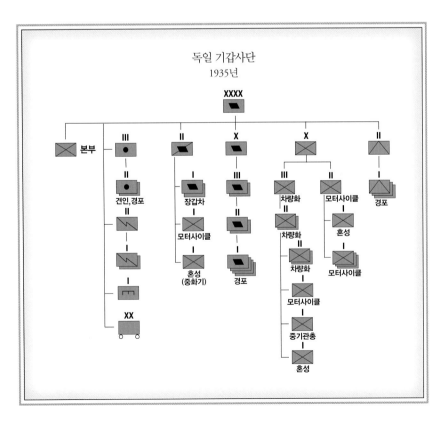

독일 기갑사단
1935년

타격력을 가진 기갑부대를 위한 청사진이었다.

처음에 1기갑사단은 각각 2개 대대로 구성된 2개 경전차연대와 1개 차량화보병여단, 2개 경야포대대로 구성된 포병연대, 통신대대, 경공병중대로 편성되었다. 이론상으로 기갑사단의 원형이라고 할 수 있는 이 사단은 적어도 한동안은 독립적으로 작전을 할 수 있는 역량을 갖고 있었다.

독일 기갑부대 전술교리가 발전함에 따라, 2차 세계대전 이전 기갑사단의 구성도 바뀌었다. 1938년, 기갑사단은 최대 400대의 전차를 보유하고 있었으며, 이들은 3개 전차대대로 구성된 2개 전차연대로 편성되었다. 각 대대는 3개 전차소대로 이루어진 3개 전차중대로 이루어졌으며, 각 전차소대는 보통 5대의 전차를 보유했다. 2차 세계대전이 발발하면서 대공포대대와 추가적인 전투공병, 그리고 전력을 더욱 보강한 정찰분견대 등 새로운 전력들이 속속 추가되었다. 이런 변화는 폴란드 전역의 전투 경험을 반영한 결과였다.

구데리안의 주먹, 기갑부대

구데리안이 독자적인 기계화전 이론을 개발하고 1937년 자신의 저서 『경계, 전차!』를 통해 그것을 제시하기도 했지만, 그가 영국군 장교 J. F. C. 풀러나 바실 리델 하트(Basil Liddell Hart), 소련군 장성 미하일 투하체프스키, 프랑스 이론가 샤를 드골(Charles de Gaulle)과 같은 유명한 기갑부대 옹호론자들의 저술에 영향을 받았다는 것은 틀림없는 사실이다. 구데리안은 전차가 전장의 지배자가 될 수 있다는 것을 굳게 믿는 한편, 현대화된 다른 무기체계의 협동, 그리고 그에 걸맞은 전술 없이는 이것이 불가능하다는 사실도 잘 알고 있었다.

바로 이 점에서 구데리안의 진정한 천재성을 엿볼 수 있다. 루프트바페(Luftwaffe: 이하 독일 공군)의 급강하폭격기가 공중포대를, 포병이 망치의 역할을 수행하는 가운데 차량화된 보병이 신속하게 전차의 뒤를 따르며 돌파 지역을 강화하고 적 보병의 역습으로부터 기갑부대를 보호하면, 불가항력적인 군대가 될 게 틀림없었다.

전격전은 제병협동에 대한 정확한 이해에서 탄생했다. 전술항공기들의 공습이 적의 통신체계와 병력이동을 붕괴시키는 동안 포병은 탐색을 위한 전차 공격의 진로를 열었다. 적의 방어선에서 약점이 발견되면, 독일군 기갑부대는 결정적인 집중공격을 가해 신속하게 돌파구를 확대하고 적 후방으로 돌진하여 혼란을 초래했다. 차량화보병과 대전차부대가 전차부대의 측면을 보호했지만, 전차는 후속제대의 지원을 기다리지 않고 신속하게 전진해야만 했다. 구데리안은 오래전부터 모든 전차에 무전기를 설치해야 한다고 주장했다. 효과적인 통신이 각 전투 요소들 사이에 공조를 강화시켜줄 것이라고 믿었기 때문이다.

따라서 전격전과 제병협동전술은 독일군의 오랜 공세 교리, 특히 적의 후방으로 깊숙이 침투하여 적의 대규모 부대를 포위함으로써 전멸시키거나 항복시킨다는 나폴레옹식 종심침투 개념을 포함한 현대 전장의 논리적 도구들이었다.

타격 준비

독일군이 폴란드를 점령하고 1940년 봄에 프랑스와 저지대 국가를 공격하기 위해 서부전선에 집결할 당시, 기갑부대의 전차 전력은 총 3,465대에 달했고, 10개 기갑사단으로 편성되었다. 좀 더 강력한 무장과 장갑을 채택한 신세대 전차들도 등장하기 시작했는데, 2호 전차는 20밀리미터(0.75인치) 기관포로 무장하고 있어서 정찰과 보병지원용 경전투차량 역할 수행이 가능했다. 3호 전차는 37밀리미터(1.5인치) 주포로 전차전이 가능할 것으로 기대되었고, 4호 전차는 75밀리미터(3인치) 주포로 적의 거점을 파괴하거나 적의 기갑부대를 상대할 수 있었으며, 이와 동시에 160킬로미터(100마일)에 달하는 긴 작전반경을 갖고 있어서 종심침투를 통해 적의 부대를 포위하는 작전이 용이해졌다.

2차 세계대전 동안 독일 육군은 단대호를 사용하는 기갑사단만 30개가 넘게 편성되었으며, 그 외에도 유명인물 혹은 부대가 편성되거나 훈련을 받은 지역을 기념하기 위해 그 이름을 따서 부대명칭에 사용한 기갑사단들도 있었다. 기갑부대 전력은 15개 이상의 독립전차여단과 40개 이상의 차량화보병사단, 즉 기갑척탄병사단으로 더욱 증강되었다.

독일 전차와 돌격포의 개발은 1943~1944년에 5호 전차 판터(Panther) 중형전차와 6호 전차 티거(Tiger), 티거 II의 도입으로 그 정점에 달했다. 각각은 압도적인 고속 75밀리미터(3인치)와 88밀리미터(3.5인치) 주포를 탑재했다.

하지만 결국 독일 기갑부대는 패배했다. 구데리안의 흠잡을 데 없는 교리에도 불구하고 독일 기갑부대는 결국 끊임없이 생산되어 배치되는 연합군 전차들의 수적 우위에 압도되어 수세에 몰렸으며, 적의 전술항공력에 괴멸되고 말았다.

독일 국방군의 군마
4호 전차는 2차 세계대전 이전부터 전쟁 기간 동안 많은 수가 생산되어 독일 육군에서 사용되었다. 4호 전차는 75밀리미터(3인치) 대포를 장착했기 때문에 연합군의 전차와 고정된 요새를 상대로 한 교전에서 효과를 발휘했다.

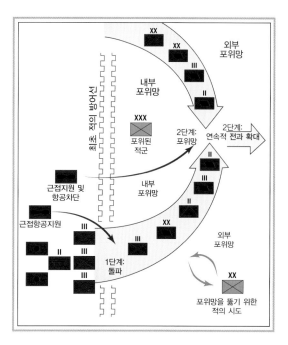

전격전 포위작전 개념도

고전적인 전격전
독일의 전격전 개념은 항공자산과 지상자산의 협조를 통해 적의 방어선 후방으로 깊숙이 침투한 뒤 대규모 적군을 포위하는 작전이 필연적으로 수반된다. 이와 같은 전술은 전통적인 독일군 야전 교리하고도 일맥상통했다.

스페인 내전 1936~1939년

공화군의 퇴각
프란시스코 프랑코 총통이 이끄는 국민군의 압박에 국경을 넘어 이웃 프랑스로 밀려나게 된 스페인 공화군 소속 장갑차가 르페르튀스(Le Perthus)에 도착했다.

외세
스페인 내전이 진행되는 동안 외국의 여러 국가들이 전쟁 중인 국민군과 공화군에 전차와 장갑차량을 공급했다. 나치 독일과 파시스트 이탈리아, 소련은 스페인 내전에 병력까지 파견했다.

전차 기술이 발전하고 전장의 기갑부대를 위한 기초적인 전략과 전술이 탐구되는 가운데 1936~1939년의 피비린내 나는 스페인 내전은 정치적 극좌와 극우 사이의 이념적 충돌이었을 뿐만 아니라 최신 전쟁무기를 위한 성능시험과 신세대 병사들의 전투 경험을 위한 무대였다.

공화군과 프란시스코 프랑코(Francisco Franco) 총통이 이끄는 국민군은 스페인 외부로부터 군사원조는 물론 심지어 병력 지원까지 받았다. 그들에게 전달된 군사무기 중에는 전차도 포함되어 있었다. 스페인에 배치된 전차들은 집중적

전차	제공 국가	제공 대수	수령자
BT-5	소련	50	공화군
피아트 3000	이탈리아	1	공화군
르노 FT-17	프랑스 폴란드	32 64	공화군 국민군
L3/33과 L3/35	이탈리아	155	국민군
1호 전차	독일	122	국민군
T-26	소련	281	공화군
비커스 6톤	볼리비아	1	공화군

외국이 제공한 전차 1936~1939년

인 돌격보다는 소단위 편제로 사용되는 경우가 많았으며, 승무원들은 전투 훈련을 조금밖에 받지 못했거나 전혀 받지 못했다. 이 전차들의 대다수는 경무장·경장갑 전차로, 대부분 기관총 2정을 장착하고 기동총좌 역할을 수행했다.

스페인 전장의 경무장 전차들 중에서 눈에 띄는 예외는 소련제 T-26으로, 이것은 45밀리미터(1.75인치) 주포로 무장했다. 영국제 비커스(Vickers) 6톤 마크 E를 기반으로 소련에서 면허생산한 T-26은 독일제 1호 전차나 이탈리아제 L3/33, L3/35 소전차를 상대해 우월성을 과시했다. 소련이 스페인에 제공한 전차 331대 중 281대가 T-26이었으며, 나머지는 BT 계열의 경전차였다.

스페인에서 T-26은 소련과 스페인 병사들이 운용했는데, 세세나(Sesena)에서 국민군에 대한 습격 당시 소련제 전차 15대가 참가하여 그 마을을 가로질러 전진하는 동안 적의 진지에 사격을 가했다. 작전 초기에 전차 3대가 지뢰에 의해 무력화되었으며, 포사격과 화염병 공격을 받아 추가로 3대를 더 잃었다. T-26 전차는 비포장도로 위에서 반격에 나선 L3/33 소전차 3대와 조우하자, 45밀리미터(1.75인치) 주포로 그중 1대를 파괴했고, 나머지는 덩치로 밀어붙여 도로 가장자리 도랑에 처박았다. 습격부대가 적에게 상당한 피해를 입혔다고 주장했지만, 특히 협소한 도로에서는 전차가 취약할 수밖에 없다는 사실이 여실히 드러났다.

독일의 모험

1938년 말이 되자, 나치 독일은 기관총으로 무장한 1호 전차 약 120대로 구성된 2개 전차대대를 배치한 상태였다. 1호 전차는 다른 전차와 대결을 염두에 둔 전차는 아니었다. 소련 T-26 전차와의 조우전에서 독일 전차는 앞으로 더 강력한 무장과 장갑, 더 긴 작전범위를 가져야만 한다는 사실이 여실히 드러났다. 실제로 1호 전차의 7.92밀리미터(0.31인치) 기관총 철갑탄은 근거리에서 소련 전차의 장갑을 관통할 수 있었지만, 보통 150미터(165야드) 이내에서나 가능했다. 하지만 소련군은 재빠르게 적응해서 안전거리를 유지한 채 교전에 임했다. 1936년 가을에는 소련이 생산한 BA-10 장갑차들이 1호 전차와 교전을 벌여 500미터(550야드)가 넘는 거리에서 45밀리미터(1.75인치) 대포로 독일 전차 여러 대를 파괴한 반면, 기관총을 사용하는 독일 전차의 대응은 아무런 효과가 없었다는 이야기도 전해진다.

곧 1호 전차가 기능적으로 쓸모가 없어졌다는 사실을 인정한 독일은 1930년대 말에 이미 20밀리미터(0.75인치) 기

관포로 무장한 2호 전차를 생산하고 있었다. 또한 독일은 보병과 포병, 항공자산의 지원을 받는 제병협동작전의 가치를 깨달았다. 스페인 내전의 경험을 통해 독일 전차설계자들은 경무장·경장갑 전차를 대량으로 생산한다는 개념에서 잠재적으로 전장을 지배할 수 있는 강력한 전차를 제작하는 쪽으로 방향을 선회하게 되었다.

스페인 내전에 배치되었던 기타 전차들 중에는 37밀리미터(1.5인치) 포를 장착한 르노 FT-17도 있었다. 르노 FT-17은 프랑스와 폴란드 두 국가가 제공했기 때문에 국민군과 공화군이 모두 사용했다. 르노 FT-17은 1917년에 현역에 배치되었으며 회전포탑에 무기를 장착한 최초의 전차였을 뿐만 아니라 르노 FT-17에 적용된 뒤 엔진 앞 구동 방식은 현대 전차 설계의 표준이 되었다. 무한궤도의 높이가 상당히 낮다는 점도 1차 세계대전의 다른 전차들과 큰 차이점이다. 1930년대 말에는 쓸모없어졌지만, 2차 세계대전이 끝날 때까지 현역에 남아 있었다.

스페인에서 처음으로 주목할 만한 사례를 남긴 대전차포는 양차 대전 전간기에 개발된 대다수 경무장·경장갑 전차들에게 또 다른 위협의 대상이 되었다. 독일의 37밀리미터(1.5인치) 견인포와 소련의 45밀리미터(1.75인치) 대포는 장갑을 두른 표적에도 매우 효과적이었기 때문에, 대전차무기와 상대 전차들 간의 지속적인 화력 증강이 이루어졌다.

스페인 내전의 경험을 바탕으로 나치 독일과 소련은 자국의 기갑부대에 대한 다른 노선을 취하게 되었다. 믿기 힘든

사실이지만, 소련은 차량화보병과 포병의 후속제대가 돌파작전 단계에서 전차와 보조를 맞출 수 없다고 평가하여 한동안 자국의 기갑군단을 해체하는 선택을 하고 말았다. 하지만 독일은 기갑사단 개념을 수용하여 2차 세계대전 초기에 파멸적인 효과를 거두었다. 소련은 엄청난 사상자로 그 대가를 치른 뒤 비로소 자신의 실수를 바로잡았다.

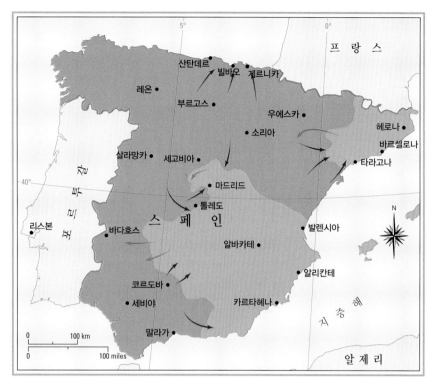

소련제 전차
소련의 BT 계열 전차들은 스페인 내전 중 전선에 배치된 전차들 중 가장 우수했다. BT-5의 우월한 화력은 동시대 독일과 이탈리아 전차를 상대했을 때 확실한 이점을 제공했다.

화염에 휩싸인 스페인
스페인 내전 동안 유럽의 강대국들이 내전 당사자들을 지원하기 위해 몰려들었다. 소련이 공화군을 지원했지만, 결국 나치 독일과 파시스트 이탈리아의 지원을 받은 프랑코의 국민군이 승리했다.

스페인 내전
1936~1939년

■ 1938년 국민군 통제지역
□ 공화군 영역
→ 국민군 공세
← 공화군 역공

영국과 프랑스의 재군비
1938~1939년

르노 UE
르노 UE는 소전차로 간주되었지만, 동시에 보급품과 탄약의 수송수단이자 견인차로도 사용되었다. 1932년부터 1941년까지 이 무한궤도 경차량은 5,000대 이상 생산되었다.

1930년대 초에 프랑스 르노 FT-17 경전차는 세계에서 가장 많이 사용되는 전차였다. 하지만 프랑스 전차설계자들은 더 두꺼운 장갑과 강력한 무장이 필요하다는 사실을 잘 인식하고 있었다. 이런 측면에서 프랑스는 양차 대전 전간기의 전차 개발에 있어서 선도자였다. B1 bis(Char B1 bis) 보병전차는 이미 1921년부터 전력화되어 있었는데, 선견지명을 가진 프랑스 전차설계자의 관점이 반영되어 있었다. 이것은 회전포탑에 장착된 37밀리미터(1.5인치) 대포와 더불어 차체에도 대구경 75밀리미터(3인치) 대포를 장착했다. 최대 30톤에 이르는 이것은 동시대의 다른 전차와 비교했을 때 화력 면에서 확실히 우세했다.

프랑스는 전차 개발에서는 선도적인 역할을 했지만, 전장에서 전차를 전술적으로 배치하는 데 효과적인 방법론을 만들어내지 못했다. 전차는 대체로 지원병기로 간주되어 보병사단이나 기병사단에 할당되었기 때문에 소단위로 전투에 투입되었다. 1938년 12월이 되어서야 비로소 프랑스군은 기갑사단의 편성을 인가했으며, 나치가 1940년 봄에 공격해왔을 때도 기갑사단의 편성은 여전히 진행 중이었다.

프랑스 육군이 마지노 선이라는 고정된 요새에 의지해 독일과의 국경을 방어하고 있기는 했지만, 1940년 5월 10일 프랑스 전투가 시작되기 직전까지 그들은 2,350대 이상의 전차를 보유하고 있었다. 그중 다수는 화력과 기동력 면에서 독일 전차보다 우월했다. 그중 250대 이상이 1936년에 배치된 소무아 S35(Somua S35) 전차였다. 소무아 S35의 47

1차 세계대전 참사는 한 세대에 걸친 영국과 프랑스 남성들을 앗아갔을 뿐만 아니라 엄청난 재정적 부담을 안겨주었다. 영국과 프랑스 모두 1차 세계대전을 수행하면서 엄청난 비용을 지출했기 때문에 거의 국가부도 직전의 상황까지 몰렸다. 양차 대전 전간기에 이 두 나라는 자국의 이런 경제 상황 때문에 기존에 진행하던 재무장 프로그램을 지속해야 할지 여부를 두고 상당히 주저할 수밖에 없었다. 그로 인해 1차 세계대전의 종전과 더불어 군비절감에 이어 심지어 군비축소까지 이루어졌으며, 이런 정책은 1930년대까지 지속되었다. 점점 더 강해지는 나치 독일의 모험주의에 대한 대응책으로 영국과 프랑스 정부가 제시한 유화정책이 맞물리면서, 런던과 파리의 일부 국회의원들은 상황이 위험수위에 도달했음을 분명하게 인식하기 시작했다.

위험한 동면

1930년대 말이 되자, 히틀러의 영토 확장 욕구로 인해 제기되는 위협이 점점 더 커지자, 영국과 프랑스도 어느 정도 잠에서 깨어났다. 프랑스 정부의 회의실 안에서는 여전히 논쟁이 끊이지 않았지만, 프랑스 군대는 1930년대 전차의 개발과 생산에 있어서 주도적인 역할을 수행했다. 프랑스는 자국 기갑부대 내의 역할 분담을 염두에 두고 적 방어선의 돌파구를 통해 전과를 확대하는 것을 기병전차의 역할로 본 반면, 돌파 자체를 달성하는 것은 보병전차의 역할로 보았다.

프랑스 AMC 35
양차 대전 전간기에 프랑스 육군이 사용한 경량 기병전차 르노 AMC 35는 47밀리미터(1.75인치) 대포로 무장했으며, 1940년까지 생산되었다. 최대 25밀리미터(1인치)에 이르는 장갑을 채택해 방어력이 충분했다.

밀리미터(1.75인치) 주포는 독일군 1호 전차의 기관총이나 2호 전차의 20밀리미터(0.74인치) 기관포를 압도했다. 프랑스군이 조국을 방어하면서 대체로 실망스러운 전적을 보여준 책임은 무기보다는 지휘관에게 있었다.

영국의 용감한 정치가

1930년대 전쟁의 먹구름이 수평선 너머로 몰려들고 있다고 경고하는 데 가장 큰 역할을 한 영국의 정치가는 나중에 수상이 되는 윈스턴 처칠(Winston Churchill)이었다. 유화정책을 소리 높여 반대하던 처칠은 히틀러가 불안한 평화를 계속 위협해오자, 재무장을 실시해야 할 필요가 있다는 사실을 깨달았다. 1933년 그의 노력 덕분에 영국 정부는 국방소요위원회(Defense Requirement Committee)를 설치해 군대의 소요를 연구하고 이후 5년에 걸쳐 각종 병과의 수준을 개선하기 위한 예산으로 7,100만 파운드를 책정했다.

호전적인 마틸다

영국은 예산의 압박에도 불구하고 전차의 기술과 기동성 부분에서 선도적인 역할을 했다. 영국 육군의 기갑부대는 10년 넘게 비커스 중형전차에 의지해왔는데, 초기에 이 전차는 3파운드(47밀리미터/1.75인치) 주포로 무장하고 있었다. 영국군은 1차 세계대전 종전 직후 상당히 축소되었기 때문에 상대적으로 전차의 수가 적었다.

1930년대 말에 영국은 순항전차 계열의 경전차들을 배치하기 시작했고, 1937년에는 마틸다 II(Matilda II) 보병전차를 위한 설계 사양이 결정되었다. 2파운드(40밀리미터/1.5인치) 포로 무장한 마틸다는 당시 기준으로는 강력한 장갑을 채택했기 때문에 북아프리카에서 오랜 명성을 누렸다. 이

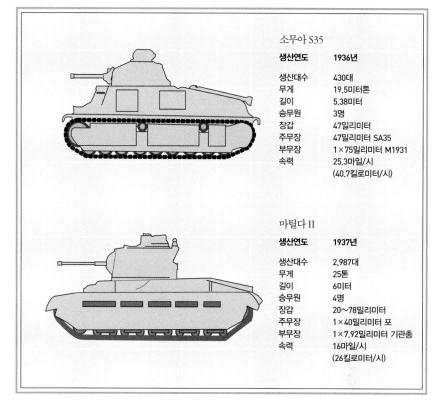

소무아 S35

생산연도	**1936년**
생산대수	430대
무게	19.5미터톤
길이	5.38미터
승무원	3명
장갑	47밀리미터
주무장	47밀리미터 SA35
부무장	1×75밀리미터 M1931
속력	25.3마일/시 (40.7킬로미터/시)

마틸다 II

생산연도	**1937년**
생산대수	2,987대
무게	25톤
길이	6미터
승무원	4명
장갑	20~78밀리미터
주무장	1×40밀리미터 포
부무장	1×7.92밀리미터 기관총
속력	16마일/시 (26킬로미터/시)

것은 이상적인 보병지원 전차여서 심지어 그것을 대체하기 위해 도입된 발렌타인(Valentine) 전차와 함께 대전 기간 내내 사용되었다. 하지만 마틸다는 거추장스러울 정도로 느려서 야지횡단 시 최고속력이 14킬로미터/시(9마일/시)에 불과했다.

영국 공장들은 1939년에 전차를 969대 생산한 이후로 1943년 최절정기에는 다양한 유형의 장갑차량을 7,466대나 생산했다. 그리고 1937년부터 1943년까지 거의 3,000대에 이르는 마틸다 전차를 생산했다.

프랑스와 영국 전차의 발전
프랑스의 소무아 S35와 영국의 마틸다 II 전차는 양차 대전 전간기에 화력과 혁신적 디자인의 측면에서 기준을 제시했다. 2차 세계대전이 발발했을 때, 독일 전차들은 간신히 이것들과 비슷한 수준이었다.

프랑스 기갑부대
호치키스 H35 경전차는 1936년 프랑스 육군에 배치되었으며, 37밀리미터(1.5인치) 주포로 보병과 기병을 지원하는 역할을 수행했다. 노획된 H35 전차들은 이후 독일 육군 소속으로 운용되었다.

노몬한 1939년

1930년대에 일본은 아시아에서 세력을 확장하면서 극동, 특히 만주 북부 지역을 위협했다. 일본은 만주를 점령하고 위성정부를 수립한 다음 그 지역의 이름을 만주국(滿洲國)으로 바꾸었다. 일본이 그 지역에 계속해서 영향력을 행사하자, 붉은 군대는 1936년에 몽골로 병력을 전진배치하고 몽골인민공화국(Mongolian People's Republic)을 수립했다. 이번에는 소련의 의도를 염려한 일본이 긴장하기 시작했다.

일본 정치가들이 중국에서 펼칠 군사적·정치적 노선을 두고 논쟁을 벌이고 있는 동안, 소련은 군사력을 크게 증강했다. 1936년까지 100대 이상의 붉은 군대 전차들이 20개 보병사단을 지원하고 있었는데, 1931년 극동에 단지 6개 보병사단이 주둔하고 있던 것에 비하면 이는 그 규모가 상당히 확대된 것이었다. 4,800킬로미터(3,000마일)의 만주 국경을 따라 긴장이 고조되었기 때문에 전투가 일상적으로 발생했다. 한 해에만 30건 이상의 무력분쟁이 발생했다.

분쟁으로 가는 과정

1937년 베이징(北京) 인근 루거우차오(蘆溝橋)에서 벌어진 사건으로 인해 일본은 나름대로 계산 끝에 위험을 감수하는 선택을 했다. 비록 중국 영토에 대한 추가적인 점령은 소련에 대한 분명한 도발이 되겠지만, 일본 정부의 군국주의자들은 아시아 대륙에서의 우위 문제는 결국 어떤 식으로든 결정이 날 수밖에 없다고 믿었다.

소련은 일본의 공격에 57특별소총군단을 몽골에 배치하는 방식으로 대응했다. 57특별소총군단에는 4개 기갑여단과 1개 차량화보병사단이 포함되어 있었다. 소련과 북한 사이의 국경선에 걸쳐 있는 장구평(張鼓峰)에서 격렬한 전투가 벌어졌다. 일본군 19사단 사단장은 상위제대 사령부로부터 명령도 없이 장구평을 점령하기로 결정했던 것으로 보인다. 3주일 후 일본군은 철수했다. 하지만 장구평 사건은 더욱 격렬한 전투의 전조에 불과했다.

노몬한의 결론

일본군은 1930년대 중반 소련 수상 이오시프 스탈린이 붉은 군대 장교단에 대한 숙청을 단행했다는 사실을 알고 있었기 때문에 소련 병사들의 전투력에 회의적인 시각을 갖게 된 데다가 소련군이 증대되고 있는 나치 독일의 위협에 정신이 팔려 있다고 확신하는 바람에 1939년 봄 극동에서 소련과 결전을 벌이는 방향으로 나아갔다. 노몬한(Nomonhan) 또는 할힌골(Khalkhin Gol)로 알려진 곳에서 5개월에 걸쳐 벌어진 전투의 결과를 그들은 분명 예상치 못했을 것이다. 일본군은 그곳에서 크게 한 방 먹었다.

1939년 5월부터 만주의 노몬한이라는 마을 근처에서 일련의 전초전은 계속 가열되는 양상을 보이다가 7월에 2개 전차연대의 지원을 받은 일본군 23보병사단의 공격으로 순식간에 절정에 다다랐다. 이로 인해 소련군은 할하(Khalka)

험한 지형
소련 T-26 전차가 만주에서 붉은 군대가 공격을 가하는 동안 늪지를 힘겹게 헤쳐 나가고 있다. 어떤 전구에서든 기갑부대의 작전이 성공하려면 무엇보다 지형이 유리해야 했다. 병력과 전차의 이동은 대부분 지형에 의해 좌우되었다.

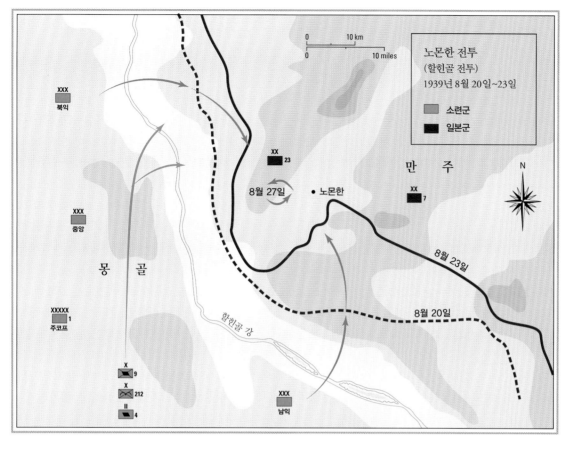

노몬한의 강적
노몬한 전투에서 소련군의 게오르기 주코프 장군은 능숙하게 기갑부대를 배치하여 일본군에게 결정적인 승리를 거두었다. 그 결과, 주코프는 붉은 군대 사령부의 상위제대로 영전했다.

강으로 후퇴해야 했다. 이번에도 소련군이 장구펑 전투에서 펼친 기갑부대의 축차 투입 전술을 사용할 거라고 믿었던 일본군은 게오르기 주코프(Georgi Zhukov) 장군의 지휘 아래 그 지역의 소련군이 몰려오자 깜짝 놀랐다.

여름 동안, 주코프는 일본군을 격퇴하는 데 성공했으며, 7월에는 자신의 기갑부대가 일본군의 기갑부대보다 우월하다는 사실을 확실히 증명하면서 일본군에게 뼈아픈 패배를 안기기도 했다. 양측이 늦여름에 또다시 공세로 나서기 위해 계획에 몰두하는 동안, 지속적인 증원을 받은 주코프는 8월 20일에 선제공격을 실시했고, 3개 소총사단과 2개 차량화보병사단, 추가로 2개 기갑여단이 보강된 2개 기갑사단을 투입했다.

500여 대의 전차를 사용할 수 있게 된 주코프는 중앙의 주공으로 일본군을 진지에 고착시켜놓고 기갑종대를 적의 측면으로 신속하게 우회시켜 일본군 23사단을 양익에서 포위했다. 23사단을 구원하기 위해 일본군이 반격을 시도했지만, 소련군 전차에 의해 저지당했다. 소련군 전차는 일본군의 대전차 사격에 관통되지 않았을 뿐만 아니라 45밀리미터(1.75인치) 주포를 갖고 있어 화력 면에서도 우월하다는 사실이 입증되었다. 노몬한에서 발생한 일본군 사상자는 4만 명이 넘었으며, 특히 23사단은 병력 손실이 73퍼센트에 달했다.

노몬한에 소련군이 배치한 전차의 주력은 BT-5와 BT-7로, 이것들은 유명한 T-34 중형전차의 선조가 되었다. T-34 전차는 1940년부터 생산에 들어가서 1941년 6월 22일 독일군이 소련을 침공하고 얼마 뒤에 상당수가 전선에 등장하기 시작했다. 좀 더 발전된 설계의 T-26 전차도 소수가 노몬한 전투에 참가했다. 아이러니하게도 소련 전차 설계의 가장 중요한 특징 중 하나는 미국인 공학자 월터 크리스티(Walter Christie)가 개발한 크리스티 현가장치였다. 크리스티 현가장치 덕분에 전차의 속력과 야지횡단능력이 개선되었으며 전차의 전체 높이를 낮추는 것이 가능해져 취약성도 줄었다.

전차 훈련
포탑 주위에 안테나를 단 붉은 군대의 T-26 지휘전차가 1936년 키예프 군관구에서 실시된 기동훈련에서 전진하고 있다. 2차 세계대전 발발 무렵 T-26 전차는 더 이상 제구실을 할 수 없게 되었다.

세계의 기갑부대
1939년

영국군 소전차
비커스 카덴-로이드 마크 IV 소전차는 1920년대 말 영국 육군을 위해 개발된 소전차 계열 중 가장 성공적인 작품으로, 그 후 여러 국가에서 채택되었다.

2차 세계대전 발발 직전에 세계의 군대는 다양한 수준에서 기갑전의 개념을 수용하고 있었다. 비록 영국과 프랑스가 양차 대전 전간기 초기에 전차 개발에 있어서 기술적 우위를 유지하고 있었지만, 1939년이 되면 소련의 붉은 군대가 거의 2만 대에 가까운 전차를 실전에 배치함으로써 수적인 면에서 동시대의 다른 군대를 압도했다.

그와 대조적으로 미국은 자국의 엄청난 산업생산역량에도 불구하고 보유 중인 전차가 100대에도 미치지 못했다. 대신 미군 군사당국은 장갑차량에 필요한 부품들을 개발하는 데 역량을 집중하기로 했다. 비록 미국이 전차를 많이 생산하지는 않았지만, 전쟁이 가까워지면서 그와 같은 연구는 더 없이 중요했다. 양차 대전 전간기의 미국 전차 중에서 탁월한 모델은 기관총으로 무장한 M1과 M2 계열 전차였다.

전차 혁신

고위 지휘관들은 전장에서 전차를 적절하게 운용하는 방식을 두고 여전히 논쟁을 멈추지 않았을 뿐만 아니라 심지어 전차가 전투의 결과에 큰 영향을 미치지 못할 것이라는 주장까지 나오기도 했지만, 기본 설계에 대한 개선은 계속 진행되었다. 초기 전차들은 자주 고장을 일으키는 경향이 있는 데다가 내마모성이 낮은 부품들이 성가신 문제를 일으켜서 신뢰성이 낮았다. 따라서 비평가들은 전차의 역량이 제한적이고 기갑부대의 존재는 오히려 지연을 초래하고 심지어 공세의 추진력을 약화시킨다고 생각했다.

그럼에도 불구하고 기갑전 교리와 관련된 논의가 확산되면서 이전 참전국들의 군대 내에서 역할 분담 개념이 등장했다. J. F. C. 풀러나 바실 리델 하트와 같은 선도적 전술가들은 미래전에서 전차의 역할을 구상했는데, 돌파와 신속한 전과 확대, 화력, 보병지원을 위해 전차를 활용하는 현대 육군이 기계화와 공조를 통해 더욱 강력해질 것으로 예견했다. 스페인 내전에서 얻은 실제 경험은 경장갑의 고속 전차가 실제로 정찰과 기동의 기능을 수행할 수 있으며, 정도는 덜 하지만 보병을 지원할 수도 있음을 암시했다. 하지만 견인 대전차포의 등장으로 경장갑의 약점이 여지없이 드러나자, 미래의 전차는 틀림없이 더 두꺼운 장갑의 방어력과 더 강력한 무기를 요구하게 될 것이라는 결론에 이르게 되었다.

영국과 프랑스의 역량

본질적으로 기동 기관총좌라고 할 수 있는 비커스 카덴-로이드(Vickers Carden-Lloyd) 경전차를 영국이 개발했을 때, 그것은 1920년대와 1930년대 초에 다른 국가들의 전차 설계에도 영향을 미쳤다. 영국군 기갑부대는 세 가지 유형의 전차를 보유했다. 정찰을 위한 경전차와 전과 확대를 비롯해 추격전을 위한 순항전차, 보병에게 화력지원을 제공하기 위한 보병전차가 바로 그것이었다.

1차 세계대전 직후, 사용 가능한 전차의 수가 줄어들었기 때문에 1921년이 되면 고작 5개 대대와 소수의 정찰차량만 남았다. 6년 뒤 시험을 목적으로 기계화 실험부대(Experimental Mechanized Force)가 창설되었는데, 이것은 2차 세계대전에서 활약하게 될 기갑사단들의 원조가 되었다. 1920년대 중반에는 왕립전차대가 편성되었는데, 나중에 이것은 왕립전차연대로 불리게 된다. 1930년대 말에 영국 육군은 2개 기갑사단을 배치했으며, 2차 세계대전이 진행되는 동안 적어도 9차례나 사단 구조를 변경했다. 1939년 봄, 1개 기갑사단은 349대의 경전차와 순항전차, 보병전차로 구성되었으며, 지원 포병과 공병, 정찰부대도 포함되어 있었다. 이 전차들은 2개 여단으로 편성되었다.

프랑스에서는 르노 FT-17 전차가 새로운 설계의 지평을 열면서 전차장과 무기가 자리 잡을 회전포탑, 낮은 외형, 집약적인 차체 등과 같은 앞으로 일반화될 요소들을 구현했다. 프랑스는 전차의 차체를 리벳 조립이 아닌 용접 방식으로 생산한 최초의 강대국이었다. 그 덕분에 전차가 피탄되었을 때 차체 내부에서 리벳이 떨어져 나가면서 치명적인 파편이 발생하는 일이 줄어들어 승무원의 생존성이 높아졌다.

1930년대 프랑스군 전차는 두 가지 별개 범주 중 하나에 속했다. 그중 소무아 S35와 같은 기병전차는 보병을 지원하고 적의 전차를 상대하기 위한 전투전차였던 반면, 호치키스 H35(Hotchkiss H35)처럼 본질적으로 경전차에 속하는 정찰전차는 일종의 차장부대(screening force)로 배치되었다. 보병전차는 경전차와 중형전차, 중전차, 이 세 등급으로 구분되었다. 르노 R35와 같은 경전차는 보병을 지원하고 정찰 임무를 수행했으며, 샤르 B1 bis(Char B1 bis) 중전차는 공세적 무기로서 돌파구가 형성되면 전과 확대를 위해 운용되었다. 1930년대를 거치면서 중전차에 대한 열기가 식었기 때문에 2차 세계대전이 벌어질 때까지 소수만이 현역에 남아 있었다.

비록 프랑스가 양차 대전 전간기에 전차 개발의 선도자였고 1939년까지 거의 2,000대나 되는 전차를 생산했지만, 다가오는 유럽의 지상전에서 기갑사단이 전장을 지배하는 역할을 수행할 운명이라는 사실을 프랑스 전술가들은 알지 못했다. 전차들은 보병사단이나 기병사단에 할당되었기 때문에 집단적인 화력을 발휘할 수 없었다. 프랑스 군사당국이 1938년 말이 되어서야 기갑사단의 편성을 인가했기 때문에 1940년 5월 10일 서유럽에서 전쟁이 발발했을 당시 진전이 거의 이루어지지 않은 상태였다.

소련의 추월

1920년대와 1930년대를 거치면서 소련은 가장 앞서가는 전차생산국이 되었으며, 전술가들은 보병과 항공지원을 결합시켜 전차를 사용해야 한다고 주장했다. 하지만 내분과 소련 수상 이오시프 스탈린이 붉은 군대 장교단을 대상으로 단행한 대규모 숙청으로 전차전을 중시하던 분위기는 사라지기 시작했다. 특히 스페인 내전 이후 기계화군단을 해체하여 보병 편제에 전차를 분산 배치하자는 사람들의 주장을 지지하는 분위기가 조성되었다.

1920년대에 소련은 미국 공학자 월터 크리스티가 설계한 원형뿐만 아니라 영국과 프랑스에서 전차를 수입했다. 크리스티 전차는 BT 계열 전차들과 더 나아가 2차 세계대전에서 소련의 승리를 상징할 정도로 유명한 T-34 중형전차를 위한 토대를 제공했다. 1939년 가을에는 만주에서 소련 기갑부대가 능력을 발휘한 덕분에 기계화군단 편제가 다시 등장했다. 기계화군단은 2개 기갑사단과 1개 차량화보병사단으로 이루어졌다. 각 기갑사단은 2개 전차연대와 1개 차량화보병연대, 1개 차량화포병연대를 보유했다. 1940년까지 9개 기계화군단이 창설되었다.

독일의 추격

독일 육군 내에서 기갑사단의 발전은 베르사유 조약의 제약에도 불구하고 성공적이었는데, 이는 대체로 소련의 협력, 특히 소련 동부지역 카잔에 전차훈련학교를 공동으로 설립한 덕분이었다. 비록 독일의 초기 전차들이 외국 설계에 기반을 두었지만, 1호 전차가 1930년대 중반에 전력화되었으며 이후 독일의 전차 개발은 가속도가 붙었다. 1938년 체코슬로바키아를 합병한 뒤, 체코 전차들이 독일군 부대로 흡수되었다. 1939년에 독일은 거의 3,500대의 전차를 실전에 배치했다. 초기에는 하인츠 구데리안 장군이 주도하는 가운데 전차병과가 독일 육군의 정예가 되었다.

세계의 전차 전력 1939년	
소련	19,768대
독일	3,400대
프랑스	1,900대
영국	1,146대
폴란드	1,140대
이탈리아	1,000대
일본	약 400대
미국	90대

세계의 전차 전력
2차 세계대전 발발 직전에 소련은 세계에서 가장 규모가 큰 기갑부대를 보유하고 있었다. 붉은 군대는 거의 2만 대에 달하는 전차를 배치했지만, 그중 상당수를 바르바로사 작전 첫 주에 잃었다.

초기 경전차
미국 M1/M2 경전차는 M3 스튜어트 설계의 원조였으며, 초기에는 기관총만으로 무장했다. 나중에 나온 개량형은 37밀리미터(1.5인치) 무기로 화력을 강화했다. 2차 세계대전 초 이 경전차는 과달카날 전투에 참가했다.

폴란드 전격전 1939년

독일군이 1939년 9월 1일에 폴란드 침공인 백색 작전(Fall Weiss)을 개시했을 때, 하인츠 구데리안 장군과 지난 10여 년에 걸친 그의 노력으로 편성된 기갑부대는 세상에 전격 전이라는 개념을 선보였다. 전차들은 엄청난 속도로 전진하여 두 주 늦게 동쪽에서부터 침공을 시작한 소련군과 함께 신속하게 폴란드를 점령했다.

비록 폴란드 전역은 구데리안이 구상한 전형적인 전격전이 아니라 비스와(Wisła) 강과 부크(Bug) 강을 중심으로 폴란드군과 바르샤바(Warszawa)를 포위하는 거대한 양익포위 기동에 더 가까웠지만, 눈부신 성공으로 현대전에서 전차의 역할을 입증해 보였다. 구데리안은 가공할 기갑전투부대의 창시자로 널리 인정을 받았지만, 그럼에도 불구하고 폴란드 침공을 위해 그 전부터 추구했던 기갑부대의 독립적 작전 권은 여전히 주어지지 않았다. 대신 기갑군단들은 그 전까지 주로 보병 편제로만 구성되었던 2개 야전군의 지휘체계에 편입되었다.

기갑부대의 팽창

3호 전차 D형
3호 전차는 1939년 폴란드 전역의 독일군 기갑선봉대로서 속도와 화력을 겸비했다. 비록 다른 전차들보다 가용할 수 있는 수는 적었지만, 훌륭한 실적을 보여주었다.

폴란드를 공격한 독일의 기갑부대가 강력하기는 했지만, 1939년 기준으로도 그들은 장비 면에서 적절한 수준에 도달하지는 못한 상태였다. 그해 봄까지 5개 기갑사단이 편성되어 5개 전차여단, 10개 전차연대가 배치되었는데, 각 사단은 4개 전차대대를 보유했다. 6기갑사단은 간신히 작전

가능 수준에 도달한 상태로 폴란드 전역에 참가했다. 추가로 4개 전차연대가 독립된 상태로 있다가 1940년 봄에 새로운 기갑사단의 중핵이 되거나 다른 편제를 증편하는 데 사용되었다. 독일군은 추가로 4개 차량화보병사단을 비롯해 육군과 무장친위대로 구성된 1개 기갑사단, 4개 경사단을 끌어 모았다. 본질적으로 경사단은 장갑차량으로 구성된 1개 연대와 차량화보병부대로 편성된 소규모 기갑사단이었다.

비록 기계화부대로 지정되었지만, 이 15개 사단은 여전히 수송수단으로 말을 사용했으며 부대마다 정도의 차이가 있었을 뿐이었다. 이들의 기갑 전력은 주로 1호 전차와 2호 전차를 기반으로 했는데, 이것들은 순식간에 구식으로 전락했다. 1호 전차는 5년 전에 전력화된 것으로 장갑이 얇고 무장도 기관총 2정에 불과했다. 1930년대 중반 스페인 내전에서는 성능에 크게 무리가 없었지만, 얇은 장갑은 소병기 사격에만 제한적인 방어력을 제공했을 뿐 견인 대전차포와 대구경 화기들이 널리 보급되면서 취약해졌다. 2호 전차는 20밀리미터(0.75인치) 기관포로 무장함으로써 보병지원의 측면에서 약간의 개량이 있었지만 화력 보강의 측면에서는 별로 나아진 것이 없었으며, 특히 회전포탑에 47밀리미터 (1.75인치) 대포를 장착하고 차체에는 75밀리미터(3인치) 곡사포를 설치한 프랑스 샤르 B1 bis나 그에 필적하는 중전차를 만났을 때는 속수무책이었다.

2차 세계대전 발발 당시, 독일 공학자들은 이미 더 강력한 전차의 설계를 완성해둔 상태였다. 3호 전차는 적의 전차를 상대하기 위해 37밀리미터(1.5인치) 주포를 장착했다. 강력한 4호 전차는 주포로 75밀리미터(3인치) 대포를 채택하고 작전범위도 160킬로미터(100마일)로 늘려서 적의 방어선을 종심돌파하고 고정된 요새를 파괴하며 적의 기갑전력을 무력화시키는 임무에 적합하도록 설계되었다. 두 모델의 전차 모두 실제로 1939년 가을부터 다수가 배치되기 시작했다.

폴란드 기갑부대

폴란드군은 폴란드에 군침을 흘리고 있는 독일과 소련으로부터 조국을 방어하기 위해 약 800대의 정찰차량과 경전차를 동원할 수 있었는데, 이들은 총 11개 기갑대대로 이루어진 2개 여단으로 편성되었다. 폴란드 전차의 다수는 면허생산된 영국 비커스 암스트롱(Vickers Armstrong)의 경전차와 카덴-로이드 소전차였다. 그 밖의 모델 중에는 구식인 르노 FT-17과 R35, 호치키스 H35가 있었다. 폴란드인들은 비

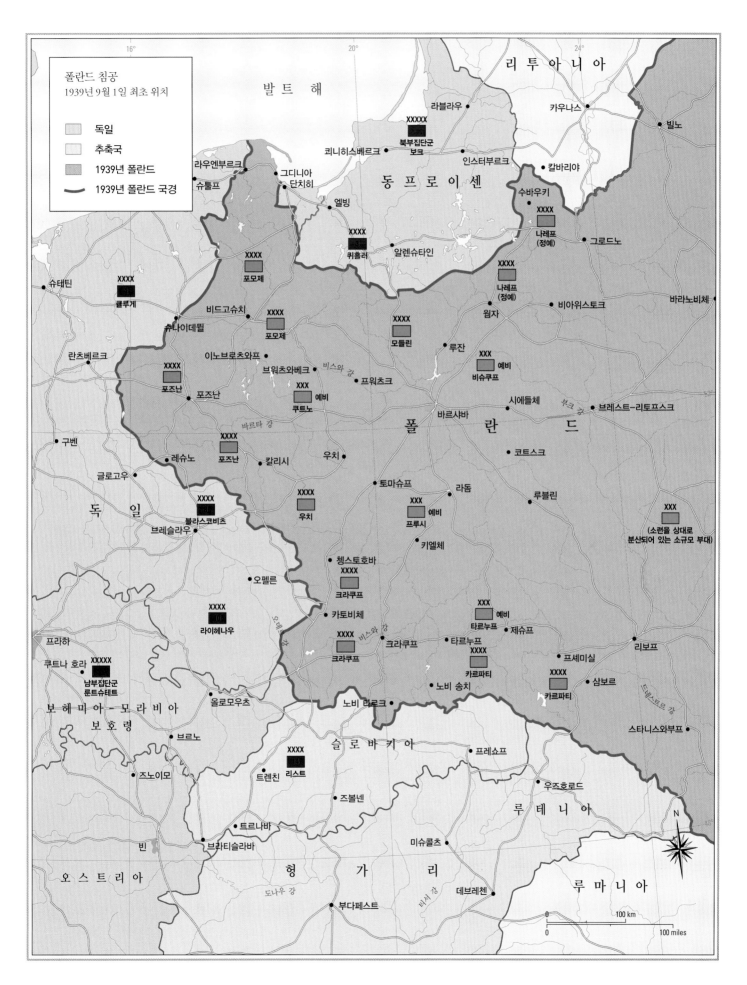

전차 진격
독일군 모터사이클 부대 병사 한 명이 서부 폴란드의 비포장도로에 잠시 멈춰 있는 동안 1호 전차가 목표인 폴란드의 수도 바르샤바를 향해 동쪽으로 전진하고 있다. 독일군은 대부분의 폴란드 전차들을 재빨리 파괴하지 못하면 신속한 진격을 위해 우회했다.

폴란드 침공(97쪽 지도)
1939년 9월 1일 새벽, 독일군 대열이 신속하게 폴란드 국경을 넘었다. 독일군은 전격전을 개시하기 몇 주 전부터 병력과 전차를 미리 배치해두었다.

커스 6톤 경전차 일부를 선택해서 회전포탑에 37년식 보포스(Bofors wz. 37) 대전차포[37밀리미터(1.5인치)]를 장착할 수 있게 개조하여 독일군 1호 전차와 2호 전차를 압도했다. 하지만 이들 전차의 생산대수는 150대에도 못 미쳤다. 이 7TP 경전차는 어느 정도 성공적으로 운용되기는 했지만, 사실상 독일 공군에 무력했으며 독일 지상군의 신속한 움직임에 대응하기에 충분할 정도로 대규모 작전을 효과적으로 수행할 능력이 없었다.

일부 폴란드 기병여단에는 경장갑차량이 배치되어 있었다. 예를 들어, 크라쿠프(Kraków) 기병여단은 각각 7.92밀리미터(0.31인치) 혹은 7.7밀리미터(0.3인치) 기관총을 장착한 폴란드제 TK 소전차 13대와 기관총 혹은 37밀리미터(1.5인치) 대포를 탑재한 34년식 장갑차(Samochód pancerny wz. 34) 8대를 보유했다.

전광석화 같은 전격전

1939년 9월 1일 동이 트기 전, 독일은 폴란드를 향해 60개 사단으로 구성된 5개 야전군을 진격시켰다. 비록 폴란드의 육군 병력이 총 100만 명이나 되었지만, 당시 전체 전력의 절반 정도만이 동원된 상태였다. 포병의 포격과 융커스 Ju-87 슈투카(Junkers Ju-87 Stuka) 급강하폭격기의 공습이 공조를 이루는 가운데 구데리안의 19기갑군단은 굉음을 울리며 동쪽으로 진격해 15일 만에 브레스트-리토프스크(Brest-Litovsk)에서 목표를 달성했다. 이미 구데리안이 예상했던 대로 폴란드군 전선에 대한 신속한 종심돌파는 적을 혼란에 빠뜨렸다. 폴란드군이 방어를 하려고 할 때마다 그들의 진

지는 독일군 전차의 돌진에 제압당하지 않으면 우회당했다.

폴란드는 망치로 내려치는 것 같은 대타격에 대비가 되어 있지 않았으며, 9월 6일로 계획되어 있던 반격은 주로 예비 프루시군(Prusy Army)이 제시간에 동원을 완료하지 못했기 때문에 제대로 이루어지지 못했다. 적대행위가 시작되고 몇 시간 만에 독일군은 크라쿠프를 점령하여 많은 포로를 잡았고, 한편 폴란드군은 포위를 피하기 위해 후퇴했다. 폴란드군의 반격 중에서 가장 훌륭한 반격이 바르샤바 서쪽 브주라(Bzura) 강 인근에서 이루어졌다. 10일 동안 폴란드군은 어느 정도 진전을 보이기도 했지만, 결국은 보급품이 부족하고 측면과 후방이 지속적으로 공격 위협을 받는 바람에 정지할 수밖에 없었다. 바르샤바 교외에 진입한 독일군 전차는 1주일 만에 225킬로미터(140마일)라는 놀라운 거리를 주파했다.

구데리안의 선봉 19기갑군단은 1 · 2 · 10기갑사단과 그로스도이칠란트(Grossdeutschland) 차량화보병연대로 구성되어 있었다. 에발트 폰 클라이스트(Ewald von Kleist) 장군의 22기갑군단은 맹렬하게 질주하여 9월 중순에 바르샤바 동쪽에서 구데리안의 부대와 연결하는 데 성공했다.

폴란드의 운명은 이미 결정된 것이나 다름없었지만, 독일군은 수도를 점령하는 과정에서 끈질긴 저항과 마주쳤다. 4기갑사단은 가가호호 폴란드 병사들과 전투를 벌이는 동안 자신들의 기동성이 상당히 제약을 받고 있다는 사실을 깨달았다. 기습을 통해 도시를 점령하려던 최초의 시도는 오호타(Ochota)와 볼라(Wola) 외곽에서 격퇴되었다. 패배한 폴란드군의 여러 부대 잔존 병력들이 바르샤바를 방어하기 위해 집결했지만, 처음부터 가용한 전차는 40대에 불과했다. 하지만 폴란드군의 대전차포들이 자신의 가치를 입증하면서 독일군 4기갑사단은 며칠 사이에 전체 전력의 거의 37퍼센트에 해당하는 80대의 전차를 잃었다. 2주 동안 폴란드군은 독일 공군의 공습을 받으면서도 독일군의 계속되는 공격을 막아냈다. 소련군이 동쪽에서부터 바르샤바로 접근하는 가운데 독일군은 1939년 10월 1일 마침내 바르샤바를 점령했다.

폴란드 전역 후기

폴란드에서 성공을 거둔 후 장기간 소강상태가 이어지는 가운데, 독일군은 1940년 봄 프랑스와 저지대국가 침공을 위한 준비에 들어갔다. 독일군 4개 경사단은 전차와 병력을 추가해 전력을 보강한 뒤 각각 6 · 7 · 8 · 9기갑사단으로 재편되었다. 완전한 편제를 갖추지 못한 채 폴란드 전역에 참가했던 10기갑사단은 전차와 보병 정수에 도달했으며, 바르샤바를 점령하기 위한 전투에서 심각한 피해를 입었던 4기갑사단은 1개 차량화보병연대가 추가되었다.

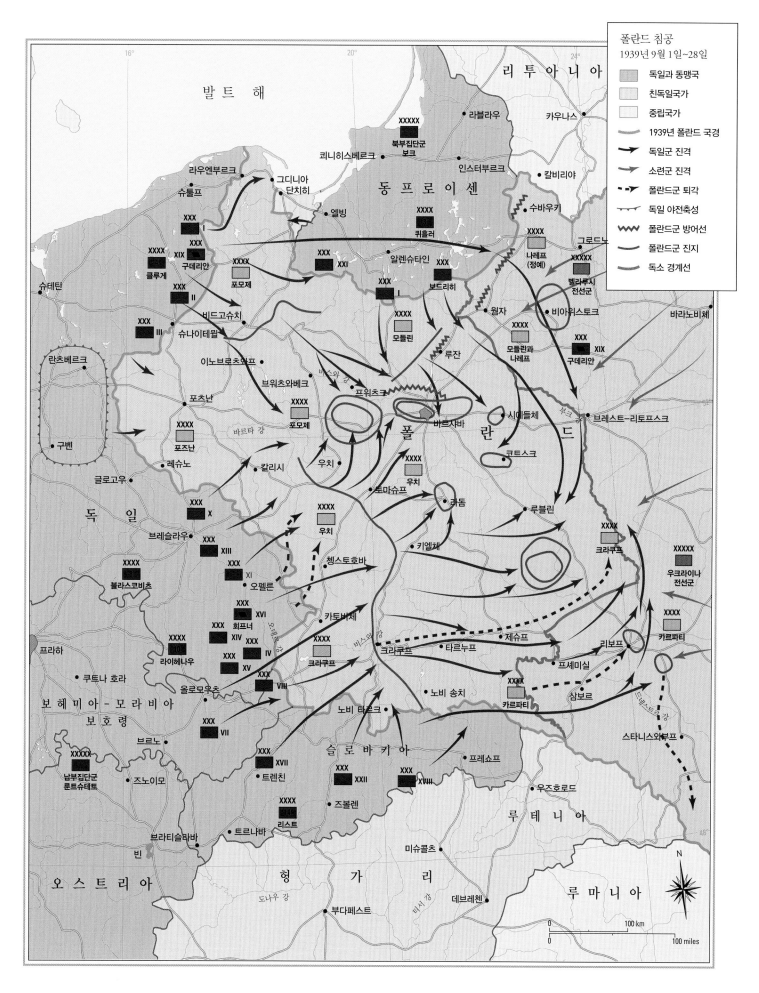

발 트 해

리 투 아 니 아

라블라우 · 카우나스

라우엔부르크 · 그디니아 쾨니히스베르크 · 인스터부르크 · 칼비리야

슈툴프 · 단치히 동 프 로 이 센

엘빙 · 수바우키

XXX I

XXXX XIX 구데리안

클루게

XXX III

슈테틴 ·

란츠베르크 ·

XXXX 퀴흘러

알렌슈타인 **XXX** I

보드리히

나레프 (정예)

그로드노

XXXXX 벨라루시 전선군

바라노비체 ·

XXX II

비드고슈치

슈나이데뮐 ·

이노브로츠와프

XXXX 포모제

브위츠와베크

XXXX 포모제

비스와 ·

프워츠크 바르샤바

XXXX 모들린

뷜자

모들린과 나레프

XXXX

XXX XIX 구데리안

비아위스토크 ·

부크 ·

브레스트-리토프스크 ·

포츠난 ·

바르타 강

폴

란

드

시에들체 ·

시에들체

코트스크

루블린

XXXX 포즈난

레슈노 ·

글로고우 ·

독 일

칼리시 ·

우치

우치 **XXXX**

토마슈프

라돔

XXXX 크라쿠프

우크라이나 전선군 **XXXXX**

XXX X

브레슬라우 ·

XXX XIII

XXXX 블라스코비츠

XXX XI

오펠른 ·

쳉스토호바 ·

키엘체 ·

제슈프 ·

크라쿠프 ·

리보프 ·

프셰미실

XXXX 카르파티

XXX XVI

XXX XIV 회프너

XXX XV

오데르 강

카토비체 ·

비스와 강

XXXX 크라쿠프

크라쿠프 타르누프 ·

노비 송치 ·

XXXX 카르파티

삼보르 ·

드니스트르 강

스타니스와우프 ·

XXXX 라이헤나우

라이헤나우

XXX IV

쿠트나 호라 ·

올로모우츠 ·

XXX VIII

보 헤 미 아 - 모 라 비 아 보 호 령

프라하

노비 타르크 ·

슬 로 바 키 아

프레쇼프 ·

XXX VII

브르노 ·

즈노이모 ·

XXX XVII

트렌친 ·

XXX XXII

즈볼렌 ·

XXX XVIII

우즈호로드 ·

루 테 니 아

XXXXX 남부집단군 룬트슈테트

XXXX 리스트

리스트

브라티슬라바 ·

트르나바 ·

빈 ·

오 스 트 리 아

헝 가 리

도나우 강

부다페스트 ·

티사 강

데브레첸 ·

미슈콜츠 ·

루 마 니 아

N

0 100 km
0 100 miles

스당, 서유럽 침공 1940년 5월

황색 작전
독일군의 프랑스 점령 작전계획에는 벨기에 국경을 통과하는 직접공격과 그곳에서 전투 중인 연합군을 함정에 빠뜨리기 위해 아르덴 숲을 돌파하여 북서로 진격하는 신속한 우회공격이 포함되어 있었다.

독일 육군은 이론상 1918년 1차 세계대전을 종식시킨 베르사유 조약에 의해 무력화되었지만, 1920년대와 1930년대에 독자생존이 가능한 병력을 유지했다. 공식적인 병력은 10만으로 줄었지만, 비밀활동이나 이웃국가들과의 비밀조약, 그리고 무엇보다도 1933년 나치 집권으로 명맥을 유지하는 것은 물론 심지어 보강되기까지 했다.

한스 폰 제크트(Hans von Seeckt) 장군은 육군의 전력을 강화하기 위한 노력을 주도하면서 그림자 조직(다른 형태로 위장한 총참모본부 조직을 운영했다–옮긴이)을 유지했다. 이 조직은 1935년에 히틀러가 베르사유 조약을 파기하고 전쟁에 대비하기 시작했을 때 전면에 등장했다. 독일군 고위 지휘관들은 1939년에도 독일 육군의 전쟁 준비가 아직 완벽하지 않다고 보았지만, 히틀러는 9월 1일에 폴란드에서 전격전을 개시했다. 폴란드는 서쪽에서 독일로부터 침공을 받고 동쪽에서 소련으로부터 침공을 받아 3주 만에 패배했다. 영국과 프랑스는 폴란드의 독립을 보장하며 폴란드가 공격을 당할 경우 지원을 약속했었다. 따라서 두 나라는 독일을 향해 전쟁을 선언했지만 군사적 행동을 취할 능력은 없었다.

가짜 전쟁

폴란드에서 신속하게 승리를 거둔 뒤, 히틀러와 그의 장군들은 유럽 대륙에서 그들의 숙적인 프랑스가 위협을 가해올 것이라고 생각했다. 영국 또한 독일군이 공격해올 것으로 보고 프랑스를 지원하기 위해 원정군을 파견했다. 폴란드에서 독일군이 충격적인 승리를 거둔 뒤 몇 달 동안 활동이 거의 없다시피 했기 때문에 이를 가리켜 사람들은 '가짜 전쟁(Phony War)' 혹은 독일에서는 '앉은뱅이 전쟁(Sitzkrieg)'이라고 불렀다.

프랑스군 고위 지휘관들은 독일 국경을 따라 이어지는 자국의 진지들이 마지노 선으로 알려진 일련의 강력한 고정 요새 지대 내에 있어서 안전하다고 믿었다. 양차 대전 전간기 전략적 구상의 산물인 마지노 선은 충격적인 수준의 사상자를 초래했던 1차 세계대전의 참호전에 대한 기억을 바탕으로 독일의 침략에 대한 일종의 억제수단으로 구축한 것이었다. 프랑스의 방어사상에서 확연하게 드러나는 한 가지 약점은 마지노 선이 스위스 국경에서부터 벨기에까지만 구축되어 있다는 것이었다. 신속하게 기동할 수만 있다면, 적군이 벨기에와 룩셈부르크 사이를 돌파하여 마지노 선을 우회하는 것도 생각해볼 수 있는 일이었다.

황색 작전

프랑스와의 전쟁이 발발할 무렵, 독일 참모본부는 이미 몇 달에 걸쳐 프랑스와의 전쟁을 계획하고 있었다. 처음에 제안된 안은 1차 세계대전 초기 단계와 비슷하게 벨기에를 휩쓸고 나아가 프랑스 수도인 파리를 향해 대규모 선회를 하는 것이었다. 독일 육군 참모총장 프란츠 할더(Franz Halder)와 A집단군 참모장 에리히 폰 만슈타인(Erich von Manstein)이 작성한 두 가지 대안이 차례로 검토되었지만, 모두 히틀러가 아니면 참모본부에 의해 거부되었다.

암호명 팔 겔프(Fall Gelb), 즉 황색 작전인 프랑스 공격계획은 19기갑군단 군단장인 하인츠 구데리안 장군이 급진적인 변화를 제안하기 전까지는 최종 결론이 나지 않았다. 구데리안은 기갑부대를 전장에 배치하는 문제에 관한 한 독일 육군 내에서 최고권위자로 인정을 받고 있었을 뿐만 아니라 1937년에는『경계, 전차!』를 써서 기갑부대 전력을 집중하여 적의 전선을 분쇄하고 빠르게 후방지역을 교란해야

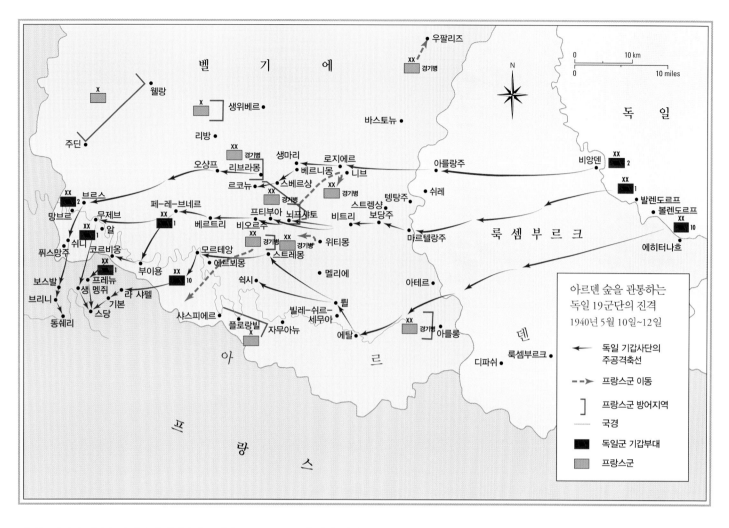

구데리안의 돌진
독일 19군단은 하인츠 구데리안 장군의
지휘 아래 신속하게 아르덴 숲을 통과
하여 스당 인근에서 프랑스군 방어선을
돌파했다. 며칠 만에 구데리안의 전차
들은 영국해협에 도달했다.

한다는 자신의 철학을 자세하게 설명하기도 했다.

구데리안은 가용한 독일 기갑 전력의 대다수를 벨기에 국경의 뫼즈(Meuse) 강변에 위치한 스당(Sedan) 지역과 수림이 울창한 아르덴(Ardennes) 숲에 집중하는 방안을 제안했다. 프랑스는 험난한 지형과 오랜 세월 울창하게 자란 수목, 부족한 도로로 인해 아르덴 숲이 사실상 통과하기 불가능하다고 믿었다. 더 나아가 구데리안은 기갑부대에 의한 스당 돌파와 신속한 북서 방향 돌진을 주장했다. 침공 위협

에 맞서 벨기에로 전진한 프랑스 병력과 정면으로 대결하기 위해 기동하거나 파리를 향해 남쪽으로 선회하기보다는 북서쪽으로 빠르게 돌진하는 것이 프랑스군 전체의 붕괴를 촉발하거나 잠재적으로는 연합군 병력 대다수를 함정에 빠뜨릴 가능성이 있었다. 쏟아지는 반대에도 불구하고 이 대담한 구데리안판 황색 작전이 1940년 초 최종안으로 채택되었다.

H35 경전차
프랑스군 호치키스 H35 경전차 종대가
북프랑스의 시골을 관통하는 도로 위에
일렬로 대기 중이다. 37밀리미터(1.5인
치) 주포로 무장한 H35는 강력한 정찰
및 보병지원 전차였다.

아르덴
1940년 5월

→ 독일군 전진
←--- 프랑스군 퇴각
--- 저항선
-·-·- 프랑스 9군과 2군의 전투지경선
■ 전차사단
▨ 프랑스군

① 5월 12일: 독일군 장갑차가 도하를 시도하자, 이브아 다리(Yvoir Bridge)가 폭파된다.

② 5월 12일: 독일군 전차가 접근하자, 디낭(Dinant)의 다리가 폭파된다.

③ 5월 13일: 우(Houx) 인근의 둑으로 독일군 보병이 도하에 성공한다.

④ 5월 13일 오전 4시 45분: 롬멜이 지휘하는 7기갑사단이 뫼즈 강을 도하한다.

⑤ 5월 13일: 6기갑사단이 뫼즈 강을 도하한다.

⑥ 5월 13/14일: 1·2·10기갑사단이 뫼즈 강을 도하한다.

필사적인 프랑스군
프랑스 기갑부대와 보병부대는 독일군의 뫼즈 강 도하를 막는 과정에서 독일군에 심각한 피해를 입혔다. 독일 7기갑사단은 디낭에서 뫼즈 강을 도하하여 영국해협 해안으로 향했다.

딜 계획

프랑스군 지휘관들, 특히 모리스 가믈랭(Maurice Gamelin)은 벨기에와 저지대국가를 통과할 것으로 예상되는 독일군의 침공에 대한 대응으로 딜 계획(Dyle Plan)을 구상했다. 프랑스군과 영국군은 벨기에와 네덜란드 육군과 협력하여 벨기에와 네덜란드로 전진하기로 했다. 이 다국적 협력은 남쪽의 마지노 선에 뿌리를 박고 딜(Dyle) 강을 따라 방어선을 유지함으로써 프랑스로 전진하는 독일군을 저지하려고 했다. 프랑스는 연합군이 북쪽과 동쪽으로 전진하면 독일군의 공세를 협소한 정면으로 제한할 수 있을 것이라고 확신했

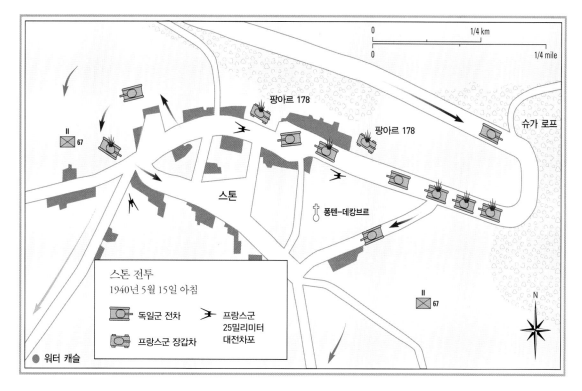

0   1/4 km
0   1/4 mile

팡아르 178

팡아르 178

슈가 로프

스톤

풍텐-데캉브르

스톤 전투
1940년 5월 15일 아침

🔲 독일군 전차   ➤ 프랑스군
                           25밀리미터
🔲 프랑스군 장갑차   대전차포

● 워터 캐슬

II 67

II 67

N

스톤의 저항
스톤 마을에서 전투가 진행되는 동안 프랑스군은 샤르 B1 bis 중전차와 25밀리미터(1인치) 대전차포로 적어도 10여 대의 독일군 전차를 파괴했다. 하지만 프랑스는 압도적 전력으로 밀어닥치는 독일군의 공세에 마을을 지킬 수 없었다.

다. 독일군이 아르덴 숲을 통과해 기습할지도 모른다는 견해는 공식적인 고려사항이 아니었다.

프랑스군

서류상으로 프랑스 육군은 117개 사단과 3,200대 이상의 전차를 배치할 수 있었기 때문에 독일 육군보다 상당히 우세해 보였다. 하지만 프랑스는 편제의 상당 부분을 예비군 부대에 의지하고 있었는데, 그들 중 일부는 전투효율이 의심스러웠으며 다른 부대는 마지노 선의 고정요새를 방어하는 데 투입되었기 때문에 독일군이 전선을 돌파했을 경우 실제로 북쪽으로 이동시킬 수 있는 병력은 아니었다.

프랑스의 소무아 S35와 샤르 B1 bis 전차의 경우, 전자는 47밀리미터(1.75인치) 대포로, 후자는 47밀리미터와 75밀리미터(3인치) 대포로 무장하고 상당히 두꺼운 장갑을 채용했기 때문에 독일이 일선에 배치한 1호·2호·3호·4호 전차와 대등하거나 심지어 그보다 성능이 우월했다. 하지만 프랑스의 기갑전 교리는 모든 장비상의 우위를 무력화했다. 프랑스의 항복 이후 자유프랑스운동을 이끌 운명인 샤를 드골 중령과 같은 기갑전 옹호론자들의 격렬한 주장에도 불구하고 프랑스 전쟁계획자들은 전차를 보병부대를 지원하는 역할로 격하시키고 대규모로 집중된 형태가 아닌 소단위로 분산 배치해버렸다.

1938년 12월, 프랑스 정부는 기갑사단의 편제를 인가했다. 하지만 진도가 고통스러울 정도로 느려서 1940년 초까지도 인가명령은 집행되지 않았다. 프랑스와 영국이 독일에 선전포고하기 전날, 드골은 5군 예하 전차부대의 지휘관

으로 임명되어 마지노 선의 고정방어선을 지원하게 되었다. 이 전차부대들은 아직도 대대 규모에 머물러 있었으며, 공세적 역할을 하기 위해 편성된 것이 아니었다.

독일군의 괴력

독일은 서유럽에서 전쟁을 재개하려고 준비하면서 육군을

루앙 점령
독일군이 프랑스를 정복하는 중이던 1940년 봄, 프랑스 도시 루앙에서 1호 전차 1대가 완전히 파괴된 건물들 사이에 있는 대로 한가운데 서 있다.

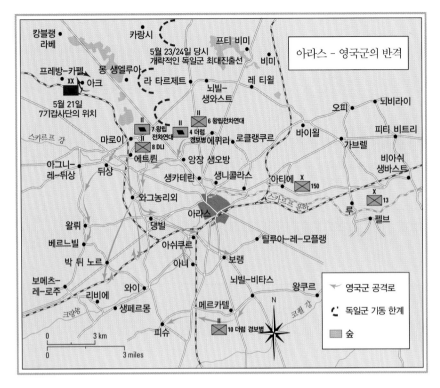

아라스 - 영국군의 반격

지도 설명 (지도 내 주요 지명):
캉블랭, 라베, 카랑시, 프티 비미, 프레방-카펠, 아크, 몽 생엘루아, 비미, 레 티욀, 라 타르제트, 뇌빌-생와스트, 뇌비라이, 오피, 피티 비트리, 마로이, 로클랭쿠르, 바이욀, 가브렐, 아그니-레-뒤샹, 뒤샹, 에트룅, 앙장 생오방, 생카테린, 생니콜라스, 아티에, 비아쉬 생바스트, 와그농리외, 아라스, 루, 펠브, 왈뢰, 댕빌, 틸루아-레-모플랭, 베르느빌, 아쉬쿠르, 박 뒤 노르, 아니, 보랭, 보메츠-레-로주, 리비에, 와이, 뇌빌-비타스, 왕쿠르, 생페르몽, 메르카텔, 피슈, 크랭쿠

- 5월 23/24일 당시 개략적인 독일군 최대진출선
- 5월 21일 7기갑사단의 위치
- 7 왕립 전차연대
- 6 왕립전차연대
- 4 더럼 경보병 에퀴리
- 8 DLI
- 150
- 13
- 10 더럼 경보병
- 영국군 공격로
- 독일군 기동 한계
- 숲

0 3 km
0 3 miles

아라스 전투(위)
영국군 기갑부대가 아라스의 마을 인근에서 전진하는 독일군 7기갑사단에게 반격을 가해 뒤로 물러나도록 위협하자, 롬멜 장군이 88밀리미터(3.5인치) 대공포를 대전차 임무에 투입하라고 명령했고, 그것의 파괴력은 가히 엄청났다.

3개 집단군으로 나누었다. 페도르 폰 보크(Fedor von Bock) 장군이 지휘하는 북쪽의 B집단군은 29개 이상의 사단으로 편성되었으며, 연합군이 독일군의 주공으로 착각하여 그들을 상대하기 위해 벨기에로 이동하도록 유인하는 역할을 맡았다. 남쪽의 18개 사단으로 구성된 C집단군은 빌헬름 리터 폰 레프(Wilhelm Ritter von Leeb)의 지휘 아래 마

지노 선에 배치된 프랑스군을 상대로 연합군의 우회기동을 저지하는 역할을 맡았다. 게르트 폰 룬트슈테트(Gerd von Rundstedt) 장군의 지휘 아래 독일군의 주공이 될 A집단군은 3개 군단에 집중 배치된 10개 기갑사단을 포함해 45개가 넘는 사단을 보유하고 있었다. A집단군은 뫼즈 강 동안의 마을 스당과 그 인근의 다리를 집중 공격하고 신속하게 전진하여 아르덴 숲을 통과한 뒤, 개활지를 가로질러 맹렬히 돌격하여 B집단군을 상대하기 위해 벨기에로 전진한 수만의 연합군 병력을 고립시키는 역할을 맡았다.

스당 돌파

A집단군의 선봉인 19기갑군단은 1·2·10기갑사단과 그로스도이칠란트 차량화보병연대로 구성되었다. 구데리안 장군의 지휘 아래 기갑사단들은 룩셈부르크와 벨기에를 가로질러 5월 12일 오후, 스당에서 뫼즈 강에 도달해 사실상 총 한 방 쏘지 않고 그 마을을 점령했다.

비록 프랑스군이 뫼즈 강의 남쪽 지역에 많은 특화점과 거점을 구축해두었지만, 이것들은 완성도가 일정하지 않아서 일부는 그저 콘크리트 상자에 불과했다. 프랑스 육군 55사단이 스당 인근 방위의 1차 책임을 맡았다. 55사단과 이후의 71사단은 모두 훈련이나 현대적 장비가 부족한 B급 부대로 분류되었다.

독일은 스당 상공의 제공권을 장악했기 때문에 독일 공군 융커스 Ju-87 슈투카 급강하폭격기들이 프랑스군을 끊임

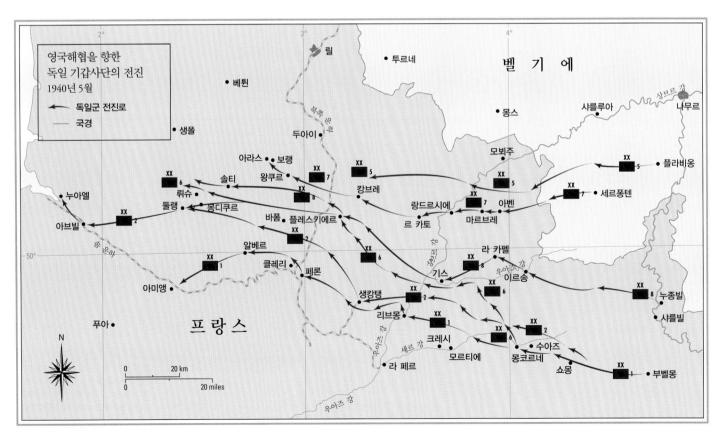

영국해협을 향한 독일 기갑사단의 전진 1940년 5월
- 독일군 전진로
- 국경

(지도 내 주요 지명): 투르네, 벨기에, 릴, 베튄, 몽스, 샤를루아, 나무르, 상브르 강, 플라비옹, 생폴, 두아이, 모뵈주, 세르퐁텐, 아라스, 보랭, 왕쿠르, 캉브레, 랑드르시에, 아벤, 마르브레, 누아엘, 솔티, 뤼슈, 둘랑, 몽디쿠르, 르 카토, 라 카펠, 이르송, 아브빌, 몽디쿠르, 바폼, 플레스키에르, 기스, 누종빌, 샤를빌, 알베르, 생캉탱, 클레리, 페론, 리브몽, 크레시, 수아즈, 모르티에, 몽코르네, 쇼몽, 부벨몽, 아미앵, 푸아, 프랑스, 라 페르, 세르 강, 우아즈 강

N
0 20 km
0 20 miles

없이 괴롭혔다. 그로 인해 발생한 사상자는 비교적 적었지만, 폭격은 프랑스군의 일부 부대들이 응집력을 잃고 전장에서 도주하게 만들 정도로 사기를 떨어뜨리는 효과가 강했다.

독일군 보병은 소형 단정으로 뫼즈 강을 도하한 뒤 강을 건널 수 있는 교량을 장악했는데, 5월 13일과 14일 사이에 때때로 집중사격을 받아가며 세 곳의 주요 지점에 교두보를 확보했다. 전투공병들이 임시교량을 부설해 전차의 전진을 가능케 했다. 구데리안의 전차들이 전진하여 스당의 남부와 서부, 특히 뷜송 능선(Bulson Ridge)과 스톤(Stonne) 인근에서 프랑스군과 격전을 벌였다. 비록 몇 곳에서 프랑스군의 끈질긴 저항으로 독일군이 지체되기는 했지만, 5월 14일 저녁까지 500대 이상의 독일군 전차가 뫼즈 강을 도하했다. 뷜송 능선에서 프랑스군이 큰 희생을 치르며 저항한 결과, 7전차대대는 전력의 75퍼센트인 30대의 전차를 잃었고, 213보병연대는 너무나 심하게 타격을 입어서 더 이상 효과적인 전투부대가 될 수 없을 지경에 이르렀다.

스톤에서 프랑스군 샤르 B1 bis 중전차는 12대 이상의 독일군 전차를 파괴한 것으로 알려졌다. 스톤에서 전투는 며칠 동안 계속되었지만 프랑스군은 마을을 유지할 능력이 없었다. 불과 1주일간의 전투로 양측 모두 비교적 높은 손실을 입었는데, 그로스도이칠란트 차량화보병연대의 경우는 거의 600명이나 되는 사상자가 발생했다.

5월 16일 전세는 분명해졌다. 독일은 아르덴 숲을 관통해

스당을 점령했고 프랑스 고위사령부에서 예상했던 것보다 훨씬 더 빠르게 뫼즈 강을 건넜다. 일단 구데리안이 뫼즈 강에 교두보를 확보하자, 북쪽에 있는 연합군의 측면이 훤히 뚫려버렸다. 독일군 전차들은 1주일 내에 영국해협에 도달했다.

끝없는 독일군 행렬
1940년 5월 독일군 전차와 병력이 프랑스로 몰려들고 있다. 이 사진에서 보병들이 전선으로 행군하는 가운데 3호 전차가 도로변에 멈춰 서 있다. 독특한 검은색 군모를 쓴 전차병들이 보병들을 바라보고 있다.

영국해협을 향한 추격전(102쪽 지도)
독일군 기갑선봉대가 프랑스를 찌르고 들어가 영국해협을 향해 북서쪽으로 전진하는 동안 이동 속도가 느린 보병들은 뒤로 처졌다. 히틀러는 측면이 노출되어 반격에 취약해지자 근심이 깊어졌지만, 정지하라는 그의 명령은 거의 무시되었다.

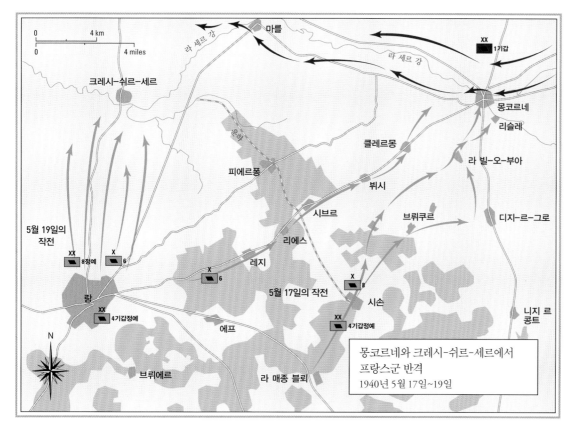

몽코르네와 크레시-쉬르-세르에서
프랑스군 반격
1940년 5월 17일~19일

프랑스군의 헛된 반격(103쪽 지도)
프랑스군은 침략해오는 독일군을 향해 용감하게 반격했다. 하지만 하나도 효과가 없었다. 이때 등장한 몇몇 영웅들 중 한 명이 바로 샤를 드골 장군이었다. 그의 4기갑사단은 두 차례 반격했다.

프랑스 함락
1940년 6월

기갑부대 전진
1940년 5월 프랑스에서 찍은 독일군 1
호 전차(오른쪽)와 38t 전차(왼쪽). 우
월한 전술과 무선통신 덕분에 이 경전
차들이 더 강력한 적의 전차들을 상대
로 승리를 거둘 수 있었다.

패배한 기갑부대
독일군 병사들이 1940년 6월 전투 중
파괴된 프랑스군 샤르 B1 bis 전차의
잔해를 검사하고 있다. 5월의 성공에 이
어 잠시 휴식을 취한 뒤, 독일군은 신속
하게 프랑스 정벌을 완료했다.

구데리안이 뫼즈 강 교두보를 확장시키기 위해 싸우느라
상당한 피해를 입고 몇 군데 도하 시도가 격퇴당하는 동안,
훨씬 북쪽에서는 에르빈 롬멜(Erwin Rommel) 장군이 지휘
하는 7기갑사단이 프랑스 9군의 5차량화사단과 18보병사
단 사이에 생긴 틈을 활용하고 있었다. 그는 5월 13일 뫼즈
강에 도달해 디낭(Dinant)에서 도하했다. 6월 첫째 주까지 7
기갑사단은 적의 저항을 물리치고 5월 14일 야간에는 아무
런 경계 없이 정지해 있던 프랑스 기갑부대 사이로 돌진해
마침내 아브빌(Abbeville)에서 영국해협에 도달했다. 신속하
게 진격하는 동안 롬멜의 부대는 24시간 동안 최대 48킬로
미터(30마일)를 주파하기도 했다.

구데리안도 일단 뫼즈 강을 도하하자, 꾸준히 전진했다.
하지만 독일군 고위 지휘관들은 전차를 보호하기 위한 핵
심 요소인 보병지원부대가 전차의 전진 속도를 따라잡지
못하고 있다는 것을 걱정했다. 기갑부대의 종심침투가 더
욱 확대되면서 독일군의 측면이 더 크게 노출되자, 히틀러
는 직접 구데리안에게 잠정적인 정지 명령을 내렸다. 하지
만 구데리안은 총통이 내린 이 명령을 거의 무시했다. 5월

15일까지 독일 전차는 전선으로부터 80킬로미터(50마일)를
전진했다.

미약한 반격

뫼즈 전선이 붕괴하자 이에 대응하여 가믈랭 장군은 64킬
로미터(40마일)나 되는 독일군의 노출된 측면에 반격을 가
하기 위해 7군 예하 부대들에게는 남쪽으로, 마지노 선을
방어하는 7개 사단에게는 북쪽으로 향하라고 명령했다. 독
일군의 침공이 시작되기 불과 사흘 전에 드골은 새로 조직
된 4기갑사단의 사단장에 임명되었다. 하지만 그들은 독일
군을 향해 전진하는 동안에도 계속 부대를 집결시키고 있
었기 때문에 응집된 단일 부대로 작전을 수행해본 경험이
단 한 번도 없었다. 5월 17일 드골은 몽코르네(Montcornet)
에서 독일군의 측면을 타격하고 전차 80대로 파리로 이어
지는 도로를 차단했다. 하지만 독일 공군의 급강하폭격기와
증원부대로 인해 공격이 저지당하자, 드골은 자신의 원래
위치로 후퇴할 수밖에 없었다. 두 번째 공격도 비슷한 운명
을 맞았지만, 구데리안의 본부를 위협하여 한동안 그 독일
지휘관을 불안하게 만들기도 했다. 드골은 또한 독일군 기
갑선봉대가 목표로 삼은 곳이 파리가 아니라 영국해협이라
는 사실을 알아차렸다.

북쪽에서는 5월 18일에 독일군 B집단군의 부대들이 벨
기에의 안트베르펜(Antwerpen)을 점령했으며, 5월 21일에
는 릴(Lille) 근교에 도달했다. 독일군 기갑부대들은 해안
으로부터 불과 64킬로미터(40마일) 떨어진 아미앵과 둘랑
(Doullens)에 도달했다. 구데리안의 2기갑사단은 5월 20일

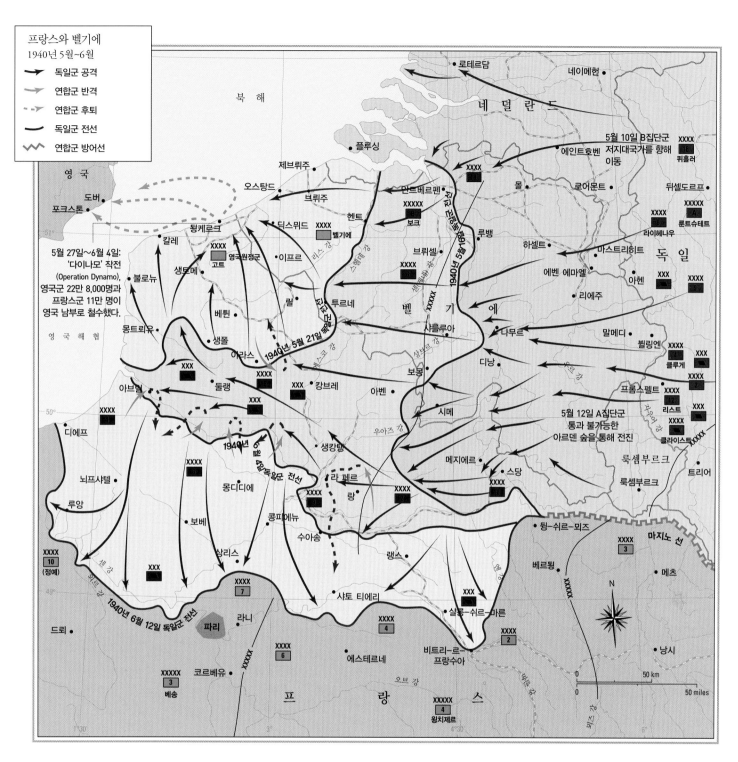

영국해협에 도달하여 아일랜드 근위연대(Irish Guards)의 2 대대와 웨일스 근위연대(Welsh Guards) 1개 대대, 라이플 여단(Rifle Brigade)의 3개 대대, 3왕립전차연대를 비롯해 대략 800명의 프랑스군 보병들과 이틀에 걸친 전투 끝에 불로뉴(Boulogne)를 점령했다. 5월 27일에는 칼레(Calais)를 함락했다. 1주일간의 전투에서 구데리안은 257킬로미터(160마일)을 전진했다.

아라스 전투

눈부신 진격을 거듭하던 독일군 7기갑사단에게 가장 심

각한 위협은 5월 21일 아라스에서 4·7왕립전차연대 소속 74대의 마틸다 I과 마틸다 II 전차들이 더럼 경보병연대(Durham Light Infantry)의 2개 대대와 함께 격렬하게 반격을 시도하면서 발생했다. 초기에 영국군은 상당한 거리를 전진하는 데 성공했으며, 독일군은 자신들이 최대 5개 사단의 공격을 받고 있는 것으로 착각하고 걱정했다. 일선 근처를 결코 떠난 적이 없는 롬멜은 직접 현장을 지휘해 88밀리미터(3.5인치) 대공포와 105밀리미터(4인치) 야포를 가능한 한 멀리 배치해 대전차 사격을 가하라고 명령했다. 영국군의 전진이 저지되기는 했지만, 독일군이 가한 한 차례 반격 역

적색 작전

황색 작전의 완전한 성공에 이어 프랑스를 예속시키기 위한 후속 작전인 적색 작전이 실시되었다. 독일군은 됭케르크에서 연합군을 포위하고 의기양양하게 파리로 행진했다. 며칠 후 프랑스는 정전을 요청했다.

전리품
독일군은 프랑스를 정복하는 동안 대량의 장비를 노획하여 대부분을 사용했다. 독일군 병사들이 독일식 십자가 표식을 달고 있는 프랑스제 호치키스 H35 전차의 포탑에 탄 채 시가행진을 하고 있다.

프랑스 내륙을 향한 전진
독일군 1기갑사단의 2호 전차가 프랑스 내륙을 향해 돌진하는 동안 빠르게 전진하고 있다. 몇 주 만에 독일군 전차와 보병들은 프랑스군을 패배시켰고, 새로운 프랑스 정부는 항복할 수밖에 없었다.

시 격퇴되었다. 하지만 연합군의 진지는 더 이상 지탱하기 어려웠고, 롬멜은 계속 영국해협을 향해 밀고 나아갔다.

결국 북구의 프랑스군과 포위된 영국 원정군의 잔여 병력들은 됭케르크(Dunkirk)에 집결했으며, 6월 2일~4일에 거의 35만 명에 이르는 병사들이 잡다한 민간 및 해군 선박을 타고 그곳을 탈출했다. 독일 공군이 연합군에 최후의 일격을 가하게 하기 위해 됭케르크를 눈앞에 둔 기갑부대를 정지시킨 히틀러의 결정은 지금까지도 강한 비판을 받고 있다. 연합군 병력이 영국해협을 건너 철수함으로써 히틀러는 연합군에게 숨 돌릴 틈을 주었고, 영국을 침공할 수 있는 절호의 기회를 날려버렸다.

적색 작전

재앙이 닥치자, 조직이 건재한 프랑스 육군의 사단은 대략 50개로 줄어서 원래 전력의 절반에도 미치지 못했다. 독일군은 잠깐 휴식과 재보급 시간을 가진 뒤, 프랑스 점령을 마무리 짓기 위해 파리로 관심을 돌렸다. 6월 5일 엔(Aisne) 강을 따라 공세가 재개되었지만, 6월 8일에 솜(Somme) 강 너머로 교두보가 확보되면서 이 지역에서 중요한 돌파가 이루어져 엔 강을 따라서 프랑스군의 측면이 열리게 되었다.

프랑스군은 3일 동안 군건하게 전투를 계속하면서 14보병사단의 반격으로 독일군 23군단의 교두보를 파괴하고 1,000명의 포로를 잡기도 했다. 그럼에도 불구하고 측면이 노출되면서 방어 병력은 마른(Marne) 강으로 후퇴할 수밖에 없었다. 6월 12일에 독일군 4개 기갑사단이 종심이 깊지 않은 프랑스군의 전선을 돌파해 곧바로 파리로 향했고, 이틀 뒤 의기양양하게 '빛의 도시' 파리에 입성했다. 재빨리 파시스트 이탈리아가 영국과 프랑스에 전쟁을 선포하고 프랑스 남부를 침공했다.

치욕적인 패배

6월 중순이 되자 독일군 전차들은 스위스 국경까지 전진했으며, 프랑스 정부는 처음에는 투르(Tours)로, 그 다음 보르도(Bordeaux)로 도주했다. 폴 레노(Paul Reynaud) 수상의 정부는 붕괴했다. 고령의 필리프 페탱 원수가 새로운 프랑스 정부의 수반으로 등장하여 정전을 위한 협상을 시작했다.

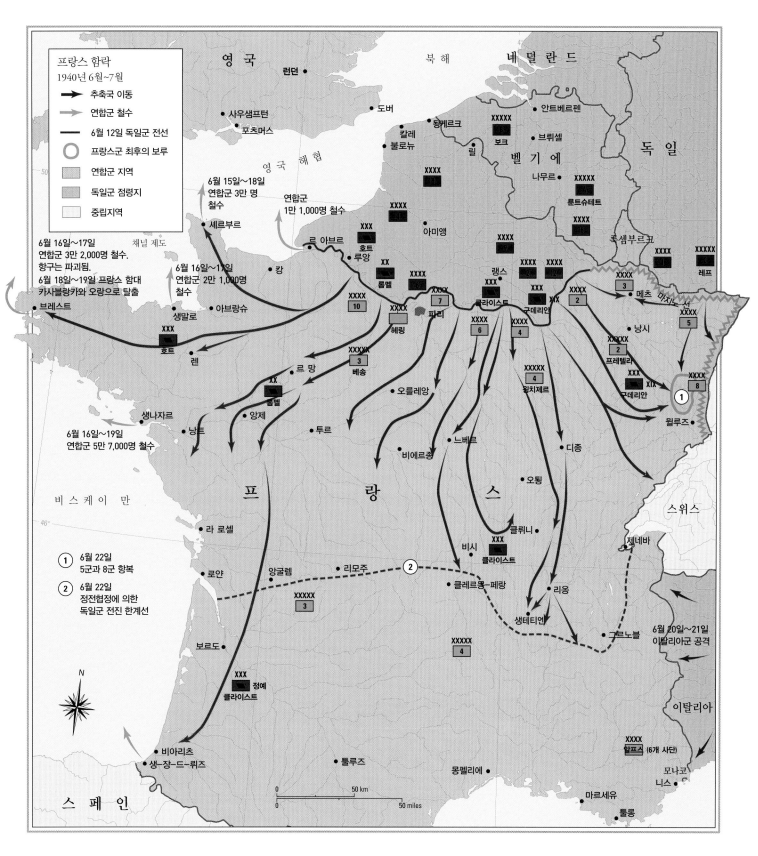

프랑스 함락
1940년 6월~7월

→ 추축국 이동

→ 연합군 철수

━ 6월 12일 독일군 전선

○ 프랑스군 최후의 보루

　연합군 지역

　독일군 점령지

　중립지역

6월 16일~17일
연합군 3만 2,000명 철수.
항구는 파괴됨.
6월 18일~19일 프랑스 함대
카사블랑카와 오랑으로 탈출

6월 15일~18일
연합군 3만 명
철수

연합군
1만 1,000명 철수

6월 16일~17일
연합군 2만 1,000명
철수

6월 16일~19일
연합군 5만 7,000명 철수

비스케이 만

① 6월 22일
5군과 8군 항복

② 6월 22일
정전협정에 의한
독일군 전진 한계선

6월 20일~21일
이탈리아군 공격

영국 · 런던 · 도버 · 북해 · 네덜란드 · 안트베르펜 · 사우샘프턴 · 포츠머스 · 됭케르크 · 브뤼셀 · 칼레 · 불로뉴 · 릴 · 요크 · 보크 · 벨기에 · 나무르 · 영국해협 · 채널 제도 · 셰르부르 · 르 아브르 · 호트 루앙 · 캉 · 아미앵 · 랭스 · 룬트슈테트 · 록셈부르크 · 레프 · 메츠 · 마지노 선 · 낭시 · 프레텔라 · 구데리안 · 뮐루즈 · 브레스트 · 아브랑슈 · 생말로 · 호트 · 렌 · 롬멜 · 헤링 · 파리 · 클라이스트 · 구데리안 · 베송 · 르 망 · 롬멜 · 앙제 · 오를레앙 · 비치제르 · 생나자르 · 낭트 · 투르 · 느베르 · 디종 · 비에르종 · 오텡 · 스위스 · 클뤼니 · 제네바 · 라 로셸 · 비시 · 클라이스트 · 클레르몽–페랑 · 리옹 · 리모주 · 앙굴렘 · 로얀 · 생테티엔 · 그르노블 · 보르도 · 비아리츠 · 생–장–드–뤼즈 · 툴루즈 · 몽펠리에 · 마르세유 · 툴롱 · 니스 · 모나코 · 이탈리아 · 정예 클라이스트 · 알프스 (6개 사단) · 스페인

0　50 km
0　50 miles

N

그의 비시(Vichy) 정부는 이후 나치에 협력했다는 이유로 비난을 당하게 될 운명이었다. 1940년 6월 20일, 독일은 콩피에뉴(Compiègne) 숲에서 망연자실한 프랑스인들에게 항복 조건을 강요했다. 항복은 1918년 1차 세계대전 말 프랑스가 독일에 항복 조건을 강요할 때 사용했던 바로 그 객차 안에서 이루어졌다.

독일은 완벽하게 승리를 거두었다. 프랑스는 42일 만에 정복되었다. 이로써 히틀러는 유럽의 주인이 되었고, 영국은 홀로 남게 되었다.

적색 작전
독일군 기갑선봉대는 영국해협 항구들과 비스케이 만을 공격하고 마지노 선의 측면을 공격하고 파리를 함락한 뒤, 남쪽으로 비시 너머까지 밀고 내려왔다.

세계의 전차 전력
1941~1942년

군사사가들은 1942년이 추축국에 암운이 드리운 해였다는 사실을 인정하고 있다. 태평양에서는 미군이 과달카날(Guadalcanal) 상륙으로 지상전의 주도권을 확보했고, 미드웨이(Midway)에서 일본 제국 해군에게 결정적인 패배를 안겼다. 동부전선에서는 소련군이 모스크바(Moskva)를 향한 나치의 전진을 둔화시키고 스탈린그라드(Stalingrad)에서 독일 6군을 함정에 빠뜨렸다. 북아프리카에서는 10월에 영국 8군이 엘 알라메인(El Alamein)에서 아프리카 기갑군에게 결정적인 패배를 안겼다. 다음 달에는 미영 연합군이 토치 작전(Operation Torch)을 실시해 오랑(Oran)과 알제(Algiers), 카사블랑카(Casablanca)에 상륙했다.

이 엄청난 전세의 변화 뒤에는 연합국, 특히 미국과 소련의 산업역량이 작용하고 있었다. 그러나 대량의 전쟁물자 생산은 문제의 일부분에 불과했다. 군수와 보급 노력이 공조를 이루어 전차를 비롯한 각종 무기들을 지구 반 바퀴나 돌아서 전투지역으로 수송해야만 했던 것이다.

사막의 전투원
결정적인 엘 알라메인 전투 직전에 버나드 로 몽고메리 장군의 8군은 장비와 보급품의 부족에 허덕이는 롬멜 장군의 아프리카 군단을 두 배 이상 압도하는 전차 전력을 집결시켰다.

민주주의의 무기고

심지어 미국이 참전하기 전부터 프랭클린 D. 루스벨트(Franklin D. Roosevelt) 대통령은 미국을 위대한 '민주주의의 무기고'라고 부르며 의회에서 무기대여법(Lend-Lease Act)을 밀어붙였다. 이 법 덕분에 당시 나치와 싸우고 있는 국가들, 특히 영국은 '현금 거래(cash and carry)' 방식이 아닌 신용 거래로 전쟁 무기를 획득할 수 있게 되었다. 이후에는 소련도 무기대여법의 혜택을 보았으며, 독일의 침공에 맞서 영국과 캐나다에서 생산된 장갑차량들을 받아들여 싸우기도 했다.

전쟁이 진행되는 동안 영국은 1만 7,000대나 되는 M4 셔먼(Sherman) 중형전차를 받았는데, 이는 1941년부터 1942년까지 생산된 총 대수의 약 35퍼센트에 해당하는 것이었다. 무기 대여 목적뿐만 아니라 자국 군대가 장비를 갖출 수 있게 하기 위해 1941년부터 1945년까지 미국은 2만 9,000대가 넘는 전차를 생산했다. 그중 M3 스튜어트(Stuart) 경전차, M3 그랜트(Grant)와 M3 리(Lee) 중형전차 그리고 널리 사용된 M4 셔먼이 대다수를 차지했다. 미국의 전차 생산은 1943년에 절정에 달해 2만 9,497대가 생산되었고, 2차 세계대전 동안 미국의 조립 라인을 빠져나온 전차의 총 대수는 10만 대가 넘었다.

전쟁이 진행되는 동안 영국은 지속적으로 전차의 설계를 개량하고 장갑차량의 생산을 꾸준히 증가시켰다. 1939년에는 영국에서 생산된 전차가 1,000대에도 미치지 못했지만,

		1942년 10월 23일	1942년 11월 5일	1942년 11월 15일	1942년 11월 25일	1942년 12월 11일	1942년 12월 30일	1943년 1월 15일
추축국	독일	238	35	35	54	약 60	60	34
	이탈리아	279	0	45	42	약 30	?	57
	총계	**517**	**35**	**80**	**96**	**약 90**	**60?**	**91**
영국	일선	1,029	537	395	418	454	367	532
	전방 예비	200	67	105	144	105	180	91
	총계	**1,229**	**604**	**500**	**562**	**559**	**547**	**623**

영국 8군과 추축국의 전차 전력
1942년 10월~1943년 1월

1940년에는 1,399대로 증가했다. 1941년에는 4,800대 넘게 생산되었으며, 1942년에는 8,600대에 이르렀다.

영국의 전차생산량은 나치 독일의 그것을 추월했는데, 일선 전차로 3호 전차와 4호 전차가 주를 이루었던 독일은 1941년과 1942년에 두 전차를 총 7,400대 생산했다. 연합군의 전차 생산이 질보다는 양을 강조했던 반면, 독일은 공학적으로나 기술적으로나 고도로 발달된 차종을 강조했다. 이것은 독일이 전쟁에서 패배한 원인이 되었다.

소련의 전차 생산은 1941년 6월 독일의 침공을 받으면서 급속하게 가속화되었다. 1941년에는 우월한 T-34 전차가 고작 115대만 생산되었지만, 다음 해에는 생산이 극적으로 증가하여 1942년까지 1만 5,000대 넘게 생산되었다. 1943년에는 이전 두 해의 생산량을 합친 것보다 더 많은 약 1만 6,000대가 생산되었다. 1940년부터 1942년까지 KV-1 중전차와 중돌격포는 총 4,300대가 생산되었으며, 전쟁이 끝날 때까지 약 1만 4,000대가 생산되었다.

소련의 기갑 전력

소련 군사당국은 1936~1937년 스페인 내전에서 전차의 우월한 화력이 중요하다는 것을 경험했음에도 불구하고, 기갑군단을 해체해 전차를 보병사단에 배치하는 선택을 했다. 하지만 1939년에 훗날 동부전선에서 나치 독일을 상대하며 명성을 얻게 되는 게오르기 주코프 장군이 만주에서 일본군을 결정적으로 패배시키자, 기갑부대를 효과적으로 사용하는 것이 승리의 제1요인이라는 사실을 인정하게 되었다. 또한 소련은 핀란드를 상대로 한 겨울전쟁에 동원되었

던 자국 전차의 실망스런 성과를 목격하고 폴란드에서 독일 기갑사단이 거둔 승리를 주목했다.

1940년에 붉은 군대는 9개 기계화군단을 재편성했는데, 여기에는 2개 기갑사단과 1개 차량화보병사단이 포함되어 있었다. 각 기갑사단은 2개 전차연대와 1개 차량화보병연대, 1개 차량화포병연대로 구성되었다. 이들이 보유한 BT 계열 전차와 T-3, KV-1 전차의 정수는 약 400대였다. 차량화보병사단은 2개 차량화보병연대와 1개 기갑연대, 1개 차량화포병연대로 구성되었다. 1941년 가을까지 기갑군단의 수를 20개로 늘리려는 계획은 그해 6월 독일의 침공으로 무산되었다.

1942년 봄까지 편제가 계속 바뀌어, 그해 초 기갑군단의 편제에는 2개 전차여단과 1개 차량화여단이 포함되었다. 전차여단은 각각 전차 23대를 보유한 3개 기갑대대와 1개 차량화보병기관총대대, 대전차중대, 박격포중대, 정찰대대, 대공대대로 이루어졌다. 4월에 기갑군단의 전력은 1개 전차여단이 증가하여 3개 전차여단과 1개 차량화여단으로 구성되었다. 7월 말에는 1·3·4·5기갑군(4개 기갑군)이 창설되었다. 기갑군은 2개 기갑군단과 1개 독립전차여단, 1개 소총사단, 1개 경포병사단, 1개 근위로켓포연대, 대공부대와 배속 지원부대로 이루어졌다. 9월에는 또 하나의 기계화군단이 추가되었는데, 이 기계화군단은 1개 전차여단과 3개 차량화여단으로 구성되었다.

영국의 무차별 공격

엘 알라메인 공세 전날까지 버나드 로 몽고메리(Bernard Law Montgomery) 장군은 8군의 전력을 전차 1,000대 이상으로

독일군 3호 전차
전차전을 위해 설계된 3호 전차는 1930년대에 개발되어 2차 세계대전 당시 독일 육군에 광범위하게 배치되었다. 전쟁이 진행되는 동안 주포가 점진적으로 강화되었다.

M3 스튜어트
M3 스튜어트 경전차는 고속으로 기동하는 정찰 및 보병지원 전차와 관련된 미군의 교리를 구현한 것이다. 37밀리미터(1.5인치) 포로 무장하여 2차 세계대전 당시 태평양 전선의 일본군에게 가장 큰 효과를 발휘했다.

증강하여 상대인 '사막의 여우' 에르빈 롬멜 휘하의 아프리카 기갑군단의 전력을 두 배 이상 압도했다. '사막의 쥐(Desert Rats)'라는 별명을 가진 7기갑사단에는 4경기갑여단, 8기갑여단, 22기갑여단, 131여왕여단, 이렇게 4개 기갑여단이 포함되어 있었다. 엘 알라메인 전투와 이어지는 사막 추격전에서 양측이 모두 큰 피해를 입었지만, 몽고메리는 폐기된 전차를 대체할 수 있었던 반면, 롬멜의 후임자는 전차의 수가 감소하는데도 무기력하게 그 상황을 지켜봐야만 했다. 1943년 초 추축국 군대가 튀니지(Tunisia)에서 항복했을 때, 독일군과 이탈리아군의 기갑 전력은 작전 가능한 전차를 전부 합쳐도 100대가 넘지 않았다.

1942년 내내 사막에서 영국 기갑사단의 편제는 계속 유동적이었지만, 그해 봄의 경우 영국군 표준 기갑사단은 1개 기갑여단과 1개 보병여단, 1개 차량화대대로 구성되었다. 이들은 다양한 자주포와 견인포 포병과 정찰부대의 지원을 받았다.

미국의 기갑부대

1942년 봄, 미국은 참전한 지 불과 몇 주밖에 되지 않았지만, 육군 참모총장 조지 C. 마셜(George C. Marshall) 장군과 지상군사령관 레슬리 J. 맥네어(Lesley J. McNair) 장군이 미군을 현대화시키기 위해 몇 달째 부지런히 작업 중이었다. 서류상 미 육군은 16개 기갑사단을 보유하고 있었다. 전차는 주로 보병지원용 병기로 간주되었기 때문에 속도를 고려하여 경무장과 경장갑을 채택했다.

1942년 미군의 표준 기갑사단은 1개 본부부대와 2개 전

차연대, 1개 기계화보병연대, 4개 105밀리미터(4인치) 자주곡사포대대, 1개 정찰대대, 지원부대들로 편성되었다. 전차연대에는 2개 중형전차대대와 1개 경전차대대가 있었으며, 기계화보병연대에는 3개 기계화보병대대가 있었다. 사단 내에는 2개 전투사령부가 있었다. 전투사령부는 여단급 규모로, 사단장의 명령에 따라 전차 · 기계화보병 · 포병대대들로 구성해 조직한 목표지향적 임무부대였다. 이들은 다양한 자주포와 견인포 포병, 정찰부대의 지원을 받았다.

유명한 전차

1938년 독일군의 표준 기갑사단에는 2개 전차연대로 구성된 1개 전차여단이 포함되어 있었다. 각 전차연대에는 가용한 장비와 부대 우선순위에 따라 2개 혹은 3개 전차대대가 있었다. 전차대대에는 3개 전차중대가 있었고, 각 중대에는 최대 5대까지 전차를 보유한 3개 전차소대가 있었다. 독일군 기갑사단은 전차가 거의 400대에 이르는 기갑 전력을 갖고 있었기 때문에 막강한 위력을 자랑했다. 이들의 타격 능력은 보통은 1개 차량화보병여단이기 마련인 1개 차량화보병부대, 1개 대전차대대, 3개 포병대대에 각각 2개 경야포 포대가 있는 1개 포병연대, 기갑정찰대대, 경전투공병중대와 같은 지원부대들로 더욱 강화되었다.

2차 세계대전의 첫해가 흐르는 동안, 기갑사단의 전투지원 역량은 대공포대대와 완전편제 1개 대대 규모까지 증강된 전투공병, 즉 개척공병(pioneer) 분견대, 강화된 정찰역량

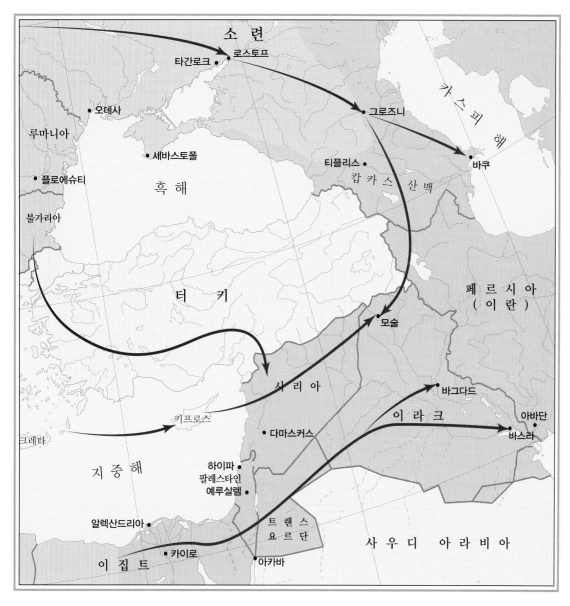

중동 진출을 계획한
추축국의 기갑돌격
1941년 말~1943년

→ 전진선

1942년 11월 장악지역

추축국

연합국

미실행 계획
북아프리카에서 거둔 승리에 한껏 들뜬
독일군은 중동으로 진출해 소련에서 싸
우고 있는 아군 병력에 합류한다는 야
심찬 계획을 세웠다. 그러나 독일군이
엘 알라메인에서 패배하면서 그 계획은
결코 실행되지 못했다.

으로 더욱 향상되었다. 1940년 가을에는 1941년 6월 소련 침공을 위한 바르바로사 작전(Operation Barbarossa) 계획이 상당히 진전된 상태였다. 1938년 이래로 기갑사단의 수가 두 배로 늘어나면서 상당한 조직 개편이 이루어졌다. 1941년 중반에 독일 기갑부대는 총 10개 기갑사단과 대대 규모의 독립부대인 40전차대대(40th Panzer Abteilung)가 있었다. 최신형 3호 전차와 4호 전차를 포함해 전차 전력은 총 3,465대였다.

1940년 가을에 기갑사단의 수가 늘어났다고 해서 전차의 수도 늘어난 것은 아니었다. 1940년 신편 사단의 편제편성표에는 전차가 150~200대였는데, 이 수치는 이전 보유대수의 절반에 불과했다. 특별히 바르바로사 작전에는 4,000대 이상의 전차가 할당되었는데, 표면적으로 이런 변화는 기갑부대에 광대한 소련을 가로지를 수 있는 이동의 자유를 부여하기 위한 것이었다. 2차 세계대전 전반에 걸쳐 기갑사단의 편제인원은 거의 일정한 수준인 약 1만 4,000명 선을 유

지했다. 1942년 봄 기갑사단의 차량화보병연대는 기갑척탄병연대로 재지정되었으며, 각 보병대대가 보유한 중대의 수는 5개에서 4개로 줄었다. 보병의 역량은 기관총 및 보병지원화기중대의 추가로 향상되었으며, 이와 동시에 대공부대가 더 추가되었다.

독일 육군은 1938년부터 이미 차량화보병사단으로 불리던 기갑척탄병사단을 배치했다. 차량화보병사단에는 여러 개의 보병부대와 차량화기병으로 지정된 몇 개 부대가 포함되어 있었다. 1942년 여름, 차량화보병사단은 공식적으로 기갑척탄병사단으로 불리게 되었으며, 여기에는 2개 보병연대와 전투지원부대, 1개 전차대대 혹은 돌격포대대가 포함되어 있었다. 그들의 병력 규모는 기갑사단과 비슷했지만, 기갑척탄병사단의 병사들은 트럭으로 이동하지 않으면 일반 보병처럼 도보로 행군했다. 일반적으로 기갑척탄병사단 예하의 기갑척탄병여단들 중 1개 여단에만 반궤도차량이나 기타 장갑차량이 이동수단으로 보급되었다.

북아프리카
1941~1942년

영국군 고위 지휘관들은 이미 1930년대부터 북아프리카에서 벌어지는 이탈리아의 군사적 모험과 병력 집결로 인해 영국 해군의 동지중해 최대항구인 알렉산드리아(Alexandria)와 전략적으로 중요한 수에즈 운하(Suez Canal)를 포함하고 있는 이집트가 위협받고 있음을 알고 있었다. 따라서 본토가 나치에게 위협받고 1940년 봄 유럽 대륙에서는 해외원정군이 붕괴되었는데도 불구하고 이 지역의 대영제국 전력은 어느 정도 보강이 이루어졌다. 이런 노력에도 불구하고 북아프리카의 이탈리아 군대는 영국의 병력과 기타 자산을 크게 압도했다.

예상한 일이었지만, 1940년 봄과 여름에 이탈리아군이 공세를 벌여 영국령 소말릴란드(British Somaliland), 케냐(Kenya)와 수단(Sudan) 국경에 걸친 몇 개 마을을 점령했다. 그리고 9월에는 이집트를 향해 공세를 개시했다. 매우 불리한 여건 속에서 그해 병력 10만 명으로 전력의 정점에 도달한 영국군은 1941년 1월 동아프리카에서 시작된 반격으로 상당한 성공을 거두었다. 동시에 북서쪽에서도 이탈리아의 이집트 침공에 대한 대응에 나섰다.

컴퍼스 작전

1940년 말이 가까워지면서 영국과 대영제국 각지의 증원 병력이 북아프리카에 도착하기 시작하자, 중동최고사령관인 육군 대장 아치볼드 웨이벌(Archibald Wavell) 경은 컴퍼스 작전(Operation Compass)을 승인했다. 서부사막군(Western Desert Force)으로 불린 7기갑사단과 인도 4사단 병력이 이집트에서 이탈리아군의 전진을 지연시키기 위해 5일에 걸친 습격작전을 수행했다. 7기갑사단은 '사막의 쥐'라는 명성을 얻게 될 운명이었다.

리처드 오코너(Richard O'Connor) 소장이 지휘하는 영국군은 12월 9일 시디 바라니(Sidi Barrani)에서 앞으로 밀고 나아갔다가 상대하는 이탈리아군이 무력한 모습을 보이자, 공격에 탄력을 받기 시작했다. 3주 만에 영국군은 이탈리아군을 이집트에서 몰아내고 카푸초 요새(Fort Capuzzo)를 점령했으며, 바르디아(Bardia)에서는 정면대결을 벌여 승리를 거두었다. 1월 22일 영국군은 토브룩(Tobruk) 항구를 점령했고, 2월 첫째 주에는 후퇴하던 이탈리아군이 베다 폼(Beda Fomm)에서 궁지에 몰린 뒤 집단으로 투항했다. 서부사막군

이탈리아군 기갑부대
줄지어 선 이탈리아 병사들이 지휘관의 설명을 듣고 있다. 전차병들 뒤에는 피아트 안살도(Fiat Ansaldo) M13/40 중형전차가 서 있다. 영국 비커스 6톤 전차의 설계에 영향을 받은 이 기갑차량은 47밀리미터(1.85인치) 대포를 장착했다.

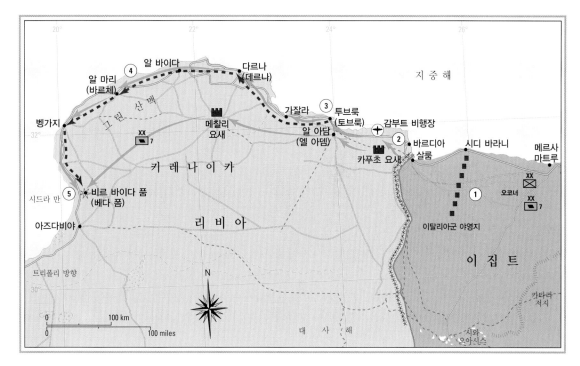

컴퍼스 작전
1940년 12월 9일~
1941년 2월 7일

↙ 연합군 이동

◄┄ 이탈리아군 퇴각

✳ 주요 교전지

① 1940년 12월 9일: 오코너 장군이 그라치아니(Graziani)의 야영지 사이를 침투해 배후에서 습격했다. 그는 3일 만에 살룸(Sallum)과 시디 바라니를 탈환하고, 3만 9,000명의 포로를 잡았다.

② 1941년 1월 5일: 새로 도착하여 인도 4사단과 교대한 오스트레일리아 병사들에게 함락되었다.

③ 1월 8일: 토브룩이 오스트레일리아 병사들에게 함락되면서 2만 5,000명이 포로로 잡혔다.

④ 발비아(Balbia)를 경유하는 해안고속도로를 따라 후퇴하는 이탈리아군을 오스트레일리아군이 추격했다.

⑤ 2월 7일: 이탈리아군이 베다 폼에서 퇴로를 차단당한 채 7기갑사단에게 매복공격을 당했다. 10주 만에 오코너는 13만 명의 포로를 잡았다.

은 1월에 13군단으로 명칭이 변경되면서 영국 8군의 중핵이 되었으며, 컴퍼스 작전을 통해 22명의 장성을 포함해 13만 명의 이탈리아군을 포로로 잡았지만, 영국군 사상자는 1,800명에 그쳤다.

롬멜의 도착

북아프리카에서 이탈리아군이 패주하자, 히틀러는 그들을 지원하기 위해 독일군을 투입했다. 컴퍼스 작전이 영국군의 승리로 끝나고 며칠 뒤, 이탈리아의 증원병력이 트리폴리(Tripoli)에 상륙했다. 그들과 함께 독일군 90경사단과 5경사단, 그리고 독일군 지휘관인 에르빈 롬멜 장군이 도착했다.

롬멜은 곧 '사막의 여우'로 유명해질 운명이었다. 2월 19일, 독일 군대는 공식적으로 독일 아프리카 군단(Deutsches Afrika Korps)으로 명명되었으며, 북아프리카에 있는 모든 추축국 군대는 아프리카 기갑군(Panzer Armee Afrika)으로 불렸다.

롬멜은 1941년 봄에서 여름의 기간 동안 일련의 영국군 공세활동을 저지하여 신속하게 상황을 안정시켰다. 4월에는 그가 공세에 나섰다. 해바라기 작전(Operation Sonnenblume)에서 롬멜의 전차부대는 신속한 타격으로 대영제국 군대를 리비아 밖으로 몰아냈으며, 5경사단은 메킬리 요새(Fort Mechili)에서 2,000명의 포로를 잡고 토브룩(Tobruk)을 포위했다.

이탈리아군의 패주
5일 동안 이탈리아군을 습격하려고 했던 컴퍼스 작전은 영국군 작전입안자들의 기대 이상으로 성공을 거두면서 전면적인 공세 작전으로 계속되었다.

트리폴리에 도착한 롬멜
독일군은 리비아 트리폴리에 아프리카 군단을 파견했다. 1941년 2월에 트리폴리에 도착한 에르빈 롬멜 장군은 시간을 지체하지 않고 신속하게 영국군에게 효과적인 반격을 가했다.

해바라기 작전
1941년 4월

━► 독일군 이동

┄┄► 연합군 퇴각

① 롬멜은 부대를 나누어 해안도로를 따라 포나르트(Ponarth)가 지휘하는 소규모 전투단을 추가한 브레시아 사단을 파견했다. 그리고 사막 경로를 따라 5경사단을 파견하여 메킬리 요새를 공격했다.

② 1941년 4월 3일: 영국군이 후퇴하여 롬멜의 부대는 곧바로 벵가지에 도달할 수 있었다.

③ 4월 7일: 포나르트의 전투단이 다르나(Darnah) 근처에서 오코너 장군과 님(Neame) 장군을 포로로 잡았다.

④ 4월 8일: 탈출이 실패한 뒤 갬비어 페리(Gambier-Parry) 소장을 비롯해 2,000명의 영국군이 메킬리 요새에서 포로로 잡혔다. 소수만이 토브룩에 도달했다.

⑤ 4월 11일~13일: 토브룩 포위가 시작되었다. 오스트레일리아와 영국 병사들은 부활절 휴일에만 모두 세 차례의 전차 공격을 격퇴했다.

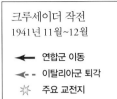

크루세이더 작전
1941년 11월~12월

← 연합군 이동

◄-- 이탈리아군 퇴각

☆ 주요 교전지

① 1941년 11월 18일: 오친렉, 크루세이더 작전 개시.

② 11월 19일: 토브룩 포위망을 돌파하려는 영국군의 시도가 독일군 90경사단에 의해 좌절되었다. 독일군 90경사단은 뉴질랜드 보병부대와 7기갑사단에 의해 후방을 공격당하게 되며, 다시 연합군은 시디 레제흐 쪽으로 이동하던 독일군 전차의 공격을 받는다.

③ 11월 20일: 아리에테 기갑사단이 22기갑여단의 공격을 격퇴했다.

④ 11월 22일~12월 7일: 시디 레제흐에서 전차들이 혼전을 벌였고, 롬멜은 키레나이카(Cyrenaica)에서 후퇴한다.

⑤ 12월 7일: 242일간에 걸친 토브룩 포위가 풀린다.

⑥ 12월 30일: 롬멜은 메르사 엘 브레가(Mersa el Brega)에서 퇴각을 멈춘다.

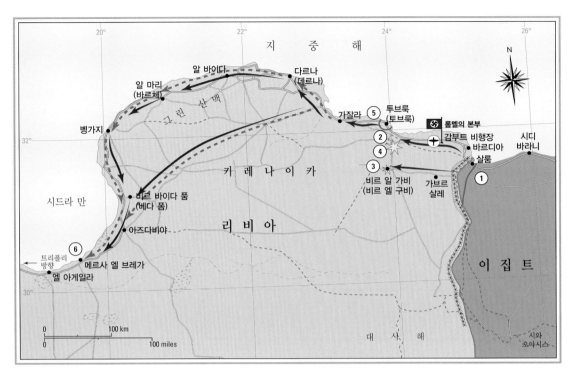

토브룩 구조(위)
1941년 봄, 크루세이더 작전에서 영국군과 독일군의 기갑부대가 할파야 고개에서 전투를 치르는 동안 토브룩이 포위에서 벗어났다.

영국군 사막 기갑사단(아래)
영국군 사막 기갑사단의 구성은 유럽에서 싸우기 위해 편성된 기갑사단과는 좀 달랐다. 사막 기갑사단의 전투부대들은 강력한 2개 기갑여단과 포병 및 차량화 보병으로 구성되어 있었다.

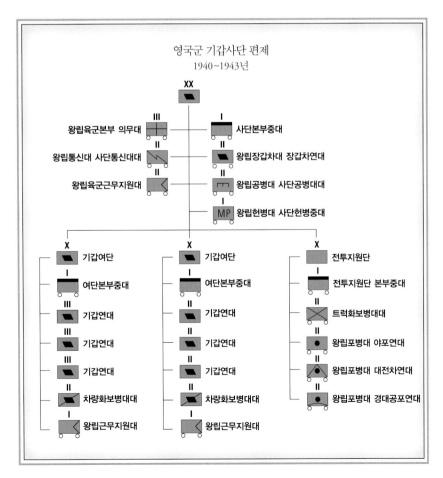

크루세이더 작전

7개월 동안 토브룩에 포위된 오스트레일리아군과 영국군 병력은 독일군으로부터 항구를 지켰다. 11월 18일, 영국군은 토브룩의 포위를 풀고 독일군 기갑부대를 교전에 끌어들이려는 목적으로 크루세이더 작전(Operation Crusader)을 시작했다. 시디 레제흐(Sidi Rezegh)에서 사막 경험이 많은 7기갑사단과 독일군 15·21기갑사단 사이에 이틀 동안 격렬한 전투가 벌어졌다. 육군 중장 앨런 커닝햄(Alan Cunningham) 경의 지휘 아래 8군 예하 13군단과 30군단은 지중해 해안을 따라 이동하다가 할파야 고개(Halfaya Pass)를 통과한 뒤 롬멜의 측면을 우회해 북서쪽으로 전진하여 독일군의 통신선을 절단하고 그들의 기갑부대를 공격하려고 했다.

30군단의 기갑 전력은 차량이 총 450대를 넘은 반면, 13군단에 배속된 1육군전차여단의 경우는 신형 마틸다 전차와 발렌타인 전차가 총 135대였다. 비르 엘 구비(Bir el Gubi)에서 22기갑여단은 이탈리아군 아리에테 사단(Ariete Division)의 전차 34대를 파괴했지만, 적의 포화에 그들도 25대의 전차를 잃었으며 또 다른 30대가 기계 고장으로 작동불능상태가 되었다. 양측 모두 큰 피해를 입었다. 롬멜은 영국군의 전진에 대응하기 위한 공세를 취소했다가 자신의 보급선이 적의 사격을 받게 되자 결국 후퇴했다. 롬멜은 뜻밖에도 영국군의 강력한 저항에 부딪쳤기 때문에 할파야 고개에서 강한 압박을 받고 있는 병력을 구원하려는 시도를 중단했다. 12월 첫 주에 영국군 70사단의 병력이 토브룩의 포위망을 뚫고 나와 뉴질랜드 부대와 연결에 성공함으로써 242일에 걸친 포위에서 벗어났다.

토브룩 함락

영국 8군은 토브룩을 구원하는 데는 성공했지만, 크루세이더 작전으로 심각한 인명피해를 입었을 뿐만 아니라 이제 육군 대장 클로드 오친렉(Claude Auchinleck) 경의 지휘 아래 너무 지나치게 신장되어 있었다. 1941년이 끝나는 시점에 롬멜은 부대를 재편성하고 절실하게 필요했던 증원을 받았기 때문에, 1942년 1월에 아프리카 기갑군은 공세작전을 재개하여 영국군을 동쪽으로 480킬로미터(380마일) 떨어진 가잘라 선(Gazala Line)까지 밀어붙였다.

영국과 추축국 모두 전력을 강화하는 동안 사막 전쟁은 넉 달 동안 정체기에 들어갔다. 8군 기갑 전력은 850대가 넘는 전차로 강화되었는데, 그중 몇몇은 차체 장착 75밀리미터(3인치) 대포와 회전포탑에 37밀리미터(1.5인치) 포를 장착한 미국제 그랜트 전차였다. 가잘라의 영국군 방어체계는 상당한 방어능력을 갖추었으며, 상호지원이 가능한 거리 내에 위치한 6개 박스형 거점으로 이루어졌다. 5월 말, 롬멜이 공격에 나섰다. 인도군 병력이 방어하고 있는 두 곳의 거점이 순식간에 붕괴되었다. 시디 무프타(Sidi Muftah)에서는 150여단집단이 독일 기갑부대의 공격을 여섯 차례나 막아냈지만, 사실상 와해되어버렸다.

남쪽으로 비르 하케임(Bir Hacheim)에서는 자유프랑스군 여단 소속 3,600명의 병사들이 이탈리아군 트리에스테 사단(Trieste Division)에 맞서 싸우며 16일 동안 진지를 지켰다.

버려진 마틸다
독일군 전차와 대전차포를 상대로 전투를 벌이다 파괴된 영국군 마틸다 II 전차가 황량하게 펼쳐진 사막에 버려져 있다. 북아프리카에서 양측 모두 대량의 전차를 잃었다.

결국에는 무려 2,700명의 병력이 무사히 탈출했다. 하지만 가마솥(the Cauldron)으로 알려진 격렬한 전투 지역에서는 영국군의 상황이 대단히 악화되었다. 6월 중순이 되자 201 근위자동차여단(201st Guards Motor Brigade)은 나이츠브리지 거점(Knightsbridge Box)을 잃었으며 하루 동안의 전투로 8군은 사상자와 포로를 합쳐 6,000명을 잃고 150대의 전차가 파괴되었다.

8군이 동쪽으로 후퇴하면서 일련의 지연전과 소규모 반격을 시도했지만, 롬멜은 그들을 일소했다. 6월 21일 아프리카 기갑군의 부대들이 토브룩에 진입하여 엄청난 양의 물자와 연료를 노획했다.

토브룩 함락
1942년 봄, 에르빈 롬멜 장군은 자신의 전리품인 지중해 항구도시 토브룩을 점령했다.

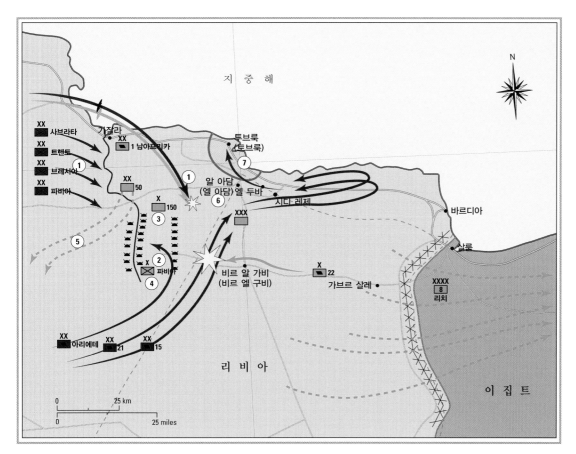

가잘라 전투와
토브룩 함락
1942년 5월 26일~6월 21일

― 연합군 전선
⬲ 연합군 공격
⬲ 연합군 퇴각
➤ 추축군 이동
✵ 주요 교전지
⬟ 지뢰밭

① 5월 26일 오후 04시: 공세 개시, 크뤼벨(Crüwell) 장군은 주로 이탈리아 사단들을 동원해 위장공격을 시작했다.

② 5월 26일~27일: 롬멜의 진짜 공격. 그의 기갑부대는 프랑스군이 지키는 비르 하케임 근처에서 적의 배후를 공격했다.

③ 6월 2일: 150여단이 붕괴되고 3,000명이 포로가 되었다.

④ 6월 10일: 두 주 동안 포위공격을 견딘 뒤, 쾨니그(Koenig)의 자유프랑스군 여단은 비르 하케임 거점에서 철수했다.)

⑤ 6월 14일: 영국군 50사단은 먼저 서쪽으로 전진했다가 남서쪽으로 전환하는 방법으로 추축군 전선 사이로 탈출하는 데 성공했다.

⑥ 6월 14일: 스코틀랜드 근위연대와 남아프리카 대전차포병들이 독일군의 전진을 지연시키다가 큰 인명손실을 입었다.

⑦ 6월 21일: 롬멜은 토브룩 방어선을 뚫고 들어가 3만 5,000명의 포로와 함께 항구를 점령했다.

(지도 내 표기)
지 중 해
사브라타
트렌토
브레샤
파바아
가잘라
1 남아프리카
50
150
파바아
아리에테
21
15
알 아담 (엘 아담) 엘 두바
시디 레제
비르 알 가비 (비르 엘 구비)
가브르 살레
22
바르디아
살룸
리치
8
리 비 아
이 집 트
N
0 25 km
0 25 miles

바르바로사
1941년 6월 22일~10월 1일

동진하는 전차
바르바로사 작전 초기 단계에서 독일군 전차들이 맨땅이 드러난 드넓은 소련 평원 위를 전진하고 있다. 1941년 6월 22일에 실시된 소련 침공이 처음에는 성공을 거두어 독일군은 소련의 대규모 부대들을 일소하고 광대한 영토를 점령했다.

바르바로사 작전(117쪽 지도)
독일은 1,500킬로미터(1,000마일)에 걸친 전선에서 100만 병력으로 소련 침공을 개시했다. 초기에는 소련군이 패주했으며, 독일군은 겨울이 시작되기 전 모스크바를 위협했다.

1941년 6월 22일 이른 새벽, 추축국의 약 161개 사단이 소련 침공 작전인 바르바로사 작전을 개시했다. 1940년 12월 17일에 최종적으로 결정된 계획에 따르면, 이번 전역의 의도는 국경으로부터 최대 400킬로미터(250마일) 후방인 드네프르(Dnepr) 강과 드비나(Dvina) 강에 이르는 영역에 배치된 대부분의 붉은 군대를 괴멸하는 것이었다. 이 추축국의 소련 침공을 독일이 주도하면서 인종말살이라는 이념전쟁이 촉발되었으며, 이를 통해 독일은 공산주의라는 골칫거리를 제거하고 소련 인민을 제3제국의 노예로 만들려고 했다. 일단 국경지역에서 소련군을 일소한 독일 육군은 북쪽으로 백해(White Sea)의 아르한겔스크(Arkhangelsk)로부터 우랄 산맥(Ural Mountains)을 거쳐 캅카스(Kavkaz)에 도달할 때까지 미약한 저항만 받은 채 전진하게 될 터였다. 이 작전을

승리로 이끌기 위해, 독일 육군은 기갑선봉대에 의한 전략적 종심침투를 포함해 과감하고 신속한 작전을 수행할 예정이었다. 4개 기갑집단은 일련의 포위와 양익포위를 구사하면서 붉은 군대가 붕괴될 때까지 대규모 붉은 군대를 포위해 파괴하려고 했다.

이 바르바로사 작전 최종안은 3개 집단군이 세 방향에서 침공을 시도할 예정이었다. 북쪽에서 북부집단군은 동프로이센으로부터 발트 해 연안국가들을 거쳐 레닌그라드(Leningrad)를 점령하고 핀란드군과 연계하여 남쪽으로 카렐리야 지협(Karelian isthmus)을 향해 전진할 예정이었다. 중앙에서는 중부집단군이 백러시아를 거쳐 스몰렌스크(Smolensk)와 이어서 소련의 수도인 모스크바로 전진한 다음 카잔을 통해 우랄 산맥까지 밀고 나가게 되어 있었다. 남쪽에서는 남부집단군의 추축국 혼성부대가 키예프(Kiev)와 하리코프(Khar'kov)를 거쳐 우크라이나를 통과한 뒤 로스토프(Rostov)와 그 너머 원유산지인 캅카스로 전진하게 되어 있었다. 침공은 규모가 엄청났다. 핀란드 전선을 제외하고도 최초 출발선은 길이가 1,464킬로미터(910마일)에 달했으며, 동시에 출발선에서 모스크바까지 거리는 990킬로미터(616마일)였으며, 우랄 산맥은 무려 2,188킬로미터(1,360마일)나 떨어져 있었다.

이번 침공의 선봉은 총 17개 기갑사단과 12개 차량화사단으로 구성된 4개 기갑집단(Panzergruppen)으로, 이들은 전차를 3,517대나 보유하고 있었다. 추축국은 총 4,431대의 전차를 이 전역에 투입했다. 에리히 회프너(Erich Hoepner) 상

지휘 구조
독일군의 고위사령부는 강력한 3개 집단군으로 분할되었으며, 바르바로사 작전에 참여한 사단들은 120개에 이르렀다. 소련군 최고사령부인 스타프카(Stavka)는 독일의 맹공에 완전히 허를 찔렸다.

독일과 소련의 지휘 구조
1941년 6월 22일

육군 최고사령부(폰 브라우히치)

남부집단군	중부집단군	북부집단군
육군 원수 폰 룬트슈테트 42개 사단	예비 — 육군 원수 폰 보크 50개 사단	예비 — 육군 원수 폰 레프 29개 사단

소련군 총참모본부(주코프)

북서전선군	서부전선군	남서전선군	예비	남부전선군
쿠즈네초프 24개 사단	파블로프 38개 사단	키르포노스 56개 사단		튤레네프 16개 사단
8 11	3 10 13 4	5 6 26 12		18 9

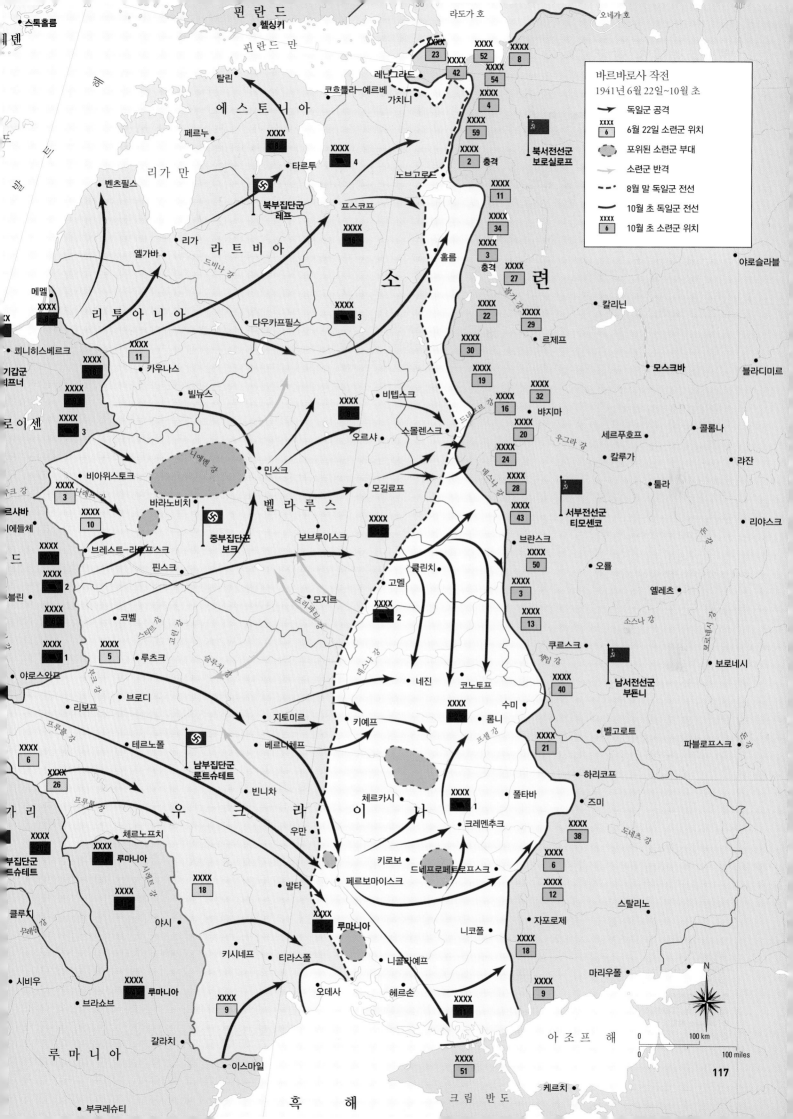

정지한 전차
파괴된 붉은 군대 전차들로부터 검은 연기가 피어오르는 가운데, 소련 침공 작전 중 독일 기갑부대의 지휘부가 잠시 멈춘 채 지평선을 살피고 있다.

군대는 유럽 러시아에 203개 사단과 1만 1,000대의 전차를 배치했지만, 그중 1,440대만이 신형이었다. 소련 전체로 보면, 붉은 군대는 304개 사단, 450만 명의 병력과 전차 2만 대를 보유하고 있었으며, 소련 공군은 항공기 1만 4,600대를 배치했다. 게다가 소련은 엄청난 동원 역량을 보유해서 1941년 전역 기간에만 550만 명의 예비군을 소집했다.

소련 침공

1941년 6월 22일 새벽, 히틀러의 군대는 소련 국경을 넘었다. 기갑부대의 초기 공격은 상당한 기습 효과를 달성했는데, 이는 주로 침공이 임박했음을 암시하는 정보를 스탈린이 받아들이지 않았기 때문이었다. 6월 22일~23일에 독일군의 대규모 공습으로 소련 전투기 2,100대가 파괴되었다. 기갑사단은 신속하게 국경 방어선을 돌파한 뒤 적의 영토 깊숙한 곳을 향해 질주했다. 침공 11일째인 7월 2일까지 북부집단군의 기갑선봉대는 328킬로미터(204마일)를 전진한 뒤 에스토니아(Estonia)에서 드비나(Dvina) 강을 도하했다. 북부집단군의 북쪽 쐐기에 해당하는 기갑부대, 41차량화군단은 이제 오스트로프(Ostrov)와 프스코프(Pskov)를 경유해 직접 레닌그라드로 향했으며, 동시에 56차량화군단은 좀 더 남동쪽으로 우회하는 경로로 솔치(Soltsy)와 노브고로드(Novgorod)를 거쳐 레닌그라드로 전진했다. 이를 통해 56차량화군단은 중부집단군의 노출된 북쪽 측면을 보

급대장이 지휘하는 4기갑집단은 북부집단군 공격의 선봉이었다. 하인츠 구데리안 상급대장의 2기갑집단과 헤르만 호트(Hermann Hoth) 상급대장의 3기갑집단은 중부집단군이 수행하는 작전을 선도했다. 끝으로 폰 클라이스트(Paul Ludwig Ewald von Kleist) 상급대장의 1기갑집단은 남부집단군의 공격에 선봉이 되었다. 이들 4개 기갑집단에 덧붙여 2개 루마니아군과 1개 핀란드군(보병)이 기갑부대의 뒤를 따르며 확보된 지역을 점령하고 잔적을 소탕했다. 바르바로사 작전에 참가한 독일군 병력은 306만 명이었으며, 대포 7,189문의 지원을 받았다. 추축국의 침공에 맞서 붉은

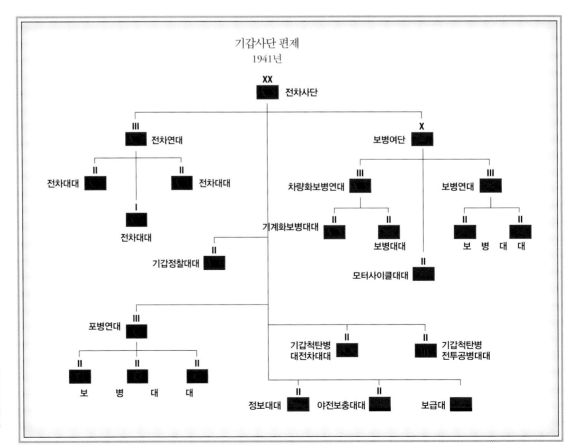

기갑부대 편제
1941년 독일 기갑사단에는 강력한 전차와 기갑척탄병으로 불리기도 했던 기계화보병, 포병, 대전차부대, 공병, 기타 근무지원부대 등이 포함되어 있었다. 2차 세계대전 기간 중 독일 기갑부대의 편제는 많이 바뀌었다.

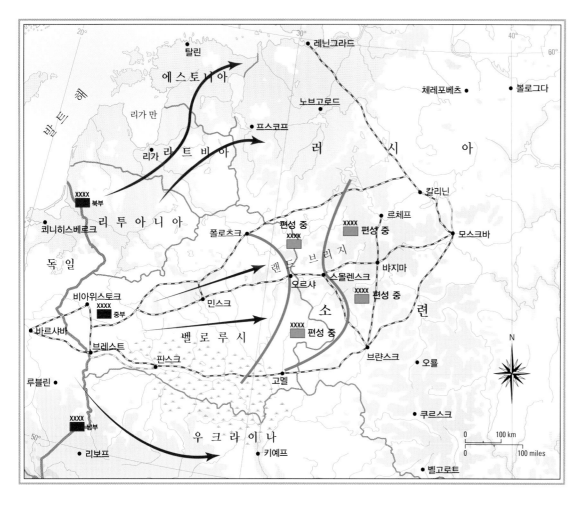

모스크바를 향한
기갑돌격
1941년 6월~9월

↗ 독일군 주공

━ 소련군 방어선

┅ 중부전선의
전략적 철도망

모스크바를 향한 돌격
소련의 수도 모스크바를 향해 진격하는 동안, 독일군은 거대한 양익포위를 시도했다. 하지만 기상이 점차 악화되고 소련군의 저항도 완강해지는 가운데 1개 독일군 기갑부대가 모스크바로부터 20킬로미터(12마일) 이내에 도달했다.

호했다. 중앙축선에서는 7월 2일까지 중부집단군의 2개 기갑집단이 베레지나(Beresina) 강을 건너 소련 영토 안으로 395킬로미터(246마일)를 전진했다. 그 과정에서 두 기갑집단은 비아위스토크(Bialystok)와 민스크(Minsk)에서 두 차례 포위작전을 성공시켜 소련군 29개 사단을 그 속에 가두었다. 하지만 남부집단군은 매우 강력한 소련군의 저항을 받아 다른 두 집단군만큼 눈부시게 전진하지 못했다.

총통훈령 33호
더욱이 이들 기갑선봉대는 7월 2일~15일에도 계속 상당한 전진을 거듭하고 있었다. 북쪽에서 4기갑집단은 추가로 253킬로미터(157마일)를 더 전진하며 디비나 강 너머 프스코프와 솔치에 도달했으며, 레닌그라드까지는 160킬로미터(100마일)만을 남겨두고 있었다. 하지만 이처럼 빠른 전진으로 인해 독일군 군수체계가 과도하게 신장되어버리는 바람에 이제는 전진이 정체되기 시작했다. 중부집단군 구역에서는 2기갑집단과 3기갑집단이 모스크바를 향해 285킬로미터(177마일)를 더 전진하여 스몰렌스크에서 추가로 28만 5,000명의 소련군 병력을 더 포위했지만, 곧 그들의 전진도 군수 문제로 인해 정체상태에 빠졌다. 남쪽에서는 1기갑집단이 우크라이나 서부의 드네프르 강을 향해 꾸준하게

동쪽으로 진진하고 있었다. 7월 19일 히틀러는 총통훈령 33호를 하달했다. 총통은 여전히 응집력을 유지하고 있는 우크라이나의 소련군이 중부집단군의 남쪽 측면을 위협할까 봐 걱정했다.

그래서 히틀러는 독일군이 우선 우크라이나의 붉은 군대를 무찌른 다음 중부집단군이 모스크바로 진격을 재개하라고 명령했다. 그는 중부집단군의 2기갑집단에게 우크라이나 방어선의 배후를 향해 남쪽으로 방향을 전환한 뒤 그곳

방어 계획
이 연출된 사진 속에서 붉은 군대 병사들이 모스크바 전방 방어 계획을 의논하고 있다. 한편 일부 피곤한 병사들은 장갑차량 지붕 위에서 쉬고 있다. 모스크바에 거주하는 민간인들도 방어 활동에 동원되었다.

T-34 집결
대단한 성공을 거둔 소련 T-34 중형전차들이 침략해온 독일군을 향해 반격하기 위해 행진하고 있다.

국 중부집단군의 두 기갑집단은 8월 21일이나 되어서야 비로소 재배치에 들어갈 수 있었다. 한편 남부집단군의 4기갑집단은 동쪽으로 진격하여 우만(Uman)에 도달하는 데 성공했으며, 그 과정에서 20만 명의 소련군을 포위했다. 비록 독일군의 양익포위망이 우만 근처에서 완성되었지만, 1기갑집단의 다른 부대들이 계속 동진하여 8월 12일에 드네프르 강의 크레멘추크(Kremenchug)를 점령했다. 이들 기갑선봉대는 이제 북쪽의 고멜(Gomel)로부터 프리퍄티 습지(Pripyet Marshes) 동부를 거쳐 남쪽의 키예프로 이어지는 소련군 주방어선 후방 182킬로미터(113마일) 지점까지 침투한 상태였다. 만약 남부집단군의 전차들이 북쪽으로 밀고 나가 남쪽으로 진격하는 구데리안의 2기갑집단과 만날 수만 있다면, 거대한 포위망이 완성되어 최소한 소련의 5개 군을 가두게 될 가능성이 있었다. 남부집단군의 기갑부대는 재보급을 받기 위해 잠시 정지했다가 마침내 8월 26일 로슬라블(Roslavl)과 크리체프(Krichev)에서 남하하고 있는 구데리안의 기갑부대를 향해 북쪽으로 전진했다. 두 군대가 서로를 향해 접근함에 따라 체르니고프(Chernigov)-키예프-체르카시(Cherkassy) 선을 따라 늘어선 소련군을 포위하겠다는 독일군의 기대는 현실이 될 수 있을 것 같았다.

8월 22일, 구데리안은 예하 기갑부대에 로슬라블을 출발해 키예프 전방에서 남북쪽으로 늘어선 5개 소련군의 배후 깊숙한 곳을 향해 진격하라는 명령을 내렸다. 26일 동안 남

에서 동진해온 남부집단군의 1기갑집단과 연결하라고 지시했다. 또한 중부집단군의 나머지 기갑부대인 3기갑집단에게는 북동쪽으로 전진하여 레닌그라드로 향하는 독일군을 지원하라고 명령했다. 모스크바를 향한 돌격이 중요하기는 했지만, 전역 수행에서 다음 차례로 밀려버렸다.

중부집단군이 총통훈령 33호를 집행할 수 있도록 예하 부대를 준비시키는 동안, 소련은 7월 말에서 8월에 걸쳐 옐냐(Yelnya)와 야르체보(Yartsevo)에서 강력한 역습을 거듭하여 실제로 독일군을 몇 킬로미터 밀어내는 데 성공했다. 결

불굴의 산업현장
독일군 기갑선봉대가 위험할 정도로 가까이 다가왔지만, 소련의 공장 노동자들은 방어 중인 붉은 군대를 위해 계속 전차를 생산했다. 소련의 산업 역량은 2차 세계대전의 승리에 핵심적인 요인이었다.

쪽으로 진격한 끝에 2기갑집단은 로슬라블로부터 남쪽으로 400킬로미터(248마일) 떨어진 로호비차(Lokhvitsa)에 도달했다. 로호비차에서 9월 15일에 구데리안의 기갑부대는 1기갑집단의 북진 부대와 연결하는 데 성공했다. 9월 중순이 되자 이 두 기갑집단은 체르니고프-키예프 지역에 무려 50만 명에 달하는 소련군을 가두어놓았다. 이번에는 기갑부대의 뒤를 따르던 추축국 보병들이 촘촘하게 포위망을 형성하여 그 안에 갇힌 소련군의 탈출 가능성을 완전 차단했다. 9월 말에는 그 지역에 갇힌 마지막 적군이 모두 소탕되었다. 우크라이나에서 추축국 군대가 작전 수준의 놀라운 승리를 거둠으로써, 중부집단군의 남쪽 측면에 대한 적의 위협은 완전히 제거되었다.

한편 레닌그라드를 향하는 북부집단군의 북동 방향 전진은 적의 끈질긴 저항에도 불구하고 중단 없이 계속되었다. 총통훈령 33호의 지시에 따라 모스크바 축선으로부터 재배치된 후 중부집단군의 3기갑집단 대부분이 도착하자, 8월 말부터 4기갑집단은 그만큼 기동력이 보강되었다. 8월 말까지 이들 부대는 레닌그라드의 남쪽 외곽에 접근했다. 이후 격렬한 공격을 거듭하여, 9월 7일에 독일군은 레닌그라드 북동쪽에 있는 라도가(Ladoga) 호숫가에 도달했다. 이로써 레닌그라드가 육로로는 소련의 다른 지역들과 완전히 단절되자, 독일군의 레닌그라드 포위전이 시작되었다. 게다가 9월 8일에 히틀러는 소련 전역을 위한 새로운 명령을 하달했다. 그는 남부집단군에게 하리코프와 크림 반도(the Crimea)로 전진하여 당시 우크라이나에서 전개되고 있던 작전의 전과를 확대하라고 지시했다. 동시에 북부집단군에게는 레닌그라드 포위전을 계속하라고 명령했다. 또한 9월 8일에 히틀러는 중부집단군에게 모스크바를 향한 공격을 동시에 재개하라고 명령했다. 그쪽 전선은 7월 이래로 교착상태에 빠져 있었다. 모스크바를 향한 새로운 돌진은 타이푼 작전(Fall Taifun)이라는 새로운 암호명이 지정되었는데, 새로운 암호명이 지정되었다는 것은 사실상 독일의 이전 바르바로사 작전이 이미 실패했다는 것을 암묵적으로 선언하는 셈이었다.

중부집단군이 모스크바를 향한 전진을 재개할 경우 동부 전선에서 독일군이 기울이는 노력이 그곳에 집중될 예정이었지만, 북부의 레닌그라드와 남부의 로스토프에 대한 부수적 공격도 지원해야만 했기 때문에 모스크바 공격에 절실히 요구되는 자원이 고갈될 가능성이 컸다. 9월 9일부터 30일까지 북부집단군은 레닌그라드를 둘러싼 채 포위전을 계속하고 있었으며, 북부집단군을 지원하는 핀란드군은 카렐리야 지협에서 추축국 포위망의 북쪽 구역을 장악하고 있었다. 한편 남쪽에서는 추축국 부대가 페르보마이스크(Pervomaisk)로부터 남동진하여 아조프 해(Sea of Azov)의 북

서쪽 해안에 도달함으로써 소련 51군을 크림 반도에 고립시켰다. 이들 부대는 거기서 멈추지 않고 아조프 해안을 따라 로스토프로 동진하기 위한 준비에 들어갔다. 남부집단군 구역의 중앙축선에서는 추축국 부대들이 점점 더 완강해지는 적의 저항에 직면한 채 하리코프를 향해 계속 동쪽으로 전진했다. 하지만 독일이 9월 내내 모스크바를 향해 다시 전진을 시작하려는 타이푼 작전을 준비하면서 이 연이은 작전들은 점차 시들해졌다. 이제까지 바르바로사 작전은 소련 영토 안으로 최대 1,000킬로미터(630마일)까지 침투하여 동부에서 거대한 영토를 확보했다. 200만 명의 포로를 잡고 소련에 엄청난 인적·물적 피해를 입혔음에도 불구하고, 바르바로사 작전은 적에게 전략적인 패배를 안기는 데는 실패했다. 새로 모병된 붉은 군대 징집병들과 이제 막 생산된 전차들이 대량으로 전선에 도착하여 소련군의 엄청난 손실을 대체했다. 이 시점에 독일군은 모스크바 점령이라는 단 한 번의 최종 수단에 모든 것을 걸고 전쟁에 이기려는 도박을 감행했다.

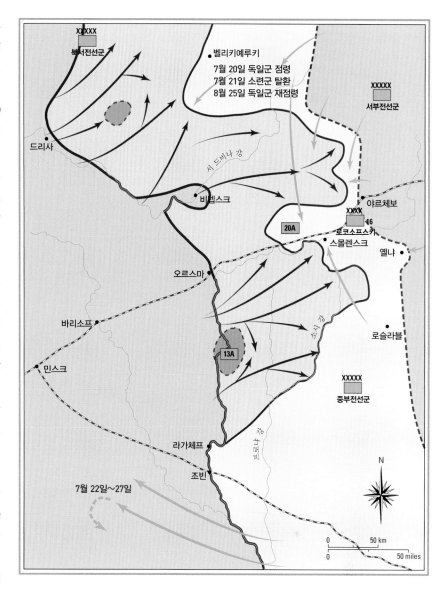

스몰렌스크 전투
1941년 7월 10일~9월 10일

➤ 독일군 전진
➤ 소련군 반격
⇢ 소련군 퇴각
━ 7월 3일 독일군 전선
━ 7월 22일 독일군 전선
┄ 9월 10일 독일군 전선
⬭ 포위된 소련군

스몰렌스크의 분투
독일이 소련을 침공한 지 2주 만에 하인츠 구데리안 예하의 2기갑집단과 헤르만 호트 장군의 3기갑집단은 스몰렌스크를 위협하며 소련의 4개 전선군의 부대들을 포위했다.

타이푼 작전 – 보탄 작전
1941년

성능이 떨어지는 전차
1호 전차는 기능적으로 이미 구식이 되었음에도 불구하고 바르바로사 작전에 참가했다. 경장갑과 경무장 때문에 소련의 전차와 대전차포에 취약해 나중에 일선에서 물러나게 된다.

소련군 기갑사단
1941년 소련군 기갑사단에는 KV 중전차와 BT 계열 경전차, 포병, 대전차부대, 장갑차가 포함되어 있었다. T-34의 도입으로 이들의 기갑부대는 상당히 강력해졌다.

7월 중순부터 정체되어 있던 모스크바에 대한 공격을 단호하게 재개하라는 1941년 9월 8일자 총통의 명령을 수행하기 위해, 9월 중순 이후 보름에 걸쳐 2기갑집단과 3기갑집단은 각각 동부 우크라이나와 레닌그라드 지역으로부

터 재배치되었다. 연중 이렇게 늦은 시기에 모스크바를 향해 공세를 시작한다는 것은 엄청난 도박이었다. 가을에 내리는 집중호우가 예년과 달리 10월 말 이후에나 시작될 것이라는 기상예보에 근거해 내린 결정이었다. 그렇다고 해도 독일군이 모스크바를 점령하여 그들이 믿는 바대로 소련을 상대로 전략적 승리를 거두기 위해서는 기껏해야 4주밖에 시간이 없었다. 1941년 9월 30일, 중부집단군의 78개 사단들이 – 이제 1,350대의 전차가 선봉에 섰다. – 예비 공격을 실시했으며, 본격적인 공세는 10월 2일이 되어서야 시작되었다. 10월 2일~14일에 독일군 기갑사단은 브랸스크(Bryansk)와 뱌지마(Vyaz'ma)의 전방에 있는 소련군의 고정 진지들의 허를 찌른 뒤 66만 명이나 되는 소련군을 2개 포위망에 가두었다. 하지만 이 거대한 2개 포위망을 소탕하는 데 11일이나 더 걸렸다. 결국 독일군은 이 두 곳에서 큰 승리를 거두고 모스크바 정면에 있는 소련군 방어체계의 핵심을 파괴했을 때는 10월 중순이 되어 있었다. 독

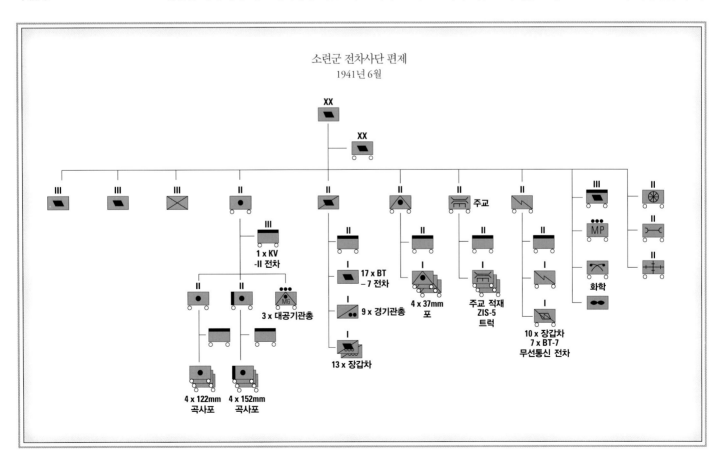

소련군 전차사단 편제
1941년 6월

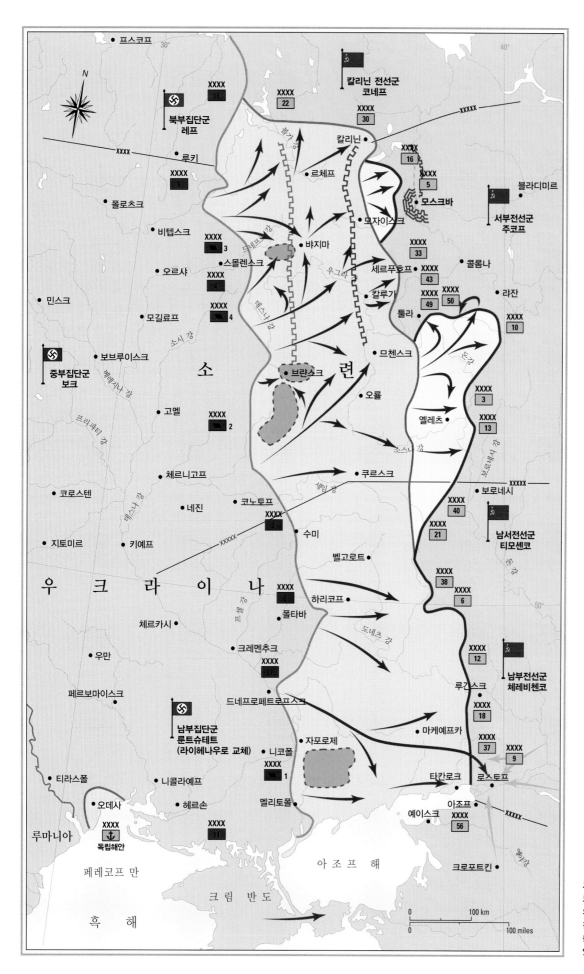

타이푼 작전
1941년 9월~12월

→ 독일군 전진
→ 소련군 반격
⌒ 9월 30일 독일군 전선
⌒ 11월 15일 독일군 전선
⌒ 12월 5일 독일군 전선
⊔⊔⊔ 소련군 방어선
▨ 포위된 소련군

모스크바 공격
모스크바 점령을 목적으로 하는 독일군의 공세작전인 타이푼 작전에는 3·4기갑집단과 2기갑군의 포위작전과 공조를 이루는 4군의 정면공격이 포함되어 있었다.

버려진 독일군 3호 전차
1941년 9월 모스크바를 향한 기갑부대의 돌격을 개시했지만 실패로 끝난 타이푼 작전과 보탄 작전 기간 중에 독일군 3호 전차가 해치(hatch)가 열린 채 거리에 방치되어 있다. 독일군이 소련의 수도 모스크바를 점령하는 데 실패한 이유 중에는 기상악화도 포함되어 있었다.

일군 전차들이 모스크바를 향해 돌진할 채비를 갖춘 바로 그 순간, 기상예보대로 10월 말보다 늦은 시기가 아니라 예년과 같은 시기에 가을 호우가 시작되었고, 그로 인해 도로가 진창으로 변하는 바람에 독일 기갑부대의 진격은 엉금엉금 기다시피 하는 수준이 되었다. 그동안 소련은 새로 징집되어 훈련도 마치지 못한 병사들과 금방 생산된 장비들을 모스크바 전방의 임시로 급조한 방어진지 – 모자이스크 선(Mozhaisk Line) – 에 허겁지겁 투입했다. 이렇게 긁어모은 부대들이 광적으로 저항하자, 독일군은 10월 25일에 일시적으로 타이푼 작전을 중단하고 군수체계를 재정비했다.

11월 초 겨울이 다가오고 있음을 알리는 첫서리가 심하게 내리면서 질척했던 도로가 단단해지자, 독일군은 15일부터 타이푼 작전을 다시 시작했다. 이제 작전 가능한 전차가 900대 남은 상태에서 중부집단군의 120만 병력은 훨씬 강력하게 보강된 적군을 상대하게 되었다. 게다가 적은 극도의 추위에도 버틸 수 있는 더 좋은 방한장구까지 갖추고 있었다. 독일 기갑부대는 2개 돌격축선 – 하나는 칼리닌(Kalinin)을 경유하는 모스크바 북쪽 축선이고, 나머지 하나는 툴라(Tula)를 경유하는 남쪽 축선 – 을 전개하여 모스크바를 우회한 뒤 포위하려고 했다. 이들은 심각한 군수 문제로 고통을 겪으면서 단호한 소련군의 저항에 느리게 전진할 수밖에 없었다. 12월 1일에 북쪽 축선은 기다시피 하여 모스크바로부터 18킬로미터(11마일) 이내의 지점에 도달했지만, 이제 작전 가능한 전차는 40대밖에 남지 않았다. 12월 4일, 그들의 전진은 완전히 멈춰버렸다. 다음날 중부집단군은 방어태세로 전환했다. 1941년 추축국의 소련 침공은 실패했다.

소련군의 반격

1941년 12월 6일, 타이푼 작전을 좌절시키고 그 여세를 몰아서 소련군 30개 사단이 지쳐버린 중부집단군 병력을 향해 반격을 가했다. 이들의 반격으로 독일군은 칼루가(Kaluga)와 칼리닌으로부터 후퇴할 수밖에 없었다. 이로 인해 리브니(Livny)와 므첸스크(Mtsensk), 유흐노프(Yukhnov)

에서 독일군 전선에 간격이 생기자, 12월 말에 이곳으로부터 소련군 기갑예비대가 쏟아져 나왔다. 히틀러는 독일군이 현재 위치를 고수하며 싸울 것을 고집했는데, 이는 전략적 후퇴가 패주로 바뀔 수도 있다는 점을 두려워했기 때문이었다. 이런 히틀러의 고집과 초기의 성공으로도 전과를 확대할 수 있는 능력이 소련군에게 없었기 때문에 독일군 전선은 기괴하게 일그러진 형태가 되었다. 독일군이 장악한 긴 돌출부는 스몰렌스크로부터 뱌지마와 르제프(Rzhev)까지 동쪽으로 뻗어 있었다. 게다가 독일군이 반격을 가해 특히 뱌지마에서 소련군의 몇 개 선봉부대를 포위하면서 독일군 전선 후방에는 적이 장악하고 빨치산에 의해 보강된 몇 개의 고립지대까지 생겼다. 하지만 자원 부족으로 시달리고 있는 독일군은 너무나 약해져서 이 고립지대들을 제거할 수 없었다. 이후 1942년 1월 5일~2월 말에 자신만만해진 스탈린은 이들 반격을 확대해 좀 더 광범위한 몇 개 구역에 걸친 전면적 역공세를 취했다. 그러나 그의 과도한 욕심으로 인해 역공세 대부분이 미약한 성공만을 거두는 데 그쳤다. 1942년 춘계 기간 동안 모스크바 구역에서는 홀름(Kholm)과 데먄스크(Demyansk), 벨리키예루키(Velikye-Luki)에서 적에게 둘러싸인 소규모 독일군 돌출부나 고립지대가 끔찍할 정도로 불리한 전술적 상황에도 불구하고 소련군의 공격을 계속 막아냈다. 6월이 되자 소련군이 독일 중부집단군 전선에 여러 차례 반격을 가했지만, 소련군 병력이 지쳐 있었기 때문에 그 강도는 약했다. 중부집단군이 몇 번이나 붕괴 직전까지 간 것처럼 보인 경우도 있었지만, 독일군 전선은 적의 공세 능력이 고갈될 때까지 어쨌든 버텨냈다. 이제 독일군 최고사령부는 1942년 하계 전역을 위한 공세작전을 다시 생각할 수 있게 되었다.

불타오르는 전차
나뭇가지로 위장한 효과도 없이, 소련군 전차가 소련의 스텝 지대에서 연기와 화염을 뿜어내고 있다. 타이푼 작전의 실패에 이어, 붉은 군대의 30개 사단이 독일군을 향해 반격을 개시했다.

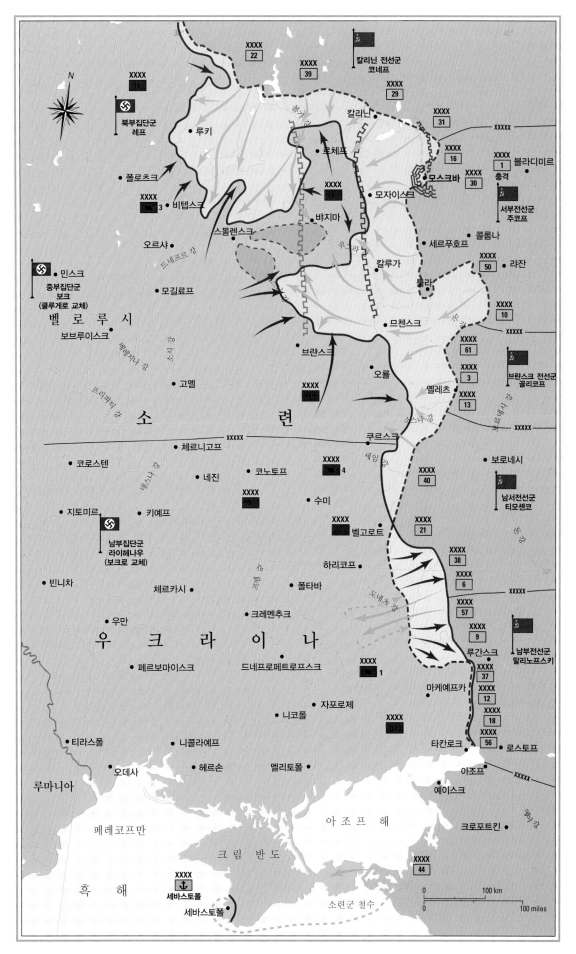

모스크바 전투

모스크바를 점령하려는 독일군의 노력
은 붉은 군대의 완강한 저항과 가을 폭
우, 겨울 추위로 인해 실패했다. 독일
선봉대는 소련 수도 모스크바로부터 10
여 킬로미터 이내까지 접근했지만 그
이상은 전진할 수 없었다.

T-34의 교전

공포의 T-34
소련이 T-34 중형전차를 선보이자, 독일군은 충격을 받아 그에 대한 대응으로 5호 전차의 개발을 서둘렀다. 전쟁 와중에 소련의 모처에서 T-34와 보급 트럭 종대가 잠시 휴식 중이다.

생산능력
소련의 산업역량은 독일의 산업역량을 훨씬 능가했다. 독일의 침략으로부터 안전할 만큼 멀리 떨어진 우랄 산맥 동부의 공장 생산 라인에서 전차들이 계속 생산되었기 때문이다.

많은 역사가들과 군사이론가들이 2차 세계대전 중 가장 효과적이었던 전차로 소련의 T-34 전차를 꼽고 있지만, 아이러니하게도 이것은 초기 설계의 상당 부분이 서구에 뿌리를 두고 있다. 하지만 기념비적인 T-34 전차는 대조국전쟁(독소전쟁을 소련에서는 대조국전쟁이라고 부른다. 이하 독소전쟁으로 표기한다－옮긴이)에서 나치에 대한 소련의 승리를 상징한다.

1930년대 초, 소련은 미국 공학자 월터 크리스티가 설계한 전차의 원형(prototype)을 수입했는데, 원래 그는 미국 군부에 자신의 원형을 팔려고 했었다. 하지만 그것이 실패로 돌아가자, 소련이 그것을 구매했다. 소련은 그 부품들 중 많은 것을 자국산 BT 계열 경전차의 기반으로 활용했으며, 1930년대 중반에 모습을 드러낸 BT 계열 경전차들은 1939년 노몬한과 만주의 다른 지역에서 일본을 상대로 좋은 성과를 거두었다.

1937년에 하리코프 모조로프 기계설계국(Kharkiv Morozov Machine Building Design Bureau)의 공학자들은 BT 계열의 후계 전차 개발에 들어갔고, 즉시 크리스티에게 영감을 받은 전차 계열들의 최고 기능을 통합하여 더욱 강력해진 화력과 빠른 속도를 겸비한 좀 더 무거운 전차를 탄생시켰다. 초

기 T-34 전차는 29.5톤의 무게에 최고속력이 55킬로미터/시(34마일/시)인 12기통 V-2 엔진을 사용했다. 또한 경사장갑도 그대로 유지했는데, 크리스티의 혁신인 이 경사장갑은 평균두께가 52밀리미터(2인치)인 장갑의 효과를 더욱 증가시키고, 적의 포탄이 빗나가게 만들어 전차가 거의 피해를 입지 않았다. 주무장은 76밀리미터(3인치) 포로 3호 전차나 4호 전차와 같은 독일군 전차를 상대하기에도 적합했다.

T-34는 1940년부터 양산에 들어가 1941년 말까지 약 3,000대가 생산되었다. 초기 T-34의 혁신에도 불구하고 오직 지휘관전차에만 무전기가 있어서 의사소통이 원활하지 못해 불편을 겪어야 했고, 게다가 전투에서 전차장이 주포도 운용해야 했다.

독소전쟁

히틀러가 바르바로사 작전을 개시했을 때, 독일군의 신속하고 강력한 공격에 붉은 군대는 인력과 장비의 엄청난 손실을 입어가며 동쪽을 향해 썰물처럼 밀려났다. 독일군의 전진이 계속 되자, 스탈린은 소련의 생산시설을 분해하여 우랄 산맥 동쪽의 안전한 지역으로 옮기고 그곳에서 설비를 재조립해 전쟁의 흐름을 바꾸는 데 필요한 장비를 생산하라고 지시했다. 우랄 산맥 서쪽으로는 볼가(Volga) 강 유역의 스탈린그라드(Stalingrad)에 단 1개의 공장이 남아서 독일군의 전진이 계속되던 1942년 내내 전차를 생산했다. 생산된 전차들 중 일부는 도장이나 기타 마감작업을 마치지도 않은 채 곧바로 공장 노동자들이 생산 라인에서부터 전장까지 직접 몰고 갔다는 이야기도 전해진다.

소련의 산업역량이 완전히 전시체제로 전환되자, 생산성이 급증하여 1942~1943년에 T-34 전차가 거의 3만 대 생산되었다. 1944년에는 T-34/85를 도입했는데, 이 전차가

	동부전선 전차 전력 1941~1945년											
	1941년 6월	1942년 3월	1942년 5월	1942년 11월	1943년 3월	1943년 8월	1944년 6월	1944년 9월	1944년 10월	1944년 11월	1944년 12월	1945년 1월
소련	28,800	4,690	6,190	4,940	7,200	6,200	11,600	11,200	11,900	14,000	15,000	14,200
독일	3,671	1,503	3,981	3,133	2,374	2,555	4,470	4,186	4,917	5,202	4,785	4,881

장착한 고속 85밀리미터(3.3인치) 주포는 5호 전차 판터와 6호 전차 티거를 포함해 신세대 독일 전차의 장갑을 중거리에서 관통할 수 있었다. 또한 T-34/85는 더 큰 포탑을 탑재해 사수와 장전수를 포함해 3명이 들어갈 수 있었기 때문에 전투 시 전차장은 주포를 조작해야 하는 부담에서 벗어날 수 있었다.

2차 세계대전 종전 때까지 소련은 T-34와 T-34/85를 5만 7,000대 넘게 생산했다. 이와 대조적으로 독일은 5호 전차 판터를 6,500여 대, 6호 전차 티거 I · II를 2,000대 생산했다.

모델	1940	1941	1942	1943	1944	1945	계
T-34와 5호 전차 생산량 통계 1940~1945년							
T-34	115	2,800	12,553	15,812	3,500		34,780
T34-85					10,449	12,110	22,559
5호 전차 판터				1,122	3,958	1,398	약 6,472

전차의 우월성

판터는 사실 1941년 가을 T-34 전차가 전장에 출현하면서 그에 대한 대항마로 개발되었다. T-34 전차와 마주쳤을 때, 전차의 전술과 전략에 관한 한 독일군 최고권위자인 하인츠 구데리안은 소련이 독일군 3호 전차와 4호 전차에 맞서 승리할 수 있는 전차를 확보했다는 사실을 분명히 알아차렸다. 구데리안은 소련의 신형 전차가 가진 우수성을 자세히 설명한 보고서를 준비해 독일 설계자들에게 분발을 촉구했다.

판터는 등장하자마자 여러 가지 측면에서 T-34와 필적할 수 있음을 입증해 보였다. 훨씬 더 강력한 장갑을 사용하고 어느 모로 보나 속력에서 뒤지지 않을 뿐만 아니라 75밀리미터(3인치) 대포는 일대일 전투에서 T-34를 이길 수 있을 정도로 위력적이었다. 하지만 T-34의 성능은 경험이 많은 승무원이 운용할 경우 승산을 판터와 비슷한 수준으로 끌어올릴 수 있을 만큼 믿을 만했으며, 이와 동시에 소련 전차의 수적 우위는 독일 장갑차량의 피해를 누적시켜 독일 산업역량의 부담을 가중시켰다.

2차 세계대전 중 소련 기갑부대가 엄청난 손실을 입은 것은 주로 전쟁 초기 독일군 전차의 우월한 성능과 성급하게 충원된 붉은 군대 전차 승무원의 훈련 부족 때문이었다. 소련의 기갑 전술은 느릿느릿 발전했고, 종종 강력한 적의 진지를 향해 대규모 전차 돌격을 감행하는 바람에 재앙적인 결과를 초래하곤 했다. 그럼에도 불구하고 스탈린의 공장들은 엄청난 손실을 보충해주었을 뿐만 아니라 대량으로 생산된 T-34 전차가 복잡한 공정을 거쳐 생산된 비싼 독일 전차들을 압도할 수 있게 해주었다.

T-34는 처음으로 등장한 지 70년이 훨씬 넘은 지금도 몇몇 군대에서 여전히 사용되고 있는데, 이는 설계의 우월성을 보여주는 증거이다.

양과 질
독일군은 T-34 중형전차의 양과 질을 따라갈 수 없었다. 아마 T-34는 2차 세계대전 최고의 전차이면서 다른 어떤 전차보다도 가장 많이 생산된 전차였을 것이다.

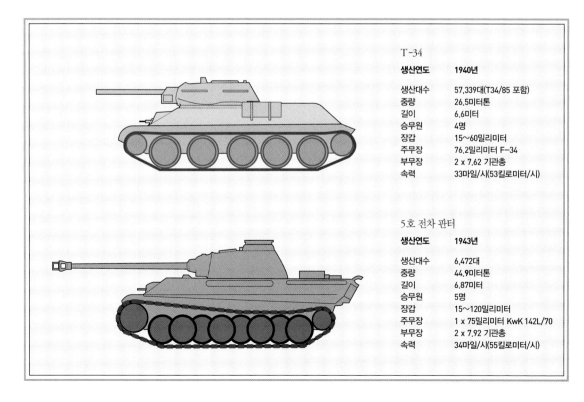

T-34
생산연도	1940년
생산대수	57,339대(T34/85 포함)
중량	26.5미터톤
길이	6.6미터
승무원	4명
장갑	15~60밀리미터
주무장	76.2밀리미터 F-34
부무장	2 x 7.62 기관총
속력	33마일/시(53킬로미터/시)

5호 전차 판터
생산연도	1943년
생산대수	6,472대
중량	44.9미터톤
길이	6.87미터
승무원	5명
장갑	15~120밀리미터
주무장	1 x 75밀리미터 KwK 142L/70
부무장	2 x 7.92 기관총
속력	34마일/시(55킬로미터/시)

T-34 대 5호 전차 판터
T-34의 대항마로 개발된 독일의 강력한 5호 전차 판터는 75밀리미터(3인치) 대포를 탑재했다. 판터는 T-34보다 두꺼운 장갑을 두르고 속력도 약간 더 빨랐지만, 초기에 배치되었을 때는 기계 고장에 시달렸다.

항공기 대 전차

공중 전차
소련의 일류신 IL-2 대지공격기는 2차 세계대전의 다른 어떤 항공기보다 많이 생산되었다. 이것은 두꺼운 장갑을 둘렀으며 개활지에 노출된 독일 전차를 파괴하는 데 매우 능숙했다.

강력한 상대이기는 했지만, 적의 전차나 대전차포, 보병화기, 지뢰, 대포, 그리고 상대적으로 얇은 전차의 상부 장갑을 겨냥해 폭탄을 투하하거나 로켓을 발사할 수 있는 특정 항공기를 포함해 다수의 진영에서 가하는 공격에 무적(無敵)은 아니라는 사실도 널리 알려져 있었다.

공중 포대

2차 세계대전이 발발하기 전, 독일 군부는 자국 공군이 공중 포대의 역할을 수행하여 적의 병력 집결지를 교란하고, 통신체계를 붕괴시키며, 주간에 도로나 개활지에 노출된 적의 전차 행렬을 파괴할 수 있다는 것을 알고 있었다. 폴란드에서 독일 공군의 융커스 Ju-87 급강하폭격기들은 요란하게 사이렌을 울리며 폴란드 전차들을 파괴하여 지상군이 3주 만에 폴란드를 제압할 수 있는 길을 열었다.

동부전선에서 전쟁이 진행되는 동안, 슈투카는 전차 파괴자로서 더욱 특화된 역할을 수행했다. 일부 기체는 소련군 전차를 산산조각 낼 수 있는 항공기용 37밀리미터(1.5인치) 기관포 한 쌍을 날개 밑에 장착했다. 가장 큰 전과를 올린 슈투카 조종사는 한스-울리히 루델(Hans-Ulrich Rudel) 대령으로 2,500회 이상의 전투임무에 출격하여 500대 이상의 소련 전차를 파괴했다. 그는 전쟁 중 가장 서열이 높은 훈장을 받았으며 다섯 차례나 부상을 당했다. 그는 기관포 장착 G-2를 비롯해 여러 가지 형태로 개조된 Ju-87 기체를 조종했다.

전차는 그 자체로도 치명적임을 입증해 보였지만, 속력과 화력, 장갑방어력의 조합 요건은 특히 이 요소들이 균형을 이루어야 한다는 점에서 설계자에게 매우 어려운 과제였다. 이 핵심 요소들 중 어느 하나를 약간이라도 강조하면 다른 요소들이 약화되는 결과가 발생했다. 비록 전차가 전장에서

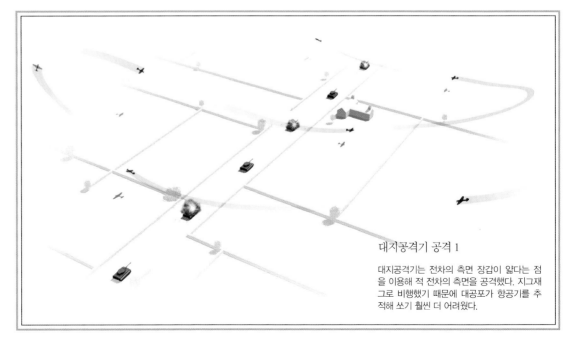

대지공격기의 공격
소련의 일류신 IL-2 대지공격기는 종종 저고도로 비행하다가 소련 안쪽으로 깊숙이 전진하는 독일군 전차 행렬과 마주치면 공격을 가했다. 일류신 IL-2 대지공격기는 독일군 전차에 커다란 피해를 입히면서 동부전선에서 소련이 승리하는 데 상당한 기여를 했다.

대지공격기 공격 1

대지공격기는 전차의 측면 장갑이 얇다는 점을 이용해 적 전차의 측면을 공격했다. 지그재그로 비행했기 때문에 대공포가 항공기를 추적해 쏘기 훨씬 더 어려웠다.

대지공격기의 위협

2차 세계대전 중 가장 효과적인 대지공격기는 일류신 Il-2로, 23밀리미터(1인치) YVA-23 기관포 2문과 7.62밀리미터(0.3인치) 기관총 2정, 12.7밀리미터(0.5인치) 기관총 1정, 최대 600킬로그램(1,320파운드)의 폭탄, 치명적인 RS-82나 RS-132 로켓을 탑재하는 등 강력한 무장을 자랑했다. Il-2는 두꺼운 장갑을 채용해 격추시키기가 어려웠으며, 조종사와 후방사수의 좌석은 강철통에 싸여 있어 생존성이 높았다. 기체 전체 중량 중 장갑의 무게가 거의 15퍼센트를 차지했기 때문에 '공중 전차(Flying Tank)'라는 별명은 결코 그냥 생긴 것이 아니었다.

1941~1945년에 Il-2는 3만 6,000대 이상이 생산되었으며, 그 후계기인 Il-10까지 포함하면 4만 2,000대 이상의 대지공격기가 생산되었다. 이것은 역사상 가장 많이 생산된 항공기이다. Il-2가 독소전쟁 기간 동안 소련군에 매우 큰 기여를 했기 때문에 소련 수상 이오시프 스탈린이 Il-2를 가리켜 공기나 빵만큼 붉은 군대에 필수적인 요소라고 언급한 적도 있었다.

Il-2는 대단히 큰 성공을 거두었기 때문에 독일 전차 승무원들은 동부전선 전장의 상공에 Il-2가 출현하면 몹시 두려워했다. 소련 조종사들은 낮게 비행했는데, 처음에는 50미터(164피트)밖에 안 되는 저고도에서 거의 수평으로 표적을 향해 돌진했다. 나중에는 전술을 개선해 표적을 조종사의 왼쪽에 두고 30도의 낮은 각도로 강하하면서 직격탄일 경우 티거 전차도 파괴할 수 있는 기관포나 로켓, 폭탄으로 공격할 수 있게 되었다. Il-2는 4~12대로 구성된 비행집단이 함께 강하했다가 상승한 뒤 표적 상공을 선회하는 기동을 계속 반복하면서 제대대형으로 공격할 때 가장 효과적이었다.

Il-2의 한 전투보고서에 따르면 1943년 7월 쿠르스크 전장에서 1개 편대가 불과 20분 만에 독일 9기갑사단의 전차 70대를 파괴했다.

서부전선의 항공기

1944년 6월 6일 노르망디(Normandy)에 상륙한 다음 해안 교두보에서 벗어나려는 연합군의 노력은 지지부진했다. 하지만 여름이 끝날 무렵, 독일군은 정신없이 퇴각하고 있었다. 독일군 기갑사단은 연합군의 선봉을 저지하는 데 어려움이 많았다. 그들이 주간에 이동할 경우 리퍼블릭 P-47 선더볼트(Republic P-47 Thunderbolt)나 호커 타이푼(Hawker Typhoon)과 같은 미군과 영국군의 전폭기에게 공격을 받았기 때문이다. 타이푼은 454킬로그램(1,000파운드) 폭탄 4발을 적재하고 27킬로그램(60파운드) RP-3 로켓 4발을 양쪽 날개에 장착할 수 있었다. 비록 로켓의 정확성이 대단히 낮긴 했지만 명중할 경우 치명적이었고, 폭탄은 적의 전차를 파괴할 수 있을 정도로 강력했다.

견고한 기체와 '저그(Jug)'(기체의 몸통이 위스키 병처럼 생겨서 붙은 별명-옮긴이)라는 별명을 가진 선더볼트의 지상공격형은 227킬로그램(500파운드) 폭탄 2발을 적재하고, 거의 모든 독일 전차의 포탑이나 차체 상판을 관통할 수 있는 12.7밀리미터(0.5인치) 기관총 8정과 대전 말기에는 M8 110밀리미터(4인치)나 130밀리미터(5인치) HVAR(High Velocity Aircraft Rocket) 로켓을 장착했다. 독일군이 노르망디에서 후퇴하는 동안 대략 5만의 병력과 많은 장갑차량들이 팔레즈 포위망(Falaise Pocket)에 갇혔다. 이들은 끊임없이 공습과 포격에 시달려 이 전구에서 잃은 전차와 돌격포가 최대 500대에 이르는 것으로 추정된다.

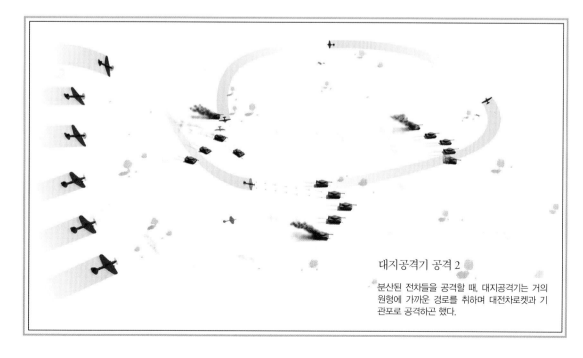

대지공격기 공격 2

분산된 전차들을 공격할 때, 대지공격기는 거의 원형에 가까운 경로를 취하며 대전차로켓과 기관포로 공격하곤 했다.

제대 공격
소련의 전차 사냥꾼 일류신 Il-2 대지공격기는 때때로 시차를 두고 독일 전차들을 공격하면서 좌측으로 횡전한 뒤 서로 다른 고도로 표적에 접근하여 지상의 적을 지속적으로 압박했다.

장갑 대 화력

아처 공격
포탑에 지붕이 없는 발렌타인 마크 I 아처 구축전차는 1944년 9월부터 영국 육군에 배치되기 시작했다. 17파운드 대전차포를 장착한 아처는 2차 세계대전 동안 제한된 수만 배치되었으며 생산대수도 700대를 넘지 않았다.

민첩한 헬캣
미국 M18 헬캣 구축전차는 2차 세계대전의 무한궤도차량 중에서 가장 빨라서 최고속력 97킬로미터/시(60마일/시)가 가능했다. 헬캣은 상부가 개방된 포탑에 76밀리미터(2.9인치) 포를 장착했다.

2차 세계대전 당시 전차가 수행해야만 했던 다양한 역할 때문에 전차설계자들은 여러 가지 요건들을 수용해야만 했다. 정찰이나 돌파구 확대의 경우는 보통은 속력이 가장 우선시되었다. 전차전이나 보병지원의 경우는 화력과 장갑 방어력이 전투의 결과를 좌우했다. 현대 전차의 역량이 증가함에 따라, 연합군과 추축군은 전차 개발에서 서로 대조되는 관점을 추구했다. 독일은 더욱 강력한 화력과 장갑 방어력을 가진 공학적으로 우수한 전차를 강조한 반면, 연합국 특히 미국 설계자들은 장갑과 무장의 성능을 그다지 중요시하지 않았다. 결국 서구 연합군은 M4 셔먼 전차를 대량으로 투입함으로써, 그리고 소련은 T-34로 5호 전차 판터와 6호 전차 티거를 제압함으로써, 연합국의 전차가 전장을 지배하게 되었으며, 이를 통해 독일의 패전에 기여했다.

구축전차

2차 세계대전 중 양측은 전문적으로 적의 전차만을 파괴하도록 설계된 새로운 세대의 장갑전투차량을 개발했다. 독일군의 마르더(Marder)와 같이 지붕이 없는 포탑에 75밀리미터(3인치) 대포를 장착한 초기 형들은 이후 다양한 전차사냥 장갑차량들로 보완되었는데, 마르더의 개량형이나 야크트판처 IV(Jagdpanzer IV), 88밀리미터(3.5인치) 대포를 장착한 대형 나스호른(Nashorn), 88밀리미터(3.5인치) 대포를 장착하고 무게가 거의 72톤에 달할 정도로 거대한 판처예거 티거(Panzerjäger Tiger) 등이 바로 그것들이다.

역시 지붕이 없는 포탑에 75밀리미터(3인치) 포를 장착한 미국의 M10은 1942년 가을 한정된 기간에만 생산되었

다. M18 헬캣 구축전차는 2차 세계대전 중 가장 빠른 장갑차량 중 하나로 최고속력이 97킬로미터/시(60마일/시)였다. 하지만 다른 많은 구축전차들과 마찬가지로 개방된 포탑은 공격에 취약했고, 속력을 위해 장갑을 희생시켰다.

1944년 말, 영국은 발렌타인(Valentine) 보병전차의 파생형인 혁신적인 아처(Archer) 구축전차를 왕립포병대 예하 부대에 배치했다. 아처 구축전차는 17파운드 주포[76밀리미터(3인치) 포탄을 발사한다]를 차량의 뒤쪽에 장착한 덕분에 성공을 거두었는데, 특히 매복해 있다가 표적에 사격을 가한 다음 전투에서 이탈하면서도 적을 향해 무기를 겨눌 수 있었다.

대전차포

2차 세계대전 중 가장 유명한 대전차포는 독일의 88밀리미터(3.5인치) 대포로, 이것은 원래 대공무기였지만 1940년 5월 프랑스 전역과 북아프리카 사막에서는 대전차 임무에 동원되었다. 무시무시한 '88'은 전장을 지배할 수 있는 능력을 갖고 있었으며, 이 포의 견인형은 6호 전차 티거의 포탑에 장착할 수 있도록 개조되었다.

영국의 초기 대전차포들은 장갑이 얇은 1호 전차나 2호 전차를 상대하기에 적합했지만, 좀 더 강력한 독일 전차들은 40밀리미터(1.5인치) 포탄을 발사하는 QF 2파운드 포에

관통당하지 않는 경우가 많았다. 1941년 말에는 QF 6파운드 포[57밀리미터(2.25인치) 포탄을 사용한다]가 도입되어 북아프리카에서 많은 전과를 올렸다. 하지만 판터와 티거가 등장하면서 이것도 효과가 없었다. 1942년 말에 QF 17파운드 포가 전투부대에 배치되어 2차 세계대전 최고의 견인 대전차포 중 하나가 되었다.

소련의 붉은 군대는 45밀리미터(1.75인치) 대전차포를 사용하다가 나중에 동부전선에서 76밀리미터(3인치) 야포를 대전차 임무에 동원하면서 그것으로 대체했다. 당시의 기준으로도 45밀리미터 구경 대전차포는 대단히 소구경에 속했지만, 전쟁이 거의 끝날 무렵에도 소련군은 여전히 45밀리미터 대전차포를 많이 사용했다. 전쟁이 발발했을 때 미군은 구식 37밀리미터(1.5인치) M3 대전차포에 의지하고 있었지만, 그것은 신속하게 M5 대전차포로 대체되었다. 76밀리미터(3인치) 구경의 M5 대전차포는 비록 거추장스럽고 이동이 불편하기는 했지만, 그 효력을 입증해 보였다.

대전차포는 가끔 전장의 고정된 방어진지에 배치되기도 했는데, 그럴 경우에는 항공정찰을 피하기 위해 대체로 참호 속에 숨기고 위장을 했다. 이 대전차포 진지들은 서로 사계가 교차하는 보병의 참호나 벙커, 토치카들로 둘러싸여 있었다. 때로는 방어선 중 위협을 받는 구역으로 은밀하게 이동할 수 있도록 보병진지들이 교통호로 연결되어 있기도 했다.

보병용 대전차 병기

2차 세계대전의 전투보병에게 다가오는 적 전차의 위협은 공포 그 자체였다. 보병들, 특히 경무장한 공수보병들에게 휴대 가능한 견착식 대전차무기는 반드시 필요했다. 전쟁 초기에는 보병부대에 대전차총이 지급되었지만, 당시 발전된 전차들이 전장에 등장하기 시작하면서 그 효과가 현저하게 떨어졌다.

1933년 미국 육군은 '바주카(bazooka)'로 널리 알려질 견착식 대전차무기를 시험하기 시작했다. 기본적으로 이 무기는 60밀리미터(2.4인치) 로켓을 집어넣게 양쪽 끝이 뚫린 강철관이었다. 사수는 바주카에 달린 나무 손잡이 2개를 쥐고 뒤쪽 손잡이에 있는 방아쇠로 로켓을 발사했다. 바주카는 1942년 가을 북아프리카에 배치되었지만, 유효사거리는 약 91미터(100야드)에 불과했다.

영국은 로켓 발사체 대신 PIAT(Projector, Infantry, Anti-Tank: 대전차박격포)를 배치했는데, 실제로 이것은 내부에 용수철이 있어서 발사봉식 박격포(spigot mortar)나 다름이 없었고, 성형작약탄을 유효사거리 110미터(115야드)까지 발사할 수 있었다. PIAT는 2인1조가 운용했다. 비록 이것이 대량(11만 5,000발 이상)으로 생산되어 전쟁 기간 내내 사용되

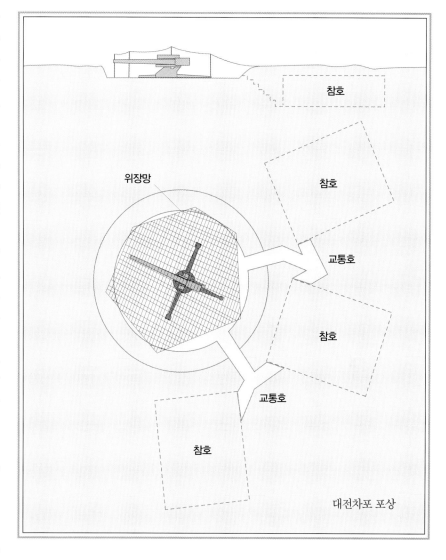

위장망

참호

참호

교통호

참호

교통호

참호

대전차포 포상

었지만, 그것의 무게와 크기 때문에 병사들 사이에서는 별로 인기가 없었다.

2차 세계대전에서 가장 잘 알려진 독일군의 보병용 대전차무기는 견착식 판처파우스트(Panzerfaust)였다. 생산가격이 저렴하고 무게가 3킬로그램(6.6파운드)이며 효과적인 성형작약탄두를 발사하는 견착식 판처파우스트는 사수 1명이 조작했으며, 발사관은 사용 후 버렸다. 최대 140밀리미터(5.5인치) 두께의 장갑을 관통할 수 있는 이 무기는 적의 전차에 매우 효과적이었다.

하지만 이 무기의 운용에 있어서 한 가지 단점은 사거리가 짧다는 것으로, 특히 초기형은 그런 경향이 더 심했다. 판처파우스트로 무장한 병사는 공격 후 곧바로 고작 30미터(33야드) 떨어져 있는 적으로부터 응사를 당하기도 했다.

독일 보병은 그들의 전투 양상이 공세적 전투에서 방어적 전투로 전환되면서 특히 판처파우스트에 대한 의존도가 높아졌다. 2차 세계대전 말기 국민돌격대(Volkssturm), 즉 향토 의용군의 일부 부대들은 단지 판처파우스트만으로 무장한 채 진격해오는 연합군에 맞섰다.

전차 사냥꾼
대전차포 포상에는 보통 위장진지와 서로 사계가 중첩되도록 배치된 참호들이 포함되는데, 교통호로 연결된 참호들이 위장진지를 둘러싸고 있다. 대체로 전진하는 전차의 최고 방어수단은 이런 진지를 무력화시킬 수 있는 보병 차장 부대이다.

칼카스와 소련 남부
1942년

칼카스
1942년 6월~11월

→ 독일군 공격

┅▶ 독일군 퇴각

── 독일군 전선

┅▶ 소련군 퇴각

🛢 유전

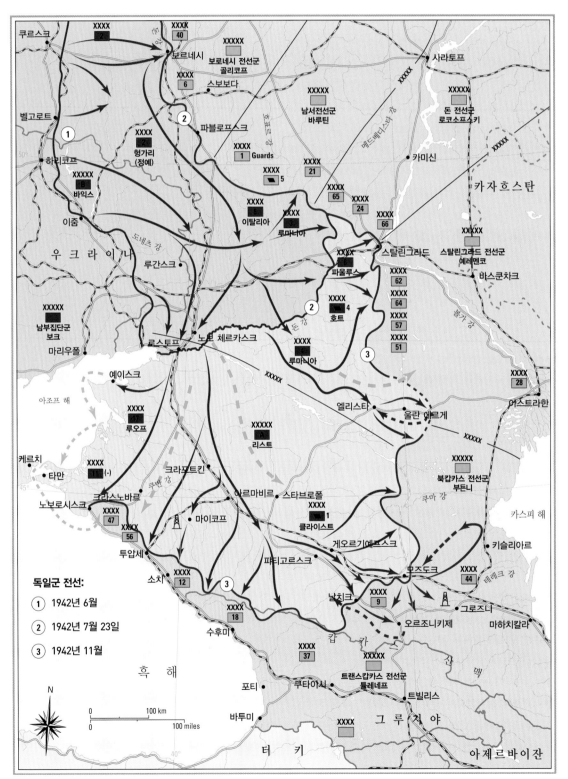

독일군 전선:

① 1942년 6월

② 1942년 7월 23일

③ 1942년 11월

칼카스 진입
1942년 봄, 히틀러는 칼카스의 유전과
볼가 강의 산업중심지 스탈린그라드를
향해 자신의 강력한 2개 집단군을 남쪽
과 동쪽으로 파견했다.

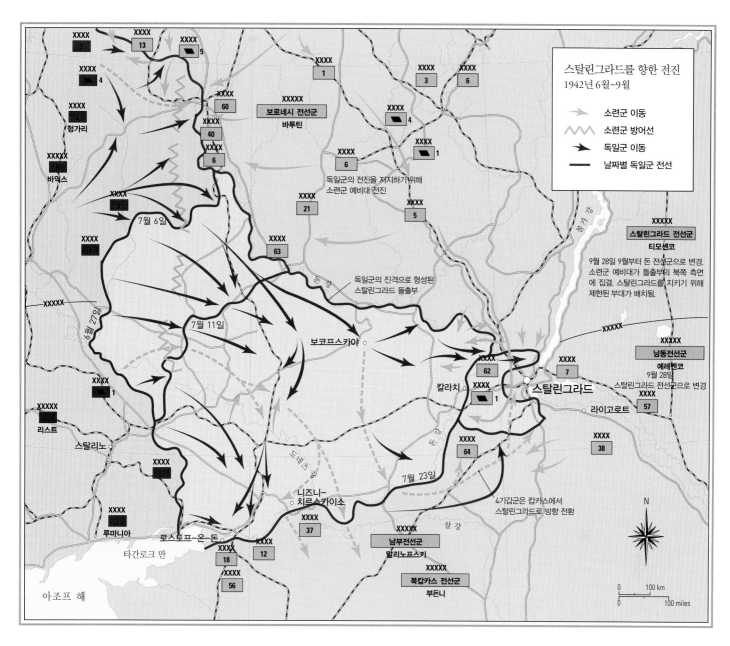

스탈린그라드를 향한 전진
1942년 6월~9월

→ 소련군 이동
∿ 소련군 방어선
➤ 독일군 이동
— 날짜별 독일군 전선

보로네시 전선군
바투틴

독일군의 전진을 저지하기 위해
소련군 예비대 전진

7월 6일

7월 11일

보코프스카야

독일군의 진격으로 형성된
스탈린그라드 돌출부

스탈린그라드 전선군
티모셴코

9월 28일 9월부터 돈 전선군으로 변경.
소련군 예비대가 돌출부의 북쪽 측면
에 집결. 스탈린그라드를 지키기 위해
제한된 부대가 배치됨.

남동전선군
예레멘코
9월 28일
스탈린그라드 전선군으로 변경

라이고로트

칼라치

스탈린그라드

7월 23일

4기갑군은 캅카스에서
스탈린그라드로 방향 전환

니즈니-
치르스카이소

남부전선군
말리노프스키

북캅카스 전선군
부돈니

헝가리

바익스

리스트

스탈리노

루마니아

로스토프-온-돈

타간로크 만

아조프 해

N

0 ——— 100 km
0 ——— 100 miles

1942년 6월 28일, 독일 남부집단군 북익에 속한 부대들은 청색 작전을 개시하여 돈(Don) 강의 핵심 도시인 보로네시(Voronezh) 점령을 목표로 쿠르스크-벨고로트(Belgorod) 구역에서 공세를 취했다. 남부집단군은 68개 사단, 140만 병력과 1,495대의 장갑전투차량(Armoured Fighting Vehicle, AFV)을 배치했다. 이것은 바르바로사 작전의 연장으로 소련의 항구적인 항복을 염두에 두고 있었다. 7월 6일에 4기갑군은 동쪽으로 진격하여 보로네시 교외에 도달하는 데 성공했다. 7월 9일에는 남부집단군의 나머지 부대(그날 히틀러의 명령으로 A집단군으로 지정되었다)는 이줌(Izyum)-타간로크(Taganrog) 구역을 따라 배치되어 있다가 로스토프와 돈 강 어귀를 향해 동쪽과 동남쪽을 공격했다.

이어 7월 25일에 A집단군 예하 20개 사단이 돈 강 어귀를 가로질러 남쪽과 남동쪽으로 전진하여 캅카스 지역의 북부에 진입했다. 이때 히틀러는 청색 작전의 새로운 목표를 설정했다. B집단군이 스탈린그라드를 점령하고, A집단군이 카스피 해(Caspian Sea) 연안의 바쿠 유전(Baku oilfield)을 점령하는 것이었다. 8월 한 달 동안 A집단군은 신속하게 남동진하여 캅카스 깊숙이 진출했지만, 곧 전진은 정체되었다. 한편 6군은 전투를 치르며 동진하여 스탈린그라드에 도달해 볼가 강으로부터 북쪽과 남쪽, 서쪽에서 도시를 포위했다. 1942년 9월과 10월에 독일 6군과 4기갑군 소속 약 20개 사단이 격렬한 저항에 맞서 싸우며 스탈린그라드의 폐허가 된 거리들을 따라 힘겹게 전진했다. 만약 스탈린그라드가 함락되면 소련은 그와 같은 심리적 패배로부터 결코 회복될 수 없을 것이라고 히틀러는 믿었다.

천왕성 작전

하지만 10월과 11월 초에 걸쳐 독일군이 격전을 치르며 스탈린그라드의 폐허가 된 거리를 느릿느릿 통과하여 볼가

공격당하는 스탈린그라드
가을이 혹독한 겨울로 바뀌면서 처음에는 성공적이었던 독일군의 캅카스 공격이 교착상태에 빠지자, 독일 국방군은 스탈린그라드를 점령하기 위해 완강한 붉은 군대 방어병력을 상대로 가가호호마다 격전을 벌여야 했다.

4호 전차
어느 독일군 지휘관이 밀밭에 정지한 채 광활한 소련의 풍경을 응시하며 지평선을 바라보고 있다. 그가 탄 4호 전차는 2차 세계대전 중 독일 기갑부대의 군마 역할을 했다.

강을 향해 전진하고 있는 동안에도 소련군은 병력을 아끼고 아껴서 도시의 남쪽과 북동쪽에서 강력한 예비대를 집결시키고 있었다. 이들은 전략적으로 결정적인 반격을 수행하기 위해 준비하고 있었다. 11월 18일에도 추축국 군대는 스탈린그라드를 방어하고 있는 소련군을 계속 밀어붙여 이제는 볼가 강을 따라 남북으로 길게 이어진 폭 1.5킬로미터(1마일), 길이 13킬로미터(8마일)의 구역만 남겨두고 있었다. 독일군 아주 느리더라도 계속 전진하여 소련군에게 최후의 일격을 가하면 스탈린그라드 함락이라는 엄청난 전리품을 얻게 될 것이라고 확신했다. 하지만 북서쪽에서는 바투틴의 남서전선군이 2개 정예근위군을 포함한 강력한 기갑부대를 돈 강의 동안에 있는 멜로클레츠키(Melokletski) 주위에 집결

시켜두었다. 예레멘코의 스탈린그라드 전선군도 그와 비슷하게 51군과 57군, 64군을 포함한 강력한 예비대를 집결시켜놓은 상태였다.

11월 19일, 붉은 군대는 오랜 기간 계획해왔던 반격, 암호명 천왕성 작전(Operation Uranus)을 개시했다. 반격은 전력이 밀집된 스탈린그라드 주변 전장의 북서쪽과 남쪽에 위치한 엷은 추축국 전선을 기습함으로써 시작되었다. 북쪽에서는 바투틴의 기갑부대가 우스티-호페르스키(Ust-Khoperski)와 멜로클레츠키 사이에 남아 있는 돈 강 서안의 소련 교두보들에서 공격을 실시했다. 독일군은 이 교두보들을 수주 전에 제거했어야 하는데 그렇게 하지 못했다. 남쪽에서는 예레멘코의 기갑부대가 안드레예프카(Andreyevka)-

소련의 저항
A집단군이 그로즈니(Grozny) 북서쪽 테레크(Terek) 강 경계선에 가까워짐에 따라 소련군의 저항이 거세졌다. A집단군의 목표는 소련 원유의 80퍼센트가 생산되는 아제르바이잔의 바쿠 유전을 점령하는 것이었다.

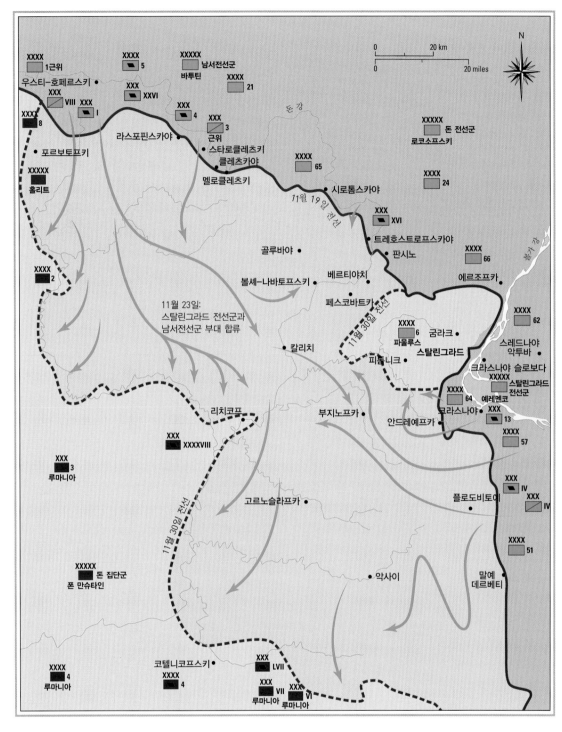

소련의 반격
1942년 11월 19일~
12월 1일

──── 11월 19일
독일군 전선

----- 11월 30일
독일군 전선

◄── 소련 주공

포위된 스탈린그라드
1942년 11월, 소련군은 시베리아에서
전출된 새로운 사단들을 투입해 천왕성
작전을 개시했으며, 스탈린그라드에서
6군을 포위했다. 1943년 2월에 독일군
은 항복했다.

플로도비토예(Plodovitoye) 구역을 따라 공격했다. 이 두 공격 모두 해당 지역─추축국 부대 대부분이 스탈린그라드의 폐허가 된 거리를 차지하기 위한 전투에 휘말려 들어간 상태였다─의 약한 추축국 진지들을 신속하게 돌파했다. 11월 20일~22일에 소련군 전차들은 남쪽과 서쪽으로 빠르게 돌진하여 독일군 후방 깊숙이 침투한 후 한 지점에서 만났다. 1942년 11월 23일, 집결한 소련군 전차들은 예정대로 칼라치(Kalach)에서 만나 엷은 포위망을 형성함으로써 스탈린그라드의 독일 6군과 4기갑군의 일부 부대를 포함한 약 25만 5,000명의 병력을 가두는 데 성공했다. 소련의 천왕성 반격작전은 고전적인 독일군 양익포위작전을 독일군을 상대로 수행한 것이었다. 또한 이것은 엄청난 수적 우위를 통해 독일군에게 이제까지 전쟁 기간 동안 겪은 패배 중에서 가장 심각한 패배를 안겨주었다. 11월 30일, 소련군은 공세를 지속해 6군의 동쪽 측면이 스탈린그라드에 고착되어 있는 동안 서쪽 측면을 피톰니크(Pitomnik) 비행장까지 몰아붙였다. 동시에 칼라치 서쪽에 위치한 소련군은 새로 명칭이 바뀐 돈 집단군(Army Group Don)을 치르(Chir) 강으로 밀어냈다. 다만 48기갑군단만이 포위된 6군을 향해 동쪽으로 뻗은 작은 돌출부를 고수하고 있었다.

소련군 T-26과 T-34 전차
T-26과 붉은 군대 기갑사단 소속 T-26 전차를 대체한 개량 전차인 전설적인 T-34의 지원을 받는 소련군 보병들이 눈이 쌓인 도로변에서 휴식을 취하고 있다. 전시에 기존 전차들을 개량형 전차로 대체하는 것은 어려운 군수 문제 중 하나였다.

겨울폭풍 작전

소련군이 스탈린그라드에 있는 독일 6군을 포위하는 데 성공하자, 히틀러는 돈 집단군(Army Group Don)에게 치르(Chir) 강에서 스탈린그라드를 향해 동진해 구조작전을 시도하라고 명령하는 동시에, 6군에게는 전술적 상황이 아무리 심각하더라도 결코 포기하지 말고 스탈린의 이름을 딴

도시 스탈린그라드 주위에 전면방어진지를 구축하라고 강요했다. 히틀러는 이번 구조 시도를 통해 6군과 연결되는 지상 통로가 회복될 경우 도시의 대부분 지역에 대한 통제력을 계속 유지할 수 있을 뿐만 아니라 나머지 지역도 점령할 수 있을 것이라고 생각했다. 그러나 그것은 너무나 낙관적인 생각이었다. 그와 대조적으로 돈 집단군 사령관인 에리히 폰 만슈타인 원수는 6군을 구조할 수 있는 유일한 희망은 스탈린그라드에서 서쪽으로 돌파를 시도하면서 동시에 구조부대가 공격을 실시하는 것이라고 생각했다. 하지만 히틀러는 분명히 그것을 금지했다. 게다가 만슈타인은 1942년 12월 12일까지도 구조를 위한 시도(암호명 겨울폭풍 작전)를 착수할 수 없었다. 만슈타인의 최초 의도는 57기갑군단과 48기갑군단이 2개 돌격축선을 형성해 동시에 스탈린그라드로 진격하는 것이었다. 북쪽에서 홀리트 파견군(Army Detachment Hollidt)의 일부인 48기갑군단이 리치코프(Rychkov) 돌출부로부터 공격을 시작하려고 했다. 48기갑군단은 돈 강 도하를 강행하여 61킬로미터(38마일)를 돌격한 뒤 마리노프카(Marinovka)에서 6군의 남서쪽 경계선에 도달하여 57기갑군단의 전진부대와 연결하려고 했다. 헤르만 호트 상급대장의 4기갑군에서 파견된 57기갑군단은 돈 강의 동쪽에 있는 코텔니코보(Kotelnikovo)로부터 북북동으로 145킬로미터(90마일) 떨어진 6군 방어선의 남동쪽 모퉁이를 향해 공세를 취할 계획이었다. 스탈린그라드에 갇힌 프리드리히 파울루스(Friedrich Paulus) 장군의 6군에게는 불행하게도 소련군의 격렬한 공격으로 겨울폭풍 작전은 시작조차 계획대로 할 수 없었다. 예를 들어, 치르 강을 따라 격렬한 소련군의 공격이 진행되면서 48기갑군단은 방어전에

강력한 T-34
동계위장복을 입은 소련군 보병들이 T-34 중형전차의 엄호사격 하에 전진하고 있다. T-34 초기형은 76밀리미터(3인치) 주포를 탑재했지만, 개량된 후기형은 더 큰 장갑관통능력을 가진 85밀리미터(3.3인치) 주포를 사용했다.

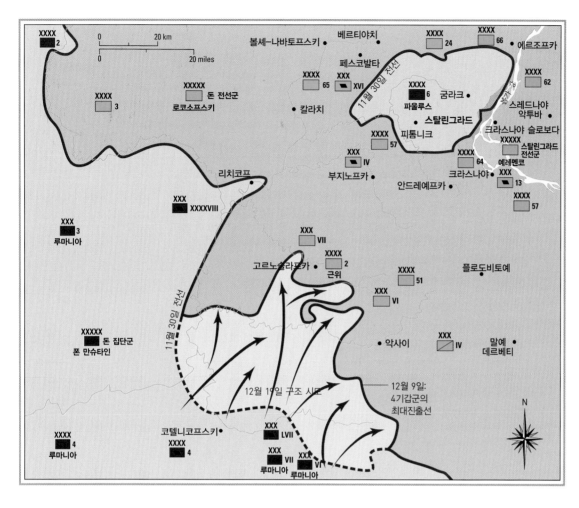

필사적인 구조 조치
6군의 돌파 시도를 히틀러가 거부한 뒤, 헤르만 호트 장군 예하 4기갑군 부대들이 겨울폭풍 작전을 개시했지만 스탈린그라드에 포위된 독일군을 구출하는 데 실패했다.

휩쓸려 공세에 참가하는 것조차 불가능했다. 결국 만슈타인은 12월 12일이나 되어서야 구조 시도에 들어갈 수 있었고, 조공부대가 남쪽과 북쪽의 양쪽 측면을 보호해주는 가운데 주공부대가 단일 축선을 따라 스탈린그라드를 향해 동쪽으로 공격을 감행하는 작전을 선택할 수밖에 없었다.

독일군의 공세는 첫 4일 동안 꾸준히 지속되었지만 그리 대단한 진전은 보이지 못하다가 소련의 저항이 강렬해지면서 점차 지체되었다. 결국 1942년 12월 19일 새로 투입된 소련의 정예 2근위군의 격렬한 저항 앞에 작전은 완전히 교착상태에 빠졌다. 이때까지 겨울폭풍 작전은 북동쪽으로 약 90킬로미터(56마일)를 전진해 미시코바(Myshkova) 강까지 도달했다. 57기갑군단은 이 지점으로부터 스탈린그라드 주변의 6군 방어선의 남서쪽 끝단까지 58킬로미터(36마일)만을 남겨두고 있었다. 파울루스의 병사들에게는 불행하게도, 57기갑군단은 그 방어선까지 더 이상 가까이 갈 수 없는 운명이었다. 16일로 거슬러 올라가, 소련군은 만슈타인의 돈 집단군 북쪽 측면에 대한 공세작전인 소토성 작전(Operation Little Saturn)을 개시했다. 19일까지 소련군의 선봉부대가 추축군의 후방으로 깊숙이 침투하면서 4기갑군의 북익이 붕괴 위험에 처했다. 4기갑군은 겨울폭풍 작전에 참여하느라 돈 강 동안의 노출된 진지에 머물러 있었던 것이다.

소련군의 소토성 반격 작전 개시로 독일군의 겨울폭풍 구조 작전은 실패를 맞을 운명이었다. 하지만 그런 일이 벌어지기 전에 만슈타인은 포위된 6군을 구조하기 위해 결사적으로 마지막 시도를 했다. 12월 19일~24일에 그는 히틀러에게 57기갑군단이 장악하고 있는 미시코바 강의 진지를 향해 파울루스가 돌파를 시도할 수 있도록 승인해달라고 설득했다. 하지만 히틀러는 6군이 실제로는 이미 탄약과 연료가 너무나 부족해 전투능력이 크게 감소한 상태임에도 불구하고 몇 주 동안은 거뜬히 버틸 수 있다는 잘못된 생각을 갖고 있었다. 그는 독일의 스탈린그라드 점령 포기를 의미하는 어떤 포위망 돌파작전도 금지했지만, 6군은 이미 너무 약해져 포위망 돌파든 스탈린그라드 사수든 어느 쪽도 불가능한 상태였다. 설사 6군이 소련군의 격렬한 저항을 뚫고 탈출한다 하더라도 6군에게 남은 연료로는 전투를 수행하면서 서쪽으로 후퇴하여 미시코바 강에 도달하기에는 역부족이었다. 따라서 12월 24일에는 6군이 돌파를 시도하는 것마저도 이미 때가 늦었다고 할 수 있었다. 겨울폭풍 작전의 실패로 포위된 6군은 몇 주 동안 스탈린그라드를 방어하기 위한 장기전을 치르다가 결국 전멸하거나 항복할 운명이었다. 그것은 그때까지 2차 세계대전에서 독일군이 겪은 최대의 패전이 될 터였다.

스탈린그라드
1942~1943년

1942년 11월 23일, 소련군 기갑부대의 반격으로 파울루스 장군의 6군 소속 24만 명의 독일군과 추축군인 1만 5,000명의 루마니아군이 스탈린그라드에 포위되었다. 히틀러는 포위망 바깥에서 독일군 기갑부대가 동쪽으로 반격을 가해 포위를 풀 수 있는 통로를 탈환하는 동안 6군에게 포위망의 외곽을 단호하게 방어하라고 지시했다. 하지만 그 구조 시도는 포위망 외곽을 불과 58킬로미터(36마일) 남기고 정지되었다. 그동안 독일 공군은 6군이 소련군의 맹렬한 공격을 막는 데 필요한 탄약과 연료, 식량을 공수하려고 시도했다. 하지만 적의 항공기들이 수도 없이 공격을 감행하는 바람에 독일 공군은 파울루스의 부대에 필요한 보급물자의 일부만을 전달하는 데 성공했기 때문에 방어를 위한 6군의 전투능력은 현저하게 감소했다.

1943년 1월이 시작되고 보름 동안 소련군이 포위망의 서쪽 측면에 연속적으로 공격을 가하여 방어자들을 38킬로미터(24마일)나 후퇴시켰다. 1월 20일이 되자 추축군의 영역

T-70 경전차
소련군이 무력화된 T-70 경전차 옆을 질주하며 스탈린그라드의 독일군 진지를 향해 전진하고 있다. 경장갑과 경무장의 T-70은 보병지원 및 정찰차량으로서 1942년에 도입되었다.

12월 20일:
타친스카야 비행장의
비행이 중단되어
70톤의 보급품만
공수되었다.

은 여전히 폐허가 된 스탈린그라드의 거리 동쪽에 있는 폭이 40킬로미터(25마일)에 불과한 작은 고립지대로 더욱 축소되었다. 1월 16일~22일에는 서쪽으로부터 소련군이 계속 전진하여 중요한 피톰니크 비행장과 굼라크(Gumrak) 비행장을 점령했다. 이로 인해 이미 굶주리고 물자 부족에 시달리고 있던 방어부대는 외부로부터 보급을 받을 수 있는 마지막 수단마저 잃게 되었다. 다음날 동쪽에서 전진한 소련군이 스탈린그라드 중심부의 독일군 진지를 돌파하고 볼

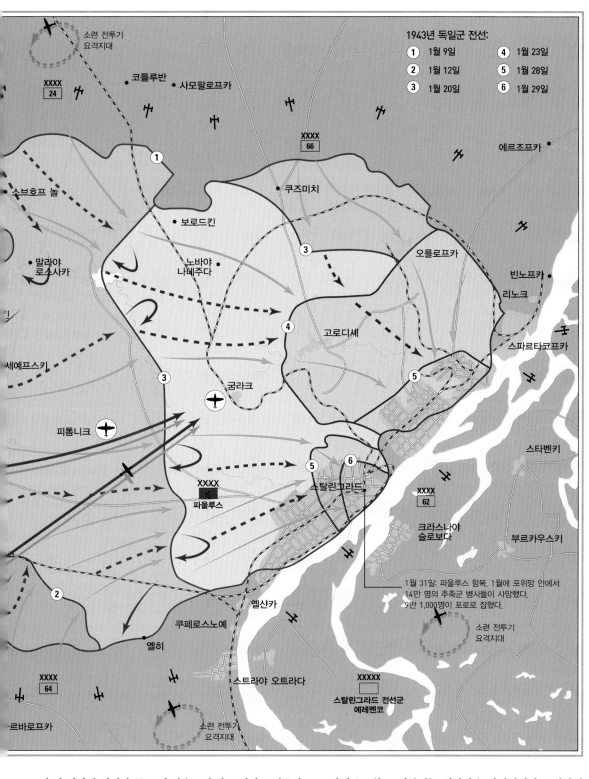

1943년 독일군 전선:
1. 1월 9일
2. 1월 12일
3. 1월 20일
4. 1월 23일
5. 1월 28일
6. 1월 29일

소련 전투기 요격지대

XXXX 24

코틀루반 · 사모팔로프카

XXXX 66

쿠즈미치

에르조프카

보로드킨

노바야 나데주다

오를로프카

빈노프카

리노크

소브호프 놀

말라야 로소사카

세예프스키

굼라크

고로디셰

스파르타코프카

피톰니크

스타벤키

XXXX 6 파울루스

스탈린그라드

XXXX 62

크라스나야 슬로보다

부르카우스키

엘샨카

쿠페로스노예

옐히

1월 31일: 파울루스 항복. 1월에 포위망 안에서 14만 명의 추축군 병사들이 사망했다. 9만 1,000명이 포로로 잡혔다.

소련 전투기 요격지대

XXXX 64

스트라야 오트라다

XXXXX 스탈린그라드 전선군 예레멘코

르바로프카

소련 전투기 요격지대

스탈린그라드의 최후
1943년 1월~2월

→ 소련군 공격
→ 독일군 반격
⇢ 독일군 퇴각
— 독일군 전선
⊥ 소련군 포병 집결지
⋯ 소련 전투기 요격지대
✈ 독일 공군 공수

점점 조여드는 스탈린그라드 포위망
독일의 공중 재보급 시도가 제대로 이루어지지 못하자, 붉은 군대는 스탈린그라드에 대한 장악력을 강화해 도시를 방어하는 독일 6군을 기아상태로 몰아넣어 집단으로 항복하게 만들었다.

가 강 서안에 인접한 좁고 긴 땅을 고수하고 있던 소련군과 연결하는 데 성공했다. 이 전진으로 인해 방어병력은 북쪽의 큰 고립지대와 남쪽의 작은 고립지대로 분리되었다. 이후 필사적인 시가전이 전개되는 가운데 소련군은 사실상 식량과 무기가 고갈된 방어자들을 계속 몰아붙여 도시 내부까지 포위망을 좁혔다. 1월 22일 파울루스는 히틀러에게 항복 승인을 요청했다. 히틀러는 그 전투가 '독일 역사의 영웅적인 드라마'라며 승인을 거부했다.

어쨌든 1월 29일부터는 살아남은 방어병력이 투항하기 시작했으며, 1943년 2월 3일 마지막 부대가 항복했다. 이 전투에서 포로가 된 9만 1,000명의 추축군 병사들 중 소련에서 포로생활을 끝내고 살아남은 사람은 5,000명에 불과했다. 2차 세계대전 동안 가장 피비린내 나는 전투였던 스탈린그라드 전투는 양측이 보여준 냉혹한 잔학함으로 얼룩졌다. 막강한 독일 국방군에 맞선 도전과 저항이 마침내 성공함으로써 2차 세계대전은 전환점을 맞았다.

전차 생산
1941~1945년

2차 세계대전 기간 내내 주요 교전국들은 전차와 장갑전투차량의 생산에 우선순위를 두었다. 이와 동시에 전장이라는 실시간 성능시험장에서 이 차량들의 다양성과 전투 역량은 급속하게 발전했다.

2차 세계대전 동안 전차와 자주포, 장갑차는 현대 전투교리의 진화에 따라 대량으로 생산되었다. 전장에서 전차의 역할과 관련해 상충된 견해들은 시험을 거치면서 믿을 수 없을 만큼 성공적이거나 치명적으로 오류가 있는 것으로 입증되었다. 전쟁 초기, 나치의 전격전은 충격과 속력을 통해 성공을 거두면서 우위를 점했다. 하지만 전세는 연합군에게 유리한 방향으로 바뀌었고, 순전히 압도적인 수에 밀려 독일군 기갑부대는 패배의 운명을 맞게 되었다. 소련과 미국의 엄청난 산업역량은 그야말로 압도적이었다.

민주주의의 무기고

비록 1939년에는 미국이 전시상태가 아니었지만, 프랭클린 D. 루스벨트 대통령은 미국의 생산역량이 영국의 승패에 중요한 영향을 미칠 것이라는 사실을 처음부터 알고 있었다. 미국의 공장들은 1940년에 불과 330여 대의 전차만을 생산했다. 하지만 루스벨트는 무기대여법으로 미국의 산업역량을 동원하여 연합군을 무장시켰다.

자동차 생산 라인들은 전차 생산을 위해 개조되었다. 1941년 초, 처음으로 M3 전차가 미시간(Michigan) 주 디트로이트(Detroit) 인근의 크라이슬러(Chrysler) 공장 조립 라인을 거쳐 생산되었다. M4 셔먼 전차도 생산에 들어갔으며, 12월 미국이 전쟁에 돌입했을 때 크라이슬러(Chrysler)의 500번째 전차가 생산되었다.

제너럴모터스(General Motors)와 포드(Ford)를 포함해 다른 미국 자동차생산업체들도 장갑차량의 생산에 참여했다. 1945년까지 미국의 공장들은 8만 8,000대 이상의 전차와 돌격포를 납품했다.

장갑차량 생산
2차 세계대전이 진행되는 동안 연합국, 특히 미국과 소련의 막강한 산업역량은 수천 대의 전차와 자주포를 생산하며 나치 독일의 생산량을 훨씬 능가했다.

전차와 자주포 생산대수 1939년~1945년							
	1939	1940	1941	1942	1943	1944	1945	총계
미국	—	331	4,052	24,997	29,497	17,565	11,968	**88,410**
소련	2,950	2,794	6,590	24,446	24,089	28,963	15,419	**105,251**
영국	969	1,399	4,841	8,611	7,476	4,600	?	**27,896**
캐나다	?	?	?	?	?	?	?	**5,678**
독일	247	1,643	3,790	6,180	12,063	19,002	3,932	**46,857**
이탈리아	40	250	595	1,252	336	—	—	**2,473**
헝가리	—	—	—	약 500			—	**약 500**
일본	—	315	595	557	558	353	137	**2,515**
총계	4,206	6,732	20,463	66,209	74,187	70,649	31,456	**227,235**

영국의 영향

양차 대전 전간기에 영국의 전차 개발과 생산은 침체되어 있었다. 하지만 1941년 여름 독일의 롬멜 장군이 북아프리카에서 눈부신 성공을 거두자, 이에 자극을 받은 영국 군부와 산업기반은 효과적인 전차를 생산하는 데 박차를 가했다. 양차 대전 전간기에 영국의 전차 생산은 주로 비커스-암스트롱(Vickers-Armstrong)이 주도했으며 이후 너필드(Nuffield) 같은 다른 기업들이 참여했다. 모리스 모터스(Morris Motors)는 한 팀을 미국에 파견해 미국 설계자인 월터 크리스티의 성과를 연구했다. 1943년까지 영국의 전차 생산은 연간 1,000대를 조금 못 미치는 수준에서 8,600대 이상으로 증가했다. 1945년에는 영국과 캐나다에서 3만 3,000대 이상의 전차와 자주포가 생산되었다.

소련의 생산량

2차 세계대전 동안 소련은 가장 많은 전차와 자주포를 생산했다. 독일군 선봉부대가 모스크바를 위협하고 있을 때, 일부 소련의 전차는 공장에서 현역 승무원을 태운 채 곧바로 전투에 투입되었다. 소련은 공장 전체를 해체해 우랄 산맥 동쪽에 재조립해 세웠다.

붉은 군대의 완강한 저항에 소련의 혹독한 겨울까지 겹치면서 독일군의 전진이 둔화되자, 소련의 설계국들은 전설적인 T-34의 생산을 승인했다. 소련의 거대한 산업역량은 1939년에 3,000대에 못 미쳤던 생산량을 1944년까지 최대 약 2만 9,000대까지 끌어올렸으며, 전시 전체 생산량은 10만 대가 넘었다.

독일의 정밀성

전쟁 발발 당시 독일은 전차의 개발과 생산, 전술에 관한 한

세계에서 가장 발전된 군사강국이었다. 독일은 강력한 4호 전차나 5호 전차 판터, 거대한 티거 I과 티거 II를 통해 여러 차례 설계상의 혁신을 과시했다.

그러나 독일은 양보다 질을 중시해 전장의 손실을 쉽게 대체할 수 없었던 반면, 연합군은 공군의 절대적 우위와 장갑차량의 수적 우위로 결국은 전쟁에서 승리를 거둘 수밖에 없었다. 비록 판터와 티거가 무시무시한 적수이기는 했지만, 이 전차들은 잦은 고장에 시달렸다. 독일의 전차와 자주포 생산은 1944년 정점에 달해 연합군의 집중폭격에도 불구하고 1만 9,000대가 생산되었다.

소련의 전차 생산
분주한 공장의 바닥에 전차들이 완성 단계에 따라 줄지어 서 있는 가운데, 소련의 산업노동자들이 기중기가 T-34 중형전차 차체 위에 포탑을 얹기를 기다리고 있다.

충실한 셔먼
2차 세계대전 동안 거의 5만 대에 이르는 셔먼 전차와 그 파생형들이 생산되었다. 셔먼 전차는 수적 우위를 이용해 쉽게 교체될 수 없었던 독일군 전차들을 소모시켰다.

북아프리카 1942~1943년

엘 알라메인 전투 발발 직전
버나드 몽고메리 장군은 1942년 엘 알라메인에서 공세를 시작하기 전에 압도적으로 우월한 전차와 대포들을 집결시켰다. 영연방 군대는 예전 모습을 잃어버린 독일 기갑부대를 가차 없이 공격했다.

1942년 여름 롬멜은 자신의 뛰어난 전술적 능력과 연합군 통신문을 도청해 얻은 일급비밀 정보로 최종 승리를 위한 준비를 다졌다. 그의 기갑선봉대는 이집트 국경을 돌파한 뒤 6월 26일 후방으로부터 160킬로미터(100마일) 떨어진 메르사 마트루(Mersa Matruh)에서 영국군 4개 사단을 상대로 압도적인 승리를 거두었다. 놀랍게도 이처럼 일방적인 승리를 거두기 위해 독일군이 배치한 전차는 고작 60대에 불과했다.

공격을 계속한 독일군은 엘 알라메인(El Alamein)의 철도 종착역에 접근했다. 이집트 수도 카이로(Cairo)로부터 240킬로미터(150마일)밖에 떨어져 있지 않은 그곳에서 영국 8군은 사막의 마지막 저항선을 구축하려고 했다. 오친렉의 선택은 탁월했다. 영국군 진지는 북으로는 지중해 해안이 있었고, 남으로는 지반이 단단하지 않은 모래로 되어 있어 전차의 통과가 불가능한 카타라 저지(Qattara Depression)가 다가오는 독일군을 막고 있었다.

찌르기와 막기

엘 알라메인 주위에 포진한 8군의 방어구역은 뉴질랜드 6여단과 인도 9·18여단, 남아프리카 3여단 등이 포함된 다국적 군

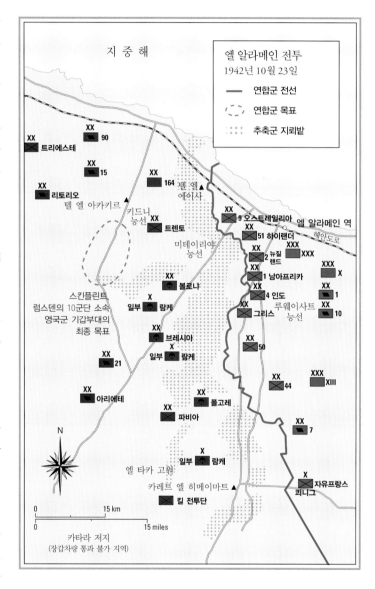

지중해

엘 알라메인 전투
1942년 10월 23일
── 연합군 전선
⊂⊃ 연합군 목표
∴∴∴ 추축군 지뢰밭

트리에스테 90
리토리오 15
텔 엘 아카키르 164 엘 엘 에아사
키드니 능선
트렌토 9 오스트레일리아 엘 알라메인 역
미테이리야 능선 51 하이랜더 해안도로
볼로냐 2 뉴질랜드
스킨플린트 1 남아프리카
럼스덴의 10군단 소속 영국군 기갑부대의 최종 목표 일부 람케 그리스 4 인도 루웨이사트 능선 1 10
브레시아
21 일부 람케 50
아리에테 폴고레 44 XIII
파비아
일부 람케 7
엘 타카 고원
카레트 엘 히메이마트 자유프랑스 쾨니그
킬 전투단

0 ——— 15 km
0 ——— 15 miles
카타라 저지
(장갑차량 통과 불가 지역)

브렌 건 캐리어
흔히 사용된 무한궤도 브렌 건 캐리어(Bren gun carrier)는 2차 세계대전의 모든 전구에서 영연방 육군을 위해 병력과 탄약, 보급품, 부상자를 수송했다. 25년에 걸친 생산 기간 동안 11만 3,000대 이상이 생산되었다.

대가 지키고 있었다. 비록 1기갑사단과 7기갑사단의 전차 통합전력이 155대에 불과했지만, 용감한 방어병력은 탐색공격에 이어서 루웨이사트 능선(Ruweisat Ridge)을 향해 6월 21일~22일에 전개된 롬멜의 총공격을 저지하는 데 성공했다.

루웨이사트 능선 전투는 이제 아프리카 기갑집단(Panzergruppe Afrika)으로 알려진 롬멜 사령부의 공세를 둔화시켰지만, 영국 수상 윈스턴 처칠은 오친렉이 일단 롬멜을 저지하는 데 성공했음에도 불구하고 그를 신뢰하지 않게 되었다. 처칠은 육군 대장 해럴드 알렉산더(Harold Alexander) 경을 지중해 지역 대영제국 군대의 최고사령관으로 임명했다. 그와 함께 버나드 로 몽고메리 장군이 8군사령관에 취임했다.

보급선이 지나치게 길어지고 끊임없이 인력과 장갑차량

라이트풋 작전(왼쪽)
10월 말, 몽고메리 장군은 엘 알라메인 전투의 서막으로 라이트풋 작전을 개시했다.

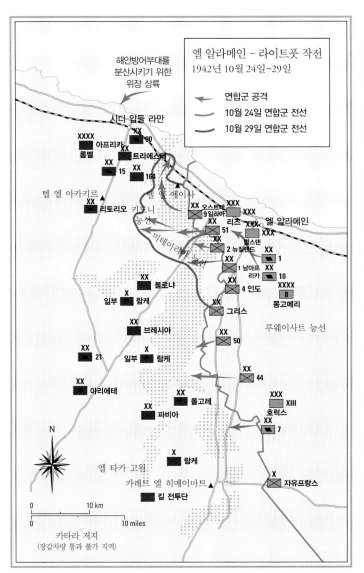

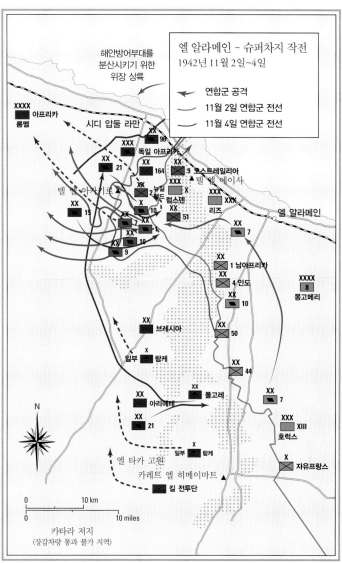

엘 알라메인의 결정타

의 부족에 시달리는 바람에 롬멜의 전진은 한계에 도달했다. 지중해를 통한 물자 호송선단에 대한 연합군의 차단작전이 효과를 발휘하고 있어서 '사막의 여우' 롬멜은 자신의 통제 범위 밖에서 벌어지는 상황들이 자신에게 불리하게 돌아가고 있음을 잘 인식하고 있었다. 만약 롬멜이 북아프리카에서 최종적인 승리를 거두려 한다면, 행동을 개시할수밖에 없었다. 9월 초, 그의 기갑부대가 보유한 전력은 영국군의 신참 44보병사단을 비롯해 7기갑사단과 10기갑사단의 전차 400대를 상대로 벌인 알람 엘 할파 능선(Alam el Halfa Ridge) 전투로 인해 더욱 줄어들었다. 하지만 영국군도 독일군 15기갑사단과 21기갑사단의 3호 전차와 대전차포를 상대로 교전을 벌여 엄청난 손실을 입었는데, 이 교전으로 1개 기갑여단이 96대의 전차를 잃었다.

알람 엘 할파 전투 이후 몇 주 동안 롬멜의 전력은 감소된반면, 몽고메리와 8군의 전력은 크게 증가했다. 미국에서 300대가 넘는 신형 M4 전차가 도착했기 때문에 8군은 병력 20만과 전차 1,000대 이상, 대포 2,300문으로 전력이 증가했다. 그와 대조적으로 아프리카 기갑집단은 고작 병력 11만 5,000명과 전차 560대를 보유하고 있었으며, 가까운 장래에 독일로부터 재보급이 이루어질 가능성은 거의 없었다. 몽고메리는 엘 알라메인에서 결정적 전투를 수행하기 위해 오친렉이 시작한 계획을 완성했다.

1942년 10월 23일 이른 새벽, 몽고메리는 대포 900문으로 포격을 시작하면서 동시에 영국과 남아프리카, 뉴질랜드 병사들을 서서히 전진시켰으며, 공병을 동원해 '악마의 뜰

슈퍼차지 작전(오른쪽)
1942년 11월 2일, 엘 알라메인의 결정타인 슈퍼차지 작전이 시작되었다. 200대가 넘는 영국군 전차의 집중공격으로 독일군은 키드니 능선과 지중해 연안의 기타 방어진지를 포기할 수밖에 없었다.

(Devil's Gardens)'이라는 별명을 가진 지역에 독일군이 매설한 지뢰를 제거했다. 1기갑사단과 10기갑사단의 전차들은 독일군 전선에 돌파구가 형성될 경우 전과를 확대하고 보병이 점령한 지역을 강화하기 위해 그 뒤를 따랐다.

라이트풋 작전

라이트풋 작전(Operation Lightfoot)은 전차가 아니라 보병이 먼저 전진한다는 데서 착안해 이름을 지었다. 보병은 기계보다 훨씬 가벼워서 지뢰를 격발시키지 않았고, 그 뒤를 공병이 따르면서 기갑부대의 진로를 개척하기 위해 지뢰를 제거했다. 공세의 초기 단계에서 연합군은 상당한 거리를 전진하는 데 성공했지만, 독일군 지뢰밭 때문에 연합군 보병과 전차의 전진이 사전에 지정된 사격지대로 집중되었다. 몇 시간 후 독일군 기관총과 대전차무기의 사격을 받아 영국군의 전진은 거의 기어가는 수준으로 느려졌다.

크루세이더의 서행
영국군 전차병이 크루세이더 전차가 다시 전투를 할 수 있도록 준비하기 위해 무한궤도를 교체하고 있다. 북아프리카의 혹독한 기후는 인력과 장비에 피해를 입혔다.

마침내 독일군 지뢰밭을 통과한 10기갑사단은 미테이리야 능선(Miteirya Ridge)에서 격렬한 전투에 휘말리면서 꼼짝 못하게 되었다. 결국 뉴질랜드 2사단의 병사들이 미테이리야 능선의 일부를 점령했지만, 그 과정에서 사상자가 많이 발생했다. 영국군은 키드니 능선(Kidney Ridge)을 점령했지만 독일군의 맹렬한 반격으로 방어태세로 전환할 수밖에 없었다. 스나이프 전초진지(Outpost Snipe)에서는 영국군 6파운드 대전차포 1개 대대가 독일군과 이탈리아군 2개 장갑차량 종대를 매복 공격하여 전차 33대와 자주포 5대를 파괴하고 20대가 넘는 차량에 손상을 입혔다. 롬멜은 이 손실을 대체할 수 없었다.

몽고메리는 라이트풋 작전이 별다른 진전이 없다는 사실에는 전혀 신경 쓰지 않고 독일군과 끝장을 볼 때까지 싸우기로 결심했다. 11월 첫주에 그는 잠시의 여유도 허용하지 않고 압박을 재개했다.

슈퍼차지 작전

11월 2일, 영국군은 엘 알라메인에서 결정적인 타격인 슈퍼차지 작전을 시작했다. 200대가 넘는 1기갑사단의 전차들이 선봉에 섰고, 7기갑사단과 10기갑사단, 9기갑여단, 뉴질랜드 사단 보병들이 모든 전술적 전진을 활용할 수 있는 위치를 유지하면서 그 뒤에 바짝 붙어 있었다. 영국군의 집중 공격으로 독일군은 키드니 능선과 지중해 해안 사이의 방어진지를 포기할 수밖에 없었고, 한편 1기갑사단은 텔 엘 아카키르(Tel el Aqqaqir)를 향해 꾸준하게 전진했다.

11월 3일 운용 가능한 전차가 고작 35대만 남을 정도로 기갑전력이 감소하자, 롬멜은 결말이 가까이 다가왔다는 사실을 깨닫게 되었다. 영국군 전차가 전선을 돌파해 퇴각로를 차단하려고 위협하고 있었기 때문에, 그는 가능한 한 많은 추축군을 살리기 위해 질서정연하게 퇴각할 수 있도록 해달라고 허가를 요청했다. 11일간의 전투로 8군은 독일군

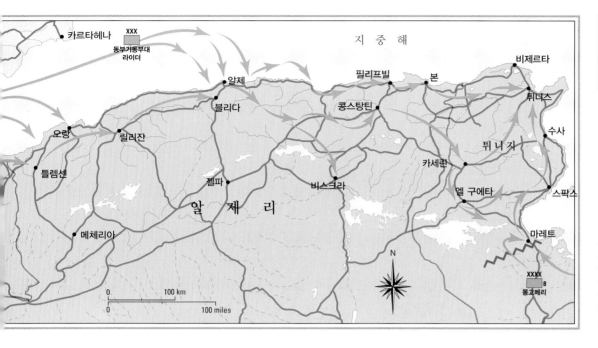

토치 작전

서쪽에서 영국 8군이 아프리카 기갑군을 추격하고 있을 때, 연합군이 오랑과 알제, 카사블랑카에 상륙하는 바람에 독일군과 이탈리아군은 북아프리카 2개 전선에서 싸워야 하는 상황에 처하게 되었다.

전차 450대와 대포 1,000문을 파괴했다. 독일군과 이탈리아군은 전사나 부상, 포로로 인한 인명피해가 5만 명을 넘었다. 영국군은 사상자가 1만 3,000명 발생했고, 전차 500대가 파괴되거나 무력화되었다.

독일은 후위전투를 수행하면서 사막을 횡단하여 튀니지(Tunisia)에 이를 때까지 서쪽으로 2,250킬로미터(1,400마일)나 후퇴해야만 했다.

토치 작전

롬멜이 튀니지를 향해 긴 후퇴에 들어갔을 때, 연합군은 1942년 11월 8일에 토치 작전(Operation Torch: 횃불 작전)을 시작해 서쪽에서 오랑(Oran)과 알제(Algiers), 카사블랑카(Casablanca) 해안에 거의 10만에 달하는 병력을 상륙시켰다. 따라서 롬멜은 2개 전선에서 전투를 수행할 수밖에 없었고, 북아프리카 전역에서 미국 지상군은 처음으로 독일을

상대로 전투를 시작했다.

서쪽에서는 영국군과 미 1군이 압박을 가하고 동쪽에서는 8군이 다가오자, 롬멜은 연합군의 포위망이 좁혀들고 있음을 감지했다. 2월 중순 그는 카세린 고개(Kasserine Pass)에서 아직 전투 경험이 없는 미군 병사들에게 쓰라린 패배를 안겼다. 6,300명이 넘는 미군 병사들이 죽거나 부상을 입거나 포로가 되었다. 하지만 카세린 고개의 패배도 미 2군단과 영국 8군 예하 12창기병연대(12th Lancers)의 선봉대가 1943년 4월 7일 스팍스(Sfax)에서 연결하는 데 성공하는 것을 막을 수는 없었다. 5월에 롬멜은 독일로 소환되었다.

포위를 당해 바다로 몰리던 빌헬름 리터 폰 토마(Wilhelm Ritter von Thoma) 장군 지휘 하의 추축국 부대들은 1943년 5월 12일에 항복했다. 연합군은 북아프리카에서 완전한 승리를 거두었다.

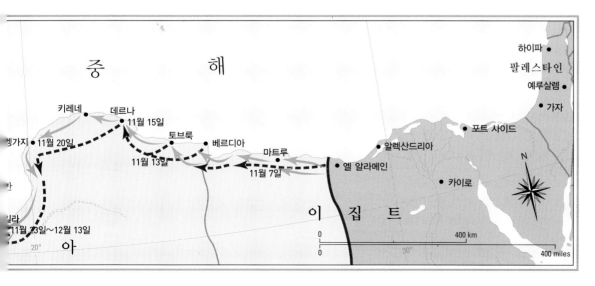

쓰라린 퇴각

추축군은 엘 알라메인에서 패배한 뒤, 튀니지를 향해 사막을 가로질러 수백 킬로미터를 후퇴했다. 롬멜은 독일로 소환되었고, 1943년 봄에 북아프리카 전투는 연합군의 승리로 끝났다.

벨리키예루키 작전
1942~1943년

쉴 틈 없는 경계
독일군이 포위되어 있는 벨리키예루키 인근에서 T-34 중형전차가 붉은 군대 병사들을 태운 채 달리고 있다. 이들은 레닌그라드로 이어지는 중요한 철도를 방어했다.

남쪽에서 붉은 군대가 스탈린그라드의 독일 6군의 목을 조이고 있는 동안, 독일 9군은 로바티(Lovat) 강 연안의 벨리키예루키(Velikiye Luki)라는 전략적으로 중요한 마을에서 포위된 채 사투를 벌이고 있었다. 그 근처에는 노보소콜니키(Novosokolniki)를 거쳐 레닌그라드를 포위하고 있는 북부집단군에게 보급품을 실어 나르는 철도가 있었다. 1942년 11월 붉은 군대의 정예인 4개 근위사단이 강력한 T-34 중형전차와 KV-1 중전차를 보유한 몇 개의 전차연대로부터 지원을 받아 양익포위작전을 수행했다. 이를 통해 벨리키예루키 수비대를 고립시키고 독일 북부집단군과 중부집단군 사이에 쐐기를 박아 위협하면 레닌그라드의 포위를 풀고 서쪽 스몰렌스크를 탈환할 가능성이 있었다.

전차 행렬의 이동
단포신 50밀리미터(2인치) 대포로 무장한 3호 전차 J형 1대가 선도하는 3호 전차 행렬이 1943년 겨울 전투지역으로 이동하고 있다.

닫힌 북부 함정 (147쪽 지도)
히틀러는 벨리키예루키로부터 철수하는 것을 승인하지 않았고, 도시 주둔군을 구원하기 위한 시도는 아무런 효과도 없었다.

신속한 포위

3일 만에 붉은 군대의 차량화보병과 전차부대가 벨리키예루키를 포위하면서 그 남쪽에서 작전 중인 상당수의 독일군까지 거의 함정에 가두는 데 성공했다. 히틀러는 그답게 포위망을 돌파하기 위한 시도나 철도선을 계속 확보하면서 전진한 소련군의 측면을 위협할 수 있는 전술적 후퇴를 허용하지 않았다. 스탈린그라드의 경우처럼, 히틀러는 벨리키예루키를 장악하고 있는 83보병사단과 3산악사단 소속 병력을 구조하라고 명령했다. 도시는 독일군의 점령 기간 동안 요새화되어 있었다.

구조 실패

몇 주 동안 벨리키예루키의 방어병력은 도시를 점령하려는 모든 시도에 성공적으로 저항했지만, 특히 스탈린그라드의 상황이 악화되고 있는 시점에서 효과적인 구조작전을 펼치기에는 독일군에 가용한 병력이 거의 존재하지 않았다. 그럼에도 불구하고 소련군은 자신들의 당면한 목표 - 노보소콜니키를 점령하여 철도를 완전히 장악하는 것 - 를 달성하지 못하고 있었다. 소련군은 공세 초기에 이미 도시를 고립시킨 상태였다. 12월 말이 되자 최소 독일 5개 사단에 소속된 부대들을 통합해 시도한 구조작전은 완전히 멈춰버렸다. 1943년 1월 4일 독일군은 두 번째 돌파를 시도하여 도시로부터 8킬로미터(5마일)까지 접근했다. 벨리키예루키 구조작전에 투입된 독일군 중 전력이 약화된 8기갑사단은 운용 가능한 전차 32대만을 동원할 수 있었다. 그중 대부분은 구식 체코제 전차였다. 다음날 소련군은 반격을 가해 도시를 둘로 분리하는 데 성공했다. 2주 뒤, 벨리키예루키의 독일군 대부분이 항복했다. 비교적 소수의 병력만이 소련군의 포위망을 빠져나가는 데 성공했다. 이 전역에서 붉은 군대가 3만 명 이상의 전사자를 내면서 제한적인 성공을 거두는 데 그쳤기 때문에, 소련의 승리는 거의 피로스(Pyrrhus)의 승리(고대 그리스 지방인 에피로스의 왕 피로스는 로마와의 두 번에 걸친 전쟁에서는 모두 승리를 거두었지만, 대신 장수들을 많이 잃어 마지막 최후의 전투에서는 패망했다. 이후부터 많은 희생이나 비용의 대가를 치른 승리를 '피로스의 승리'라 부르게 되었다-옮긴이)나 다름이 없었다.

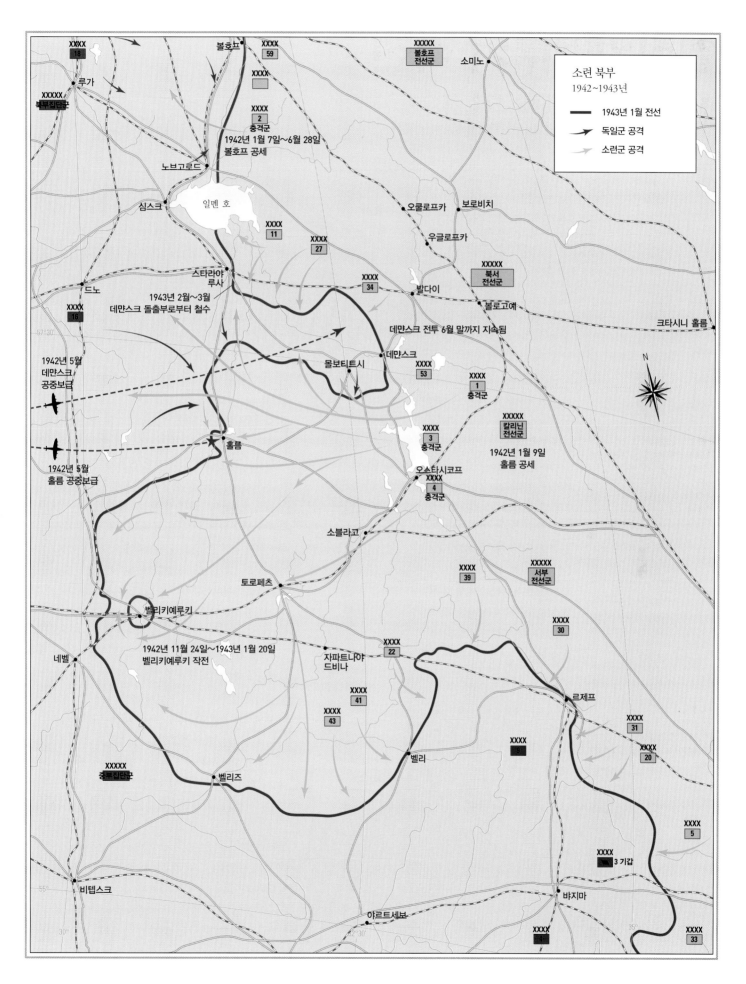

전장의 티거 전차

티거의 시련
독일군의 육중한 티거 I 전차가 눈 덮인 길 위를 전진하고 있다. 티거는 위협적인 주포를 탑재하고 있었지만, 고장이 잦았다. 많은 수가 공습으로 파괴되거나 연료 부족으로 버려질 수밖에 없었다.

1944년 여름, 독일의 6호 전차 티거는 이미 전장에서 1년 넘게 활약을 해왔기 때문에 서부전선의 연합군 병사들에게는 전설적인 존재가 되어 있었고, 전투 경험이 있는 동부전선의 붉은 군대 병사들에게는 내키지 않지만 존경을 받았다. 위협적인 88밀리미터(3.5인치) 대포를 장착한 티거는 2차 세계대전 당시 가장 유명한 전차라고 할 수 있었다. 거의 1.6킬로미터 밖에서 연합군의 장갑을 관통할 수 있는 주포는 이미 대공 및 대전차 임무에서 그 진가를 인정받고 있었다. 티거의 거대한 차체와 57톤 포탑, 그리고 이후에는 티거 II의 60톤이나 되는 거대한 포탑에 장착한 그와 같은 대구경 무기가 존재한다는 그 자체만으로 종종 연합군은 전술적 계획을 수정하곤 했다. 티거는 무시무시한 전차로 엄청난 잠재력을 발휘했으며, 전장을 지배할 수 있는 능력을 갖고 있었다.

거대한 사업

헨셀(Henschel) 사와 포르쉐(Porsche) 사의 전차 설계 경쟁 결과, 헨셀이 설계한 티거가 1942년 8월 생산에 들어갔다. 전쟁이 급박하게 돌아가자, 티거는 제한적인 시운전만 거친 뒤 북아프리카와 동부전선의 전투에 배치될 수밖에 없었다. 그렇기 때문에 특히 초창기에 잦은 기계 고장에 시달렸다. 게다가 설계상의 많은 혁신으로 인해 생산 자체가 느리고 어려웠다. 티거의 상당한 무게로 인해, 처음에는 엔진의 출력이 부족하다는 문제가 부각되어 초도생산 250대의 티거에 사용된 12기통 마이바흐(Maybach) 엔진은 훨씬 더 큰 V-12 HL 230 P45 엔진으로 교체되었다. 또한 티거는 가격도 비싸서 성능이 입증된 4호 전차의 가격보다 두 배나 높았다.

티거 전차는 독일 기갑부대의 막강함을 보여주는 전형이면서 동시에 생산의 양보다 질을 추구하는 독일인의 바람을 표현한 것이었다. 그러나 티거의 성공은 고된 생산 절차와 그것의 상대로 투입된 연합군 전차들, 특히 소련제 T-34와 미국제 M4 셔먼의 압도적인 수로 인해 결국 제한적일 수밖에 없었다. 전쟁이 진행되는 동안 티거 I은 1,347대가 생산되었으며, 1943년부터 1945년까지 후속 티거 II는 고작 492대만이 생산되었다.

티거의 활약

티거는 1942년 말 북아프리카의 독일군에 처음으로 배치되었으며, 차체 전면과 포탑 부분의 장갑 두께가 최대 120밀리미터(4.7인치)나 되었기 때문에 화력과 생존성 측면에서 재빨리 상대를 압도했다. 때로는 집중적인 포병사격이나 전술공군 전폭기들의 직접적인 공습만이 이 괴물을 정지시킬

티거의 방어력
6호 전차 티거의 장갑은 포탑과 측면 부분의 두께가 최대 120밀리미터(5인치)에 달했다. 연합군 전차는 대체로 티거의 엔진과 배기구를 노리기 위해 후방에서 사격하려고 했다.

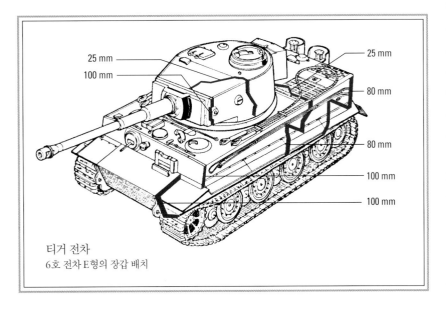

25 mm
100 mm
25 mm
80 mm
80 mm
100 mm
100 mm

티거 전차
6호 전차 E형의 장갑 배치

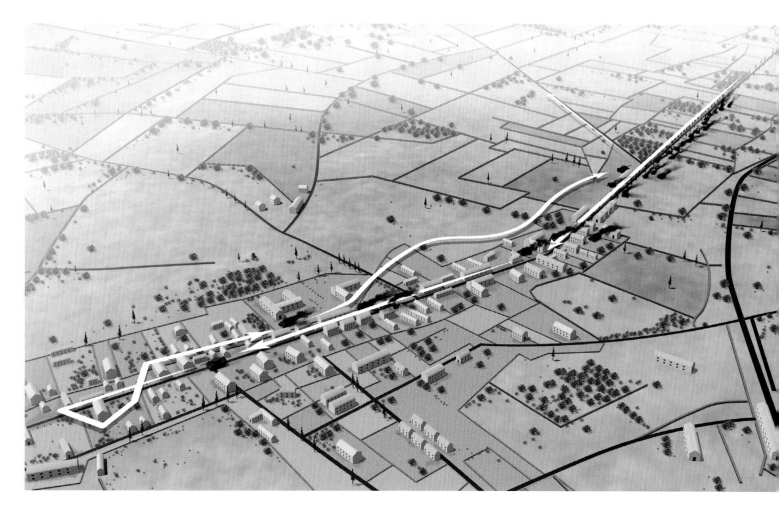

수 있었다. 지상에서는 일반적으로 단 1대의 티거를 상대하기 위해 연합군 전차 1개 소대가 여러 방향에서 일제히 공격을 하면서도 어느 정도의 손실을 각오해야만 했다. 동부전선에서는 소련 전차병들이 티거 전차에 빠르게 접근하여 장거리 교전에 유리한 티거의 장점을 어느 정도 무력화시키고 가능하면 취약한 후방을 노릴 수 있는 사격 위치를 확보하는 전술을 개발했다.

전투에서 티거는 연합군 전차를 상대로 6 대 1의 살상률을 달성한 것으로 평가되었으며, 티거의 88밀리미터(3.5인치) 주포와 정밀한 광학조준기의 결합은 그야말로 치명적이었다. 하지만 철도를 통해 육중한 전차를 수송하고 야전정비를 해야 하는 어려움, 그리고 서로 중첩되어 복잡한 보기륜과 서스펜션 시스템의 잦은 고장으로 인해 적은 수가 전장에 도착하는 경우가 잦았다. 만성적인 연료 부족과 연료를 많이 잡아먹는 엔진 때문에 작전반경에 제약을 받을 수밖에 없었다.

빌레르-보카주

티거 전차는 연합군 기갑부대를 상대로 경이적인 전공을 달성한 수많은 에이스들이 몰 때 그 전투능력을 확실히 발휘했다. 가장 유명한 티거 에이스, 친위대 대위 (Hauptsturmführer) 미하엘 비트만(Michael Wittman)은 1944년 7월 13일 빌레르-보카주(Villers-Bocage)라는 프랑스 마을에서 티거가 얼마나 치명적일 수 있는지를 그대로 보여주었다. 디데이 1주일 뒤, 비트만은 영국 7기갑사단과 조우하여 15분 만에 전차 14대와 병력수송차량 15대, 대전차포 2문을 파괴하는 전과를 올렸다. 실제로 이들 중 일부는 101중전차대대 소속인 다른 티거에 의해 파괴되었을 가능성도 있다. 하지만 비트만은 그 교전에서 가장 중요한 역할을 수행한 전차장으로 알려졌다.

빌레르-보카주 전투 두 달 후, 비트만은 프랑스의 산토(Cintheaux) 인근에서 전사했는데, 파이어플라이(Firefly)로 알려진 영국제 화력 강화 셔먼의 17파운드 포의 사격을 받은 것으로 추정된다. 짧은 복무 기간 동안 비트만은 연합군 장갑차량 138대를 파괴하는 전과를 올렸다. 적의 전차를 100대 이상 파괴했다고 주장하는 티거 전차장이 최소 10명은 되었다.

2차 세계대전 중에 배치된 티거 I과 티거 II의 놀라운 전투기록을 고려할 때, 만약 충분히 많은 수의 티거가 생산되어 완벽한 상태로 배치되었다면 전세가 바뀌었을지도 모른다. 한마디로 티거는 독일의 전시경제가 감당하기에는 자원과 인력의 측면에서 너무 고비용의 무기였다.

시칠리아와 이탈리아 1943년

1943년 5월 12일까지 추축국이 장악하고 있던 북아프리카를 해방시킨 뒤, 서구 연합국은 이어서 이탈리아의 남서쪽 반도의 발가락 부분에 위치한 이탈리아령 시칠리아(Sicilia) 섬 침공을 계획했다. 1943년 7월 9일~10일 사이 약 14만 명의 서구 연합군 병력이 섬을 침공했다. 영국 8군 소속인 캐나다 1개 사단과 영국 3개 사단이 파키노(Pachino) 인근에서 섬의 남동 해안을 공격했다. 한편 미국 7군 소속 3개 사단이 리카타(Licata)와 스콜리티(Scoglitti) 사이에서 섬의 남부 해안을 공격했다. 두 공격은 상호보완적인 공수강하 지원을 받았다. 7월 11일~13일에 연합군은 성공적인 진격으로 시라쿠사(Syracuse)의 항구를 점령했다. 7월 14일~8월 5일에는 영국군이 섬의 중동부 구역을 확보했고, 미군은 시칠리아 서부를 전부 점령했다. 8월 6일에는 이 두 연합군 공격축선이 독일과 이탈리아의 방어병력을 에트나 선(Etna

Line)으로 밀어붙였고, 그곳에서 그들은 시칠리아의 북동쪽 반도를 방어했다. 이후 10일 동안 여러 차례의 상륙작전을 통해 이 반도를 담당하던 추축군의 견고한 방어선을 우회했다. 이로 인해 추축군은 섬에서 철수할 수밖에 없었고, 17일에 철수를 완료했다.

그 후 9월 3일~9일에 영국 8군이 이탈리아 반도의 '발가락'과 '발뒤꿈치' 부분을 침공했다. 8일에 이탈리아가 항복하자, 독일은 신속하게 이탈리아 반도의 대부분을 장악했다. 영국군이 북쪽으로 전진하자, 9월 9일에 미 5군이 나폴리(Napoli) 남쪽에 있는 이탈리아 반도 서부 해안의 살레르노(Salerno)에 상륙하여 적의 방어선을 우회했다. 9월 14일~17일에 전개된 독일군의 격렬한 반격을 막은 5군 예하 부대는 북으로 전진해 나폴리를 점령하고 10월 6일에는 볼투르노(Volturno) 강에 도달했다. 이어 영국 8군이 이

시칠리아 침공
1943년 7월 10일~8월 17일

→ 일자별 연합군 상륙
➤ 추축군 반격
── 7월 11일 연합군 전선
── 7월 15일 연합군 전선
── 7월 23일 연합군 전선
┅┅ 추축군 퇴각선
┅┅ 추축군 퇴각선
┅┅ 추축군 퇴각선
┅➤ 추축군 퇴로
✛ 연합군이 건설한 비행장
⛉ 연합군 공수강하

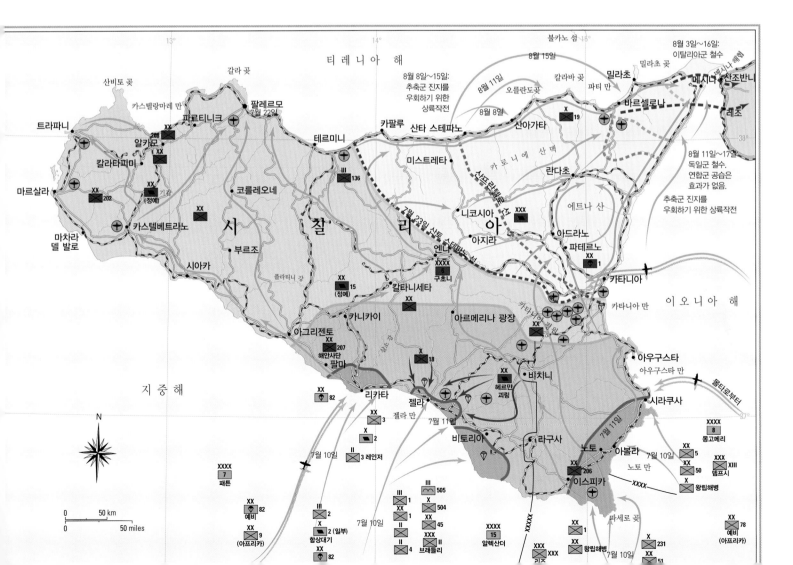

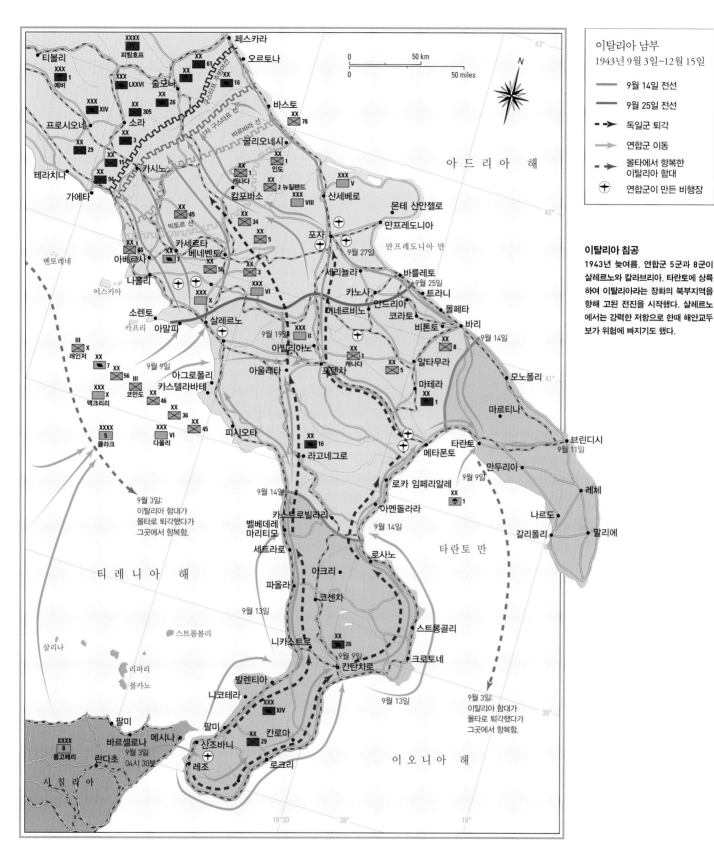

이탈리아 남부
1943년 9월 3일~12월 15일

— 9월 14일 전선
— 9월 25일 전선
┅► 독일군 퇴각
→ 연합군 이동
┅► 몰타에서 항복한 이탈리아 함대
⊕ 연합군이 만든 비행장

이탈리아 침공
1943년 늦여름, 연합군 5군과 8군이 살레르노와 칼라브리아, 타란토에 상륙하여 이탈리아라는 장화의 북부지역을 향해 고된 전진을 시작했다. 살레르노에서는 강력한 저항으로 한때 해안교두보가 위험에 빠지기도 했다.

탈리아의 동부 해안(아드리아 해 연안)을 따라 북진하다가 5군과 연결했다. 10월과 11월에 걸쳐 연합군은 이탈리아 전선에서 전면적인 전진을 계속했다. 하지만 1943년 12월 말, 연합군의 공세는 서둘러 구축된 독일군의 방어진지들 전면에서 정체되었다. 구스타프 선(Gustav Line) 혹은 동계 방

어선으로 불린 이 방어선은 로마 바로 남쪽에 있는 서부 해안 가에타(Gaeta)로부터 동쪽을 향해 몬테카시노(Monte Cassino)와 아펜니노(Appennino) 산맥을 거쳐 동부 해안의 오르토나(Ortona) 인근에 있는 산그로(Sangro) 강 어귀까지 이어졌다.

허스키 작전(150쪽 지도)
시칠리아 침공은 버나드 몽고메리가 이끄는 영국 8군과 조지 패튼이 이끄는 미 7군이 수행했다. 영국군이 강력한 저항에 부딪쳐 느리게 북진하는 동안, 패튼은 팔레르모를 점령하고 메시나를 향해 질주했다.

쿠르스크 1943년

경계 중인 사수
어느 독일군 병사가 88밀리미터(3.5인치) 대포의 포방패 뒤에서 조심스럽게 전방을 응시하고 있다. 원래 대공포로 설계된 '88'은 유럽 전구 전역에서 연합군 기갑부대에게 치명적인 무기임이 입증되었다.

동부전선에서 1943년 봄에 잠깐 작전이 중단되는 동안 독일군 최고사령부는 치타델(Citadel)(성채라는 뜻-옮긴이)이라는 암호명으로 쿠르스크 돌출부라는 너무나 빤한 목표를 향해 차기 공세를 실시하기로 결정했다. 쿠르스크 돌출부는 소련군이 장악한 지역이 거의 반원에 가까운 돌기를 이루며 서쪽으로 독일군 전선 깊숙이 비집고 들어와 있었다. 독일은 남쪽과 북쪽에서 2개 집단군이 이 돌출부로 파고들게 함으로써 상당한 규모의 소련군을 포위해 괴멸시킬 수 있기를 기대했다. 7월 초까지만 해도 돌출부를 방어하는 소련군은 최소 85만 명에 달했다. 1943년 7월 4일, 에리히 폰 만슈타인 원수의 남부집단군은 돌출부의 남쪽 모퉁이에서 예비공격을 시작했다. 만슈타인의 사령부는 베르너 켐프 (Werner Kempf) 대장의 켐프 분견군과 헤르만 호트 상급대장의 4기갑군에 배치된 20개 사단과 1,405대의 장갑전투차량을 지휘했다. 다음날 아침에는 중부집단군 소속인 발터 모델(Walter Model) 대장의 9군이 돌출부의 북쪽 모서리에서 공격을 시작했다. 모델의 9군은 6개 기갑사단과 14개 보병사단을 배치하고, 장갑전투차량을 총 1,840대 보유했다. 독일군 지휘관들은 이 두 공격이 쿠르스크에서 만나 67만 명이 넘는 적 병력을 포위하길 바랐다. 치타델 작전(Operation Citadel)이 성공한다면 2차 세계대전 동안 동부전선에 형성

된 수많은 포위망 중 그 어떤 것보다도 더 많은 포로를 잡게될 가능성이 있었다.

선제공격

7월 5일 이른 새벽, 모델의 9군 소속 보병 선봉대가 쿠르스크 돌출부의 북쪽 모퉁이를 따라 소련군의 1차 방어선을 공격했다. 하지만 소련군 정보부는 모델의 부대가 공격할 시점을 정확하게 파악했기 때문에 공격을 방해하기 위해 독일군 진지에 집중적인 포병사격을 가했다. 모든 병과를 망라한 일련의 집중적 협동공격을 가한 끝에 모델의 부대들은 남쪽으로 10킬로미터(6마일)를 전진해 소련군 방어선 내부에 침입했다. 한편 돌출부 남쪽 모퉁이에서도 독일군은 7월 5일에 주공을 개시했다. 저녁까지 호트의 부대는 연속적

터덜터덜 걸어가는 척탄병
무거운 장비를 짊어진 독일 기갑척탄병들이 장갑차량들과 함께 광활하게 펼쳐진 소련 평원을 가로질러 전진하기 시작했다. 1943년 여름, 쿠르스크 전투에서 독일과 소련의 전차들은 2차 세계대전 최대의 전차전을 펼쳤다.

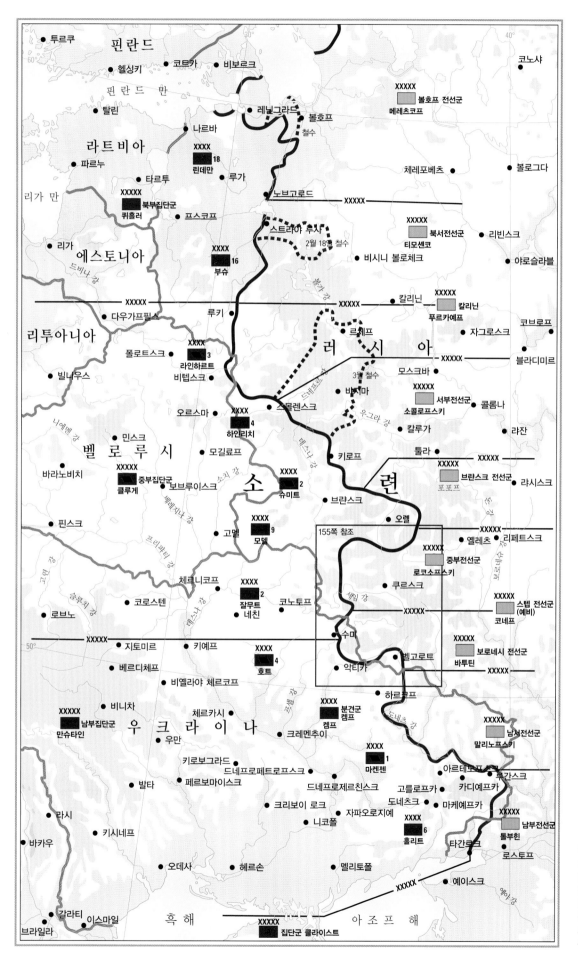

쿠르스크 돌출부

1943년 7월 초, 독일군은 치타델 작전을 개시했다. 작전 목표는 쿠르스크 돌출부를 고립시켜 그 안에 있는 약 85만 명의 붉은 군대 병사를 포위망에 가두는 것이었다. 독일군의 공세는 프로호로프카에서 결정적인 전차전이 벌어진 뒤 실패로 끝났다.

독일 국방군의 돌격
독일군 병사와 개방형 포탑의 돌격포가 치타델 작전 개시 후 전진명령을 기다리고 있다. 치타델 작전은 동부전선의 독일군 전선 안으로 깊숙이 튀어나온 쿠르스크 돌출부를 고립시키기 위한 시도였다.

기갑부대의 맹공격(155쪽 지도)
헤르만 호트의 4기갑군이 쿠르스크 돌출부의 남쪽 측면을 공격하는 동안, 북쪽에서는 발터 모델 장군의 8군이 공격했다. 하지만 첫날, 어느 쪽도 10킬로미터(6마일) 이상을 전진하지 못했다.

결연한 방어군
쿠르스크 돌출부를 향해 예상되는 독일군의 공격을 기다리며 매복 중인 소련군 전차들이 차체 차폐를 실시하는 가운데, 승무원들이 전투태세를 점검하고 있다. 쿠르스크 결전은 대규모 전차의 공격과 반격이 펼쳐진 사상 최대의 전차전이었다.

인 집중공격에도 불구하고 단지 10킬로미터(6마일)만을 전진할 수 있었다. 더욱이 더 동쪽에서 켐프의 선봉 기갑부대는 적의 광적인 저항에 막혀 소련군 1차 방어선을 돌파하지도 못하고 있었다. 이어지는 7월 6일부터 9일 사이에 9군 예하 부대들은 적의 2차 방어선에 연속적인 공격을 가하여 올호밧카 능선(Olkhovtka Ridge)의 주요 지역을 장악했다. 하지만 적의 기갑부대가 격렬하게 반격하는 바람에 모델의 부대는 핵심적인 포니리(Ponyri) 마을을 점령하지 못했다. 이어 7월 10일에서 11일 사이에 소련군은 어느 때보다도 훨씬 강력한 반격을 가해 이제는 지치고 헐벗은 모델의 부대들을 저지했다. 따라서 한 주 내내 격렬한 공격을 감행했음에도 불구하고 남쪽을 향한 모델의 돌파는 적의 다중 방어체계 안으로 고작 16킬로미터(10마일)를 전진하는 데 성공했을 뿐이다. 하지만 그 다음에 더 안 좋은 일이 일어났다. 7월 12일부터 적의 강력한 반격으로 모델의 선봉부대는 심지어 며칠 동안 점령했던 지역마저 포기할 수밖에 없었다. 독일군의 북쪽 돌파는 음울한 실패로 끝났다.

프로호로프카 전투

한편 7월 6일~9일에 남쪽의 전선을 따라 독일군 기갑부대가 공격을 가하자, 붉은 군대는 계속 반격을 가하면서 서서히 프로호로프카(Prokhorovka)와 오보얀(Oboyan)의 마을로 밀려났다. 여기서 하우서(Hausser)의 2친위기갑군단은 적진으로 가장 깊숙이 침투했지만, 동쪽에 있는 켐프의 기갑부대가 그만큼 성공적이지 못해서 하우서의 측면이 소련군의 결연한 반격에 노출되었다. 다음날 7월 10일에 독일군 기

갑부대는 소련의 3차 방어선 일부를 돌파하여 프로호로프카와 오보얀에 접근했다. 이처럼 상황이 악화되자, 그것을 우려한 소련군은 자신의 핵심 예비대인 정예 5근위전차군을 그 지역에 투입해 독일군의 진격을 저지하려고 했다. 7월 12일, 소련 전차 805대가 독일 전차 495대와 일련의 전술적 조우전에서 격렬히 충돌하면서 프로호로프카에서 거대한 전차전이 벌어졌다. 그날 오전, 독일 2친위기갑군단과 3기갑군단의 예하 사단들이 예정대로 프로호로프카 마을로 전진하기 위해 진형을 형성하는 동안, 소련군 기갑부

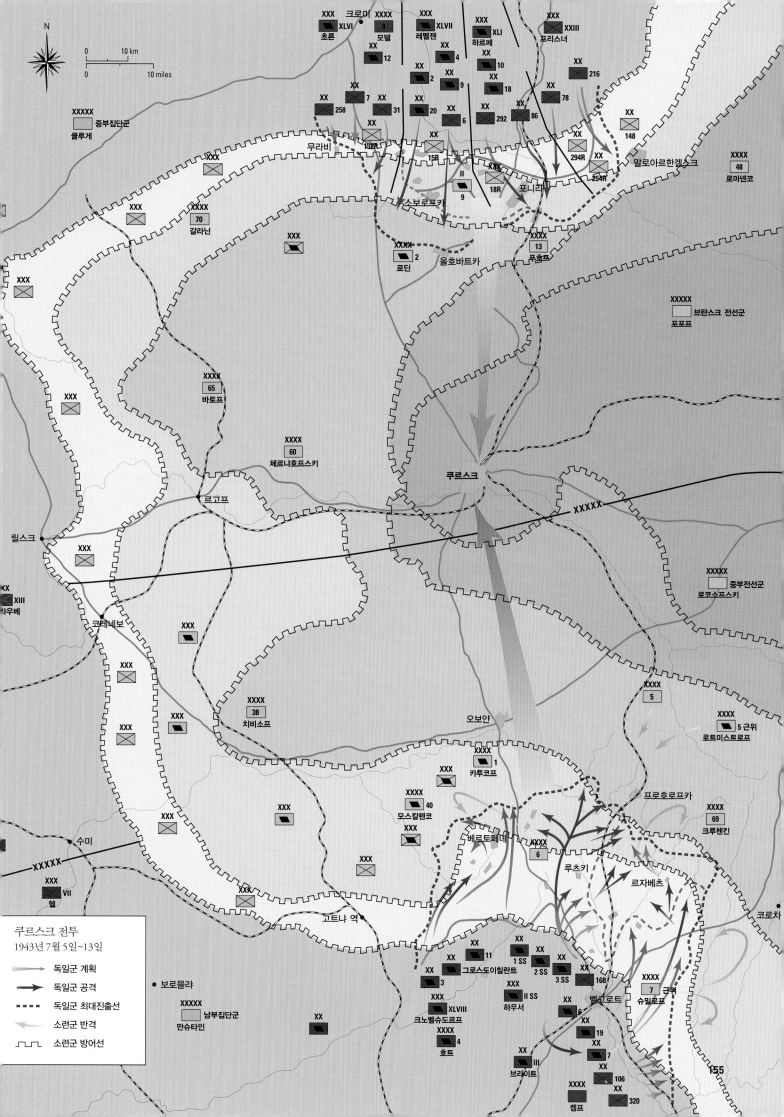

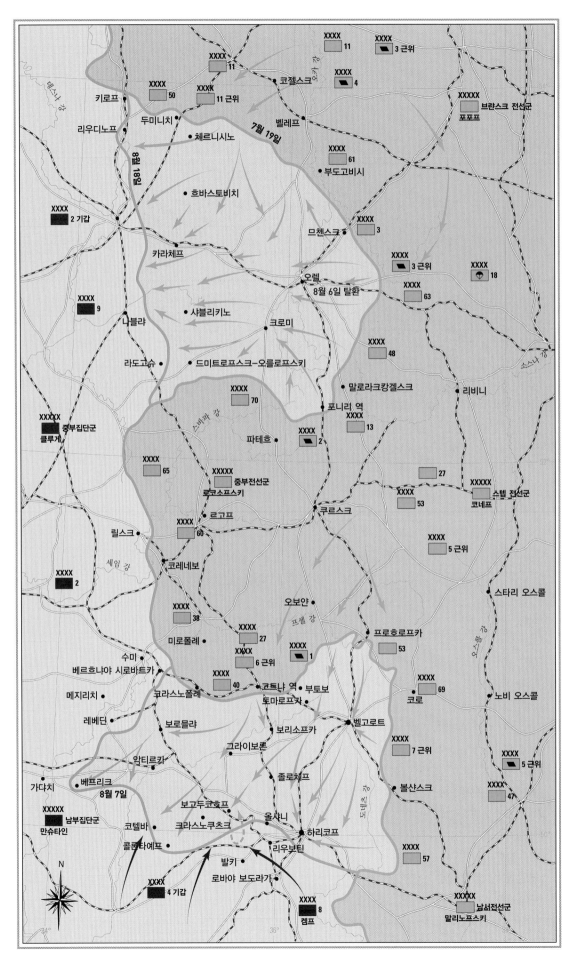

쿠르스크 - 소련군 반격
1943년 7월 16일~8월 27일

↙ 소련군 반격

↗ 독일군 공격

— 일자별 소련군 전선

소련군의 반격
붉은 군대의 방어부대가 마지못해 물러
서자, 독일 기갑선봉대는 쿠르스크 돌
출부 내에서 제한적이지만 전진할 수
있었다. 이어서 소련군이 특히 프로호
로프카에서 일련의 반격을 가하자, 독
일의 공세는 실패로 끝나고 말았다.

지도 내 지명 및 표기:

미스나 강 · 키로프 · 리우디노프 · 두미니치 · 체르니시노 · 50 · 11 근위 · 11 · 코젤스크 · 11 · 3 근위 · 4 · 벨레프 · 브랸스크 전선군 포포프 · 61 · 부도고비시 · 7월 19일 · 호바스토비치 · 8월 18일 · 2 기갑 · 카라체프 · 므첸스크 · 3 · 9 · 3 근위 · 18 · 오렐 · 8월 6일 탈환 · 63 · 샤블리키노 · 크로미 · 48 · 나블랴 · 라도고슈 · 드미트로프스크-오를로프스키 · 말로라캉겔스크 · 리비니 · 소스나 강 · 70 · 스바퍄 강 · 포니리 역 · 13 · 중부집단군 클루게 · 파테호 · 2 · 65 · 27 · 중부전선군 로코소프스키 · 스텝 전선군 코네프 · 53 · 로고프 · 릴스크 · 60 · 쿠르스크 · 세임 강 · 코레네보 · 5 근위 · 2 · 38 · 스타리 오스콜 · 미로폴레 · 27 · 오보얀 · 프셀 강 · 프로호로프카 · 53 · 수미 · 6 근위 · 1 · 베르흐냐야 시로바트카 · 메지리치 · 40 · 코트냐 역 · 부토보 · 69 · 코로 · 노비 오스콜 · 레베딘 · 코라스노폴레 · 토마로프카 · 오스콜 강 · 보로믈랴 · 보리소프카 · 벨고로트 · 그라이보론 · 악티르카 · 7 근위 · 5 근위 · 가다치 · 베프리크 · 8월 7일 · 졸로체프 · 볼샨스크 · 47 · 남부집단군 만슈타인 · 보고두호프 · 올샤니 · 도네츠 강 · 코텔바 · 크라스노쿠츠크 · 하리코프 · 57 · 콜론타예프 · 리우보틴 · N · 발키 · 로바야 보도라가 · 4 기갑 · 8 켐프 · 남서전선군 말리노프스키

34° · 36°

격렬한 전투
소련군 신호병이 전차들을 쿠르스크 전장으로 유도하고 있다. 판터와 티거를 상대하게 되었음을 인식한 소련군은 적의 주포가 가진 긴 사정거리의 이점을 무력화하기 위해 독일 전차에 가까이 접근했다.

대가 그들을 덮쳤다. 독일군의 최신형 판터와 티거 전차들이 장거리 사격에서 우월하다는 사실을 알고 있었기 때문에, 소련군 전차들은 대치하는 전차들 사이의 간격을 줄이기 위해 전속력으로 돌진했다. 그날 기갑부대들이 하루 종일 벌인 혼란스런 조우전에서 소련군 기갑부대의 반격은 프로호로프카를 지나 북진하려던 독일군의 전진을 저지했다. 이때까지 대수롭지 않게 여겼던 그 작은 마을조차도 독일군은 점령할 수 없었다. 전투가 끝났을 때, 소련군은 전차 412대를, 독일군은 149대를 잃었다. 이 수치만을 보면 양측의 전차전에서 독일군이 전술적으로 승리한 것처럼 보일지 모르지만, 실제로 그것은 독일군에게 전략적 재앙이었다. 프로호로프카 전투는 단지 독일이 대체하기에 버거울 정도의 심각한 전차 손실을 초래한 정도가 아니라 독일군이 치타델 작전에서 유지하고 있던 미미한 작전 주도권마저 잃게 만들었다. 히틀러는 그런 사실을 인정하고 13일에 치타델 작전의 중지를 결정했다. 하지만 그 결정 뒤에는 바로 그 시점에 시작된 서구 연합군의 시칠리아 상륙과 그것을 저지하려는 히틀러의 바람이 작용했다. 7월 13일~24일에 호트와 켐프의 부대는 격렬한 소련군의 공격에 맞서 완강하게 후위전투를 벌이며 최초의 위치로 후퇴할 수밖에 없었다. 치타델 작전은 독일군이 장갑전투차량 883대를 잃고 5만 4,100명의 인명피해를 입으면서 별로 의미 없는 영역을

확보하는 데 그쳤기 때문에 실패치고는 너무 값비싼 실패였다. 실제로 동부전선의 독일 육군은 이 전투 손실에서 결국 회복되지 못했다.

치타델 작전의 실패

하지만 훨씬 더 심각한 일들이 독일군을 집어삼키려 하고 있었다. 소련군은 독일군 치타델 작전의 저지를 공조된 전략적 반격의 시작점으로 한다는 구상을 이미 마련해두었다. 결국 7월 12일 붉은 군대는 쿠투조프 작전(Operation Kutuzov)으로 반격을 시작했다. 당시 이들은 돌출부의 북쪽 모퉁이를 따라 전개된 전투로 인해 고착되어 있던 모델 예하 부대들의 취약한 북쪽 측면을 뚫고 들어갔다. 독일군이 여전히 치타델 작전에만 몰두하고 있었기 때문에, 붉은 군대는 2기갑군을 기습공격하는 데 성공했다. 결국 소련군이 신속하게 전진하자, 독일군의 보급선이 위험에 처했다. 설상가상으로 8월 3일에는 소련군이 루만체프 작전(Operation Rumyantsev)을 개시해 쿠르스크 돌출부의 남쪽 모퉁이를 제거할 목적으로 보로네시 전선군과 스텝 전선군이 독일 4기갑군과 켐프 분견군을 공격했다. 8월 7일까지 소련군은 신속하게 남서쪽으로 전진해 핵심 도시인 하리코프를 점령했으며, 이후 몇 주에 걸쳐 붉은 군대는 이들 작전을 확대하여 드네프르(Dnepr) 강을 향한 전략적 총공세를 실시했다.

우크라이나와 크림 반도
1944년

1944년 1월 1일, 동부전선의 독일군 전선 남쪽 구역은 프리퍄티 습지(Pripyat' marsh)부터 남으로 지토미르(Zhitomir)와 키로보그라드(Kirovograd), 니코폴(Nikopol)을 거쳐 크림 반도에 이르기까지 들쑥날쑥한 형태를 이루며 이어졌다. 이후 다섯 달에 걸쳐 붉은 군대는 드네프르-카르파티아 작전(Dnepr-Carpathian operation)으로 명명된 일련의 공세를 펼쳤다. 1944년 1월 5일, 코네프(Konev)의 2우크라이나 전선군이 키로보그라드 지역에서 공세를 시작했고, 그 북쪽에서는 1우크라이나 전선군이 서쪽으로 전진을 계속하여 테르노폴(Tarnopol)을 거쳐 리보프(Lvov)에 접근하고 있었다. 이어 1월 24일 코네프는 남쪽 측면에서 또 다른 공세를 시작했다. 28일이 되자 이 공세로 인해 7만 3,000명의 추축국 병력이 코르순-셰프첸키프스키(Korsun-Shevchenkivskyi) 포위망에 갇혔다. 서쪽에서 독일군 기갑 구원부대가 공격하자, 동시에 포위된 부대가 돌파를 시도했지만 일부만이 탈출에 성공했고, 뒤에 남은 병력은 2월 17일에 항복했다. 한편 3우크라이나 전선군 소속 부대들은 니코폴 주위의 독일군 돌출부를 공격하여 적을 서쪽으로 밀려냈다. 2월 말, 그들의 공격은 적의 돌출부를 제거했다.

붉은 군대의 쇄도

3월 동안 소련군은 공세를 더욱 확대했다. 3월 4일부터 1우크라이나 전선군과 2우크라이나 전선군이 공세를 재개했다. 소련 국경을 향해 서쪽으로 신속하게 전진하던 붉은 군대의 기갑선봉대는 3월 27일 독일 1기갑군의 대부분―

약 18만 명―을 카메네츠-포돌스키(Kamenets-Podolskyi) 인근에서 포위하는 데 성공했다. 고립된 부대는 포위망을 뚫는 데 성공하여 서쪽을 공격했다. 4월 5일 그들은 부차치(Buczacz)에서 독일군 구원부대와 합류했다. 한편 남쪽에서는 코네프의 부대가 다시 남서쪽으로 공세를 취해 우만을 점령하고 루마니아 국경 안쪽에 있는 키시네프(Kishinev)를 향해 전진을 계속했다. 더 남쪽에 있는 3우크라이나 전선군 역시 남서쪽을 향해 신속하게 진격하여 4월 10일에 흑해 연안의 오데사(Odessa)를 점령하고 루마니아 영토로 전진했다. 그 과정에서 소련군 기갑선봉대는 독일 6군을 니콜라예프(Nikolayev) 인근에서 포위하기도 했지만, 독일 6군 대부분은 전투를 치르면서 남서쪽으로 후퇴하여 부크 강 독일군 전선에 다시 합류하는 데 성공했다.

소련군이 이렇게 전진하는 동안, 한편 남쪽 끝에서는 4월 8일 4우크라이나 전선군이 크림 반도 재정복에 착수했다. 당시 크림 반도에서는 독일 17군이 고립된 채 방어하고 있었다. 4월 중순에 독일군은 핵심 항구도시 세바스토폴(Sevastopol) 주변의 고립지대로 밀려났다. 그들은 1941~1942년에 있었던 크림 반도의 첫 번째 전투에서 소련군이 그랬던 것처럼 그곳을 요새처럼 고수하려고 했다. 소련군의 중단 없는 전진이 이어지자, 5월 7일~9일에 살아남은 독일군은 해로를 통해 세바스토폴에서 철수하여 루마니아의 콘스탄차(Constanta)에 도착했다. 이 전투로 추축군은 약 8만 5,000명, 소련군은 9만 5,000명의 사상자가 발생했다.

쇄도하는 붉은 군대(159쪽 지도)
1944년 겨울부터 봄까지 붉은 군대는 크림 반도에서 공세작전을 벌여 수천 명의 독일군을 세바스토폴에 고립시켰다. 한편 소련군이 서진하여 우크라이나에 진입하면서 엄청나게 많은 독일군을 포로로 잡았다.

승리자를 향한 환호
승리로 얼굴이 상기된 소련 전차병들이 T-34 전차를 몰고 최근 해방된 우크라이나의 어느 마을의 환영 인파 앞을 통과하고 있다. 다재다능한 T-34는 엄청난 수가 사용되어 동부전선에서 전쟁을 승리로 이끄는 데 공헌했다.

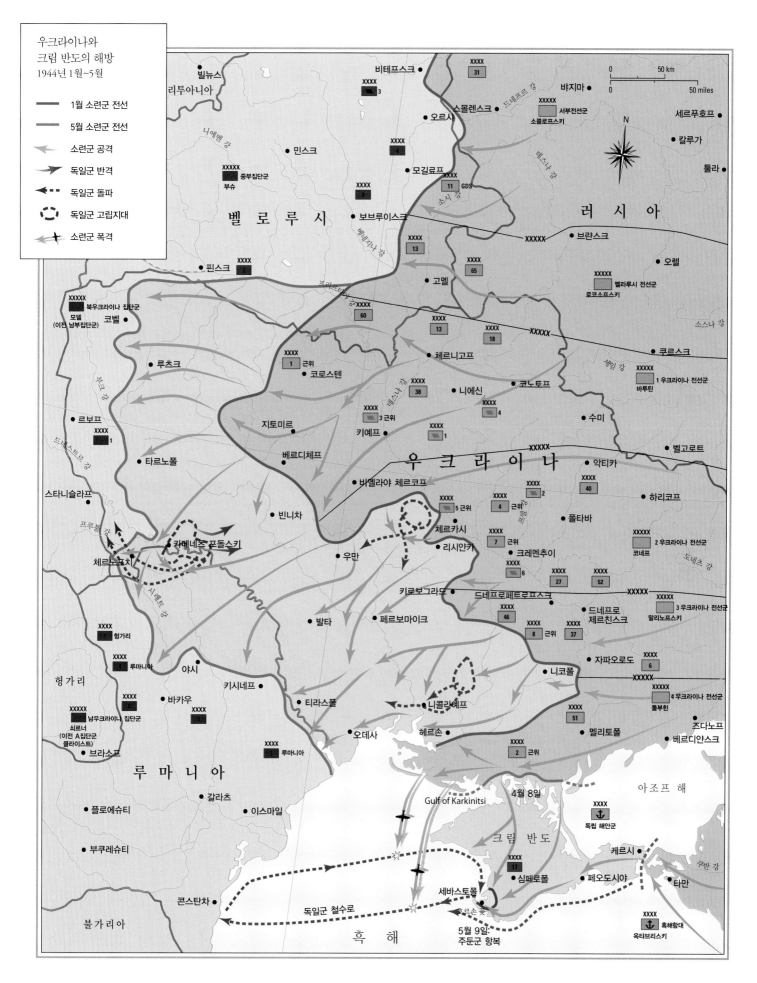

우크라이나와
크림 반도의 해방
1944년 1월~5월

— 1월 소련군 전선

— 5월 소련군 전선

← 소련군 공격

→ 독일군 반격

◄-- 독일군 돌파

◌ 독일군 고립지대

←✈ 소련군 폭격

빌뉴스
리투아니아
비테프스크
31
바지마
세르푸호프

스몰렌스크
3
서부전선군
소콜로프스키
칼루가

민스크
오르샤
4
XXXX
툴라

중부집단군
부슈
모길료프
11 GDS

벨로루시
보브루이스크
9
13
65
브랸스크
오렐

핀스크
2
고멜
60
벨라루시 전선군
로코소프스키
소스나 강

북우크라이나 집단군
모델
(이전 남부집단군)
코벨
체르니고프
13
18
쿠르스크

루츠크
1 근위
코로스텐
38
니에신
코노토프
4
1 우크라이나 전선군
바투틴

르보프
1
지토미르
3 근위
키예프
1
수미
벨고로트

타르노폴
베르디체프
바엘라야 체르코프
우크라이나
악티카
하리코프

스타니슬라프
빈니차
5 근위
4 근위
2
40
폴타바

카메네츠 포돌스키
체르카시
7 근위
크레멘추이
2 우크라이나 전선군
코네프

체르노비치
우만
6
27
52

형가리
1
키로보그라드
드네프로페트로프스크
46
드네프로
제르친스크
3 우크라이나 전선군
말리노프스키

루마니아
3
야시
발타
페르보마이크
8 근위
37

남우크라이나 집단군
쇠르너
(이전 A집단군
클라이스트)
바카우
8
키시네프
니콜라예프
자파오로도
6

브라쇼프
티라스폴
51
4 우크라이나 전선군
톨부힌
즈다노프
베르디얀스크

루마니아
3
오데사
헤르손
2 근위
멜리토폴

루마니아
갈라츠
이스마일
Gulf of Karkinitsi
4월 8일
아조프 해

플로에슈티
독립 해안군

부쿠레슈티
크림 반도
케르시
쿠반 강
타만

콘스탄차
독일군 철수로
심페로폴
페오도시야

불가리아
세바스토폴
흐르손 곶
5월 9일:
주둔군 항복
흑해함대
옥타브리스키

흑해

셔먼 전차

M4A3 셔먼
셔먼 전차가 전쟁 중에 파괴된 유럽의 어느 거리를 지나가고 있다. 비록 독일 전차가 장갑이나 화력 면에서 우월했지만, 셔먼은 수적 우위를 활용해 전장에서 승리했다.

셔먼 전차의 전개
LST(전차상륙함)에서 하선한 M4 셔먼 1대가 같은 부대 소속인 다른 차량들과 합류하기 위해 전진하는 가운데, 바로 그 뒤에 두 번째 셔먼 전차가 LST의 갑판을 빠져나오고 있다. 셔먼은 차체가 높아서 식별하기가 쉬웠다.

2차 세계대전에서 연합국의 승리를 상징하는 존재로 가장 인정받는 것 중 하나가 바로 셔먼으로 널리 알려진 M4 중형전차이다. T6라는 명칭으로 미국이 신속하게 개발한 M4의 원형은 미국 참전 3개월을 앞두고 1941년 9월에 완성되어 시험을 거쳤다. 대량생산을 고려해 설계된 셔먼은 두 가지 목적을 갖고 있었다. 하나는 75밀리미터(3인치) 차체 장착 대포 1문과 37밀리미터(1.5인치) 포탑 탑재 대포 1문을 가진 시대착오적이면서 동시에 현대적인 것이 결합된 이전 M3 전차의 파생형인 그랜트(Grant)와 리(Lee)의 단점을 개선하는 것이었고, 또 다른 하나는 적 전차를 상대할 수 있는 능력을 갖추는 동시에 보병도 지원하는 이중 역할을 수행하는 것이었다.

2차 세계대전 말까지 M4는 거의 5만 대가 생산되었고, 전쟁이 진행되는 동안 여러 종류의 파생형이 도입되었다. 1942년 10월 무기대여법에 의해 영국 8군에 배치된 셔먼 전차들이 엘 알라메인에서 처음으로 실전에 투입되었을 때, 셔먼 전차의 75밀리미터(3인치) 주포는 아프리카 기갑군 소속 초기 3호 전차와 4호 전차를 상대하기에 충분하다는 사실을 확실하게 입증했다.

전쟁이 진행되는 동안 몇 가지 셔먼 개량형이 생산되었는데, M4A1, M4A2, M4A3, M4A4를 포함한 셔먼 개량형들은 주로 동력계통의 교체나 차체 및 구조 변경 사항 등으로 구분할 수 있었다. M4A1의 차체는 각 부분의 주물을 용접 결합하는 방식에서 전면 주물 제작으로 바뀌었고, 초기형

에 사용되었던 수직 용수철 서스펜션 체계는 M4A3에서 수평 형태로 교체되었다. M4A4는 자동차용 6기통 엔진 5개를 하나로 결합한 크라이슬러 A57 멀티뱅크엔진(multi-bank engine)을 장착할 수 있도록 차체의 길이가 늘어났다. 그 밖에도 포드 GAA III(Ford GAA III)와 캐터필러(Caterpillar) 9기통 디젤엔진, 콘티넨탈 R975(Continental R975), 라이트 월윈드(Wright Whirlwind) 등의 엔진이 사용되었다.

화력 강화

전장에 신세대 독일 전차들이 등장하여 순식간에 초기 셔먼들을 압도했다. 5호 전차 판터는 고속 75밀리미터(3인치) 대포로 무장했고, 6호 전차 티거와 티거 II는 강력한 88밀리미터(3.5인치) 주포를 탑재하고 있어서 때로는 1마일(1.6킬로미터) 이상 떨어진 먼 거리에서도 연합군의 셔먼 전차를 해치울 수 있었기 때문에 셔먼 전차는 자신의 유효사거리까지 독일 전차에 접근도 못해 보는 경우가 많았다. 게다가 셔먼의 75밀리미터(3인치) 주포는 포구 속도가 느렸기 때문에 판터나 티거의 차체 장갑에 손상을 입히기에는 관통력이 충분치 않았다.

때로는 야전에서 겨우 티거 1대를 상대하기 위해 셔먼 전차 4, 5대로 구성된 1개 소대가 필요했는데, 셔먼 전차 1대가 티거의 장갑이 가장 얇은 포탑 상부나 뒷부분을 사격하는 데 유리한 위치나 후방으로 이동하는 동안 셔먼 전차 2

대가 티거의 '88'에 희생될 수도 있다는 것은 당연하게 여겨질 정도였다.

독일이 더욱 강력한 전차를 도입하자, 그에 대한 대응으로 셔먼의 화력을 강화하기 위해 몇 가지 주목할 만한 조치가 이루어졌는데, 유효사거리가 크게 증가한 고속 76밀리미터(3인치) 대포를 수용할 수 있도록 포탑의 크기를 확대한 것도 그런 조치들 중 하나였다. 1943년 영국은 오드넌스 QF 17파운드(Ordnance QF 17-pdr)[76밀리미터(3인치)] 포를 M4A4의 차체 위에 장착하는 방법을 선택해 180미터(200야드)에 불과했던 구형 75밀리미터(3인치) 주포의 유효사거리를 독일 티거와 어느 정도 비슷한 수준인 1,830미터(2,000야드)로 늘렸다.

셔먼의 장점

여러 가지 단점에도 불구하고 셔먼은 두 가지 확실한 이점을 갖고 있었다. 최고속력이 47킬로미터/시(29마일/시)에 달하는 뛰어난 기동성은 화력 면에서 독일 전차에 뒤진다거나 차체와 포탑이 높아서 적의 사수에게 쉽게 표적이 된다거나 장갑의 보호력이 충분하지 않다는 약점들을 어느 정도 상쇄할 수 있었다. 하지만 더욱 두드러진 이점은 북아프리카와 이탈리아, 서유럽의 전장에 배치된 압도적으로 많은 셔먼의 수였다. 미국의 산업역량은 연합군 기갑부대가 입은 엄청난 손실을 쉽게 보충할 수 있었던 반면, 독일 공학자들은 양 대신 질을 선택하는 바람에 판터와 티거의 생산은 전투로 인한 손실을 감당하지 못했고, 전시 수요 때문에 전장에 배치되기 전에 기계적인 문제점들을 해결할 수 없었다.

셔먼 전차의 파생형 중에는 아주 흥미로운 특수전차들도 있었다. 그중에는 지뢰를 폭발시키기 위한 도리깨 체계나 경량 가교장비, 대구경 발사봉식 박격포, 화염방사기 등을 비롯해 각종 혁신적인 장비를 갖춘 전차들도 있었는데, 이 특수전차들은 영국군 퍼시 호바트(Percy Hobart) 장군

이 개발하여 자신의 79기갑사단에서 시험했다. 당시 알려진 호바트의 '웃기는 것들(Funnies)' 중에서 가장 유명한 특수전차는 캔버스 재질의 부력 장막을 두른 이중구동(Duplex Drive, DD) 셔먼으로, 1944년 6월 6일 노르망디 상륙작전에서 수상주행으로 해안에 도달하여 보병에게 화력을 지원하기 위한 목적으로 만들어졌다.

셔먼 전차는 서유럽에서 자신의 적을 숫자로 압도해야 했지만, 태평양에서는 일본군이 배치한 어떤 전차보다도 확실하게 우월했다. 비록 불리한 지형 때문에 운용에 많은 제약이 따르기는 했지만, 셔먼 전차는 일본군이 장악하고 있는 섬들의 요새를 상대로 근접전을 벌일 때 자신의 엄청난 가치를 입증해 보였다.

셔먼 M4

생산연도	1941년
생산대수	49,234대
중량	53.4미터톤
길이	5.89미터
승무원	5명
장갑	40~68밀리미터
주무장	75밀리미터 기관총 M3 L/40
부무장	0.50cal 중기관총
속력	30마일/시 (48킬로미터/시)

셔먼 파이어플라이

생산연도	1943년
생산대수	2,400대 (표준 M4를 개조)
중량	53.4톤
길이	5.89미터
승무원	5명
장갑	40~89밀리미터
주무장	QQF 17파운드 포
부무장	0.50cal 중기관총
속력	30마일/시 (48킬로미터/시)

셔먼 개량형
M4 셔먼 전차의 초기형들은 그다지 효과적이지 않은 75밀리미터(3인치) 대포로 무장했기 때문에 대체로 독일 전차의 장갑을 관통할 수 없었다. 영국군 셔먼 파이어플라이(Firefly)는 17파운드 포처럼 포구 속도가 높은 대포를 도입했다.

사거리 향상
초기 저속 75밀리미터(3인치) 대포에 비해 사거리가 10배나 늘어난 파이어플라이의 17파운드 포 덕분에 연합군 셔먼 전차도 독일군 판터나 티거를 상대로 어느 정도 대등한 전차전이 가능해졌다.

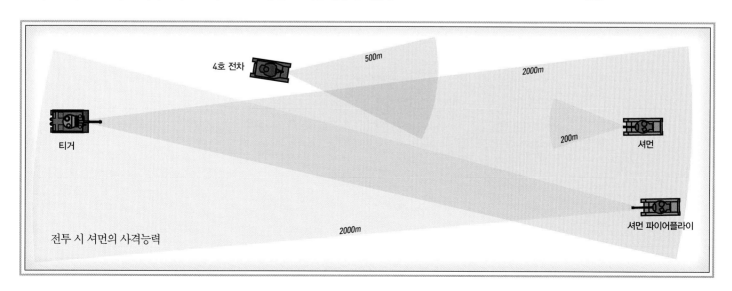

전투 시 셔먼의 사격능력

노르망디 상륙작전 디데이

최종 연습
1942년 프랑스 디에프 해안에서 독일군 병사들이 주변을 서성거리는 가운데 영국제 처칠 전차가 버려진 채 방치되어 있다. 재앙과도 같은 디에프 습격에서 얻은 많은 교훈들이 2년 뒤 노르망디 상륙작전 디데이에 그대로 실행되었다.

앙으로 끝난 디에프 습격(Dieppe Raid)에서 비록 적과 교전이 벌어지고 있는 해안에 상륙군이 전차를 배치하는 데는 어려움이 있었지만, 전차가 보병의 돌격을 지원할 수 있는 능력을 갖고 있다는 사실이 확실히 드러났다.

영국군 퍼시 호바트 장군은 그 문제에 정면으로 부딪쳤다. 79사단 사령관으로서 그는 각종 특수목적 장갑전투차량들의 개발을 주도했는데, 그중에서도 DD(Duplex Drive) 셔먼이 가장 유명했다. 이 전차는 캔버스 부력유지체계와 수상추진체계를 채택했는데, 전차가 해안에 도달하면 그것들은 분리가 가능했다. 일단 연합군 병사들이 노르망디 해안에 충분한 발판을 마련하면 일반 전차들이 곧바로 침공 해안에 상륙할 것이고, 그 다음 공세가 진행됨에 따라 주요 항구들이 해방되면 그곳을 통해 전차들이 상륙할 것이다.

수륙양용 셔먼 전차

오버로드 작전을 위해, DD 셔먼 10개 대대가 배치되었다. 계획상 그들은 해안에서 약 3킬로미터(2마일) 떨어진 지점에서 상륙함을 타고 출발해 곧바로 해안에 도달한 뒤 독

오랫동안 기다려온 히틀러의 '유럽 요새' 침공 작전의 디데이 상륙돌격을 계획한 연합군 지휘관들은 노르망디(Normandy) 해안과 그 뒤의 내륙지역에서 기동력이 있는 화력을 동원할 수 있느냐가 1944년 6월 6일 암호명 오버로드 작전(Operation Overlord)(노르망디 상륙작전을 말함-옮긴이)의 성패를 좌우한다는 것을 잘 알고 있었다. 1942년 8월 재

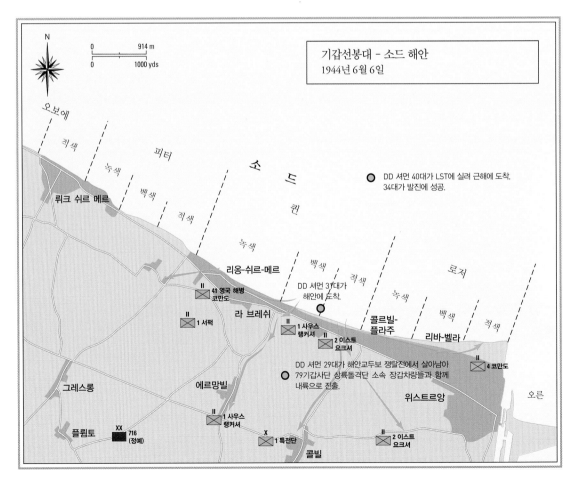

침공 지원
특별히 개발된 DD 셔먼 전차들은 1944년 6월 6일 노르망디 해안에서 보병의 상륙을 지원했지만, 실적은 천차만별이었다. 거친 파도가 수많은 DD 셔먼 전차들을 집어삼켰다.

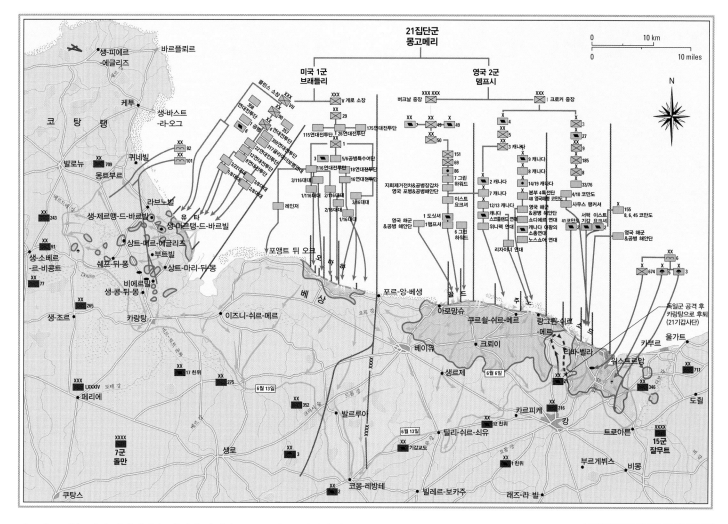

일군과 교전을 벌일 예정이었다. 디데이 당일에도 DD 셔먼 전차들은 영국군의 소드 해안(Sword Beach)과 골드 해안(Gold Beach)에서 전차 8대가 높은 파도에 휩쓸려 침몰하고 그 외에도 여러 대가 독일군의 대전차포에 희생되었음에도 불구하고 상당히 좋은 성과를 거두었다. 결국 셔우드 레인저스 요먼리 연대(Sherwood Rangers Yeomanry)와 7왕립드라군근위연대(7th Royal Dragoon Guards) 소속의 생존 전차들은 적의 거점들을 상대하며 해안교두보를 강화하고 이어서 확장하는 과정에서 보병을 지원했다. 주노 해안(Juno Beach)에서는 캐나다군 1후사르연대(1st Hussars) 소속 DD 셔먼 전차들이 내륙으로 이동하는 7보병여단을 지원했는데, 전체 DD 셔먼 전차 29대 중 21대가 해안에 도달했다. 거친 파도로 인해 몇몇 전차는 상륙에 성공하지 못했다.

원래 지정된 위치에서 몇 킬로미터 떨어진 지점에 상륙하는 바람에 유타 해안(Utah Beach)의 미군은 별다른 저항을 받지 않았다. 비록 나치의 포사격으로 수송선 1척과 그 안에 탑재되어 있던 DD 셔먼 4대가 침몰했지만, 전차 27대가 별다른 저항 없이 해안에 도달했다.

양측이 가장 격렬하게 맞선 상륙 해안은 오마하 해안(Omaha Beach)으로 그곳에서 미 1보병사단과 29보병사단은 격렬한 적의 포화를 받으며 해안교두보를 결사적으로 고수하고 있었다. 상황이 너무나 절망적이어서 미군 침공부대 사령관인 오마 브래들리(Omar Bradley) 장군은 오마하 해안에서 철수하는 것도 고려했다. 격전 중인 미군들의 고난은 741전차대대와 743전차대대 소속 DD 셔먼 전차 64대에 닥친 시련으로 더욱 악화되었다. 741전차대대 소속 DD 셔먼 전차 29대는 해안으로부터 5킬로미터(3마일)나 떨어진 지점에서 발진했다가 그중 27대가 영국해협 바닥으로 가라앉아버렸다. 마침내 741전차대대의 나머지 전차와 743전차대대의 모든 전차들이 곧장 해안에 도달하자, 오마하 해안의 상황도 호전되기 시작했다.

방어 전략을 둘러싼 의견 충돌

디데이에 실시된 연합군 작전은 사실 기갑 예비대의 배치를 두고 독일군 고위 지휘관들 간에 있었던 의견 충돌의 도움을 받았다. 노르망디 방어를 책임진 에르빈 롬멜 원수는 침공 해안에 기갑사단을 신속하게 투입하여 적을 바다로 몰아내야 한다고 주장했다. 서부전선 최고사령관인 게르트 폰 룬트슈테트(Gerd von Rundstedt) 원수는 대부분의 기갑사단을 예비로 보유했다가 대규모 연합군이 유럽 대륙에 도

노르망디 상륙
1944년 6월 6일~13일
연합군이 장악한 지역
  6월 6일 자정 무렵
  6월 13일 정오 무렵

연합군의 진격
노르망디 상륙작전 개시 이후 첫 주 동안, 연합군 병력은 내륙으로 진격할 수 있었다. 하지만 연합군은 독일군 방어선을 돌파하여 노르망디의 산울타리 지대로부터 개활지로 나서기까지 몇 주에 걸친 격렬한 전투를 더 치러야 했다.

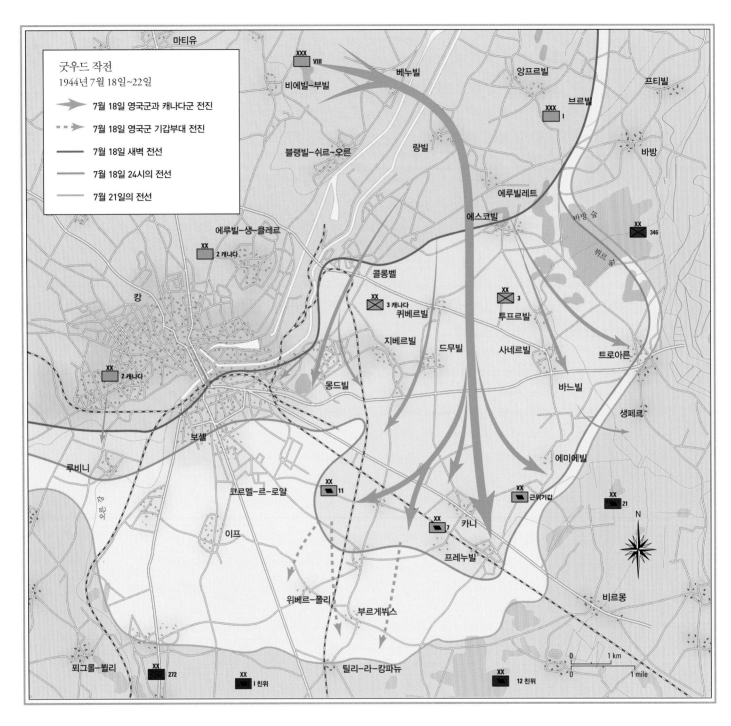

굿우드 작전
1944년 7월 18일~22일

→ 7월 18일 영국군과 캐나다군 전진
┈┈> 7월 18일 영국군 기갑부대 전진
── 7월 18일 새벽 전선
╌╌╌ 7월 18일 24시의 전선
╍╍╍ 7월 21일의 전선

굿우드 작전의 대가

연합군의 작전계획자들은 디데이에 캉을 점령하려고 했지만, 이 노르망디 마을은 거의 한 달째 독일군이 장악하고 있었다. 연합군이 캉을 점령하려고 몇 차례나 시도했지만, 모두 격퇴당했다. 굿우드 작전이 마침내 성공했지만, 그 대가는 만만치 않았다.

착하면 그들을 공격하여 전멸시키는 쪽을 선호했다. 게다가 히틀러는 대다수 독일 기갑사단의 통제권을 장악하고 자신이 직접 명령하지 않는 한 기갑사단을 투입할 수 없다고 선언했다.

6월 6일 히틀러는 파드칼레(Pas de Calais)가 아닌 노르망디가 연합군의 '진짜' 침공 지점이라는 사실을 믿으려 하지 않았다. 독일 기갑부대의 대부분이 예비로 대기했다. 오직 21기갑사단의 부대들만이 디데이에 연합군을 향해 의미 있는 기갑부대 반격을 시도할 수 있었으며, 그것도 오후 늦게서야 실시되었다. 16시경, 21기갑사단의 공격이 시작되었다. 독일 전차들은 리옹-쉬르-메르(Lion-sur-Mer)에서 영국해

협 해안가에 도달했지만, 그 시점에 이미 날이 저물었고 전과를 확대하기 위해 사용할 수 있는 예비 병력도 부족했다. 서유럽에서 연합군을 패배시킬 수 있는 절호의 기회는 그렇게 사라졌다.

캉 점령

과도한 욕심이었는지 모르지만, 연합군 지휘관들은 디데이 당일에 교통과 통신의 요충지인 캉(Caen)을 점령할 수 있을 것으로 예상했었다. 하지만 소드 해안에서 만난 독일군의 강력한 저항과 지연작전으로 인해 영국군은 캉을 점령하는 데 실패했다. 캉은 6주 동안 독일군의 수중에 있었다. 연합

군은 엡섬 작전(Operation Epsom)과 찬우드 작전(Operation Charnwood)을 포함해 일련의 피비린내 나는 전투를 치렀고, 7월 17일~20일에 굿우드 작전(Operation Goodwood)으로 마침내 캉을 점령했다.

캉 인근에서는 리처드 오코너 장군이 지휘하는 영국 8군단이 7기갑사단과 11기갑사단, 근위기갑사단의 부대들을 출동시켰으며, 동시에 J. T. 크로커(J. T. Crocker) 장군의 영국 1군단이 3보병사단과 51보병사단을 동원해 라이프슈탄다르테 아돌프 히틀러 1친위기갑사단(1st SS Division Leibstandarte SS Adolf Hitler)과 히틀러유겐트 12친위기갑사단(12th SS Panzer Division Hitlerjugend), 21기갑사단 소속의 완강한 독일군과 전투를 벌였다.

연합군의 엄청난 폭격으로 한동안 마비상태에 빠진 독일군이 신속하게 회복하여 끔찍한 전투가 벌어졌다. 11기갑사단에서만 126대의 전차와 장갑차량들이 파괴되거나 손상되었으며, 독일군은 공습과 함께 작지만 기동성이 뛰어난 영국 셔먼 전차의 집중사격을 받아 많은 티거 중전차를 잃었다.

영국군은 대략 11킬로미터(7마일)를 전진하여 부르게뷔스 능선(Bourguébus Ridge) 근처에 도달했지만, 8군단의 기갑부대는 굿우드 작전에서 약 200대의 전차와 600명이 넘는 병력을 잃었다. 캉을 확보하면서 해안교두보도 오른(Orne) 강 너머로까지 확장되었다. 하지만 현재까지도 굿우드 작전의 범위에 대해 논쟁이 끊이질 않고 있다. 일부 역사가들은 노르망디 전원지대의 보카주(bocage), 즉 산울타리 지역을 돌파하려는 의도였다고 주장하는 반면, 다른 역사가들은 당시

명시된 목표 – 캉 점령 – 를 달성했다고 믿고 있다.

코브라 작전

굿우드 작전이 완전히 성공을 거두었는지 여부를 따져봐야 그것은 탁상공론에 불과하지만, 노르망디의 산울타리 지역을 돌파하려는 연합군의 노력이 좌절되고 있는 동안 영국군과 캐나다군이 독일 기갑부대의 대다수인 6개 이상의 사단을 상대하고 있었다는 점은 인정할 수밖에 없다. 약체화된 독일 11개 사단만이 남쪽에서 미군을 상대하고 있었고 그중 기갑사단은 2개에 불과했기 때문에, 연합군 지휘관들은 미군 작전구역에서 돌파를 시도하기로 결정했다.

셔먼의 분투
노르망디 상륙작전 디데이 직후 해치가 열린 채 셔먼 전차 1대가 오마하 해변에 방치되어 있다. 노르망디 상륙을 지원하려던 DD 셔먼 전차들은 높은 파도와 씨름을 했으며 해안에 도달하기 전에 몇 대가 파도에 휩쓸려 가라앉았다.

상륙작전
보통은 오리(Duck)로 알려진 수륙양용 차량 DUKW들이 영국군 보병들을 태우고 노르망디의 얕은 해안에서 이동 중이다. DUKW은 다양한 지형을 통과해야 하는 연합군 병사들에게 기동성을 제공하는 데 중요한 역할을 했다.

코브라 작전
7월 25일~31일

― 7월 25일 연합군 전선
― 7월 28일 연합군 전선
― 7월 31일 연합군 전선

코브라 작전
1944년 7월, 연합군은 코브라 작전을 개시해 독일군 전선을 집중적으로 공습한 뒤 지상에서 공세를 벌여 독일군 전선을 돌파하고 노르망디의 산울타리 지대를 소탕했다. 이후 연합군은 프랑스를 횡단하며 질주해 프랑스 대부분을 해방시켰다.

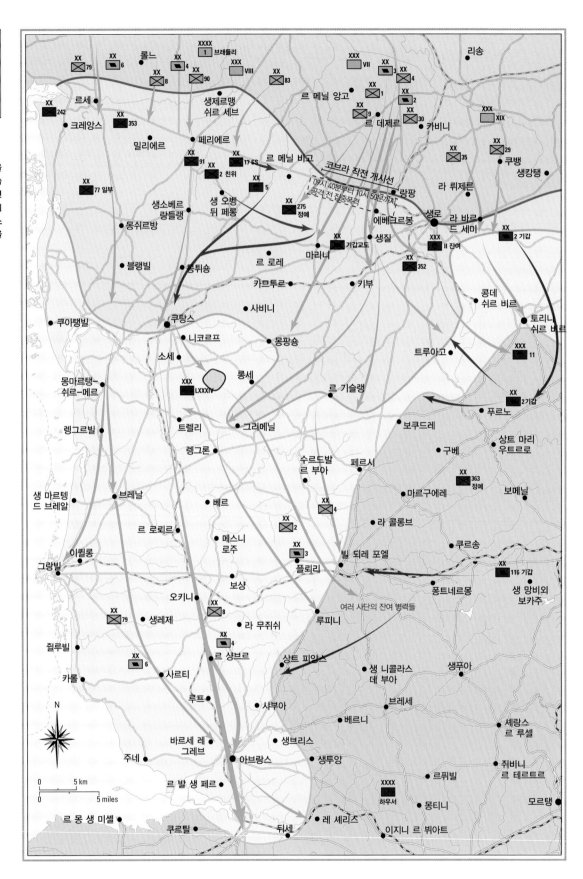

코브라 작전(Operation Cobra)은 일격으로 노르망디의 일시적인 교착상태를 타개하기 위해 계획된 작전으로, 괴로울 정도로 지연되고 있는 연합군의 일정을 회복시켜줄 가능성이 있었다. 굿우드 작전의 뒤를 이어, 수백 대의 연합군 항공기들이 6킬로미터(4마일) 전선을 따라 집중폭격을 실시했다. 이어서 미 1군 예하 7군단과 19군단이 독일군 전선의 틈으로 기갑부대와 보병부대를 투입해 개활지를 향해 질주할 예정이었다.

1944년 7월 25일, 3,000대가 넘는 미군 폭격기들이 독일군 진지를 공습하여 독일 기갑교도사단의 일부 제대를 섬멸했다. 독일 기갑교도사단의 잔여 병력과 5낙하산사단이 전진하는 미군을 상대로 싸웠지만, 다음날 미군은 1보병사단과 2기갑사단을 전투에 투입했다. 그 다음에는 8군단의 8보병사단과 90보병사단이 전투에 합류했다.

72시간 만에 미군은 독일군의 조직적인 저항을 대부분 소탕하고 3개 군단 예하의 미군 부대들은 전진에 박차를 가하기 시작했다. 독일군이 포위될 위기에 처하자, 2친위기갑사단과 17친위기갑척탄병사단이 반격에 나섰다. 1주일도 안

되어 미군은 서부전선의 전쟁 양상을 교착전에서 기동전으로 탈바꿈시켰다. 8월 1일, 대담한 조지 S. 패튼(George S. Patton) 장군이 미 3군 사령관으로 공식 취임하면서, 곧 생기 넘치는 7개 사단이 노르망디 남부와 브르타뉴(Bretagne)를 향해 전진했다. 영국군과 캐나다군은 남쪽을 향해 효율적으로 전진했는데, 캐나다군은 노르망디에서 수천 명의 독일군을 포위하려고 했다.

팔레즈의 고난

8월 중순, 패튼의 3군은 아브랑슈(Avranches)를 휩쓴 뒤 아

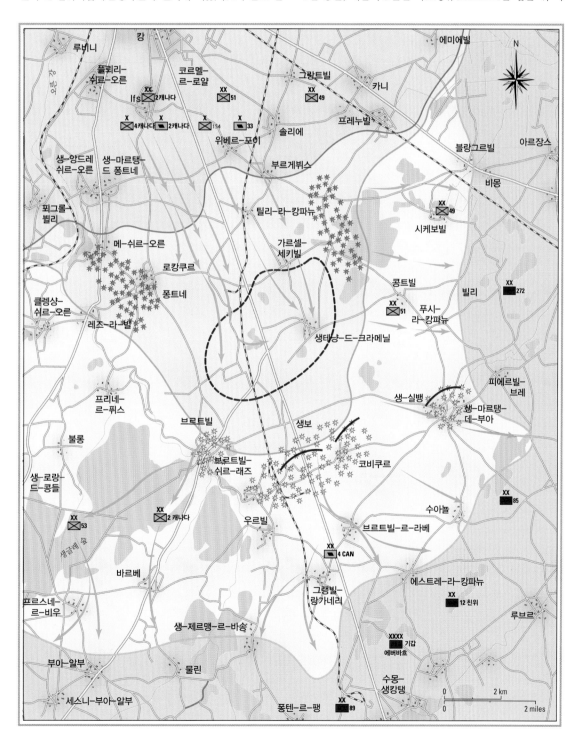

토털라이즈 작전
1944년 8월, 연합군은 캐나다 병사들이 주축이 되어 공격을 이끄는 가운데 노르망디로부터 후퇴하는 수천 명의 독일군이 원형으로 포진하고 있는 지역을 돌파하려고 했다. 팔레즈 포위전으로 연합군은 적어도 5만 명 이상의 적군을 생포했다.

비트만의 마지막 돌격
1944년 8월 8일

비트만의 죽음
독일군 티거 전차 에이스 미하엘 비트만이 죽음을 맞게 된 과정에 대해 몇 가지 논쟁이 끊이지 않고 있다. 그는 프랑스의 산토에서 1노샘프턴셔 요먼리(Northamptonshire Yeomanry)와 셔브루크 퓨질리어(Sherbrooke Fusiliers) 소속 부대와 전투 중 전사했다.

르장탕(Argentan)에 도달했다. 미국 1군 예하 병력, 특히 30보병사단은 모르탱(Mortain)에서 뤼티히 작전(Operation Lüttich)으로 알려진 독일군의 반격을 둔화시켰다. 한편 영국 2군이 전선을 굳건하게 장악했지만, 캐나다 1군의 전진은 함정에 빠지기 직전 위기에 몰린 적이 거세게 저항하면서 팔레즈(Falaise) 마을 북쪽에서 힘겨울 정도로 느려졌다. 헨리 크레라(Henry Crerar) 장군이 지휘하는 캐나다 1군은 여러 언어를 사용하는 부대들의 집합체였는데, 여기에는 미국 90보병사단과 캐나다 2보병사단과 더불어 자유프랑스 2기갑사단과 폴란드 1기갑사단, 캐나다 4기갑사단이 포함되어 있었다.

8월 8일 크레라는 팔레즈 북부의 고지대를 점령하여 독일군 7군과 5기갑군의 탈출로를 봉쇄하기 위해 토털라이즈 작전(Operation Totalize)을 개시했다. 연합군은 먼저 대규모 공습을 실시한 뒤, 독일 12친위기갑사단과 101친위중전차대대의 티거 전차를 향해 서서히 전진하기 시작했다. 캐나다군과 폴란드군은 팔레즈에 도달하는 데는 실패했지만, 인근의 여러 감제고지를 장악하는 데는 성공했다. 토털라이즈 작전이 기세를 잃자, 보병부대들이 전진하여 점령한 지역을 강화했다. 하지만 탈출로는 여전히 열려 있었다.

팔레즈에서 탈출로를 봉쇄하기 위한 마지막 시도로서 8월 14일부터 트랙터블 작전(Operation Tractable)이 시작되어 캐나다 4기갑사단과 폴란드 1기갑사단이 공격을 감행했다. 102친위중전차대대의 티거 전차들이 반격을 시도하면서

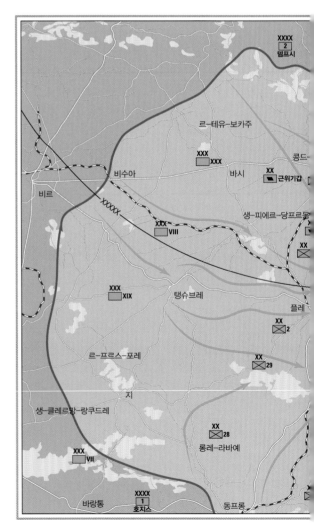

연합군의 전진이 지연되었다. 8월 17일에 발터 모델(Walther Model) 원수는 팔레즈로부터 총퇴각을 명령했고, 2친위기갑군단 예하 부대들은 협소한 탈출로를 유지하기 위해 자신들을 희생했다. 이후 캐나다 2보병사단이 팔레즈를 점령했다.

사흘 뒤, 캐나다군이 트룅(Trun)의 마을을 점령하고 폴란드 1기갑사단의 전투사령부가 캐나다 1군 주공격축의 선봉에서 전진했기 때문에 연합군은 사실상 팔레즈 주변에서 독일군에 대한 포위망을 완성했다. 하지만 탈출로가 될 수 있는 몇몇 길은 여전히 열려 있는 상태였다. 특히 오르멜 산(Mount Ormel) 능선에 구축된 폴란드군 진지 근처의 통로가 큰 문제였다. 폴란드 1기갑사단 예하 부대들은 미군과 미약하게나마 접촉하고 있었지만, 전력이 충분하지 않아 2친위기갑사단과 9친위기갑사단, 10친위기갑사단, 12친위기갑사단, 116기갑사단이 최후의 6시간 동안 탈출로를 열어놓는 것을 막지 못했기 때문에 수천 명의 독일군 병사들이 탈출하는 데 성공했다.

마침내 8월 21일 태양이 서서히 지는 가운데 팔레즈 포위망이 완전히 닫혔다. 이때까지 폴란드 병사들은 오르멜 산 능선을 따라 이루어진 수많은 역습에 버티면서 그 아래로 후퇴 중인 독일군에게 우박처럼 포탄을 퍼부었지만, 퇴각로를 완전히 차단하지는 못했다. 폴란드군의 진지는 1군의 나머지 부대들이 합류할 수 있는 기반을 제공했고, 캐나다 4기갑사단의 전차들은 쿠드하르(Coudehard)의 폴란드군 진지에 도달해 포위망을 완성했다.

끔찍한 피해

팔레즈 탈출로를 봉쇄하려는 시도가 실패하여 수천 명의 독일군이 동쪽으로 탈출하는 바람에 다시 전투에 나설 수 있게 되었지만, 팔레즈에서 전사하거나 포로가 된 적군 병사의 수는 10만 명에 육박했고, 그중 1만 5,000명 이상이 사망한 것으로 집계되었다. 독일군은 연합군 전술공군에 의해 끊임없이 공습을 당해 전투효율이 심각하게 감소했으며, 그들이 잃은 거의 350대에 이르는 전차와 2,400대의 각종 차량, 250문의 대포는 대체가 불가능했다. 병력과 화력의 측면에서 표준전력의 70퍼센트에도 미치지 못할 만큼 전력이 감소한 전투사단도 여럿 있었다. 8월 25일 연합군이 파리를 해방시킴으로써 오버로드 작전은 종결되었다.

팔레즈 포위
아르장탕 근처에서 남쪽 측면이 견고하게 유지되는 동안, 팔레즈에서 포위망의 북쪽 측면을 봉쇄하려는 영연방 군대의 노력은 짜증스러울 정도로 느렸다. 포격과 폭격 속에서 수천 명의 독일군이 가까스로 탈출하는 데 성공했다.

팔레즈 포위망 완성
1944년 8월 16일

→ 연합군 전진
⌒ 8월 13일 전선
⌒ 8월 16일 전선
⌒ 8월 19일 전선
⇢ 독일군 퇴각

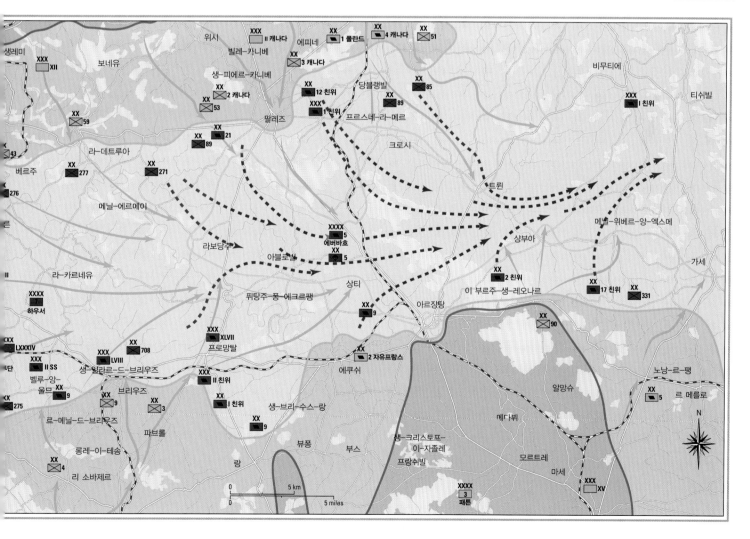

마켓 가든 1944년

신중한 접근
연합군 보병들이 셔먼 전차를 엄폐물로 삼아 폐허가 된 서유럽 어느 마을 안으로 조심스럽게 진입하고 있다. 마켓 가든 작전에서 30군단은 하나밖에 없는 진격로에서 적의 강력한 저항을 받아 진격이 지체되었다.

1944년 가을 연합군이 전선 확대 전략으로 제3제국 국경을 돌파하자, 영국군 몽고메리 원수는 크리스마스까지 2차 세계대전을 끝낼 수도 있는 지상군과 공수부대의 협동작전을 구상했다.

그는 좀처럼 위험을 감수하지 않기로 유명함에도 불구하고 마켓 가든 작전(Operation Market Garden)을 주장했다. 마켓 가든 작전은 그야말로 매우 야심만만한 공세작전이었다. 작전계획에 따르면, 영국군 1공수사단과 미군 82·101공수사단, 이 3개 공수사단이 네덜란드의 마스(Maas: 프랑스어로는 뫼즈 강-옮긴이) 강과 발(Waal) 강, 네데르레인(Nederrijn) 강의 핵심 교량을 점령한 뒤, 영국 30군단 소속 기갑부대에게 구조될 때까지 그곳을 고수하고 있으면, 영국 30군단이 전속력으로 전진하여 이 진지들을 강화한다. 그런 다음 연합군은 독일 산업의 심장부인 루르(Ruhr) 지방으로 밀고 들어가 나치를 항복하게 만든다.

힘겨운 전진

1944년 9월 17일에 공지작전이 시작되었고, 초기에는 상당한 진전을 보였다. 에인트호번(Eindhoven)과 네이메헌(Nijmegen)에서 핵심 교량을 점령하는 데 성공했다. 하지만 가장 큰 전과는 연합군 전선에서 100킬로미터(63마일) 떨어진 아른험(Arnhem)에서 네데르레인 강 다리를 점령한 것이었다. 미국 공수부대원들은 '지옥의 고속도로(Hell's Highway)'라는 별명이 붙은 30군단의 진격로를 열기 위해 격전을 벌였지만, 지상에서의 진격은 끔찍할 정도로 느렸다. 30군단의 전차와 반궤도장갑차량들은 양옆으로 낮은 습지대가 펼쳐져 훤히 노출된 상태로 비좁은 도로에 갇혀 있었다.

채피의 도전
M24 채피(Chaffee) 경전차는 2차 세계대전 말기 미 육군에 도입되어 초기의 스튜어트 모델을 대체했다. 75밀리미터(3인치) 주포를 탑재한 채피의 화력은 그 이전의 기준으로 볼 때 상당히 강력했다.

독일군이 기갑부대의 전진을 봉쇄하기 위해 분전하는 가운데, 영국군 셔먼 전차의 높은 차체는 햇빛을 받아 긴 그림자를 드리웠기 때문에 독일군 대전차무기 사수들에게 완벽한 표적이 되었다. 전차 1대만 무력화되어도 보병들을 투입해 일단 적을 소탕한 뒤 전체 행렬을 가로막고 있는 전차의 잔해를 도로 옆으로 치워야 했기 때문에 전진이 지체될 수밖에 없었다. 일정이 계속 지체됨에 따라 영국 1공수사단, 특히 아른험 다리에 있는 부대의 상황은 점점 더 악화되어갔다.

아른험

존 프로스트(John Frost) 중령이 지휘하는 1공수여단 2대대는 목표지점에 도달하자마자, 아른험 다리 북쪽 끝 진지를 점령했다. 마켓 가든 작전이 시작되기 전 몽고메리를 비롯해 다른 연합군 지휘관들은 아른험 지역에 독일군 기갑부대가 주둔하고 있음을 보여주는 항공정찰사진을 무시했다. 실제로 1공수사단은 노르망디에서 심각한 전력 손실을 겪은 뒤 그곳에서 재정비 중이던 9친위기갑사단과 10친위기갑사단의 머리 위로 강하했다.

프로스트의 경무장 낙하산병 740여 명은 거의 나흘 동안 독일 기갑부대의 반격에 버티면서 엄청난 인명피해를 입었고, 결국은 항복할 수밖에 없었다. 마켓 가든 작전이 시작될 때 1공수사단은 약 1만 명에 이르는 병력을 거느리고 있었지만, 그중 약 80퍼센트에 달하는 사상자가 발생했다. 마켓 가든 작전의 값비싼 실패는 영화 〈머나먼 다리(A Bridge Too Far)〉를 통해 널리 기억되고 있다.

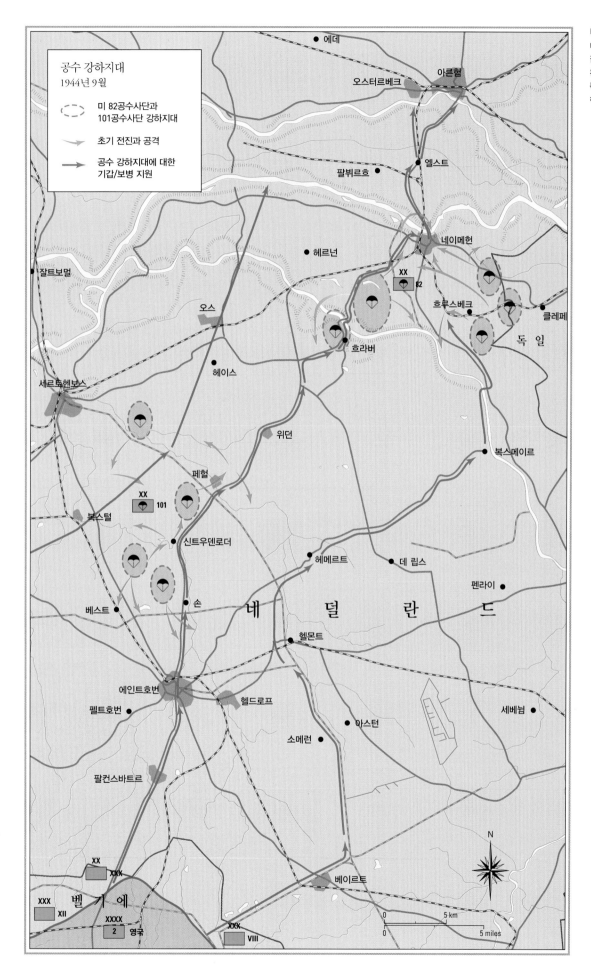

마켓 가든 작전 초기 공수 강하 단계는
잘 진행되었다. 그러나 아른험에서 상
황은 급격히 바뀌어 영국 1공수사단이
독일 2개 친위기갑사단 머리 위로 강하
하는 일이 벌어졌다.

공수 강하지대
1944년 9월

미 82공수사단과
101공수사단 강하지대

초기 전진과 공격

공수 강하지대에 대한
기갑/보병 지원

에데

아른험

오스터르베크

엘스트

팔뷔르흐

네이메헌

헤르넌

잘트보멀

오스

XX
82

흐루스베크

클레페

헤이스

흐라버

독 일

세르토헨보스

위던

복스메이르

페헐

XX
101

복스털

신트우덴로더

헤메르트

데 립스

펜라이

베스트

손

네   덜   란   드

헬몬트

에인트호번

헬드로프

펠트호번

아스턴

세베뇜

소메런

팔컨스바트르

N

XX   XXX

베이르트

벨 기 에

XXX   XII

XXXX
2   영국

XXX   VIII

0   5 km

0   5 miles

중국
1937~1945년

1937년 2차 중일전쟁이 발발하자, 중국군은 고작 3개 기갑대대에 해당하는 부대만 배치했는데, 이들은 구식 영국제 비커스 전차와 취약한 이탈리아제 CV33 소전차, 기관총만 장착한 독일제 1호 전차로 구성되어 있었다.

비록 일본군 기갑부대도 규모가 크지 않았지만, 95식 경전차 하고(九伍式輕戰車ハ号)의 37밀리미터(1.5인치) 주포와 97식 중전차 치하(九七式中戰車 チハ)의 57밀리미터(2.25인치) 대포는 중국군 경장갑차량의 장갑을 쉽게 관통했다. 일본군과 중국군 사이에 전차전이 벌어진 경우는 거의 없었기 때문에 일본군 기갑부대는 전통적인 군사교리에 따라 주로 보병지원 역할을 수행했다.

소련의 기습

아시아 대륙을 무대로 한 가장 의미심장한 기갑부대 전투

일본 기갑부대
중국 인민해방군 병사들이 노획한 일본군 97식 전차를 차지했다. 2차 세계대전이 끝난 뒤, 공산당과 국민당 양측 군대 모두 일본군이 패전 후 버린 장비들을 사용했다.

중 하나가 1939년 여름 만주의 노몬한 혹은 할힌골로 알려진 곳에서 발생했다. 선전포고 없이 소련과 국경분쟁이 발생하자, 일본 6군의 고위 지휘관들은 중국과 만주로 세력을 확장하는 일본을 위협하고 있는 소련군의 무력간섭 가능성을 제거하기 위해 7월 초에 개시할 작전을 승인했다.

일본군은 대규모 보병과 3전차연대, 4전차연대 소속 장갑차량들을 동원했다. 이 연대들은 전투능력이 천차만별인 전차와 소전차를 약 85대 정도 보유하고 있었다. 보유 장갑차량 중에는 1920년대에 개발되어 중일전쟁이 시작되었을 때는 이미 구식으로 취급받은 오래된 89식 중전차(八九式中戰車)도 있었다.

2개 축선으로 공세를 시작한 일본군은 기갑부대로 구성된 야스오카 지대(安岡支隊)를 남쪽 측면에 집중시키는 바람에 게오르기 주코프 장군이 지휘하는 붉은 군대 분견대가 400대가 넘는 전차로 반격을 시작하자 북쪽 축선을 담당한 일본군의 대다수가 거의 포위될 위기에 몰렸다. 야간에 이동한 일본군 기갑부대는 7월 2일 주간에 반격을 가해 절반이 넘는 소전차들을 잃을 정도로 충격적인 피해를 입었다. 1주 뒤, 끔찍할 정도로 전력이 약화된 야스오카 지대는 결국 해체되었다.

8월에 주코프가 복수를 시작했다. 집중적인 포병사격과 항공엄호의 지원을 받은 붉은 군대 3개 사단과 1개 전차대대가 일본군 진지를 강타했다. 신속하게 이동한 소련군 기갑부대는 일본군의 양쪽 측면을 휩쓸고 눈부신 양익포위를 실시했다. 분쟁 대상인 만주 국경의 소련 영역을 점령하고 있던 일본군은 사실상 전멸했다.

노몬한에 고작 2개 전차연대만을 배치했던 일본군 기갑부대는 소련군 기갑부대에 대해 절망적일 정도로 수적인 열세에 놓였다. 설상가상으로 일본군 작전계획자들은 기갑전에 대한 노몬한의 교훈을 애써 무시한 채 이후 미국과의 전쟁에 충분한 전차 전력을 투입하지 않는 실수를 저질렀다.

소련군 기갑부대 자산에는 1935~1940년에 5,000대 넘게 생산된 BT-7 경전차도 포함되어 있었다. BT-7 경전차는 7.62밀리미터(0.3인치) 기관총 2정과 회전포탑에 47밀리미터(1.75인치) 주포를 장착했다. 2차 세계대전이 시작될 무렵 서구의 기준에서는 이미 구식이 된 BT-7을 붉은 군대는 1945년까지 동부전선과 만주에서 계속 사용했다.

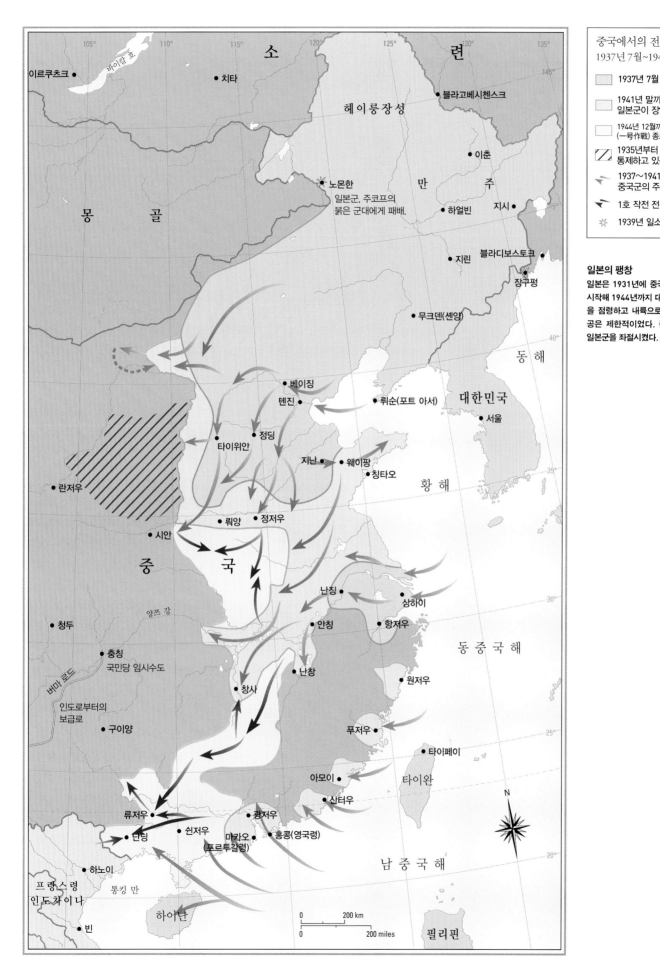

중국에서의 전쟁
1937년 7월~1944년 12월

1937년 7월 일본군 점령지

1941년 말까지
일본군이 장악한 지역

1944년 12월까지 1호 작전
(一号作戰) 종료 후 점령지

1935년부터 공산당이
통제하고 있는 지역

1937~1941년
중국군의 주요 전진로

1호 작전 전진로

1939년 일소분쟁

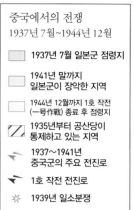

일본의 팽창
일본은 1931년에 중국 영내로 팽창을 시작해 1944년까지 대부분의 해안지방을 점령하고 내륙으로 전진했지만, 성공은 제한적이었다. 중국의 광활함이 일본군을 좌절시켰다.

바그라티온 작전 1944년

믿음직한 돌격포
독일군 3호 돌격포(Sturmgeschütz III) 행렬이 소련의 비포장도로를 따라 전진하고 있다. 독일군 돌격포는 보병 지원과 대전차 임무에 효과적이면서 표준 전차보다 생산비가 낮았다.

바그라티온 작전(175쪽 지도)
1944년 여름, 소련은 벨라루시와 폴란드 동부로부터 독일군을 몰아내기 위한 대규모 공세인 바그라티온 작전을 개시했다. 두 달에 걸친 격렬한 전투로 인해 독일군 사상자가 50만 명에 달한 것으로 추정된다.

판처파우스트의 위력
견착식 대전차무기 판처파우스트는 2차 세계대전 당시 독일군의 표준 지급 무기였다. 판처파우스트의 혁신적인 성형작약 탄두는 연합군의 중장갑차량에도 효과적이었다.

1944년 6월 22일(독일군이 바르바로사 작전을 개시해 소련을 침공한 지 3년째 되는 날), 강력한 소련의 4개 전선군이 독일 중부집단군을 향해 바그라티온 작전(Operation Bagration)을 개시하며 공세에 돌입했다. 당시 중부집단군은 대략 벨라루시 동부를 남북으로 관통하는 방어선을 유지하고 있었다. 첫 이틀 동안 붉은 군대는 중요한 독일군 방어선 몇 군데를 돌파했다. 이어서 소련 기갑선봉대가 독일군 후방지역을 향해 서쪽으로 신속하게 진격하여 7월 4일에는 민스크를 점령했다. 이로써 소련군은 보브루이스크(Bobruisk)-로가체프(Rogachev) 지역에 있는 독일 4군 대부분과 9군 일부 부대를 포위할 수 있게 되었다. 한편 더 북쪽에서는 1발트 전선군과 3벨라루시 전선군(혹은 군)이 7월 4일에 비텝스크(Vitebsk)와 폴로츠크(Polotsk)의 중요한 마을을 점령했다. 7월 나머지 기간 동안, 소련 기갑부대는 공세의 다음 주요 단계를 진행하면서 독일군의 미약한 지항을 물리치고 서쪽으로 빠르게 진격하여 브레스트-리토프스크(Brest-Litovsk)와 그로드노(Grodno), 빌뉴스(Vilnius), 드빈스크(Dvinsk)를 점령했다.

조국 러시아의 회복

이들 성공에 고무된 소련 측면 부대들은 강력한 지원 작전을 개시해 공격 전면을 크게 확장했다. 북쪽에서 소련군은 프스코프(Pskov)에서 드빈스크에 이르는 영역에서 독일 북부집단군을 몰아냈다. 8월 21일이 되자 이들 소련군의 진격으로 인해 여전히 에스토니아(Estonia)를 방어하고 있는 독일 북부집단군은 라트비아(Latvia)의 리가(Riga) 남서쪽에 형성된 협소한 회랑을 통해서만 나머지 독일군 전선과 연결되는 위험한 상황에 처했다. 한편 남쪽에서는 1벨라루시 전선군이 핀스크(Pinsk)의 남쪽 지역에서 서쪽으로 공세를 취했으며, 라돔(Radom)의 동쪽에서 비스와 강까지 진격해 폴

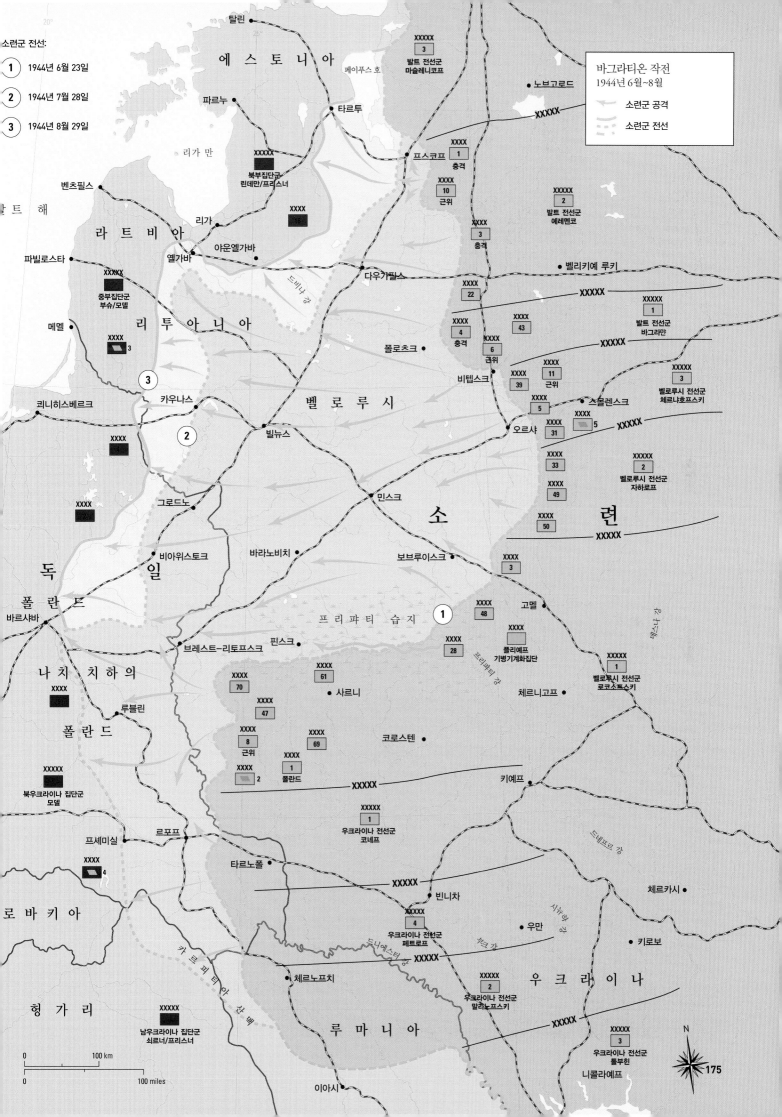

소련군 전선:
① 1944년 6월 23일
② 1944년 7월 28일
③ 1944년 8월 29일

바그라티온 작전
1944년 6월~8월
↖ 소련군 공격
⋯ 소련군 전선

에 스 토 니 아

탈린
파르누
타르투
페이푸스 호
노브고로드

XXXXX
발트 전선군
마슬레니코프

리가 만

XXXXX
1
충격

XXXX
10
근위

XXXX
3
충격

XXXXX
발트 전선군
예레멘코

프스코프

벤츠필스

발 트 해

XXXXX
북부집단군
린데만/프리스너

XXXX
16

리가
야운옐가바
엘가바
다우가필스

드비나 강

XXXX
22

XXXXX
1

벨리키예 루키

XXXXX
발트 전선군
바그라먄

라 트 비 아

파빌로스타

XXXXX
중부집단군
부슈/모델

메멜

리 투 아 니 아

XXXX
3

③

카우나스

②

빌뉴스

벨 로 루 시

폴로츠크

XXXX
4
충격

XXXX
6
근위

XXXX
43

XXXXX
3
벨로루시 전선군
체르냐호프스키

비텝스크

XXXX
39
근위

XXXX
11
근위

쾨니히스베르크

XXXX
4

XXXX
5

스몰렌스크

XXXX
5

XXXXX
2
벨로루시 전선군
자하로프

오르샤

XXXX
31

XXXX
33

소   련

XXXX
24

그로드노

민스크

XXXX
49

XXXX
50

독

일

비아위스토크

바라노비치

보브루이스크

XXXX
3

폴 란 드

바르샤바

브레스트-리토프스크

핀스크

프리퍄티 습지

①

XXXX
48

고멜

XXXX
플리예프
기병기계화집단

XXXXX
1
벨로루시 전선군
로코소프스키

나 치 치 하 의

XXXX
49

루블린

XXXX
70

XXXX
61

사르니

XXXX
28

체르니고프

폴 란 드

XXXX
47

XXXX
8
근위

XXXX
69

코로스텐

XXXX
2

XXXX
1
폴란드

XXXXX
북우크라이나 집단군
모델

XXXXX
우크라이나 전선군
코네프

키예프

프셰미실

르포프

타르노폴

드네프르 강

체르카시

XXXX
4

빈니차

XXXXX
4
우크라이나 전선군
페트로프

시냐 강

부크 강

우만

키로보

로 바 키 아

헝 가 리

XXXXX

드니에스터

카르파티아 산 맥

체르노프치

XXXXX
2
우크라이나 전선군
말리노프스키

우 크 라 이 나

루 마 니 아

이아시

남우크라이나 집단군
쇠르너/프리스너

XXXXX
3
우크라이나 전선군
톨부힌

니콜라예프

0   100 km
0   100 miles

N

175

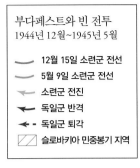

부다페스트와 빈 전투
1944년 12월~1945년 5월

—— 12월 15일 소련군 전선
—— 5월 9일 소련군 전선
← 소련군 전진
◄ 독일군 반격
◄- 독일군 퇴각
▨ 슬로바키아 민중봉기 지역

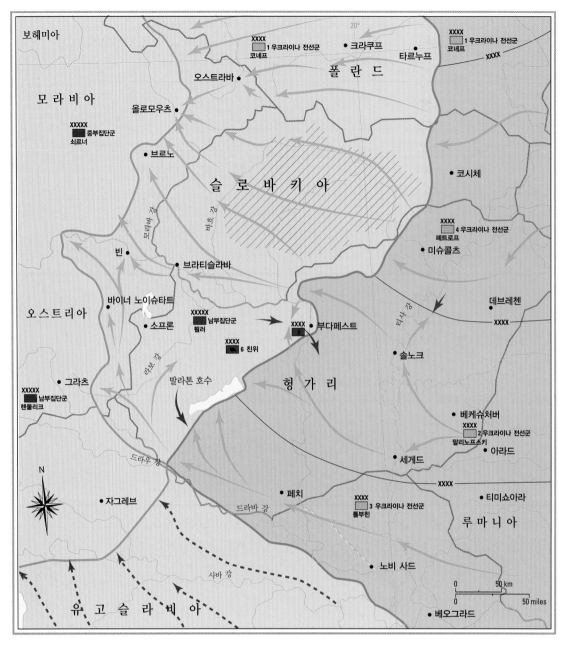

쇄도하는 소련군
1944년 겨울과 1945년 봄에 소련의 붉은 군대는 종심침투 공세를 실시해 제3제국을 향해 서쪽으로 전진하는 동안 대규모 독일군 병력을 포위하고 빈과 부다페스트를 점령했다.

란드 총독부 관할 루블린(Lublin)을 점령했다. 8월 말 바그라티온 공세와 그 양익의 조공이 약화될 무렵, 독일군은 소련에서 완전히 밀려나 동프로이센의 국경과 독일 점령 폴란드의 바르샤바 남쪽에 있는 비스와 강까지 후퇴한 상태가 되었다. 그 과정에서 소련군은 독일군 26개 사단을 완전히 와해시키고 39만 8,000명의 인명피해를 입히면서 17만 명의 포로를 잡았다. 결정적으로 그와 동시에 소련군이 바르샤바 남쪽의 비스와 강 너머로 위협적인 세 군데 교두보를 확보했다. 소련의 다음 공세는 그곳을 출발선으로 삼아 1945년 1월에 시작될 예정이었다. 소련군은 고작 9주에 걸친 격렬한 바그라티온 공세를 통해 독일 육군에게 2차 세계대전 전 기간에 그들이 경험한 것 중 가장 참담한 군사적 패배를 안겨주었고, 독일 육군은 결국 그 패배에서 회복할 수 없었다.

서쪽으로 전진

1944년 여름 독일 중부집단군이 경험한 재앙에 뒤를 이어 소련군은 이후 몇 달 동안 동부전선의 중부와 남부 구역을 누비며 공세를 계속했다. 이반 코네프(Ivan Konev) 원수의 1우크라이나 전선군은 1945년 1월 소련의 비스와-오데르(Vistula-Oder) 공세의 남익으로 작전을 벌여 신속하게 폴란드를 가로질러 타르누프(Tarnow)와 크라쿠프(Krakow)를 거쳐 서쪽으로 진격하는 데 성공했다. 3월에 1우크라이나 전선군 예하 부대들은 모라비아(Moravia) 동부의 오스트라바(Ostrava) 지역을 점령했다. 그들 남쪽에서는 1945년 춘계 기간 동안 4우크라이나 전선군이 슬로바키아를 거쳐 서진하면서 1944년 하반기에 친독일계 추축국 슬로바키아 공화국(Slovak Republic)에 맞서 슬로바키아 민중봉기를 일으킨 후 그때까지 살아남은 게릴라 부대와 연계했다. 1945

년 3월에 이들은 독일 중부집단군의 저항을 물리치고 계속 서진하여 모라비아 남동부의 브르노(Brno)-올로모우츠(Olomouc) 지역에 도달했다.

좀 더 남쪽에서는 로디온 말리노프스키(Rodion Malinovsky) 원수의 2우크라이나 전선군이 1944년 12월 동안 끊임없이 서쪽으로 압박을 가해 오토 뵐러(Otto Wöhler) 대장의 독일 남부집단군을 뒤로 밀어붙였다. 그 과정에서 붉은 군대는 헝가리의 수도 부다페스트(Budapest)에서 독일 9친위산악군단을 포위했다. 1945년 1월 1일~27일에 독일군은 포위된 부다페스트 주둔군을 구조하기 위해 세 차례의 반격을 가했으나 실패했다. 결국 그들은 소련군의 공격에 굴복했다. 이후 3월 6일~16일에 독일군은 발라톤 호수(Lake Balaton) 지역에서 봄의 각성 작전(Operation Frühlingserwachen)을 개시해 추축국의 손에 남아 있는 마지막 유전지대를 보호하려고 했지만, 이 작전은 소련의 역습으로 순식간에 저지되었다. 이후 소련군은 궁지에 몰린 독일군을 신속하게 서쪽으로 밀어붙이며 헝가리 서부 국경을 넘어 오스트리아에 진입했다. 4월 13일 소련군은 오스트리아의 수도 빈(Wien)을 점령하고 도나우(Donau) 강 계곡

을 따라 계속 북서진하다가 전쟁이 끝날 무렵에는 그라츠(Graz)를 향해 서진했다.

발칸 반도 유격전

1944년 말, 훨씬 더 남쪽에서는 소련군이 루마니아를 거쳐 신속하게 진격하여 드라바(Drava) 강 계곡을 장악하고 있던 유고슬라비아 빨치산과 연결하는 데 성공했다. 1945년 1월, 소련과 불가리아, 유고슬라비아 군대가 남동전선 최고사령관 막시밀리안 프라이헤어 폰 바익스(Maximilian Freiherr von Weichs) 원수 예하 부대가 장악하고 있는 지역을 공격했다. 남동전선 최고사령부는 보스니아 헤르체고비나(Bosnia-Herzegovina) 동부를 통제하면서 핵심 도시인 모스타르(Mostar)와 사라예보(Sarajevo), 비셰그라드(Višegrad)를 방어했다. 이 지역에서는 크로아티아군과 독일군이 벌써 유고슬라비아 빨치산을 상대로 몇 년째 지속되고 있는 잔혹한 게릴라전을 치르느라 발이 묶여 있었다. 마침내 1945년 5월 초, 전쟁의 최종 순간에 추축군이 공산주의자들에게 포로가 되지 않기 위해 빠르게 서쪽으로 철수했다.

티거의 전진
가공할 티거 전차 행렬이 소련 비포장 도로 위를 전진하고 있다. 기후 조건이 유리할 때는 독일 육군이 괄목할 만한 전진을 했지만, 혹독한 겨울 날씨와 야지횡단 작전 중 중전차를 유지·보수하는 어려움 때문에 전진 속도가 둔화되었다.

벌지 전투 1944년

서부전선에서 히틀러가 벌인 최후의 도박인 '라인 강 경계 작전(Operation Watch on the Rhine)'이 1944년 12월 16일 방어가 취약한 연합군의 아르덴 구역에서 기습적으로 시작되었다. 몇 주에 걸쳐 부대를 집결시킨 뒤 히틀러는 북으로 요제프 '제프' 디트리히(Josef 'Sepp' Dietrich) 친위상 급대장의 6기갑군과 중앙에 하소 폰 만토이펠(Hasso von Manteuffel) 대장의 5기갑군, 남으로 에리히 브란덴베르거(Erich Brandenberger) 대장의 3개 군을 배치하고 그들을 직접 지휘했다. 그들은 정면의 95킬로미터(60마일) 전선을 따라 벨기에와 프랑스, 룩셈부르크를 공격하여 벨기에의 주요 항구인 안트베르펜(Antwerpen)을 점령함으로써 연합군의 12집단군과 21집단군 사이에 쐐기를 박으려고 했다.

기갑부대 전진

독일군은 동계 공세에 성공해야만 연합군을 협상 테이블로 끌어낼 수 있고, 그 다음 동부의 비스와 강을 따라 병력을 집중해 소련군을 상대할 수 있을 것이다. 독일군은 연합군 전술항공기가 출격할 수 없는 악천후를 틈타 병력 27만 5,000명과 전차 1,800대, 대포 2,000문으로 공격을 개시했다.

북쪽의 공격은 처음에는 성공적이었으나 빽빽한 산림지대인 슈네 아이펠(Schnee Eifel)에서 미군 106보병사단의 2개 연대가 전부 디트리히에게 항복했음에도 불구하고 99보병사단이 완강하게 저항하는 바람에 전진이 느려지기 시작했다. 생비트(St Vith)에서는 7기갑사단 예하 부대들이 6일 동안 그곳을 고수했다.

남쪽에서 미군 9기갑사단과 4보병사단이 브란덴베르거 부대의 전진을 완전히 정지시켰다. 커다란 돌출부가 형성되면서 독일군의 공세는 벌지 전투(Battle of the Bulge)라는 이름이 붙게 되었다. 도로 교차점인 바스토뉴(Bastogne)에서 101공수사단과 9기갑사단, 10기갑사단의 병사들은 포위된 채 패튼의 3군이 구조해줄 때까지 마을을 고수했다. 3군은 동쪽을 향한 전진을 중단하고 북으로 90도 선회하는 눈부신 전투기동을 선보이면서 포위된 전우들을 구조했다.

기갑정찰
미군 병사들이 프랑스 모처에서 정찰임무를 수행하는 동안 다른 차량들 사이에 M8 그레이하운드(Greyhound) 장갑차를 세워놓았다. 차륜식 M8 장갑차는 1943년 봄부터 포드 사가 생산하기 시작했다.

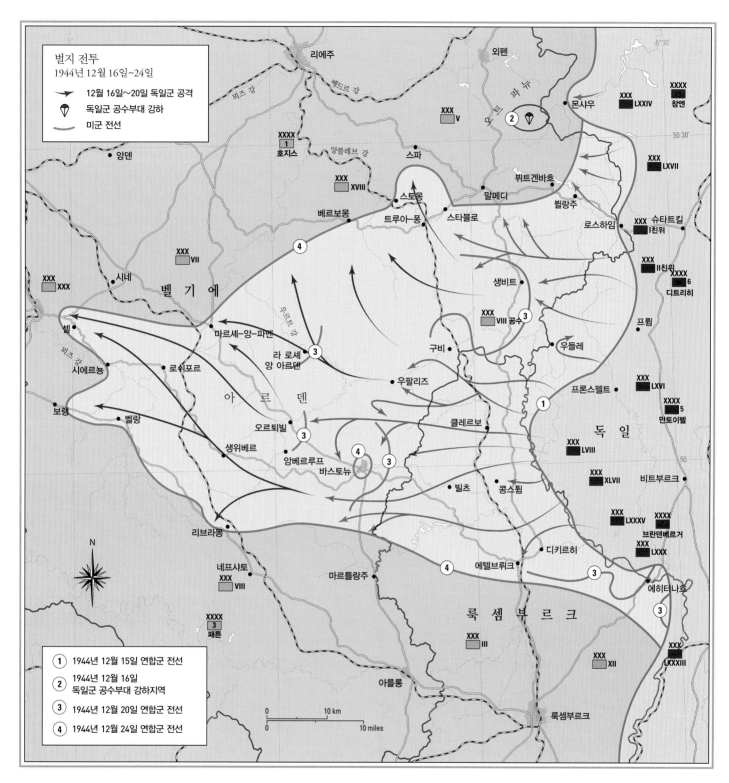

벌지 전투
1944년 12월 16일~24일

→ 12월 16일~20일 독일군 공격
⚐ 독일군 공수부대 강하
〰 미군 전선

① 1944년 12월 15일 연합군 전선
② 1944년 12월 16일 독일군 공수부대 강하지역
③ 1944년 12월 20일 연합군 전선
④ 1944년 12월 24일 연합군 전선

독일군 저지

중앙에서 독일군 전진의 선봉이 된 요아힘 파이퍼(Joachim Peiper) 중령의 2친위기갑사단 소속 부대들은 뫼즈 강의 주요 다리들을 향해 맹렬하게 전진했지만, 다리들을 파괴해버린 연합군 전투공병과 끊임없는 연료 부족 때문에 결국 교량 확보에 실패했다. 이후 말메디(Malmedy)에서 미군 포로를 살해해 전범으로 기소될 운명인 파이퍼는 12월 24일 디낭에서 뫼즈 강에 도달했지만, 그 이상은 전진할 수 없었다.

연합군의 저항이 완강해짐에 따라 많은 독일군 전차의 연료가 바닥이 났다. 결국 날씨가 개면서 연합군 항공기들이 지상 표적을 공격하기 시작했다. 1945년 1월 15일 독일군의 돌출부가 제거되었다. 히틀러는 엄청난 손실을 입었다. 적어도 12만 명의 사상자가 발생하고 600대에 달하는 장갑차량들이 파괴되었다. 미군은 8만여 명에 이르는 병사들이 죽거나 부상을 입거나 포로가 되었다.

라인 강 경계 작전
독일의 아르덴 공세는 벨기에의 주요 항구도시인 안트베르펜을 점령하여 연합군을 둘로 분리한다는 궁극적인 목표를 달성하지 못했다. 히틀러의 절망적인 도박으로 인해 독일군 병력과 장갑차량은 회복할 수 없는 손실을 입었다.

태평양 1944~1945년

이오지마 공격
1945년 2월 미 해병 3개 사단이 이오지마를 공격했다. 일본군과 한 달 넘게 싸워 결국 섬을 탈취했다. 이오지마 점령이 선언되기도 전에 섬에 있는 비행장들은 미군이 이미 사용 중이었다.

2차 세계대전 중, 태평양 전역에서 기갑부대의 활동은 불리한 환경으로 인해 매우 제한적이었다. 빽빽한 정글과 험난한 지형, 장기간에 걸친 악천후로 인해 기갑부대의 운용이 어려웠을 뿐만 아니라, 태평양에는 작은 섬들이 밀집된 군도들이 많았기 때문에 대규모 전차부대를 배치하는 것도 비실용적이었다. 태평양 전역에 분포되어 있는 일본군 점령 도서를 탈취하는 작전은 1942년 중반부터 일부 섬들을 건너뛰며 느리게 진행되었다.

1920년대와 1930년대에 일본이 전쟁을 향해 가는 동안, 일본 군부는 서구열강에 비해 전차와 장갑전투차량의 개발에 소홀했다. 일본군 전차는 대부분 경장갑·경무장 형태를 취했다. 그 전형적인 것이 바로 97식 중전차 치하였는데, 이것은 2차 세계대전 동안 일본군이 배치한 대부분의 모델들이 그렇듯이 보병지원용이어서 아예 포구를 올릴 수 없는 57밀리미터(2.25인치) 주포를 회전포탑에 장착했다. 97식 중전차는 일본의 무기 공장에서 가장 널리 생산된 중형전차였다. 그럼에도 불구하고 97식 중전차 치하와 97식 중전차 치하 카이(九七式中戰車改)는 고작 3,000대 정도만이 생산되었다. 이러한 전차의 부족은 태평양 전쟁 초기 단계에서는 일본군이 개별 전투에서 우위를 점하고 주도권을 쥐었기 때문에 그다지 크게 눈에 띄지 않았다.

과달카날과 타라와

미국이 적이 장악하고 있는 수많은 섬들에 상륙하는 육군과 해병을 지원하기 위해 태평양에 전차를 배치하기 시작하면서 1942년 8월부터 전차가 솔로몬 제도(Solomon Islands)의 과달카날(Guadalcanal) 작전에서 필수적인 화력을 제공했다. 결정적인 테나루 전투(Battle of the Tenaru)[잘못된 이름으로 실제 전투는 일루(Ilu) 강 입구에서 벌어졌다]에서 미 M3 스튜어트 경전차는 공격해오는 일본군에 37밀리미터(1.5인치) 대포와 7.62밀리미터(0.3인치) 기관총으로 상당한 피해를 입혔다. 스튜어트 경전차가 유럽에서 전차전을 벌이기에는 너무 경무장·경장갑이었지만, 과달카날을 비롯한 태평양 지역에서는 일본군의 기관총진지와 보병 집결지를 상대하기에 충분한 성능을 갖고 있었다.

1943년 11월 길버트 제도(Gilbert Islands)의 타라와(Tarawa)에서는 '콜로라도(Colorado)'라는 애칭을 가진 1해병중형전차대대 C중대 소속 M4 셔먼 전차 1대가 수많은 일본군의 벙커와 거점을 파괴하고 76시간 전투 끝에 섬을 점령하는 데 기여했다. 일본군의 대전차포에서 발사된 포탄은 셔먼의 장갑을 관통하지 못하고 튕겨나가면서 전차의 장갑 표면에 담황색 줄만 남겼다.

이오지마와 오키나와

태평양 전쟁에서도 가장 피비린내 나는 전투가 1945년 겨울과 봄 동안 이오지마와 오키나와에서 벌어졌다. 그만큼 이 두 섬의 점령은 아주 중요했다. 이 두 섬을 방어하는 일본군 지휘관은 종심방어 전술을 이용했다. 일본군 방어부대는 섬을 집중적으로 요새화하여 동굴 속에 대포를 숨기고 콘크리트로 강화된 벙커와 토치카에 병력을 배치했다.

미군 전차들은 작전 공간이 협소해서 지뢰와 대전차포, 일

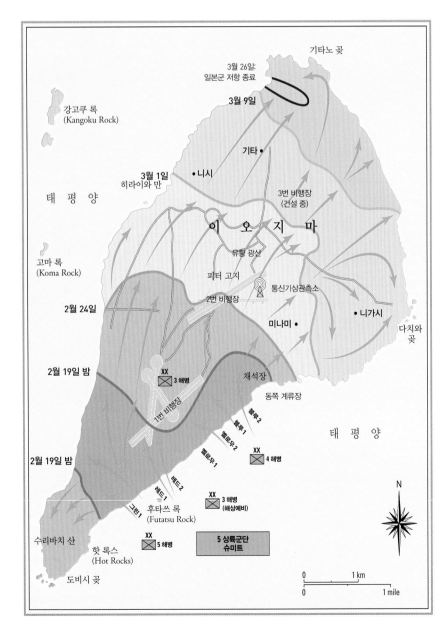

이오지마 상륙작전
1945년 2월 19일~3월 26일

→ 미군 전진
— 일자별 미군 전선
— 일본군 전선

기타노 곶

3월 26일: 일본군 저항 종료

3월 9일

강고쿠 록
(Kangoku Rock)

기타

3월 1일
히라이와 만

니시

3번 비행장
(건설 중)

태평양

이 오 지 마

고마 록
(Koma Rock)

유황 광산

피터 고지

통신기상관측소

2번 비행장

2월 24일

미나미

니가시

다치와 곶

2월 19일 밤

XX 3 해병

채석장

동쪽 계류장

1번 비행장

블루 2
블루 1
옐로우 2
옐로우 1
레드 2
레드 1
그린 1

태평양

XX 4 해병

XX 3 해병
(해상예비)

후타쓰 록
(Futatsu Rock)

수리바치 산

핫 록스
(Hot Rocks)

XX 5 해병

5 상륙군단
슈미트

도비시 곶

N

0   1 km
0   1 mile

본군 보병의 전차파괴반에 취약했지만, 요새화된 적의 진지에 맞서 우위를 점하는 데 중요한 역할을 했다. 75밀리미터 (3인치) 대포를 장착한 M4 셔먼은 기동포병 역할을 수행하면서 일본군의 거점과 근거리에서 교전하여 그들을 굴복시켰다. 화염방사기를 장착한 특수 셔먼 전차들은 벙커를 무력화시키고 무한궤도로 기관총좌를 깔아뭉갰다.

미군 전사자 추도식
미군 전차와 병사들이 오키나와와 이오지마에서 산화한 전우들을 기리기 위해 도열했다. 이 두 섬을 점령하는 동안 엄청난 사상자가 발생했지만, 이를 통해 미국은 일본을 침공할 수 있게 되었다.

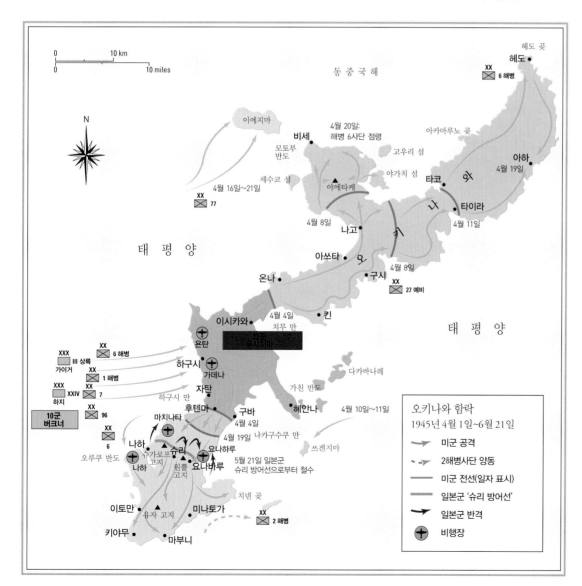

오키나와 점령
미 해병대와 육군 병사들이 격전을 치르며 한발 한발 전진하는 가운데 오키나와 전투는 격렬하게 전개되었다. 일본 본토로부터 겨우 550킬로미터(340마일) 떨어진 오키나와는 말 그대로 일본의 관문이었다.

제3제국의 몰락
1945년 5월

1945년 봄이 되자, 제3제국의 몰락은 불가피해졌다. 게오르기 K. 주코프 원수의 1벨로루시 전선군과 이반 코네프 원수의 1우크라이나 전선군, 이 2개 전선군이 독일 수도 베를린을 향해 맹렬하게 전진했다. 신속한 승리와 커다란 선전거리를 위해, 소련 수상 이오시프 스탈린은 최종 승리를 놓고

두 전선군이 서로 경쟁하게 만들었다.

진격하는 소련군은 양익포위로 베를린을 집어삼키려 했다. 방어에 들어간 독일군은 수백만의 병력을 집결시켰지만, 대다수가 걸을 수 있는 수준의 부상병이거나 국민돌격대(Volkssturm)(민방위군)의 노인, 혹은 히틀러 청년단의 청

라인 강 도하
1945년 3월, 미 1군 예하 부대가 독일 레마겐(Remagen) 인근에서 루덴도르프 다리를 확보하고 라인 강을 건넜다. 다리가 붕괴되기 전에 연합군 병력과 전차는 강 건너에 첫 번째 교두보를 확보할 수 있었다.

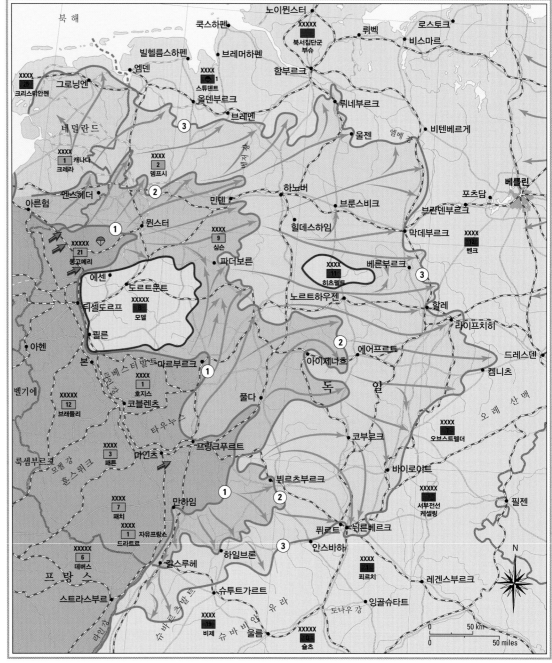

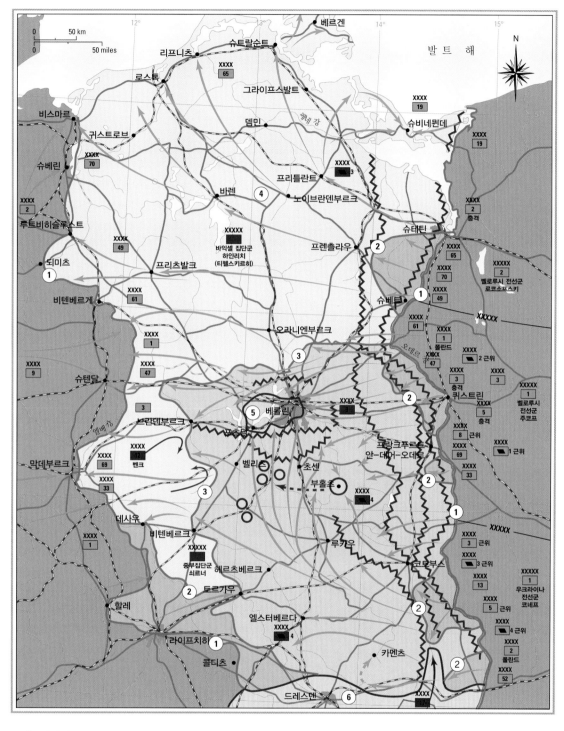

베를린 전투
1945년 4월 15일~5월 6일

→ 소련군 전진
→ 연합군 전진
→ 독일군 반격
— 연합군 전선
〰 독일군 방어선
◯ 독일군 고립지대

연합군 전선:
① 4월 15일
② 4월 18일
③ 4월 25일
④ 4월 28일~5월 1일

추축군 전선:
⑤ 5월 2일
⑥ 5월 8일

궁지에 빠진 베를린
1945년 봄 소련의 2개 집단군이 베를린을 공격했다. 베를린이 함락되기 전, 젤로프 고지 동쪽에서 격렬한 전투가 벌어졌다. 경쟁관계인 소련의 두 원수, 게오르기 주코프와 이반 코네프는 독일 수도 베를린을 점령하는 영광을 차지하기 위해 경쟁했다.

소년들이었다. 소련 기계화부대가 동쪽으로부터 젤로프 고지(Seelow Heights)를 공격하자, 치명적인 성형작약탄두를 사용하는 견착식 판처파우스트로 무장한 전차파괴반이 그들을 맞았다.

소련군은 수백 대의 T-34 중형전차와 이오시프 스탈린 중전차를 잃었지만, 베를린 시가로 계속 압박해 들어갔다. 그곳에는 한때 나치 정부가 사용했던 건물들이 요새화된 진지로 바뀌어 있었다. 소련군이 가가호호마다 방어자들을 소탕하는 가운데 수도의 외곽에서는 격렬한 전투가 벌어졌다. 때때로 소련군 전차는 도시의 제한된 공간 때문에 작전

에 지장을 받기도 했다. 독일군의 기갑부대는 사실상 전멸했지만, 마지막 날까지 망상에 빠진 히틀러는 이미 붕괴된 부대에 명령을 내렸다.

붉은 군대가 베를린을 강력하게 조여오자, 수천 명의 독일군 병사들과 피난민들이 복수심에 불타는 소련군에게 포로로 잡히거나 구금되지 않기 위해 서쪽으로 도주했다. 연합군은 라인 강을 도하해 엘베(Elbe) 강의 토르가우(Torgau)에서 소련군과 연결하는 데 성공했다. 5월 1일, 나치 총통 히틀러가 사망하고 망치와 낫이 그려진 소련 깃발이 독일 제국의회 의사당에 게양되었다.

만주 1945년

소련군 선봉대
1945년 8월 8일 붉은 군대가 만주 침공을 개시했을 때, 5,000대가 넘는 전차가 공세에 참가했다. 사진에서 소련군 전차 행렬이 일부 보병을 싣고 황량한 만주 평원을 가로질러 전진하고 있다.

신중한 전진
소련군 보병이 만주에서 전진하는 도중 엄폐진지에서 밖을 살피고 있다. 그사이 장갑차량들이 일본군이 작전 중인 것으로 알려진 지역을 조심스럽게 통과하고 있다. 1945년 8월 소련군은 빠르게 진격하여 만주에서 일본군을 몰아냈다.

1945년 8월 8일, 소련은 일본에 전쟁을 선포했다. 다음날 100만 명이 넘는 병력이 오랫동안 분쟁의 대상이 되어왔던 만주를 침공했다. 일부 지역에서는 공격이 개시되는 순간 일본군이 소련군에 압도당해 사실상 전멸해버렸다. 2주 동안 지속된 소련군의 공세 기간에 붉은 군대가 투입한 총 전력은 병력 150만 명, 대포 2만 6,000문, 전차와 장갑차량 5,600대에 이르렀다.

3개 전선에서 공격을 시작한 소련의 기갑선봉대는 만주의 후방 깊은 곳까지 타격했다. 전진이 곤란한 지형 탓에 소련군 전차 행렬은 신속하게 진격할 수 없었을 뿐만 아니라 군수 보급으로 쉽게 감당할 수 없을 만큼 많은 연료를 소비해서 전방에 연료가 보급될 때까지 장기간 멈춰 있어야 했다. 그럼에도 불구하고 닷새도 채 지나지 않아서 6근위전차군 예하 부대들은 220킬로미터(350마일)를 전진했다.

일본군은 소련 기갑부대의 전진 속도에 대처할 수 있는 능력이 없었다. 소련군의 맹렬한 공격에 맞선 관동군(關東軍)은 약 60만의 병력을 보유하고 있었지만, 그중 기갑사단은 2개에 불과했고 전체 장갑차량 보유대수는 약 1,100대였다. 하지만 장갑차량의 대다수는 구식 경전차와 장갑차였다.

소련군은 동부전선에서 독일군을 상대할 때 성공적이었던 대규모 양익포위 기동을 활용해 광활한 작전 지역에서 대규모 일본군을 포위했다. 특히 하이라얼(海拉爾)의 경우처럼 때때로 관동군이 완강하게 저항하는 경우도 있었지만, 하이라얼에서도 붉은 군대의 1개 전차여단이 마을 후방으로 100킬로미터(62마일) 이상을 질주해 후퇴 중인 일본군 상당수를 포위했을 정도로 기진맥진한 일본군을 상대로 한 소련군의 공세는 결과가 이미 결정된 것이나 다름이 없었다.

한반도 북부와 쿠릴 열도(Kurile Islands), 사할린(Sakhalin) 섬에 소련군의 상륙이 이어졌고, 압도적인 전력으로 소련군은 계속 전진했다. 쿠릴 열도 북쪽에 있는 슘슈(Shumshu) 섬에서는 일본 91보병연대에 배속된 전차연대가 소련군의 상륙해안으로 전진하라는 명령을 받고 침공부대를 잠시 저지하기도 했지만 결국은 제압당했다.

9월까지 붉은 군대는 사실상 모든 영토적 목표를 달성했다. 다만 9월 8일 미군이 인천에 도착하는 바람에 한반도를 완전히 점령할 수 없었다.

소련군의 우월성

붉은 군대의 기계화부대에 맞서 싸운 일본군 전차들은 대부분 절망적일 만큼 성능이 떨어져서 만주 전투에 참가한 일본군 기갑부대의 전과는 매우 초라했다. 97식 치하 전차

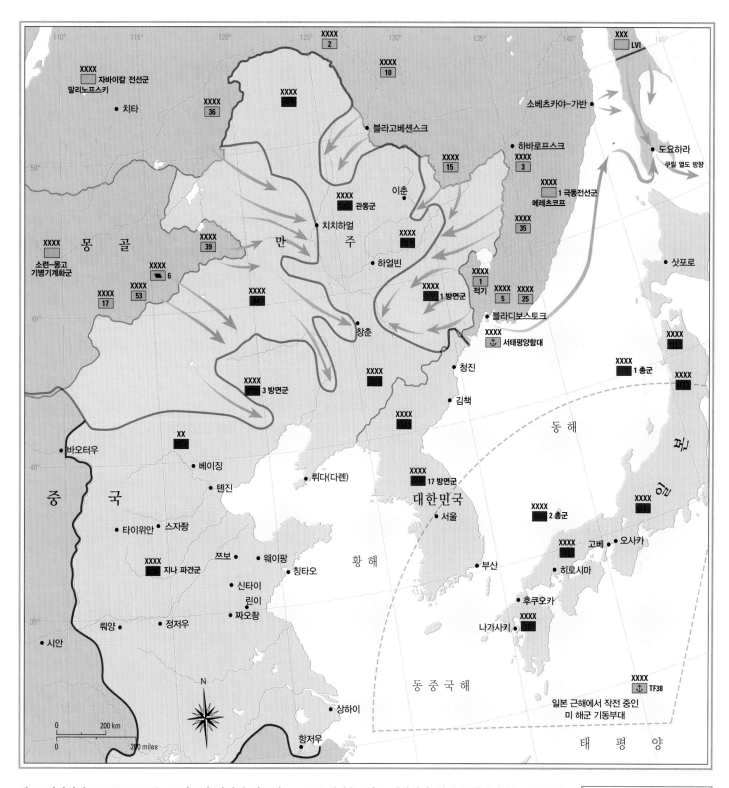

붉은 군대의 공세는 창춘(長春) 인근에서 일본 관동군을 거대한 포위망에 가둘 수 있을 만큼 위협적이었다.

의 57밀리미터(2.25인치) 주포는 소련군의 장갑에 아무런 효과가 없었다.

소련군은 만주 전선에 구식 BT-7 경전차 이외에도 2차 세계대전에 사용되었던 것들 중에서 가장 뛰어난 다목적 전차라고 할 수 있을 만큼 우수한 T-34 중형전차를 다수 배치했다. T-34 기본형은 처음에는 76.2밀리미터(3인치) 주포를, 이후에는 85밀리미터(3.25인치) 주포를 장착하고 우월한 화력을 자랑했다. 그리고 부무장으로 76.2밀리미터(3

인치) 기관총 1쌍을 장착했다. 최대 60밀리미터(2.25인치)에 이르는 장갑판의 보호를 받는 T-34는 1930년대 중반에 생산되기 시작했다. BT 계열과 그 이전의 T-26 모델 대체용인 T-34는 1940년에 붉은 군대에 배치되었다.

소련이 IS-2와 IS-3 이오시프 스탈린 중전차를 만주에 배치했었다는 미확인 보고도 존재한다. 122밀리미터(4.75인치) 주포를 장착하고 중량이 46톤을 넘는 이 거대한 전차는 당시 극동에 배치된 전차들 중 가장 강력했을 것이다.

한국 1950~1953년

2차 세계대전이 끝나는 바로 그 순간, 소련은 북한을 비롯해 아직 일본군이 점령하거나 차지하고 있던 지역으로 군대를 이동시켰다. 일본군의 항복과 함께 소련은 38도선 이북의 한반도를 통제하게 되었으며, 남쪽은 서구 연합국이 맡았다.

그 결과, 한국은 인위적인 선을 따라 둘로 분단된 상태에서 단일 정부를 구성하기 위한 노력이 이루어졌다. 결국 소련이 수립한 공산주의 정권은 북조선인민공화국이 되었고, 남쪽에서는 총선이 치러져 표면적으로는 민주주의체제를 지닌 친서방 대한민국 정부가 수립되었다.

양쪽 정부는 자신의 이념에 따라 한반도를 통일하기 바랐고, 그로 인해 불안한 상황이 조성되었다. 1949년 중반까지

미국과 소련은 자국 군대를 철수시키면서 한국인들이 자신들의 문제를 해결하기를 기대했다. 선전전과 국경의 소규모 접전이 점점 더 만연하면서 북한과 남한 내에서 습격과 테러 공격이 자행되었다.

북한의 침공

철수하기 전, 미군은 남한 군대를 훈련시켰다. 하지만 그들은 전면적인 역량을 갖춘 군대라기보다는 치안부대에 더 가까웠다. 완전편제 전력을 갖춘 4개 사단이 북한과의 경계선을 따라 배치되었고, 전비태세가 아직 완비되지 않은 4개 사단이 후방에 배치되었다.

남한 육군은 2차 세계대전에서 미군이 사용했던 장비로 무장했지만, 대전차무기가 부족하다는 점이 두드러진 특징이었다. 남한 육군이 보유한 대전차무기는 주로 초기형 바주카와 소구경 대전차포였는데, 2차 세계대전 말기에 등장한 이후 세대의 전차에게는 둘 다 무용지물이었다. 항공지원은 아예 존재하지 않았고, 남한은 기동방어나 반격을 수행할 기갑부대도 부족했다.

그와 대조적으로 북한의 인민군은 중공과 소련의 무기로 잘 무장되어 있었다. 병력도 13만 5,000 대 9만 5,000으로 남한 군대에 비해 수적으로 우세했지만, 무엇보다 그들은 기갑타격부대를 보유하고 있었다. 북한은 완전편제 8개 사단을 공세작전에 활용할 수 있었고, 전력이 떨어지는 2개 사단은 치안부대로서 예비대로 남겨두었다. 정찰을 위해 모터사이클연대를 편성했고, 공격은 기갑여단이 선도했다.

인민군은 소련이 제공한 T-34 전차를 보유했다. T-34 전차는 1950년 당시 약간 구식에 속했지만, 여전히 전투에서 가공할 존재였다. 더욱 중요한 사실은 T-34 전차는 전장에서도 유지·보수가 쉬웠기 때문에 장거리 전진에도 북한 기갑부대가 전투능력을 유지할 수 있다는 것이었다. 전차와 보병을 지원할 수 있는 자주포가 있다는 사실도 북한에게 유리했다.

또한 북한군은 남한군보다 훈련도 잘 되어 있었고 경험도 많았다. 많은 병사들이 2차 세계대전과 중국의 국공내전에 참전한 경험이 있었고, 보전협동작전에 능숙한 소련군에게 훈련도 받았다.

침공은 1950년 6월 25일에 시작되었다. 지형상의 문제로 인해 북한군의 공격이 예측 가능한 전진로에 집중될 수밖에 없다는 사실에도 불구하고 준비가 부족한 남한군의 사단들이 할 수 있는 일이라곤 거의 없어 곧 수도 서울까지 밀

북한군 공격
지형의 문제로 인해 북한의 공세가 예측 가능한 경로에 집중될 수밖에 없었는데도 대비가 부족했던 남한군은 이런 요소로부터 아무런 혜택도 보지 못했다. 남한군의 저항만큼이나 거친 지형과 긴 보급선으로 인해 북한군의 진격은 지체되었다.

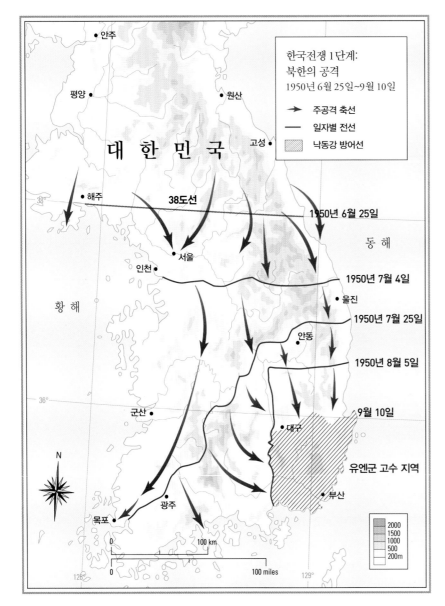

한국전쟁 1단계:
북한의 공격
1950년 6월 25일~9월 10일

→ 주공격 축선
— 일자별 전선
▨ 낙동강 방어선

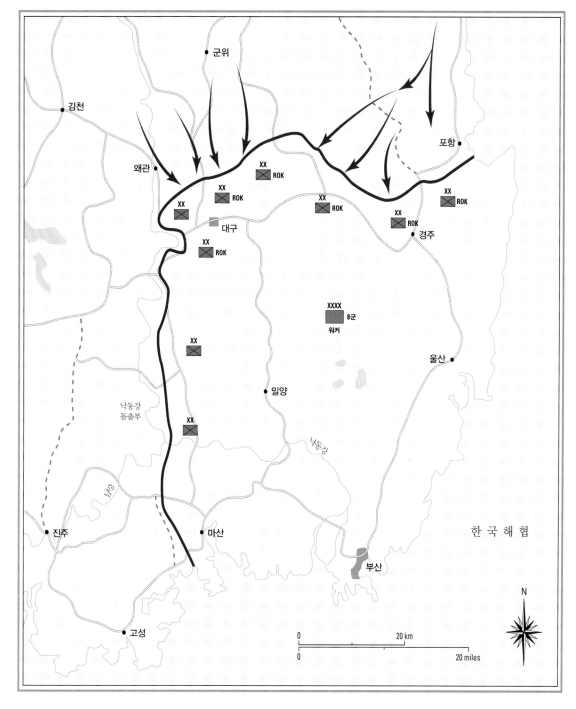

낙동강 방어선

해외에서 도착한 증원부대만이 남한을 전면적인 패전에서 구할 수 있었다. 유엔군은 끊임없는 공격을 받으면서 아슬아슬하게 낙동강 주위의 진지를 고수했다. 이후 이들은 전력 증강으로 반격을 할 수 있게 되었다.

낙동강 전선 전투
1950년 9월 1일~15일

━━━ 유엔군 방어선
↙ 공산군 공격

려났다. 대전차무기의 공격이 거의 없자, 북한 전차들은 남한군의 진지로 정면 돌격하여 그곳을 돌파한 뒤 후방을 공격하기 위해 재집결하는 전술을 사용했고, 동시에 보병은 그렇게 형성된 돌파구로 밀려들었다.

유엔의 개입

남한 육군은 안정적인 방어선을 구축할 수 없었기 때문에 북한군이 추격하는 가운데 계속 남쪽으로 밀려났다. 북한군의 전진을 지연시키기 위해 일본에서 미군 병력이 서둘러 도착했고, 미군 항공기가 공습을 감행했다. 부산항에 상륙한 미군 부대가 반격을 시도했지만 격퇴당해 결국 1950년 8월 초 낙동강을 따라 위태로운 방어선을 구축했다.

유엔(United Nations)의 결의안에 따라, 미군 추가 병력과 더불어 특히 영국, 영연방 등 여러 국가에서 파견한 군대가 도착하여 낙동강 방어선을 강화했다. 자체적으로 전차를 보유하고 있을 뿐만 아니라 효과적인 대전차무기도 절대 부족하지 않은 유엔군은 계속되는 북한군의 공격을 격퇴할 수 있었다. 그런 식으로 북한군의 전력이 약화되는 동안 유엔군은 계속 전력을 비축했다. 하지만 정면공격은 여전히 값비싼 방안이었기 때문에 유엔군은 대안을 모색했다. 그것은 인천에 상륙하여 서울로 진격한다는 과감한 작전으로 구체화되었다. 인천상륙작전 성공으로 남한의 수도 서울을

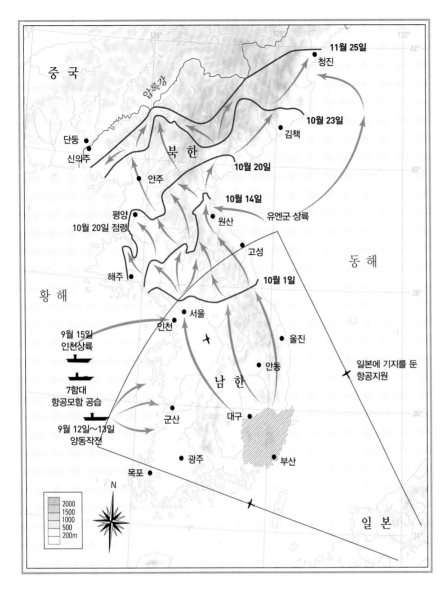

한국전쟁 2단계:
유엔군 반격
1950년 9월 15일~
11월 25일
→ 유엔군 반격
— 일자별 전선
▨ 낙동강 방어선

유엔군 반격
보급체계의 붕괴로 약화된 북한군은 유엔군의 반격에 밀려났다. 지상군이 북으로 진격할 때, 유엔군은 상륙작전을 통해 해안지역의 핵심 목표를 장악했다. 북한의 전면적 붕괴는 중공군의 개입으로 저지되었다.

수복하고 낙동강 전선의 북한군을 지원하는 주요 보급로를 차단할 수 있었다.

낙동강 전선의 북한군 진지가 심각하게 약화되자, 유엔군은 돌파를 감행했다. 유엔군은 대규모 공중지원을 받아 북한군 포병과 기갑 전력을 감소시킨 뒤 기갑부대를 앞세우고 북한군 진지를 돌파했다. 혼란에 빠진 북한군은 북으로 퇴각하기 시작했고, 연합군은 그 뒤를 추격했다.

한국에 처음 도착한 미군 병력은 일본에서 점령군 임무를 수행하다가 바로 투입되었기 때문에 전투태세가 제대로 갖춰지지 않았다. 하지만 낙동강 전선을 돌파할 무렵에는 연합군도 경험이 쌓이고 심리적으로 전면적인 전투작전을 수행할 수 있는 준비가 되어 있었다. 보병과 포병, 기갑부대 간의 긴밀한 협동이 이뤄지는 가운데 2차 세계대전에서 배운 대규모 작전 기법이 시행되었다. 그 전까지 준비가 덜 된 남한군을 압도했던 북한군은 이제 2차 세계대전에서 승리한 군대를 상대하고 있었다. 유엔군은 새로운 장비를 배치했다. 1945년에 너무 늦게 등장해서 별다른 영향을 미치지

못했던 몇몇 장갑차량들은 북한군이 보유한 T-34보다 훨씬 월등했다. 사실 일부 장비들은 2차 세계대전 말기 등장한 위협적인 소련군 전차를 전문적으로 상대하기 위해 개발된 것들이었다. 전성기에 우월했던 T-34는 이 무렵에 상대하게 된 신세대 장갑차량에 비해 성능이 떨어졌다.

무엇보다 중요한 사실은 유엔군이 훌륭한 후방제대의 군수지원을 받고, 이제는 풍부한 작전 경험도 활용할 수 있게 되었다는 것이다. 이들은 고도의 전투효율을 발휘하며 전진하는 동안에도 자신의 전투능력을 계속 유지했다. 북한군은 38도선 이북으로 후퇴하면서 조잡한 후위전투를 수행하는 것 외에 별다른 도리가 없었다.

중공군 개입

북한의 수도인 평양이 위협을 받게 되자, 중화인민공화국(중공)은 북한의 공산주의 동지를 지원하기 위해 참전을 결정했다. 중공군은 최근의 국공내전을 통해 전투 경험을 쌓았지만, 기갑부대나 대전차무기는 부족했다. 그래서 강구한 임시방편 중에는 가방폭탄을 사용하는 것도 포함되어 있었는데, 그것은 전차의 무한궤도를 파괴하여 기동을 불가능하게 만들 수는 있었지만, 차체에는 아무런 효과가 없었다. 하지만 중공군은 경무장 덕분에 기동성이 높아서 예측 가능한 보급선에 의지하지 않고도 신속하게 야지를 횡단할 수 있는 능력이 있었다.

중공군의 개입으로 상황이 역전되자, 유엔군은 호된 패전을 겪고 38도선 주위에 형성된 방어선으로 신속하게 후퇴했다. 1951년 전반기 내내 일련의 공세와 반격이 이어졌으며, 그 이후 전쟁은 서서히 정적인 소모전 양상으로 변해갔다. 전략적 요충지인 고지를 집중적으로 요새화해서 벙커와 참호의 복합체계로 방어하기 시작하면서 피비린내 나는 보병전투가 벌어졌지만, 어떤 지속적인 결과를 달성하는 경우는 거의 드물었다.

전쟁이 정적인 국면에 들어서자 기갑부대의 활용은 제한될 수밖에 없었고, 지형 때문에 보병돌격을 지원하는 데도 별로 힘을 발휘하지 못했다. 사기가 높은 보병을 기반으로 한 중공군은 유엔군의 우월한 화력으로 상쇄되기는 했지만, 이런 식의 소모전에서 수적인 우위를 갖고 있었다. 장갑전투차량들은 기동화력지원 플랫폼으로서 쓸모가 많았으며, 가까운 고지대에서 직접사격을 실시해 적의 진지와 교전이 가능한 경우도 종종 있었다. 때로는 모래주머니나 흙을 쌓은 보루로 추가적인 보호수단을 제공할 수 있는 진지에 전차를 배치해 벙커로 활용하기도 했다. 또한 공격을 저지하거나 반격을 감행하기 위한 기동예비대로서 효과를 발휘하기도 했다.

북한군과 중공군이 세심한 정찰을 통해 유엔군 방어선의

약점을 탐색했기 때문에, 기동화력지원의 가용성은 매우 중요한 문제였다. 유엔군 방어선의 약점이 되는 부분은 보통 장비가 빈약한 남한군 부대가 있는 곳이었다. 그들은 상대적으로 화력이 부족했기 때문에 대규모 보병 공격에 취약했다. 중공군은 일반적인 경우와 달리 소총보다 기관단총이 더 많이 보급되었기 때문에 근접전에 더 유리했다.

전쟁의 교착 단계는 2년을 더 끌다가 1953년 7월에 정전협정이 체결되었다. 한반도는 전쟁이 시작되기 이전과 거의 비슷한 휴전선을 따라 분단되었으며, 그 사이에 비무장지대가 설치되었다. 하지만 긴장이 해소된 적은 단 한 번도 없었다.

한국에서 전차의 역할

양측이 대량의 전차를 보유하고 있기는 했지만, 한반도의 지형 때문에 대규모 기갑부대 작전을 펴기에는 문제가 많았다. 따라서 한국전에서는 대규모 기갑부대 전투나 전차전이 거의 없었다. 북한의 전차들은 대부분 항공기와 대전차포, 혹은 보병의 대전차무기가 처리했다. 때때로 포병의 대포가 대전차 직사화기로 사용되기도 했는데, 더 나은 다른 대안이 없었기 때문이다. 미군이 제공한 105밀리미터(4인치) 곡사포는 침공 초기 단계에서 북한의 전차를 무력화시키는 데 효과적이었지만, 적 전차의 돌진을 떨쳐낼 수 있을 만큼 기동성이 뛰어나지 않았기 때문에 최초 교전에서 대부분을 잃었다.

미국과 영국의 전차들이 도착할 무렵에는 이미 북한의 전차 전력이 감소한 상태였다. 따라서 장갑차량들은 대전차무기보다는 보병지원 플랫폼으로 더 유용한 역할을 했다. 2차 세계대전 이후의 전차들은 효과적인 고폭탄을 발사할 수 있을 만큼 구경이 큰 주포를 탑재했기 때문에 그런 역할에 적합했다. 2차 세계대전 초기의 전차들은 고속 포탄을 발사해 동시대 전차들의 장갑을 관통할 수 있도록 소구경 주포를 사용했기 때문에 보병을 지원할 때는 부무장인 기관총에만 의지하는 경향이 있었다. 2차 세계대전 후기의 장갑이 강화된 장갑차량을 제압하기 위해 주포의 구경이 커지면서 전차는 필요할 경우 돌격포의 기능도 수행할 수 있게 되었다.

한국전쟁 4단계: 유엔군의 반격
1951년 1월~1953년 7월 27일

↘ 유엔군 전역
── 휴전선
── 일자별 중공군 최대진출선

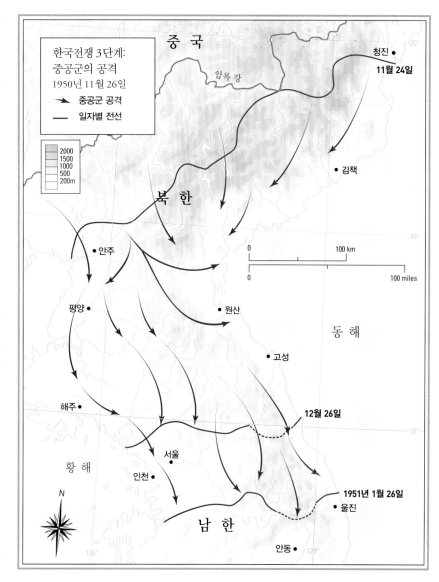

한국전쟁 3단계: 중공군의 공격 1950년 11월 26일
→ 중공군 공격
── 일자별 전선

한반도의 미군 기갑부대
한반도에 미군 기갑부대가 도착하면서 북한군은 중요한 이점 하나를 잃게 되었다. 비록 대규모 전차전은 벌어지지 않았지만, 많은 교전에서 전차는 보병을 지원했다. 미군의 주력 전차는 M26 퍼싱과 M46 패튼이었다.

중공군의 공세
한국전쟁에 개입한 중공군은 주로 엄청나게 많은 보병의 수로 유엔군을 압도했다.

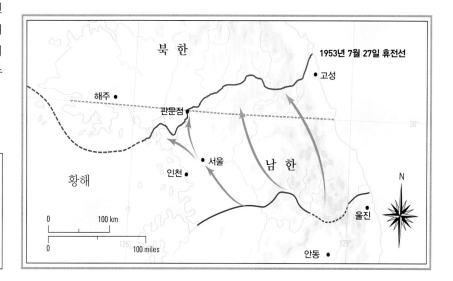

아랍-이스라엘 전쟁
1948~1982년

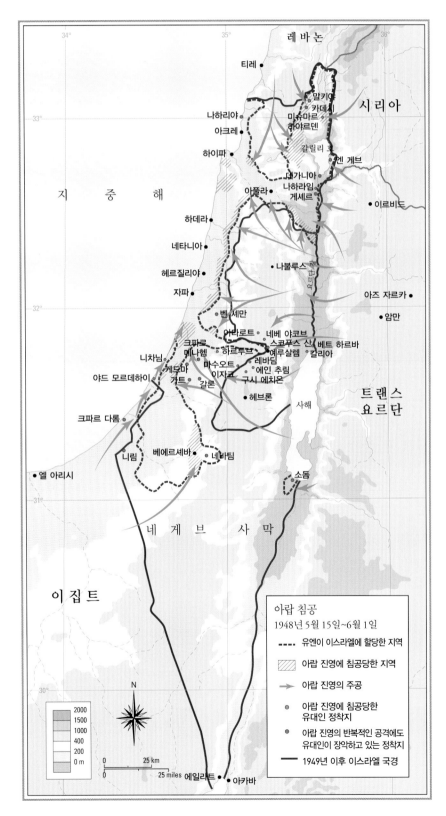

레바논

티레

말키야
카데시
미슈마르
하야르덴

시 리 아

나하리야
아크레

갈릴리 호

하이파

엔 게브

대가니아
아풀라
나하라임
게셰르

지 중 해

이르비드

하데라

네타니아

헤르질리야

나불루스

자파

아즈 자르카

암만

벤 셰만
에브라로트
네베 야코브
크파로
메나헴
하르투브
스코푸스 산
예루살렘
칼리아
벤 하르바
니차님
마수오트
이자크
에인 추림
레바딤
케우마
가트
구시 에치온
야드 모르데하이
갈론

트랜스
요르단

헤브론

사해

크파르 다롬

니림
베에르셰바
네바팀

엘 아리시

소돔

네 게 브 사 막

이 집 트

아랍 침공
1948년 5월 15일~6월 1일

- - - - 유엔이 이스라엘에 할당한 지역

///// 아랍 진영에 침공당한 지역

→ 아랍 진영의 주공

● 아랍 진영에 침공당한
유대인 정착지

● 아랍 진영의 반복적인 공격에도
유대인이 장악하고 있는 정착지

─── 1949년 이후 이스라엘 국경

N

2000
1500
1000
400
200
0 m

0   25 km

0   25 miles
에일라트   아카바

1948년 5월 15일, 영국의 팔레스타인 위임통치가 끝나고 이스라엘이 일방적인 국가 수립을 선언하면서 이웃한 5개 아랍국가 – 북으로부터 레바논, 동으로부터 시리아와 트랜스요르단(Transjordan), 그리고 이라크, 남으로부터 이집트 – 가 이스라엘을 침공했다. 지리적으로 국토가 들쑥날쑥한 형태인 이스라엘은 생존을 위해 광적으로 싸워야만 했다. 이스라엘은 영국에 대한 팔레스타인 반란 기간(1939~1948년) 동안 활동했던 자국의 게릴라 부대를 정규군인 이스라엘 방위군(Israeli Defence Forces, IDF)으로 신속하게 전환했다. 생존에 대한 이스라엘의 광적인 의지와 아랍의 내분, 빈약한 협조가 결합되면서 결국 이스라엘이 우위를 차지했고, 1949년 2월~7월 동안 일련의 쌍무적 정전협정이 체결되었다.

1956년, 수에즈와 시나이

1956년 내내 이스라엘에 이웃한 아랍국가들은 주로 자국의 정치적 이유 때문에 이스라엘에 대한 노골적인 적대행위 수준을 더욱 높여갔다. 범아랍주의, 반서구 제국주의 운동의 수장인 나세르(Nasser) 대령은 이와 같은 적대감이 고조되도록 몰아갔다. 이집트는 티란 해협(Straights of Tiran)을 폐쇄하여 이스라엘의 에일라트(Eilat) 항구를 봉쇄한 뒤 시리아, 요르단과 함께 일종의 통합사령부를 구성했다. 이것은 이스라엘을 극도로 자극하는 행동이었기 때문에 이스라엘은 침공을 당하기 전에 선제공격을 하기로 결심했다. 전쟁을 시작하면서 이스라엘은 이전에 영국과 프랑스가 관리하던 수에즈운하회사를 국유화한 나세르의 결정에 반발한 영국과 프랑스의 도움을 받았다. 이스라엘의 경기계화부대는 이집트군이 사이드(Said) 항구에 강하한 영국과 프랑스군을 무력화시키기 위해 수에즈 운하 주변에 집중해 있는 틈을 이용해 10월 29일~11월 7일에 이집트의 시나이 반도(Sinai peninsula)를 성공적으로 점령했다. 유엔의 중재로 정전이 이루어진 뒤, 미소 초강대국은 이스라엘을 위협해 점령지를 반환하게 했지만, 그곳은 유엔평화유지군이 관리하는 비무장지대가 되었다.

1967년, 6일 전쟁

1967년 봄, 소련은 미국이 베트남 전쟁에 빠져 있는 틈을

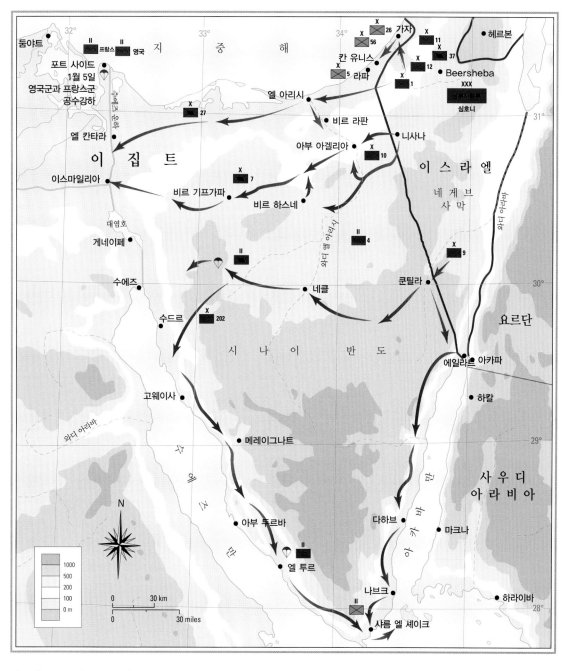

수에즈와 시나이 전역
1956년 10월~11월

━━━ 1948~1967년
이스라엘 국경

⚲ 이스라엘 공수부대 공격

➤ 1956년 10월 29일
~11월 5일
이스라엘 주요 전진로

수에즈 공격
영국과 프랑스의 지원을 받아 신속하게 이루어진 선제공격 기간 동안 이스라엘은 많은 아랍 영토를 점령했다. 하지만 정치적 압력으로 시나이 반도에서 철수할 수밖에 없었고, 그 후 그곳은 유엔이 관할했다.

침략당한 이스라엘(190쪽 지도)
이스라엘은 건국되는 순간 여러 아랍 국가들로부터 공격을 당했다. 이스라엘의 민병대와 군사조직은 세 방향에서 이루어진 대규모 공격을 막아냈다.

이용해 중동에서 분란을 일으키려고 했다. 소련은 이스라엘이 시리아를 공격할 준비를 하고 있다는 정보를 입수했다고 발표했다. 나세르는 일부 국내 정치적 이유로 인해 이스라엘에 대한 여론을 자극했다. 5월 14일~19일에 이집트 지상군은 유엔평화유지군을 무시하고 시나이 반도의 비무장지대에 진입했다. 5월 22일 이스라엘이 전쟁 행위로 간주할 것임을 알면서도 이집트는 티란 해협의 선박 운행을 중단시켜 이스라엘 남부의 에일라트 항구로 향하는 화물의 진입을 봉쇄했다. 5월 30일, 이집트와 시리아, 요르단은 다국적 통합아랍군 사령부를 구성했다. 한편 다음날 이라크군은 요르단 영내로 진입했다. 6월 초가 되자 레바논과 시리아, 이라크, 요르단 병력 18만 2,000명이 이스라엘 국경에 집결했다.

이스라엘은 6월 1일 통일내각을 구성하고 4일부터 비밀리에 동원을 실시하는 것으로 대응했다. 이스라엘은 불안정한 지리적 형태와 짧은 종심을 고려할 때 미래의 전쟁에서 주도권을 잡는 것이 대단히 중요하다는 사실을 인식하고 있었기 때문에, 제공권을 장악하기 위해 예방적인 선제공습으로 기습을 감행한다는 결정을 내렸다. 이로써 행동의 자유를 얻게 된 이스라엘 공군(Israeli Air Force, IAF)은 이어지는 지상 공세를 지원할 수 있게 되었다. 이들은 제공권을 확보한 후 시나이 반도를 급습하여 이집트군을 패배시키게 될 것이다. 동시에 이스라엘 육군은 북부 전선에서 전략적 요충지인 골란 고원(Golan Heights)과 요르단(Jordan) 강 서안의 팔레스타인 거주지를 타격하여 점령할 것이다. 전력이 약한 이스라엘군은 적의 수적 우위를 극복하기 위해 기습과 속력, 기량에 의존해야만 할 것이다.

6월 5일 새벽, 이스라엘 공군은 이집트 공군(Egyptian Air Force, EAF)을 향해 기습적인 공습을 시작했다. 전쟁에 대비해 전력이 집중되고 있는 상황인데도 불구하고 이집트 공군은 표준적인 평시 절차를 따르고 있었다. 따라서 이스라엘 공군은 이집트 공군이 정규 일출 초계비행을 끝내고 항공기들이 재급유를 받는 시점에 공격이 이루어지도록 시간을 조절했다. 이스라엘 항공기들은 저공비행으로 레이더 탐지를 벗어나 후방으로부터(서쪽에서) 공격을 하기 위해 지중해 상공으로 우회하는 경로를 취함으로써 이집트의 지대공미사일(Surface-to-Air Missile, SAM) 방어망을 회피할 수 있었다. 17군데 비행장에 대한 과감한 공습으로, 이스라엘 공군은 바로 그날 몇 분 사이에 이집트 항공기 482대 중 237대를 파괴했다. 이어서 이스라엘은 시리아와 요르단을

공격했다. 6월 5일이 끝날 무렵, 이스라엘 공군은 370대가 넘는 적의 항공기를 파괴하고 제공권을 장악했다.

이들 공습에 이어, 이스라엘의 북동부 국경의 요르단 강을 따라 배치된 이스라엘 국방군의 지상군은 6월 5일~6일에 제한적인 시리아의 공세를 저지했다. 이어서 6월 9일에 이스라엘군은 이스라엘 북부지역을 감제하는 전략적 요충지 골란 고원에 구축된 시리아의 방어선을 공격했다. 6월 9일~10일에 이스라엘군 4개 여단이 전투를 벌이며 골란 고원에 진입했다. 이 작전들을 전개하는 동안 이스라엘군은 카파르 나파크(Kaffar Nafak)와 메롬 골란(Merom Golan) 주변 지역에서 벌어진 격렬한 기갑부대 조우전에서 몇 차례 승리를 거두었다. 하지만 시리아군의 응집력은 점차 붕괴되고 있었다. 결국 6월 10일 이스라엘군은 핵심 마을인 쿠네이트라(Kuneitra)를 포함해 골란 고원 전역을 점령했다. 다음날

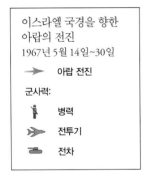

이스라엘의 타격(193쪽 지도)
지상에서 이집트 공군의 대부분을 파괴한 파멸적인 공습에 이어 이스라엘 지상군이 남서쪽의 이집트와 북쪽의 시리아, 요르단을 향해 공세를 시작했다.

아랍의 대비(192쪽 지도)
공격이 임박했다는 잘못된 소련의 정보 보고에 자극을 받은 이집트와 시리아, 요르단의 군대는 이스라엘 국경을 따라 집결하며 공격을 준비했다. 하지만 이스라엘이 선제공격을 가했다.

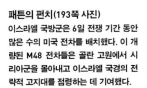

패튼의 펀치(193쪽 사진)
이스라엘 국방군은 6일 전쟁 기간 동안 많은 수의 미국 전차를 배치했다. 이 개량된 M48 전차들은 골란 고원에서 시리아군을 몰아내고 이스라엘 국경의 전략적 고지대를 점령하는 데 기여했다.

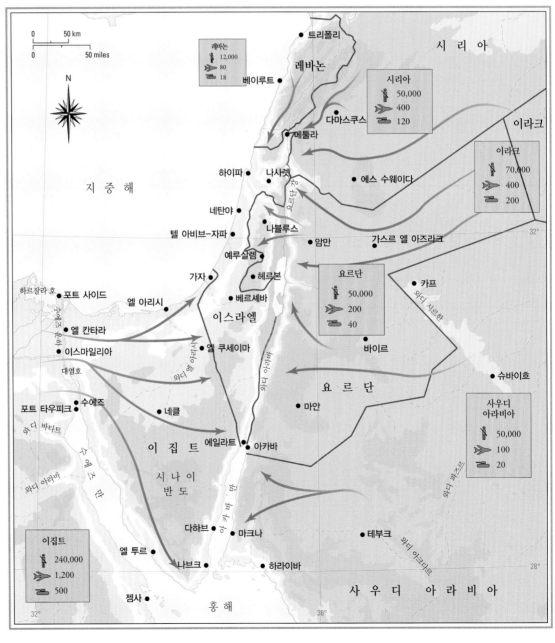

양측은 정전에 합의했다. 골란 고원의 점령으로 이스라엘 북부 국경의 방어력이 크게 개선되었다. 한편, 이스라엘군은 요르단 강 서쪽으로 돌출된 요르단 영토인 서안지구를 공격하여 며칠 만에 서안지구 전체를 점령했다.

한편 6월 5일 08시 15분, 탈(Tal) 장군의 사단이 가자(Gaza)와 라파(Rafah), 엘 아리시(El Arish)에서 이집트 북부의 '방패' 방어선을 공격했다. 동시에 샤론(Sharon) 장군의 사단은 아부 아게일라(Abu Ageila)와 움 카테프(Um Qatef)에서 적의 '방패' 중앙을 공격했다. 기습적인 기동으로 요페(Yoffe) 장군의 사단 소속 센추리온(Centurion) 전차들은 적의 두 '방패' 사이로 침투해 통과 불가능한 것으로 여겨졌던 사구 지역을 건넜다. 그런 다음 요페의 전차들은 비르 라프한(Bir Lafhan)의 도로 교차점에서 차체차폐 매복진지를 구축하고 이집트군의 '창과 방패' 교리에 따라 이집트 4기갑사단 예하 부대들이 포위된 방패를 지원하기 위해 전진하기만을 기다렸다. 이 이집트 기갑 예비대는 아무것도 모른 채 포위된 '방패'를 지원하기 위해 전진하다가 어리석게도 이스라엘군의 함정에 빠졌다. 기습의 이점을 안고 있던 이스라엘군은 이집트군을 격파하면서 그들에게 큰 손실을 안겼다. 이로 인해 이집트의 일선 '방패' 방어진지들은 모든 우군의 지원으로부터 고립되었다. 한편에서는 이집트 일선 방어선에 대한 이스라엘군의 공격이 계속 전개되고 있었다. 제병협동전술과 상륙돌격, 공수강하, 우회기동 등의 수단을 동시에 활용하여 탈 장군과 샤론 장군의 사단들은 여러 지점에서 격렬한 저항에 부딪혔음에도 불구하고 전쟁 개시 36시간 만에 신속하게 2개 이집트 '방패'를 분쇄했다.

적의 방어진지를 분쇄하자, 더욱 유동적으로 바뀐 전투 공간에서 이스라엘군은 6월 7일~8일에 시나이 반도 공세의 두 번째 단계에 돌입했다. 이스라엘군이 샤론과 요페의 사단에서 과감하게 기갑부대를 동원해 광적인 돌격을 감행하여 핵심적인 미틀라(Mitla)와 기디(Gidi)의 고개를 점령하자,

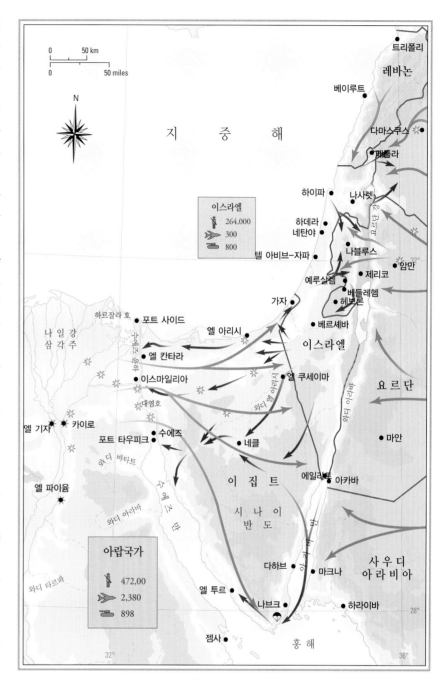

6일 전쟁
이스라엘의 반격
1967년 5월 14일~30일

→ 이스라엘 주공

✳ 이스라엘 공습

⬤ 공수강하

➤ 아랍 전진

군사력:

🯇 병력

⤜ 전투용 항공기

▭ 전차

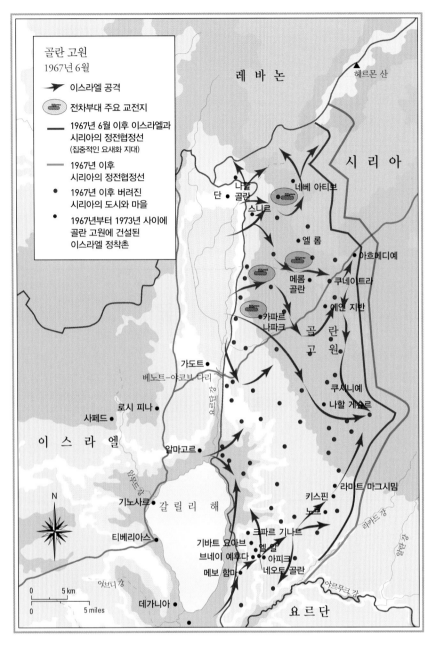

골란 고원
1967년 6월

→ 이스라엘 공격

⬛ 전차부대 주요 교전지

━ 1967년 6월 이후 이스라엘과
시리아의 정전협정선
(집중적인 요새화 지대)

━ 1967년 이후
시리아의 정전협정선

• 1967년 이후 버려진
시리아의 도시와 마을

• 1967년부터 1973년 사이에
골란 고원에 건설된
이스라엘 정착촌

레바논

헤르몬 산

시리아

나할
골란 · 네베 아티보
단 · 골란
스니르

엘 롬

아흐메디예

메롬
골란 · 쿠네이트라

에인 지반

카파르
나파크

골
란
고
원

가도트

쿠사니예

베노트-야코브 다리

나할 게쇼르

로시 피나

사페드

이 스 라 엘

알마고르

키스핀
노브

라마트 마그심

기노사르

갈릴리 해

티베리아스

크파르 기나트
기바트 요아브 · 엘 알
브네이 예후다 · 아피크
메보 함마 · 네오트 골란

0   5 km
0   5 miles

데가니아

요르단

골란 고원 전투
이스라엘과 시리아의 기갑부대는 분쟁지역인 골란 고원에서 반복적으로 충돌했다. 48시간 만에 시리아군의 응집력이 약화되어 이스라엘군이 고원 전체를 점령했다. 골란 고원의 점령으로 이스라엘 국경의 안보상황이 개선되었다.

왈리드의 전진
아랍 병사들이 알-왈리드(Al-Walid) 병력수송장갑차를 타고 행진 중이다. 소련이 설계한 BTR-152의 변형 모델인 상부개방형 알-왈리드는 1967년 6일 전쟁에서 전장에 데뷔했다.

이곳의 이집트군은 집단으로 항복했다. 6월 10일~11일에는 이스라엘군이 시나이 반도의 남서쪽 경계선을 따라 질주하여 엘 칸타라(El Qantara)와 수에즈(Suez) 사이에 있는 수에즈 운하에 접근했다. 결국 미소 초강대국의 집중적인 압력으로 양측이 휴전에 동의한 것이 6월 12일, 전쟁 6일째 되는 날이었다. 이때까지 이스라엘은 이집트군에게 신속하게 참담한 패배를 안기며 시나이 반도를 점령했다. 이스라엘의 입장에서 1967년의 전쟁은 경이적인 승리 그 자체였으며, 이로써 공군과 기갑부대의 전투력을 강화해 빠른 속도의 공지 기동전─결국 2차 세계대전 독일군 전격전의 현대판인 전역─을 수행하겠다는 그들의 결정이 정당했음을 입증하는 것처럼 보였다. 이스라엘은 중요한 추가 영토를 확보하여 그토록 갈망했던 전략적으로 중요한 지리적 종심을 갖게 되었다. 이스라엘은 이 추가적인 완충지대 덕분에

자국이 더 안전해졌다고 느꼈지만, 사실 6일 전쟁은 유대국가의 존재에 대한 지역적 반감의 골을 더욱 깊게 만들었을 뿐이었다. 1967년의 패배는 관련된 아랍국가의 명예에 오점─반드시 되갚아줄 필요가 있는 오점─을 남겼다. 그 열망은 1973년 욤 키푸르 전쟁(Yom Kippur War) 또는 라마단 전쟁(Ramadan War)으로 알려진 일련의 사태들을 촉발하는 도화선이 되었다.

1973년, 욤 키푸르 전쟁

1960년대 말, 시리아와 이집트는 이스라엘이 시나이 반도와 골란 고원의 점령지에서 철수하도록 만들기 위해 정치적 수단을 동원하고 요란작전과 같은 저강도 군사작전을 수행하고 이스라엘 내 테러를 지원하는 방법을 시도했다. 이런 시도들이 원하는 결과를 가져다주지 못하자, 시리아와 이집트는 군사력을 동원하기로 결정했다. 대규모 지출을 통해 산산조각 난 군대를 재건하고 이스라엘을 공격하기 위한 정교한 전략을 마련했다. 두 나라는 이스라엘을 동시에 타격한 뒤 참호를 파고 분명히 있을 이스라엘의 반격을 격퇴하는 것을 목표로 삼았다. 두 나라의 공격으로 이스라엘 기갑부대를 파괴하고 새로운 공대지미사일로 이스라엘 공군을 박살내면, 두 나라는 상황이 더욱 악화되기 전에 이스라엘에게 종전을 허락하는 대가로 점령한 지역을 반환하라고 주장할 수 있게 될 것이다. 이것은 매우 지능적인 전략이었는데, 장차 효율적인 이스라엘군과 부딪치기 위해서는 그 정도로 정교한 전략이 필요했다.

1973년 10월 초, 시리아군과 이집트군은 엄격한 보안 하에 광범위한 기만작전을 수행하면서 국경에 집결했다. 이들은 군대의 근본적인 개혁을 시작하기 위해 이동한 척했다. 그리고 10월 6일 14시에 시리아군과 이집트군은 이스라엘

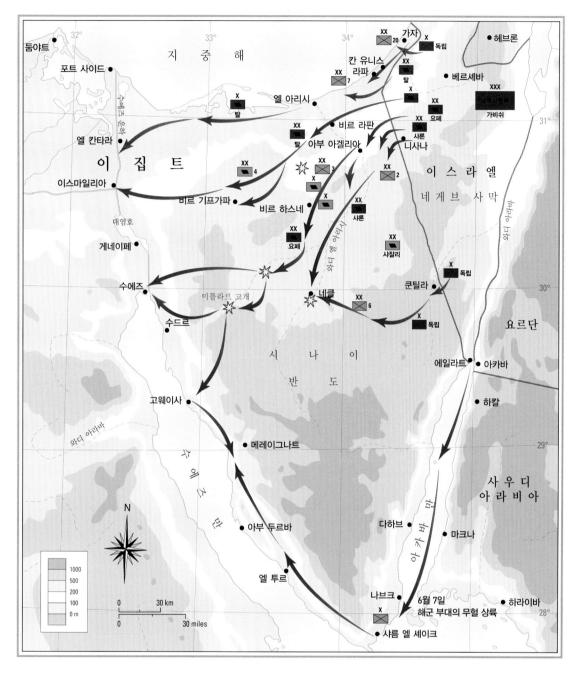

■ 최초 이집트군 진지

➤ 이스라엘군 주공

✴ 이집트군의 최종 붕괴

시나이 정벌
이집트군으로부터 주도권을 되찾은 이스라엘군은 여러 군데의 핵심 지역을 공격하여 수에즈 근처의 나일(Nile) 강 제방을 향해 신속하게 전진했다. 남쪽에서는 수천 명의 이집트군 병사들이 퇴로가 차단되자 항복했다.

이 점령하고 있는 골란과 시나이 지역을 공격했다. 이스라엘은 불과 10시간 전에 공격이 임박했다는 사실을 알았기 때문에 이들 공격으로 사실상 기습을 당했다. 그 정도 시간 여유만으로는 예비군을 동원하기에 충분하지 않았기 때문에 이스라엘 정부는 1967년의 경우와 달리 이번에는 임박한 공격에 대해 선제공격을 하는 대안을 선택할 수 없었다. 이집트군 5개 사단은 정교한 계획을 체계적으로 수행하여 수에즈 운하를 건너 바르-레브 선(Bar-Lev line)의 이스라엘 방어진지를 공격했다. 바르-레브 선은 수에즈 운하 동안을 따라 요새 12개가 늘어선 전초선에 불과했으며, 각각의 요새는 500명 정도의 병력이 배치되어 있었고, 전차 100대와 대포 30문의 지원을 받았다. 이집트군은 총 병력 50만 명, 전차 2,200대, 대포 2,300문, 공대지미사일 포대 150개, 항

공기 550대가 참가했다. 이 초기 공격은 비교적 적은 인명 피해를 입은 채 목적한 바를 달성했다. 이집트군은 초기 도하에서 1만 명의 전사자가 발생할 것으로 예상했지만, 실제 전사자 수는 208명밖에 되지 않았다. 이집트군은 최초 공격으로 이 요새들을 격파한 뒤 36시간 만에 16킬로미터(10마일) 깊이의 교두보를 확보한 뒤 참호를 파고 방어태세로 전환했다. 이로써 교두보 전체가 수에즈 운하 서안에 배치된 고정식 공대지미사일 포대의 보호 아래 있게 되었다. 이집트군은 이 교두보 안으로 대전차포와 '새거(Sagger)' 대전차미사일반을 투입해 불가피한 이스라엘군의 반격을 봉쇄했는데, 얼마 지나지 않아 이스라엘의 2개 예비기갑사단이 반격을 시작했다. 이 2개 예비기갑사단은 자신들을 지원해야 할 병과들 중 상당수가 아직 도착하지 않은 상태였지만(이

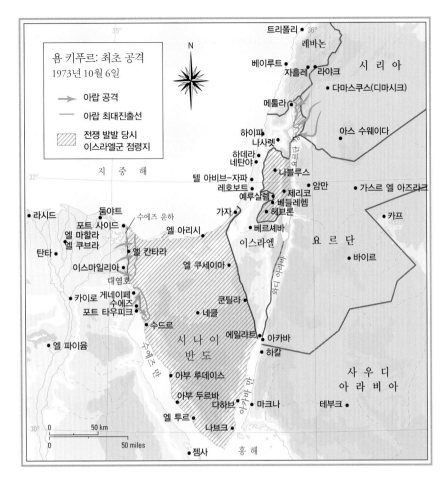

욤 키푸르: 최초 공격
1973년 10월 6일

→ 아랍 공격
— 아랍 최대진출선
▨ 전쟁 발발 당시
이스라엘군 점령지

욤 키푸르 공격
오랜 계획 끝에 이집트군이 수에즈 운하를 도하해 이스라엘 방어선을 기습했다. 지상군과 항공기, 대공방어 미사일의 결합으로 초기에는 이집트의 공세가 큰 진전을 보였다.

행하다가 끔찍한 손실을 입었는데, 북쪽에서 작전한 아단(Adan)의 사단은 처음 72시간 동안 장갑전투차량 전력의 75퍼센트를 잃었다.

이집트군이 수에즈 운하를 건너 공격을 시작한 것과 동시에 대규모 시리아 기갑부대가 전략적 요충지인 골란 고원의 이스라엘 방어선을 뚫고 들어갔으며, 이와 동시에 공대지미사일 포대는 지상의 결사적인 방어전을 지원하려는 이스라엘 항공기들에게 피해를 입혔다. 비록 고원지대를 방어하는 다수의 소규모 이스라엘군 차장부대들이 광적인 저항을 했지만, 수적으로 우월한 시리아군은 골란 고원 전체에 걸쳐 서서히 깊이 침투해 들어갔다. 골란 고원 중심에 있는 어느 마을에서 가장 격렬한 전투가 벌어져 너무 많은 전우들이 전사하자, 그곳을 방어하던 이스라엘군은 그 마을에 '눈물의 계곡'이라는 이름을 붙였다. 6월 7일이 되자 시리아군은 이스라엘 본토의 북부지역으로 들어가는 관문인 요르단 강의 요충지 베노트-야코브(Benot-Yaakov) 다리에 접근했다. 하지만 그 무렵 이스라엘에서 새로 동원된 증원 병력이 요르단 강 방어선에 속속 도착하고 있었다. 도착하자마자 개별적으로 전투에 투입된 이 증원 병력은 시리아군의 진격을 저지하는 데 기여했다. 이후 주도권은 이스라엘로 넘어갔다. 그들은 시나이 전선에서 날아온 추가 항공기의 지원 하에 남쪽과 중앙 구역에서 반격을 시작했다. 10월 18일 이스라엘군은 고원 전체를 탈환했다. 여기에 만족하지 않고 이스라엘 기갑부대는 이어서 다마스쿠스(Damascus)를 향해 북동진하기 시작했다. 10월 24일 휴전이 될 때까지 이들 부대는 1967년 국경 너머로 10마일(16킬로미터)을 전진해 헤르몬 산(Mount Hermon)의 핵심 지역을 점

스라엘 본토에서 아직 동원 중이었다), 그럼에도 불구하고 전차연대들은 밀집된 이집트의 대전차 방어진지를 향해 정면으로 돌격했다. 한편 아랍의 공대지미사일 때문에 이스라엘 공군은 지상군에게 효과적인 근접항공지원을 제공하지 못하고 있었다. 이스라엘 기갑부대는 반복적인 반격작전을 수

장수하는 셔먼
M4 셔먼 전차의 운용 연한은 수십 년으로 연장되었다. 사진 속에서 이스라엘 전차병들이 1956년 수에즈 작전 기간 중 셔먼 전차를 정비하고 있다. 이스라엘 공학자들은 일부 셔먼 전차를 개조해 슈퍼 셔먼을 생산했다.

령했다.

한편 10월 10일~14일 동안 이스라엘군이 재편성을 실시하고 이집트군이 방어선을 강화하면서 시나이 반도의 전선은 별다른 변화 없이 조용했다. 하지만 이스라엘군이 골란고원에서 주도권을 장악하는 순간 전쟁은 전환점을 맞게 되었다. 도와달라는 시리아의 간절한 요청을 받아들인 이집트군은 10월 12일~13일에 전략예비대인 2개 기갑사단을 수에즈 운하 너머로 이동시켰다. 이 2개 기갑사단은 14일에 동쪽으로 공격을 감행해 시나이 반도 안쪽으로 깊게 침투했다. 공대지미사일의 보호권에서 벗어난 이집트군은 제병협동전투의 중요성을 자각하고 이스라엘 공군으로부터 지원을 받는 균형 잡힌 이스라엘군과 마주쳤다. 1943년 쿠르스크 전투 이래 가장 큰 전차전이 벌어지면서 이집트 기

갑부대는 이스라엘군의 반격에 큰 손실을 입었다. 주도권을 잡게 된 이스라엘군은 10월 15일~16일에 서쪽으로 반격을 개시했다. 그들은 계속 전진하여 16일에 대염호(Great Bitter Lake) 바로 북쪽에서 수에즈 운하에 도달했다. 이어 72시간에 걸쳐 아단과 마간의 사단이 운하의 서안으로 이동하여 수에즈 만을 향해 남쪽으로 적의 영토 깊숙이 침투하기 위한 공격을 감행했다. 24일, 이스라엘군은 수에즈에서 홍해(Red Sea)에 도달하여 운하의 동안 돌출부에 위치한 이집트 3군을 함정에 빠뜨렸다. 미소 두 초강대국은 자신들이 분쟁에 휘말려 3차 세계대전이 촉발될지도 모른다는 두려움에 사로잡혀 교전국들에게 휴전을 강요하는 압력을 행사했다. 25일에 마침내 정전에 대한 동의가 이루어졌다. 캠프데이비드 협정(Camp David Accords)으로 이집트가 공식적으

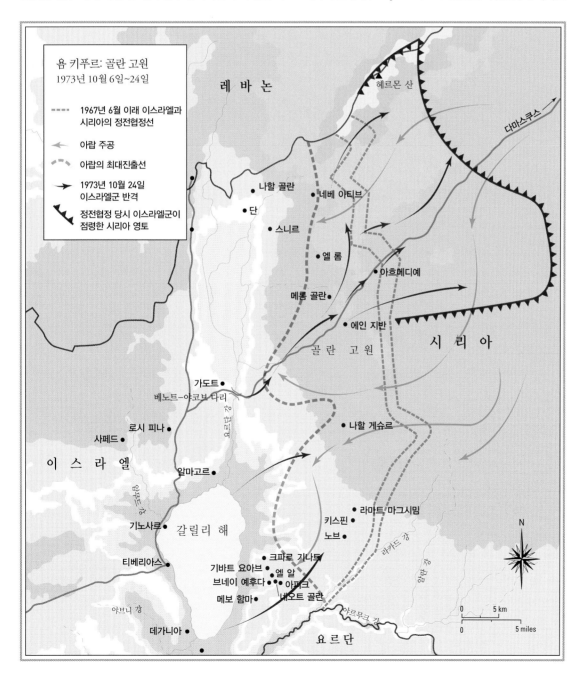

시리아군의 쇄도
시리아군 전차들은 골란 고원을 따라 펼쳐진 이스라엘의 얇은 방어선을 돌파한 뒤 요르단 강의 주요 교량을 점령하려는 위협적인 모습을 보였다. 하지만 적시에 도착한 이스라엘의 증원 부대가 결국 상황을 역전시켰고, 이스라엘 기갑부대가 다마스쿠스를 향해 전진했다.

로 이스라엘을 승인한 최초의 아랍국가가 되었고, 그에 대한 대가로 이스라엘이 점령지 시나이 반도에서 단계적으로 철수하는 데 동의함으로써 결국 이 분쟁은 1978년에 완전히 종식되었다.

1982년: 레바논 침공

1978년에는 이스라엘이 레바논 남부를 가로질러 리타니(Litani) 강에 이르는 보안경계지대를 유지하면서 팔레스타인해방기구(Palestine Liberation Organization, PLO)의 반군 공

수에즈 전역
시리아를 지원하기 위해 전략예비대인 2개 기갑사단을 투입한 이집트군은 이스라엘 공군과 지상군의 협동공격을 받고, 2차 세계대전의 쿠르스크 전투 이후 최대의 전차전을 치른 뒤 전열이 무너졌다.

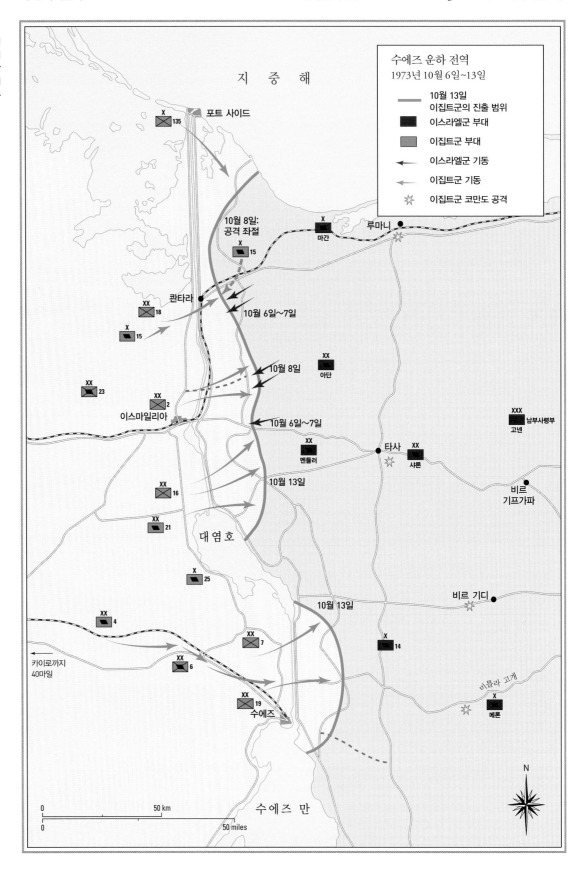

격으로부터 자국의 북부지역을 보호했다. 이후 이스라엘이 철수하면서 이스라엘에 대한 PLO의 공격을 감시하는 임무는 유엔평화유지군이 맡았고, 이스라엘의 북쪽 국경에 인접한 지역에 대한 통제권은 우호적인 하다드 민병대(Haddad militia)에게 넘어갔다. 하지만 PLO는 곧 레바논 남부지역 전역에서 영향력을 확대하기 시작했다. 1980~1982년에 이스라엘 북부지역에 대한 PLO의 공격이 증가하고 레바논 동부의 베카 계곡(Bekaa Valley)에 대한 시리아의 통제력이

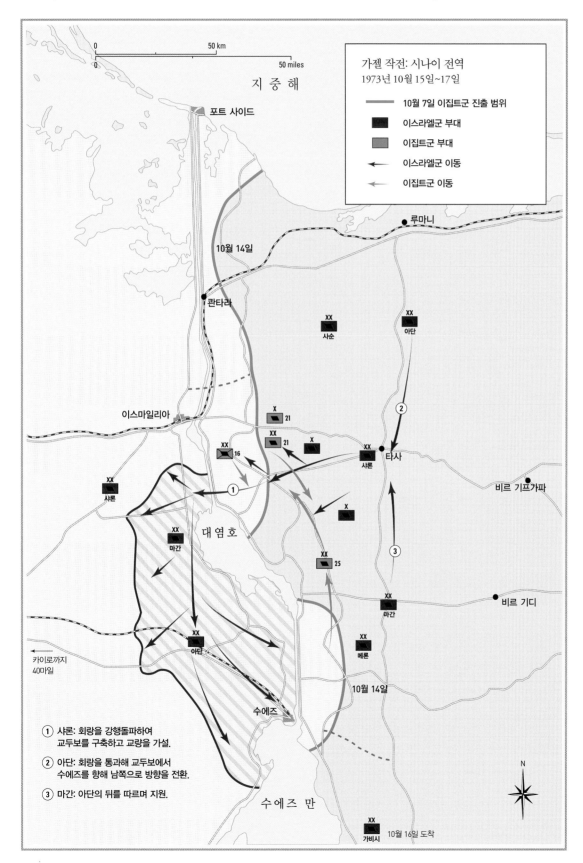

가젤 작전
이스라엘군이 반격을 가해 이집트군을 시나이 반도 너머로 밀어붙였고, 10월 말 이스라엘 선봉대는 수에즈 운하 인근 홍해에 도달했다. 이집트 3군은 퇴로를 차단당했고, 초강대국들이 긴급하게 정전을 요구하기 시작했다.

지 중 해

포트 사이드

50 km
50 miles

가젤 작전: 시나이 전역
1973년 10월 15일~17일

━━━ 10월 7일 이집트군 진출 범위
■ 이스라엘군 부대
▨ 이집트군 부대
← 이스라엘군 이동
← 이집트군 이동

루마니

10월 14일

콴타라

XX 사순
XX 아단

이스마일리아

X 21
XX 21
X

XX 16

XX 샤론 타사

비르 기프가파

XX 샤론

① 대 염 호
XX 마간
X

XX 25

XX 마간
비르 기디

XX 아단

카이로까지
40마일
XX 메론

10월 14일

수에즈

수 에 즈 만

① 샤론: 회랑을 강행돌파하여 교두보를 구축하고 교량을 가설.

② 아단: 회랑을 통과해 교두보에서 수에즈를 향해 남쪽으로 방향을 전환.

③ 마간: 아단의 뒤를 따르며 지원.

N

XX 가비시 10월 16일 도착

메르카바의 위협
이스라엘 메르카바 전차는 이스라엘이 설계·생산한 최초의 전차로, 10년이 넘는 개발 과정을 거친 뒤 이스라엘 국방군에 배치되었으며 이후 강력한 무기임을 입증해 보였다.

1982년 6월, 이스라엘은 갈릴리의 평화 작전(Operation Peace for Galilee)을 개시해 레바논을 침공했다. 하지만 이스라엘 정부 내에서는 여전히 침공 정도를 놓고 격렬한 논쟁이 벌어지고 있었다. 많은 각료들이 PLO에 맞서 레바논의 서부지역을 따라 아왈리(Awali) 강 혹은 최대 베이루트(Beirut)까지 제한적인 침공을 하는 쪽을 옹호했다. 하지만 아리엘 샤론(Ariel Sharon)(1948년 이래 이스라엘의 모든 전쟁을 경험한 참전용사)이 이끄는 '매파(haws)'는 레바논 동부에서 시리아를 상대로 한 핵심적인 전투를 포함하는 대규모 침공을 원했다. 처음 며칠에 걸쳐 점진적으로 '매파'가 득세하기 시작했다.

1982년 6월 6일~8일에 전개된 작은 소나무 작전(Operation Little Pines)에서 이스라엘 4개 사단이 레바논 남부의 PLO 진지를 공격하여 서쪽과 중앙의 축선을 따라 베이루트 외곽까지 진격했다. 이들 작전에서 이스라엘 기동사단들은[신형 메르카바(Merkava) 주력전차가 선봉에 선] 본질적으로 비정규 민병대인 PLO를 향해 빠른 속도로 전진했고, 해안을 따라 이루어진 상륙돌격이 그들의 전진을 지원했다. PLO는 1만 5,000명의 전투원을 거느리고 있었다. 이어 6월 9일~11일에 '매파'의 선동으로 이스라엘은 전쟁을 확대

확대되면서 이스라엘의 걱정은 점점 더 커져만 갔다. 시리아는 경쟁관계에 있는 민병대들 간의 내분으로 들끓고 있는 레바논의 상황을 적극적으로 활용했다.

마가크 7
미국의 M60 패튼 전차의 설계에 기반을 둔 마가크 7(Magach 7) 전차는 1980년대 초에 이스라엘 국방군에 도입되었다. 이 전차는 레바논 전투에서 널리 사용되었으며, 아직도 현역에 남아 있다.

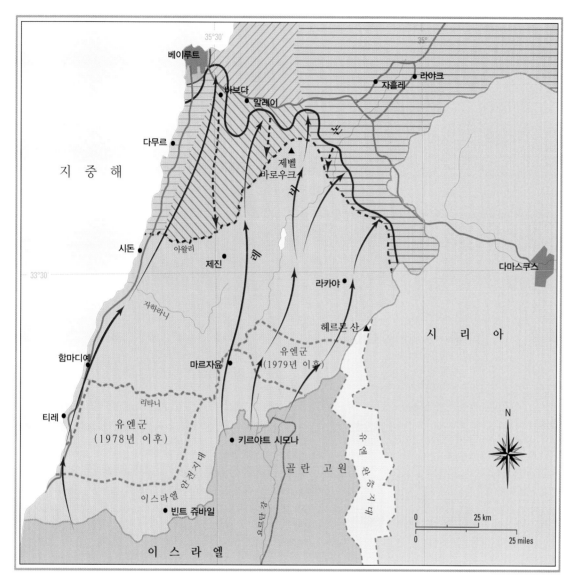

레바논 침공
1982년 6월~1983년 9월

↗ 이스라엘군 공격
⇢ 이스라엘군 철수
— 1982년 6월 6일 이스라엘군 전선
┈ 1983년 9월 3일
이스라엘군 전선
▭ 시리아군
▭ 마론파 민병대
▭ 드루즈 민병대
▭ 레바논군
▮ 유엔군

PLO의 공격
팔레스타인해방기구(PLO)의 침투와 로켓 공격에 대응하여 이스라엘군은 1982년 봄 레바논 남부를 침공해 PLO와 베이루트를 장악한 시리아군과 전투를 벌였으며, 유엔의 중재로 정전이 이루어졌다.

했다. 이 단계에서 동쪽 축선에 배치된 이스라엘군 2개 사단이 북진하여 베카 계곡 정면에 위치한 시리아군의 최남단 부대를 찾아냈다. 6월 9일, 목표의 특성에 맞춰 기종을 엄선해 편성한 혼성 제대의 이스라엘 항공기 188대가 베카 계곡에 배치된 시리아 지대공미사일 포대 19개 중 17개를 파괴했고, 나머지 2개는 다음날 파괴했다. 이 놀라운 성공 이후 이스라엘 공군이 레바논 상공의 제공권을 장악하면서 시리아 1기갑사단은 이스라엘 공군의 공습에 큰 피해를 입었다. 동시에 이스라엘 지상군은 시리아군을 북으로 밀어붙여 베이루트-다마스쿠스 고속도로까지 후퇴하게 만들었다. 6월 11일, 이스라엘군은 이스라엘 북부에 대한 PLO와 시리아의 위협을 제거하는 데 성공했으며, 그 과정에서 경미한 인명피해만을 입었다.

하지만 이후 6주 동안, 이스라엘 국방군은 베이루트의 통제권을 두고 PLO와 길고도 지독한 소모전에 빠져들었으며, 이로 인해 베이루트의 대부분이 파괴되었다. 결국 8월 12일에 유엔이 정전협상을 중재하여 이스라엘군은 베이루트에서 철수하고 PLO는 트리폴리(Tripoli)에서 리비아로 해상철수를 하는 데 동의했다. 전통적인 평화유지군 역할을 맡은 다국적군(Multinational Force, MNF)이 배치되어 이 분쟁 해결 절차를 감시했다. 하지만 초기에는 이 절차가 잘 진행되지 않아서 9월 16일~19일에 심각한 문제가 발생했다. 이스라엘 국방군은 레바논인 마론파 기독교도 팔랑헤 민병대(Marionite Christian Phalange militia)를 사브라(Sabra)와 샤틸라(Chatilla) 난민수용소로 이동시켜 그곳에 은신 중인 PLO 준군사조직원들을 제거했다. 팔랑헤 민병대는 무고한 팔레스타인 민간인을 800명 이상 살해했다. 이 끔찍한 잔혹행위는 국제사회에서 이스라엘의 지위에 먹칠을 했다.

다국적군이 있음에도 불구하고 이스라엘군과 레바논군, 드루즈(Druze) 민병대, 팔랑헤 같은 다양한 민병대 사이에 교전이 간헐적으로 계속 이어지다가 1983년 5월 신임 레바논 대통령이 이스라엘과의 평화조약에 동의해 이스라엘군이 레바논 남부의 국경지역으로 철수하면서 비로소 멈췄다.

전차 개발
1960~1990년

먹잇감을 찾고 있는 레오파르트
레오파르트 2 주력전차는 1970년대 초에 개발되어 1979년에 서독 육군에 배치되었다. 이 전차는 코소보(Kosovo)와 중동에서 활약했다.

영국군 워리어
영국의 워리어 보병전투차량(Warrior infantry fighting vehicle)은 최대 7명의 전투보병을 전장으로 이동시키고 30밀리미터(1인치) RARDEN(Royal Armament, Research and Development Establishment and Enfield) 기관포 1문과 기관총 1쌍으로 그들을 지원할 수 있다. 워리어는 1988년부터 영국군에 배치되었다.

냉전이 계속되는 가운데, 기술은 발전을 거듭하여 새로운 전투 장비들이 개발되고 북대서양조약기구(NATO)와 바르샤바 조약기구(Warsaw Pact)의 국가들 그리고 비동맹 국가들의 기갑부대 역량이 개선되었다. 일부 군대 전술가들은 전차의 전성기가 지났다고 주장하기도 했지만, 그 이외의 다른 사람들은 현대 전장에서도 전차의 화력과 기동력, 장갑 방어력이 계속 유효하다고 믿었다.

전차 자체를 재평가한 결과, 중요한 개념 전환이 일어났다. 일부는 경무장에 정찰 임무에 적합한 장갑만을 채택하고 나머지는 강력한 주포를 장착해 적과 전차전으로 결전을 벌이는 전차의 전문화 개념은 사라지고 주력전차(Main Battle Tank), 즉 MBT 개념이 자리를 잡았다. 영국 센추리온과 소련 T-55, 미국 M48 패튼은 현대 기갑전의 새로운 시대가 도래하고 있음을 알리는 신호였다. 전차의 재개발에 보조를 맞춰, 후속하는 보병들이 장갑전투차량을 타고 전장에 투입되었는데, 장갑전투차량은 탑승한 보병들을 내려놓은 뒤 보병들 곁에서 직사화력으로 그들을 지원하면서 표적과 교전할 수 있었다.

신세대 전차

1960년대에 소련은 T-62로, 그리고 10년 뒤에는 더욱 발

전된 T-72로 자국의 기갑역량을 지속적으로 개선했다. 한편 영국의 치프텐(Chieftain)은 1961년에 실전에 배치되었으며, 동시대 전차인 독일 레오파르트 1(Leopard 1)은 프랑스와 전차공동개발사업이 무산된 뒤 일선에 데뷔했다. 레오파르트 1은 1970년대 중반에 레오파르트 2(Leopard 2)에 자리를 물려주었으며, 1980년대에 미국은 M1 에이브럼스(Abrams)를 배치하기 시작했다. 1980년대 중반에는 M1을 강화한 M1A1이 등장했고, 그 뒤를 잇는 M1A2가 1990~1991년 걸프 전쟁과 2003년 이라크 자유 작전(Operation Iraqi Freedom)에 참가하여 명성을 얻었다. 이스라엘 공학자들은 중동이라는 분쟁의 온상지에서 자국산 주력전차의 필요성을 인식했다. 그 결과물로 등장한 것이 바로 메르카바(Merkava)였다. 메르카바는 내구성이 뛰어난 설계 덕분에 이스라엘군 기갑부대와 계속 함께하고 있다.

120밀리미터(4.75인치)나 125밀리미터(5인치) 주포와 지원용 기관총 1쌍으로 무장한 각각의 전차는 대전차용 탄약들의 강화된 관통력과 견착식 및 차량탑재식 대전차미사일을 포함한 대전차무기의 발전을 고려해 점점 더 정교해지는 공격 및 방어체계를 탑재하고 있다.

기술적 경이

1960~1990년에 많은 설계와 전술적 배치에 대한 요구사항이 강화되면서 주력전차의 전투능력에 대한 기준이 계속 높아지는 추세이다. 발사대로서의 안정성을 향상시키기 위해 더 육중한 차체를 만들고 그 위에 특별히 대구경 주포를 수용할 수 있는 포탑을 설치했다. 자동장전체계는 사격 절

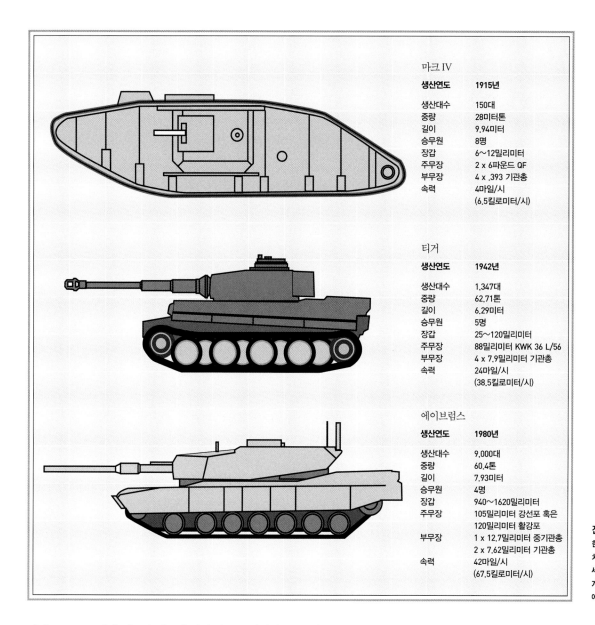

마크 IV

생산연도	**1915년**
생산대수	150대
중량	28미터톤
길이	9.94미터
승무원	8명
장갑	6~12밀리미터
주무장	2 x 6파운드 QF
부무장	4 x .393 기관총
속력	4마일/시 (6.5킬로미터/시)

티거

생산연도	**1942년**
생산대수	1,347대
중량	62.71톤
길이	6.29미터
승무원	5명
장갑	25~120밀리미터
주무장	88밀리미터 KWK 36 L/56
부무장	4 x 7.9밀리미터 기관총
속력	24마일/시 (38.5킬로미터/시)

에이브럼스

생산연도	**1980년**
생산대수	9,000대
중량	60.4톤
길이	7.93미터
승무원	4명
장갑	940~1620밀리미터
주무장	105밀리미터 강선포 혹은 120밀리미터 활강포
부무장	1 x 12.7밀리미터 중기관총 2 x 7.62밀리미터 기관총
속력	42마일/시 (67.5킬로미터/시)

전차의 진화
현대 전차의 세 가지 대표적 화신에는 1차 세계대전 당시 영국의 마크 IV와 2차 세계대전 당시 독일의 티거, 미국이 설계하여 1980년대 초에 실전 배치된 M1 에이브럼스가 있다.

차에 오류를 줄여서 대포의 성능과 발사 속도를 향상시킨 동시에 업무 분화를 가져와 가열된 전투 환경에서 전차 승무원들이 좀 더 효율적으로 작전할 수 있게 해주었다. 혁신적인 가스터빈과 결합된 디젤 엔진은 빠르면서 정숙한 주행을 가능하게 해주었다.

적외선 야시장비와 레이저 거리측정장비 덕분에 전차는 밤의 장막을 뚫고 표적을 공격할 수 있게 되었으며, 악천후나 풍속의 변화와 같은 기상조건의 영향을 덜 받았다. 표적 획득도 육안으로 볼 때보다 더 빨랐다. 성능이 입증된 최근의 주력전차들은 기동 중에도 사격을 가능하게 해주는 안정화체계를 포함하고 있다. 전장지휘체계는 전차장이 동시에 다수의 표적을 추적할 수 있게 해주는 동시에 적아를 재빨리 식별할 수 있게 해준다.

방어적 측면을 살펴보면, 영국의 혁신적인 복합장갑인 초범 장갑(Chobham armour)은 적의 포탄에 명중되어도 손상을 입히는 충격을 최소화할 수 있도록 설계되었고, 모듈화된 폭발반응장갑으로 보완되었다. 폭발성 탄약을 저장해야 하는 어쩔 수 없는 문제 때문에 내부 공간을 재설계하고 직접사격에 피탄되었을 때 폭발력을 외부로 분출하는 데 초점을 맞춘 부품들을 장착하게 되었다. 화생방(Nuclear, Biological and Chemical, NBC) 방어체계는 그처럼 불리한 환경에서 생존성을 향상시키고 핵무기에 의한 방사선의 존재할 경우 정교한 장비들이 경보를 보낸다.

저차원 기술의 위협

기술이 발전함에도 불구하고 급조폭발물(Improvised Explosive Device, IED)과 지뢰, 기타 저차원 기술(low-tech)의 위협은 사라지지 않고 있으며, 동시에 시가전의 공간적 제약 역시 지속적인 위협을 제공한다. 이에 대한 대응으로 1980년대 말에 등장한 주력전차 세대는 차체 하부와 배기 및 통기체계, 승무원 구역과 같은 취약한 부분의 장갑방어능력을 개선했다.

인도차이나와 베트남

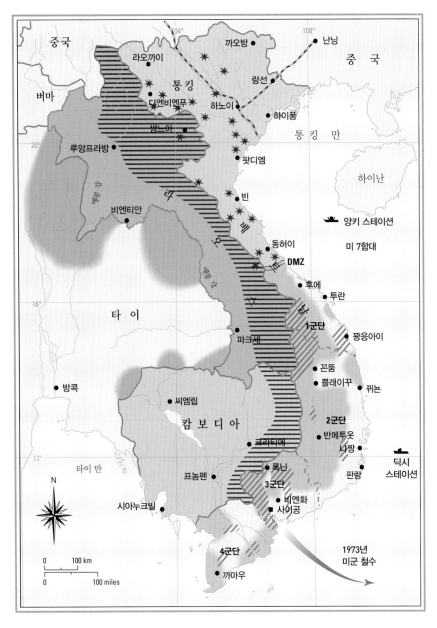

북베트남의 개입

남베트남의 종말을 앞당기기 위해, 북베트남은 1959년 게릴라전에 착수했다. 일부 인원은 이미 현지에 있었고, 일부 인원은 캄보디아와 라오스를 경유해 긴 국경을 넘어 남베트남으로 침투했으며, 일부 인원은 DMZ를 통해 침투하거나 바다를 통해 동부의 긴 해안선에 상륙했다.

게릴라 작전 경험이 풍부한 북베트남은 최근에 프랑스를 자국 영토에서 축출하기도 했다. 일부 인원은 중국의 국공내전에 참전하기도 했다. 반면, 베트남공화국군(Army of the Republic of Vietnam, ARVN)(남베트남군-옮긴이)은 경험도 부족하고 내란에 대처할 준비도 되어 있지 않았다. 통상적인 절차에 따라 조직되고 무장한 베트남공화국 육군은 비슷하게 장비한 북베트남 군대가 DMZ를 통해 침공해오는 통상적인 전쟁을 치르기에는 적합했다.

그런 군대가 존재하기는 했다. 북베트남군(North Vietnamese Army, NVA)은 정규 작전을 수행할 수 있는 역량도 상당했고, 전차와 대포도 보유하고 있었다. 베트남공화국군은 이들의 위협에 대처해야 했기 때문에 이후 전개되는 분쟁 기간 내내 DMZ에 묶여 있었다. 상대적으로 경미한 게릴라 위협에 대처하느라 이 전선을 약화시키는 것은 그다지 현실적인 대안이 아니었다.

게릴라의 위협에 대처하기 위해, 남베트남은 경무장 방어부대를 창설했다. 이 경무장 방어부대는 처음에는 민방위대(Civil Guard)로 불리다가 나중에 향토방위군(Regional Forces)으로 바뀌었다. 이것은 효과적인 대응책일 수도 있었지만, 그들은 훈련도 제대로 받지 못했고 자신감도 부족했다. 그 결과 DMZ는 안정을 유지한 반면, 남베트남은 점차 시골에 대한 통제권을 상실했다.

인도차이나 전쟁은 1954년에 프랑스가 자신의 옛 식민지에서 철수하는 것으로 종결되었지만, 많은 국지적 문제들은 여전히 해결되지 않은 상태였다. 현지 정부에 의해 각각 북베트남과 남베트남이 수립되어 다국적군이 감시하는 비무장지대(Demilitarized Zone, DMZ)를 경계로 분리되었다. 북베트남의 공산 정권은 처음에는 남베트남에서 벌어지는 사태들을 보며 만족해했다.

남베트남 정부가 내부 압력으로 인해 붕괴될 것이라고 예상한 공산주의자들은 그곳을 장악할 준비를 했다. 하지만 남베트남은 상당히 안정적인 국가로 성장해 북쪽에서 온 많은 난민들을 흡수했다.

베트남의 오스트레일리아 전차
센추리온 전차는 너무 늦게 등장해서 2차 세계대전에서는 볼 수 없었지만, 이후 오랫동안 영국군과 오스트레일리아군의 주력전차로 활약했다.

동남아시아의 전쟁(204쪽 지도)
베트남 방어는 여러 나라에 접한 긴 육상 국경선과 친서구적 남베트남 정부보다 공산주의 북베트남에 더 동조하는 국민 정서로 인해 어려움을 겪었다.

M50 온토스 구축전차(204쪽 사진)
온토스는 106밀리미터(4인치) 무반동포 6문을 사용하는 실험적인 구축전차 모델이었다. 원래 의도했던 역할에서는 별다른 성능을 보여주지 못했지만, 화력지원 플랫폼으로는 유용했다.

다목적 상륙용 보병수송장갑차
안정화된 75밀리미터(3인치) 대포가 특징인 미국 LVT-5는 덕분에 수상에서도 정확한 사격이 가능했다. 수송과 화력지원 차량으로 활용되었으며, 일부는 전투공병용 장비를 갖추기도 했다.

미국과 기타 국가들이 어느 정도 지원했지만, 그것은 1964년 북베트남 해군이 통킹 만(Gulf of Tonkin)에서 미국 함정을 공격한 뒤에 전면적인 개입이 이루어진 이후의 일이었다. 남베트남 공산당[혹은 오늘날 게릴라 부대로 알려진 베트콩(Viet Cong)]은 심지어 베트남공화국군의 정규군 부대까지도 패배시킬 수 있는 능력이 있었다. 그들의 전술은 이전 대프랑스 전쟁 당시부터 익숙해진 것으로, 정글을 통해 목표지역으로 침투한 뒤 공격을 감행하고 다시 사라지는 것이었다. 때로는 전초기지를 공격해 적을 끌어들인 다음 그들을 매복공격하기도 했다.

은 그곳에서 포탄세례를 받으며 방어체계 앞에서 붕괴되었다. 한편 '수색소탕(search and destroy)' 작전은 북베트남군과 베트콩에게 지속적인 인명피해를 입혔다.

상륙장갑차들은 습지가 많은 남베트남의 지형을 통과하고 많은 하천을 도하할 때 대단히 유용했다. 상륙트랙터(Amphibious Tractor, AMTRAC)는 원래 2차 세계대전 당시 상륙전을 지원하기 위해 개발된 것으로, 도로 수송용으로도 자주 사용되어 차량의 마모가 증가하기는 했지만 유용한 기동수단이었다. 상륙트랙터의 경무장은 전차를 배치한 적

베트남의 미군

미 해병부대가 도착하면서 1965년부터 미군의 대규모 개입이 시작되었다. 이후 격렬해지는 공산주의자들의 공격에 대응하기 위해 병력 규모가 서서히 증가했다. 미군은 이미 남베트남에 침입한 북베트남군을 상대하는 데 집중하고 남베트남군은 베트콩으로부터 시골에 대한 통제권을 빼앗는 데 주력했다.

미군의 전술은 화력을 강조하여 영내에서 발견된 모든 적대 세력에게 대포를 사격할 수 있도록 상호지원이 가능한 화력지원기지들을 활용했다. 이 화력지원기지들은 당연히 적의 공격을 유도했기 때문에 미군의 전술에 유리하게 작용했다. 철조망과 지뢰를 비롯해 참호 속에 차폐된 장갑차량과 보병들이 방어하는 화력지원기지는 적이 예측 가능한 지점을 공격하도록 유인하는 미끼 역할을 했다. 유인된 적

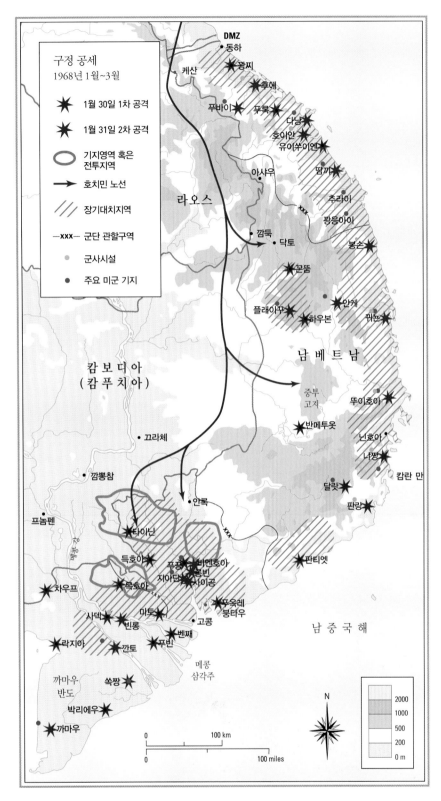

1968년 구정 공세
1968년 1월 30일 DMZ를 가로지르는 통상적인 공격과 함께 지역 행정중심지와 기타 주요 목표에 대한 대규모 동시 공격인 구정 공세가 개시되었다. 베트콩은 별다른 성과 없이 전력이 소진되어 전쟁의 부담은 북베트남군이 지게 되었다.

격수와 기관총 사수가 은폐하고 있는 지점을 파괴했다. 전차의 신속한 기동을 저해하는 베트남의 지형 때문에 전차작전을 펴기에는 제약이 많았다. 따라서 전차는 주로 보병을 지원하기 위해 '소단위'로 배치되었다.

구정 공세

1968년 초까지는 상황이 안정되어서 미군 부대는 대체로 국경에 집중하고 있었다. 50만 명에 가까운 미군 병력이 배치되었고, 모든 주요 교전에서는 미군이 화력을 앞세워 승리를 거두었다. 북베트남군 부대들이 은밀히 남베트남에 침투하여 베트콩과 합류하기는 했지만, 북베트남은 분명히 전쟁에 승리하지 못하고 있었다. 이런 상황을 역전시키기 위해, 공산주의자들은 대규모 공세를 개시했다. 공세가 구정 연휴에 시작되었다는 데서 구정 공세로 이름 붙인 이 대규모 공세에서 북베트남군과 베트콩은 남베트남 내에 있는 다수 목표를 동시에 공격했고, 이와 동시에 북베트남의 일부 부대들은 DMZ를 넘어 공세를 취했다.

처음에는 여러 시설과 지방 행정도시에 대한 기습공격으로 북베트남이 상당히 유리했지만, 대부분은 신속하게 격퇴되었다. 하지만 후에(Hue)에서는 북베트남군이 도시에서 축출될 때까지 전투가 한 달 동안 지속되었다. 그 도시로 이동한 미군과 남베트남 육군 증원 부대는 도로 위에서 격전을 치르며 적이 설치한 봉쇄진지를 뚫고서야 전투현장에 도착할 수 있었다.

구정 공세는 광범위한 일련의 작전들과 1967년 말에 개시된 대규모 전투의 일부였다. 1968년 1월에는 케산(Khe Sanh) 미군 기지에 대한 포위작전이 있었는데, 비록 기지 자체는 한순간도 점령당할 위기에 처한 적이 없었지만 포위는 1월부터 4월까지 계속되었다. 공중을 통해 재보급과 증원을 받은 케산 기지는 결국 지상과 공수기동을 통해 여러 지점에서 적의 저항을 돌파하면서 포위에서 벗어났다.

이 시기에 구정 공세는 이미 끝난 지 오래였다. 구정 공세는 북베트남인들에게 결정적인 군사적 패배를 안겨주었다. 베트콩들은 너무나 큰 피해를 입어서 이후 전쟁에 큰 기여를 할 수 없었고, 경무장 북베트남군 부대로 교체되어야만 했다. 이후에도 남베트남에 은밀히 침투한 북베트남 군대가 계속 게릴라전을 수행했다. 하지만 미국에서는 미국 대중과 지도자들이 그처럼 파멸적인 공격을 감행할 수 있는 공산주의자들의 능력에 충격을 받았기 때문에 정치적 파장이 너무나 컸다. 그 결과, 1969년부터 베트남에서 발을 빼기 위한 움직임이 시작되었다.

미국은 남베트남을 강화하여 그들 군대가 국토를 지킬 수 있도록 준비시키는 전략을 채택했다. 1971년에는 투입된 미군 병력이 이미 절반으로 감소한 상태였지만, 남베트남

을 상대하는 전투일 경우 불리했지만, 남베트남 내의 적들은 전차가 없었다.

북베트남의 유일한 전차는 DMZ에 배치된 정규 북베트남군의 수중에 있었고, 미국이 베트남 전쟁에 개입하고 있는 동안에는 거의 전투에 투입되지 않았다. 미군 전차는 주로 기동화력거점이나 보병지원무기의 역할을 수행하면서 적의 진지를 조준하여 강력한 화력을 뿜어내거나 적의 저

정부의 통제력은 지속적으로 개선되고 있었다. 하지만 정전 협상은 상황 전개에 대한 미군의 대응을 제한한다는 조항을 두었다.

1972년 3월, 북베트남군은 DMZ를 건너 침공을 개시했다. 북베트남군은 최신 T-55 전차와 신형 대포를 포함해 소련의 장비로 재무장했지만, 격렬한 전투 후 격퇴되었다. 미국의 공군력이 방어를 지원하는 데 중요한 역할을 하기는 했지만, 이제 남베트남군이 자기 나라를 지킬 수 있는 역량을 갖춘 것처럼 보였다. 미국은 1973년 군사 개입을 끝내고 마지막 부대를 철수시켰다.

남베트남의 몰락

1972년 공세에서 특히 빈약한 보전협동 능력 때문에 북베트남군은 심각한 손실을 입었다. 하지만 미군이 철수했기 때문에 북베트남 정규군은 1975년까지 병력과 대포의 수 측면에서 남베트남 정규군을 크게 압도할 때까지 재무장할 수 있었다. 반면, 미군의 지원부대가 남베트남에서 철수하자 다른 지원까지 감소하는 바람에 남베트남군의 역량은 심각하게 제한되었다.

남베트남은 승산이 없는 전략적 상황에 놓였다. 침공 위협에 대처하기 위해 DMZ를 따라 대규모 병력을 유지할 수밖에 없었기 때문에 수도 사이공(Saigon)이 캄보디아와 라오스를 통한 침공과 공세 위협에 노출되어 있었다. 어느 전선을 약화시키든 그것은 패배를 초래했다. 양쪽 모두를 강화하는 것은 불가능했다. 미군의 지원에 의지하다 보니 남베트남의 전략적 대안은 제한될 수밖에 없었고, 그 덕분에 북베트남이 확고하게 주도권을 장악할 수 있었다.

1975년 3월, 북베트남은 더 광범위한 공격 경로를 확보하기 위한 공세를 시작했다. 사기 저하와 상충하는 명령들로 인해 남베트남군의 방어선이 붕괴되면서 북베트남군은 공세를 더욱 확대할 수 있었다. 남베트남군은 후에를 완강하게 방어하고 사이공을 2주 동안 고수했지만, 북베트남군의 공세를 저지할 수 없었다.

사이공으로의 최종 전진에서 북베트남의 기갑부대가 선봉에 섰다. 그들은 이때까지 전쟁에서 별다른 역할을 하지 못했었다. 하지만 일단 DMZ의 교착상태가 깨지자, 남베트남의 운명을 최종적으로 결정지은 것은 바로 이들이었다.

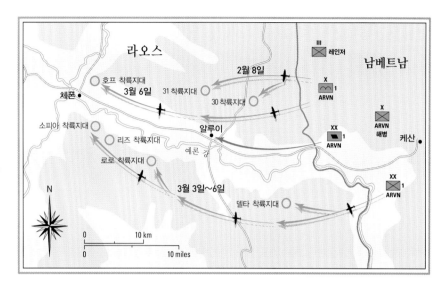

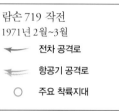

람손 719 작전
1971년 2월~3월
→ 전차 공격로
→ 항공기 공격로
○ 주요 착륙지대

람손 719 작전
람손 719 작전은 라오스를 경유한 북베트남군의 추가 침입을 방지하기 위한 파쇄공격으로, 미군의 항공지원을 받는 남베트남 지상군이 참여했다. 작전은 라오스인들의 저항으로 실패했다.

M113 병력수송장갑차
생산대수의 측면에서 보면, M113은 역사상 가장 성공적인 병력수송장갑차이다. 수천 대가 방공차량이나 화력지원차량과 같은 특수 임무용으로 개조되었다.

핵전장의 전차

냉전(Cold War)은 북대서양조약기구와 바르샤바 조약기구 간의 교착상태였다. 그것이 '열전'으로 바뀔 경우 북대서양 조약기구 군대가 북유럽 평원을 횡단하는 대규모 기갑부대의 전진에 얼마만큼 저항할 수 있는가에 서유럽의 운명이 달려 있었다.

군사교리의 차이

서방의 기갑부대는 양보다 질을 강조하고 방어태세에 더 적합하게 되어 있다. 전차의 포탑이 높아서 담이나 능선 같은 단단한 엄폐물 뒤에서 차체차폐 전술을 수행하기에 유리하며, 동시에 적 전차가 유효사거리까지 접근하기 전에 제거할 수 있는 우수한 표적조준체계를 채택해 정확한 장거리 사격이 가능하다.

이와 대조적으로, 바르샤바 조약국의 전차는 돌격에 최적화된 설계를 선호하여 조준이 어렵도록 높이가 낮은 차체와 방어력을 개선하기 위해 둥근 형태의 장갑을 채택했다.

그들은 상대적으로 정교함이 떨어지는 전차를 대량으로 투입해 큰 피해를 감수해가며 적의 진지를 돌파하여 적이 어쩔 수 없이 아군 전차에 유리한 유동적 전투에 휘말리게끔 만들었다.

핵전쟁 차원

양측은 유럽에서 전쟁이 발발할 경우 그것은 '핵전쟁'이 될 수도 있다는 부분에서 일치된 견해를 보이며 방어적 대응으로서 핵무기에 의한 대량보복 가능성을 분명하게 천명했다. 전면적인 핵전쟁이 전차전하고는 관계가 없을 수도 있지만, 핵무기의 제한적인 사용이 전략핵무기의 사용을 촉발하지 않을 수도 있었다. 핵무기는 적의 병력집결지를 공격하거나 방사능 낙진으로 오염시켜 적의 접근로를 막는 데 사용될 가능성이 있다.

핵공격에 대한 최선의 방어는 공격 지점에 있지 않는 것이기 때문에 핵위협 환경에서 작전하기 위한 교리가 개발

미군 기갑사단
전투부대들 외에도 기갑사단에는 전차 회수 및 재보급부대부터 헌병, 포병지원에 이르는 다양한 지원부대가 필요했다. 핵전쟁이 실질적 위협으로 등장하자, 여기에 화생방 방어제대가 추가되었다.

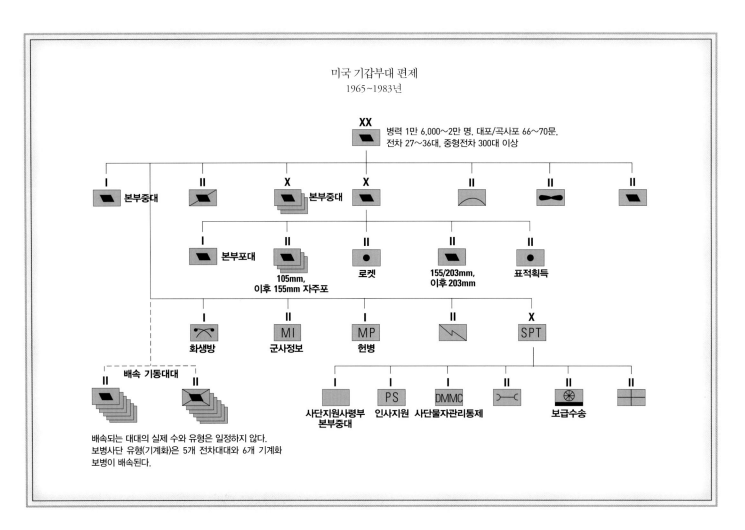

미국 기갑부대 편제
1965~1983년

XX · 병력 1만 6,000~2만 명, 대포/곡사포 66~70문, 전차 27~36대, 중형전차 300대 이상

I 본부중대 · II · X 본부중대 · X · II · II · II

I 본부포대 · II 105mm, 이후 155mm 자주포 · II 로켓 · II 155/203mm, 이후 203mm · II 표적획득

I 화생방 · II MI 군사정보 · I MP 헌병 · II · X SPT

배속 기동대대 · II · II

I 사단지원사령부 본부중대 · PS 인사지원 · DMMC 사단물자관리통제 · II · II 보급수송 · II

배속되는 대대의 실제 수와 유형은 일정하지 않다.
보병사단 유형(기계화)은 5개 전차대대와 6개 기계화 보병이 배속된다.

되었다. 병력 집중이 전략과 전술의 핵심 개념이지만, 기갑부대와 같은 고가치 자산을 집중시킬 경우 핵공격을 초래할 가능성이 높기 때문에 기갑부대는 필요할 경우 작은 하위 단위로 분산하는 훈련을 받는다. 이로 인해 전투력은 감소하지만, 대신 제대는 우선순위 표적에서 벗어나게 된다. 또한 핵공격을 받더라도 일부 부대의 생존이 가능하다.

냉전시대 전차 설계에는 핵 환경 속에서 작전할 수 있는 능력이 반영되었다. 핵공격의 폭발 중심에서는 어떤 것도 생존할 수 없다. 하지만 상당히 근거리에 있더라도 장갑차량은 핵폭발 화염에 의해 발생하는 충격파와 고열로부터 승무원을 보호할 수 있을지도 모른다. 예를 들어, 공기정화 장비는 차량의 내부로 방사성 낙진이 침투하는 것을 방지하는 데 사용된다.

그리고 기갑부대에 화생방부대가 포함되었다. 화생방부대에 있는 화생방정찰차량은 오염지역을 찾아내고 다른 부대가 그곳을 우회하거나 완전한 보호장비를 갖춘 상태에서 신속하게 통과해 오염지역에 머물지 않도록 유도하는 임무를 수행한다. 다른 차량에 방사성 물질을 세척하는 임무를 맡은 기동제독부대는 오염된 차량의 승무원들이 아무런 피해 없이 차량을 벗어나게 함으로써 부차적인 인명손실을 줄일 수 있다.

아이러니하게도 이런 수단들이 핵무기 사용 가능성을 줄인다는 것이다. 핵무기 사용의 이점이 효과적인 대응책으로 인해 크게 감소하면서, 엄청난 위험을 감수하고 전면적인 핵전쟁을 일으켜 얻을 수 있는 것 역시 줄어들게 되었다.

공격축선
지형과 핵심 목표의 위치를 고려하면 서유럽 침공의 전진축이 예측 가능해진다. 북대서양조약기구는 오랜 세월에 걸쳐 방어 전략을 계획했으며, 바르샤바 조약기구도 오랫동안 그것을 분쇄할 수 있는 길을 찾아왔다.

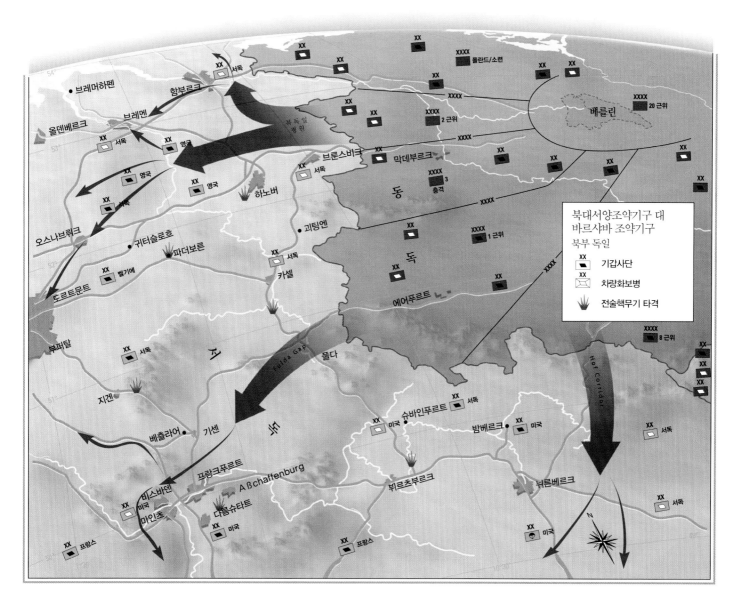

1차 걸프 전쟁
1990~1991년

1차 걸프 전쟁은 이라크의 점령으로부터 쿠웨이트를 해방시키기 위해 벌어졌다. 비록 다국적군이 이라크에 진입하기는 했지만, 이는 이라크 정권을 축출하기 위한 것이 아니라 이라크군을 패배시켜 쿠웨이트에 대한 위협을 제거하기 위한 것이었다.

광범위한 준비

쿠웨이트에서 강력한 이라크 육군을 제거하기에 충분한 전력을 배치하기까지 1990년 겨울 동안 상당한 시간이 걸렸다. 이 기간 동안 다국적군 공군은 이라크의 전투부대를 비롯해 지휘통제시설과 군수, 사회기반시설에 공습을 실시했다. 1991년 1월 지상군의 공세가 시작될 때까지 효과적이고 응집력 있는 대응을 할 수 있는 이라크의 군사적 능력은 심각하게 저하되었다.

이라크군은 전력 증강 기간 동안 전략적 요충지인 카프지(Khafji) 점령을 목표로 사우디아라비아에 대한 공격을 개시했다. 이 공격이 성공했다면, 카프지를 전진기지로 활용해 다국적군의 측면을 위협하여 어쩌면 지상군 공세를 방해할 수도 있는 차기 작전도 가능했을 것이다.

이라크 기갑부대는 여러 경로로 카프지를 향해 전진했다. 이라크군의 한 부대가 카프지에 도시에 도달하여 잠시 도시를 점령할 수 있었지만, 나머지는 공습을 받으며 접근하다가 다국적군에게 격퇴되었다. 도시는 다국적 공군의 지원을 받은 사우디아라비아군과 카타르군이 이틀 만에 탈환했다. 이로써 카프지에 대한 위협이 제거되었을 뿐만 아니라 이라크 육군은 기갑부대 자산 중 상당 부분을 잃었다.

초기 배치
쿠웨이트 내부와 주변에 대한 이라크군 배치는 사막이 그들의 우익을 보호해줄 것이라는 가정에 따라 이루어졌다. GPS 위성항법체계 덕분에 다국적군은 사막을 지나 신속하게 측면공격을 할 수 있었다. GPS가 없었다면 아마 불가능했을 것이다.

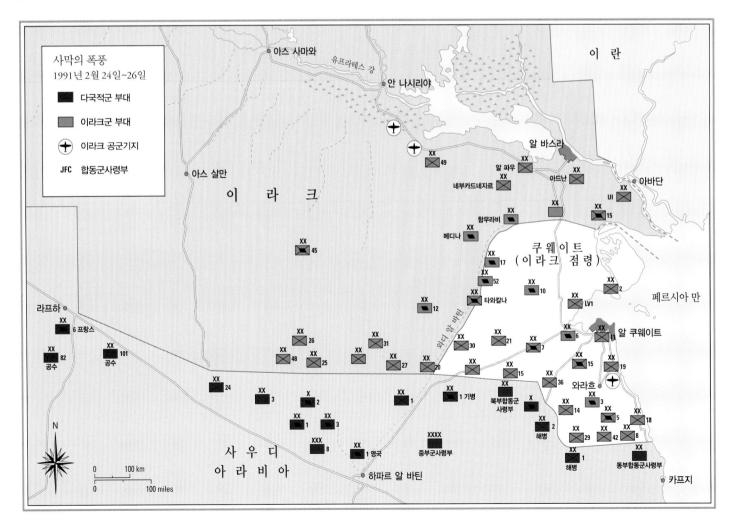

지상군 공세

일단 준비가 완료되자, 다국적군은 남쪽에서 쿠웨이트로 진입했으며, 비교적 가벼운 저항만을 받았다. 이라크군은 앞으로의 작전을 위해 강력한 전력을 보존하려고 본국으로 후퇴하기 시작했다. 그것을 저지하기 위해 다국적군의 기계화부대가 '좌익 우회기동'으로 이라크에 진입하여 퇴각로를 끊으려는 작전을 개시했다.

다국적군은 GPS 위성항법체계를 활용한 덕분에 사막을 신속하게 통과하여 예상치 못한 방향에서 이라크군을 공격할 수 있었다. 다국적군의 기갑선봉부대는 공중지원과 정찰의 도움을 받지 못한 상태에서도 소련 붕괴 이후 등장한 이라크군 무기들에 비해 화력 면에서 우월했다.

100시간에 걸쳐 지속된 지상전은 어느새 추격전 양상으로 변했다. 정지해서 전투를 벌였던 이라크군 부대들은 큰 피해를 입었고 퇴각한 부대들은 그들의 도주로가 '죽음의 고속도로(highway of death)'로 알려지게 될 정도로 심한 공습을 당했다. 쿠웨이트가 해방되고 계속 독립을 유지할 가능성이 커지자, 작전은 중단되었다.

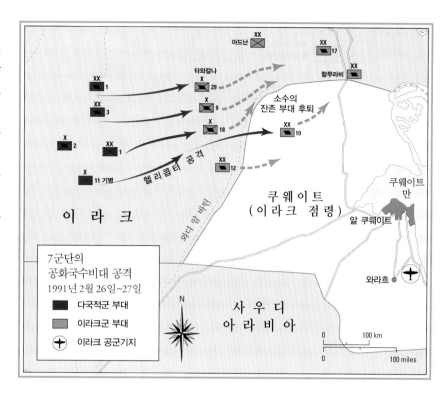

다국적군 지상 공세
다국적군은 적의 후방 깊숙이 우회하여 쿠웨이트로부터 후퇴하는
이라크군을 와해시켰다.

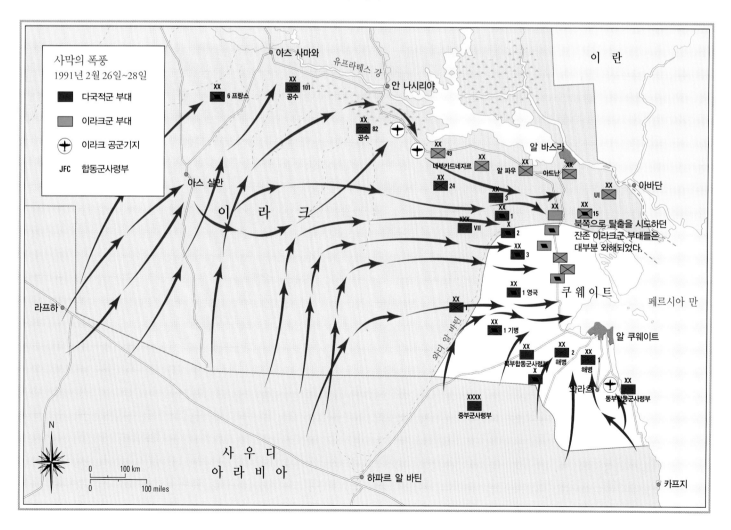

2차 걸프 전쟁과
아프가니스탄 전쟁

1차 걸프 전쟁이 끝났을 때, 사담 후세인(Saddam Hussein)이 계속 권좌에 있을 경우 조만간 이라크를 상대로 한 두 번째 전쟁이 필요하게 될 것이라고 예측하는 사람들이 있었다. 하지만 당시에는 유엔이 오직 쿠웨이트의 해방만을 목표로 1차 걸프 전쟁을 승인했기 때문에 아무것도 할 수 없었다.

1991년 걸프 전쟁이 끝난 뒤에도 사담 후세인은 이라크 군을 재건하여 몇 차례의 반란을 진압할 수 있었다. 따라서 2003년 2차 걸프 전쟁에서 다국적군은 분명 강해 보이는 적을 상대하고 있었다.

개전 상황
2차 걸프 전쟁 기간 중 미국 특수전부 대는 지상군의 공세가 시작되기 전 주요 목표를 확보하고 쿠르드 반군을 지원하여 주의를 분산시켰다. 하지만 다국적군의 주공격축선을 속이는 것은 불가능했다.

1991년 1차 걸프 전쟁과의 차이

1991년 1차 걸프 전쟁에서 벌어진 일들이 다시 반복된 것처럼 보일 수도 있었지만, 2003년 2차 걸프 전쟁은 1991년 1차 걸프 전쟁과 큰 차이가 있었다. 다국적군은 규모가 크게 줄어서 거의 미군과 영국군으로 구성되었고, 목표도 전과 달랐다. 1991년의 경우는 단순히 쿠웨이트를 해방시키는 것이 목표였다면, 2003년의 경우는 '테러와의 전쟁'의 일환으로 다국적군이 이라크를 침공해 이라크 정부를 전복시키는 것이 목표였다.

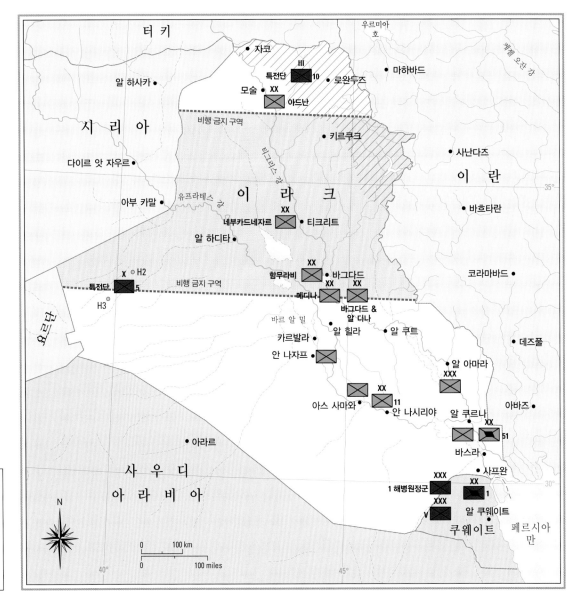

이라크
2003년 3월 20일

▨ 쿠르드족 장악 지역

☒ 기갑부대

▨ 이라크군

■ 다국적군

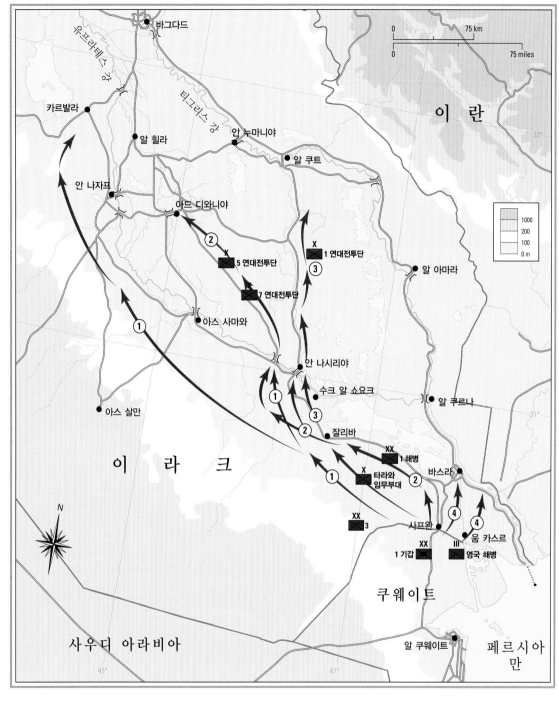

바그다드를 향한 진격
2003년 3월 20일~30일

① 3보병사단 공격

② 1해병사단 공격

③ 타라와 임무부대 공격

④ 영국군 공격

다국적군의 전진
비록 다국적군이 예측 가능한 전진축선을 선택할 수밖에 없었지만, 아무도 예측하지 못한 시기에 엄청난 속도로 이라크군을 기습했다. 이로써 남부지역의 이라크군은 빠르게 붕괴되었다.

이라크의 입장에서도 상황은 약간 차이가 있었다. 비록 1991년에 입은 손실 일부가 회복되기는 했지만, 이라크의 육군은 상황이 좋지 못했다. 정규군 부대의 사기와 훈련은 매우 낮은 수준이었으며, 일반 대중들 사이에서 대중적 지지도 받지 못했다. 오랜 세월 동안 사담 후세인 정권의 학정이 이어졌기 때문에 군대에 징집된 사람들은 정부를 거의 지지하지 않았다. 물론 싸우고자 하는 열의를 가진 사람들도 있었다. 그들은 대부분 공화국수비대와 자원부대인 페다인(Fedayeen) 전사들이었다. 페다인 전사들은 사담 후세인을 위해서라기보다 서구에 반대해서 그들에 맞서 싸우는 데 관심을 가졌다.

개전

이라크군 지휘부는 이라크군의 방어선을 약화시키기 위해 장기간의 항공전역이 있을 것으로 예상했지만, 오히려 다국적군은 즉시 남쪽에서 신속한 지상군 공세를 시작했다. 북쪽에서는 미국 특수전부대와 터키의 공군기지에서 이륙한 항공기의 지원을 받는 쿠르드 반군이 티크리트(Tikrit)를 점령하기 위해 남쪽을 향해 진격을 시작했다.

다국적군은 항공기와 미사일로 주요 지휘통제시설을 공격하여 이라크군이 응집력 있는 대응을 하지 못하게 만들고, 동시에 공격헬리콥터들로 국경의 방어진지들을 제거했다. 이후 다국적군 기갑부대가 신속하게 이라크 영내로 전

진했다. 상륙군이 초기 목표인 움 카스르(Umm Qasr) 항구와 알 파우 반도(Al Faw peninsula)를 확보하자, 미군 파견대가 이라크 수도 바그다드를 향해 긴 전진에 들어갔다.

영국군 파견대의 최우선 목표는 이라크의 두 번째 도시인 바스라(Basra)를 점령하는 것이었는데, 그들은 몇 시간 만에 그 목표를 달성했다. 영국 파견대는 엄청난 민간인 인명피해가 날까 봐 도시로 직접 진격하지 않고 잠시 전진을 멈추고 민간인이 도시를 떠날 수 있도록 기회를 주었다. 영국군은 인근 지역의 이라크 기갑부대를 패배시킨 뒤, 바스라로 진격해 1주간의 시가전 끝에 도시를 장악했다. 여기서 기갑부대는 보병이 가가호호 도시를 소탕하는 동안 그들을 지원하는 역할을 수행했다.

M2 브래들리
'전투택시'로서 병력수송장갑차의 시대는 이미 오래전에 끝났다. 오늘날의 보병전투차량은 25밀리미터(1인치) 기관포로 보병을 지원할 수 있으며, 제한적이나마 대전차 역량도 갖추고 있다.

속도전
바그다드를 향한 다국적군의 공세는 아주 빠르게 진행되었다. 적이 장악할 경우 장애물이 될 수 있는 도심 지역과 핵심 교량은 전진을 촉진시키기 위해 점령했지만, 기타 저항 중심지는 단순히 우회했다.

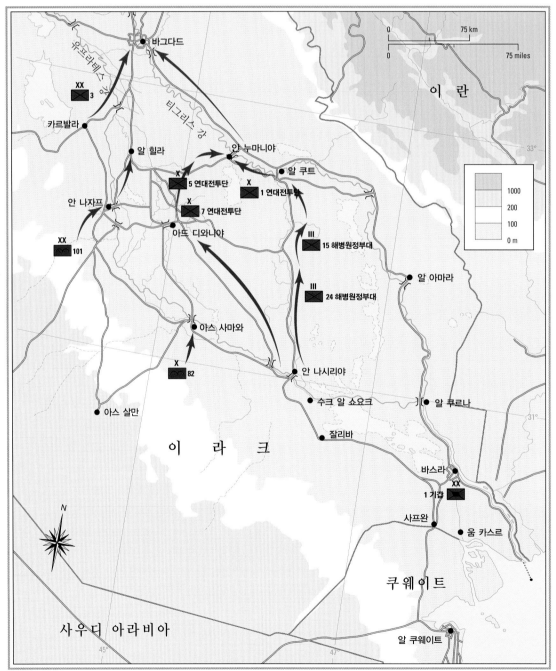

바그다드를 향한 진격
2003년 3월 30일~4월 12일

↗ 다국적군 공격

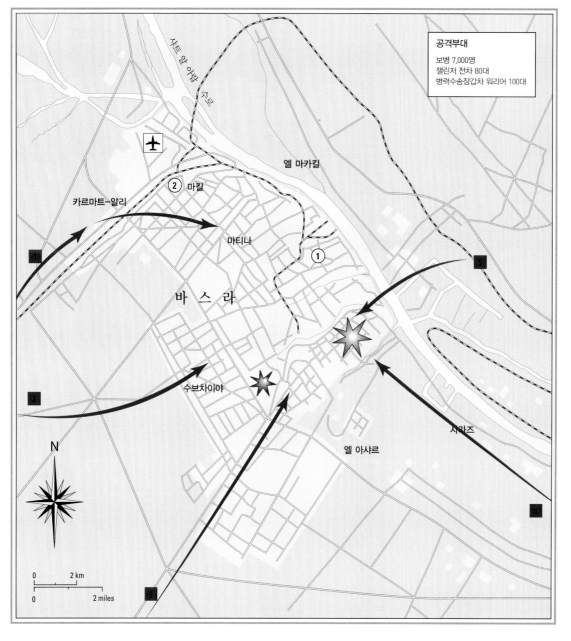

공격부대

보병 7,000명
챌린저 전차 80대
병력수송장갑차 워리어 100대

바스라 전투
2003년 3월, 4월

① 바트당 당사
② 기차역
✈ 공항
➚ 영국군 공격 방향
✴ 저항지대
■1 왕립 퓨질리어 연대
■2 공수연대 3대대
■3 블랙워치와 1왕립전차연대
■4 왕립 스코틀랜드 드라군 근위대
■5 3왕립해병코만도

바스라 전역
바스라의 거의 모든 지역에서 영국군 보병은 워리어 보병전투차량과 기갑부대의 지원을 받을 수 있었다. 하지만 도시의 구시가지는 차량의 통과가 불가능했다.

미군의 진격

바그다드로 진격하는 내내 미군은 저항을 받았다. 저항은 격렬했지만, 대부분 단편적이었다. 해병 파견대는 연대전투단(Regimental Combat Team, RCT)을 배치했는데, 이 연대전투단은 본질적으로 기갑부대와 포병부대, 기타 지원부대가 추가되어 독립적인 제병협동부대 역할을 수행할 수 있는 해병보병연대였다. 미 육군도 비슷한 방식으로 통합되어 있었지만 규모가 더 컸다. 미군은 제병협동작전을 통해 대부분의 고립된 저항지대를 효과적으로 제거 혹은 와해했다.

많은 지역에서 중화기를 거의 갖추지 못한 이라크 보병이나 비정규군은 많은 지원부대를 보유해 커다란 이점을 안고 있는 미군을 상대로 싸워야 했다. 미군은 매번 장애물이 등장할 때마다 그것을 극복했고 응집력이 있는 반격을 받은 적도 없었지만, 그들의 보급선은 계속해서 늘어나고 있었다. 군수 문제는 전진을 둔화시키거나 심지어 중단시킬 수 있는 위협이 되었고, 일선부대들이 적의 방어부대를 돌파하여 전진하더라도 적군이 완전히 제거된 것은 아니었다. 보급품 호송대는 이동하는 내내 공격을 당했으며, 안 나시리야(An Nasiriyah)는 이라크 저항의 중심지가 되었다.

진격 첫날 후 공화국수비대가 완강하게 전투를 수행하면서 조직적인 저항이 점점 더 거세졌다. 압도적인 적군에 맞서기보다는 항복하는 경향이 강했던 정규군과 대조적인 모습이었다. 미군은 전진축의 측면을 보호하기 위해 나자프(Najaf) 시를 포위하여 결국은 완전히 소탕했다. 반면, 다른 저항의 중심지는 우회했다.

바그다드 점령

정규군인 이라크 육군이 낮은 사기와 지휘통제 기능의 마

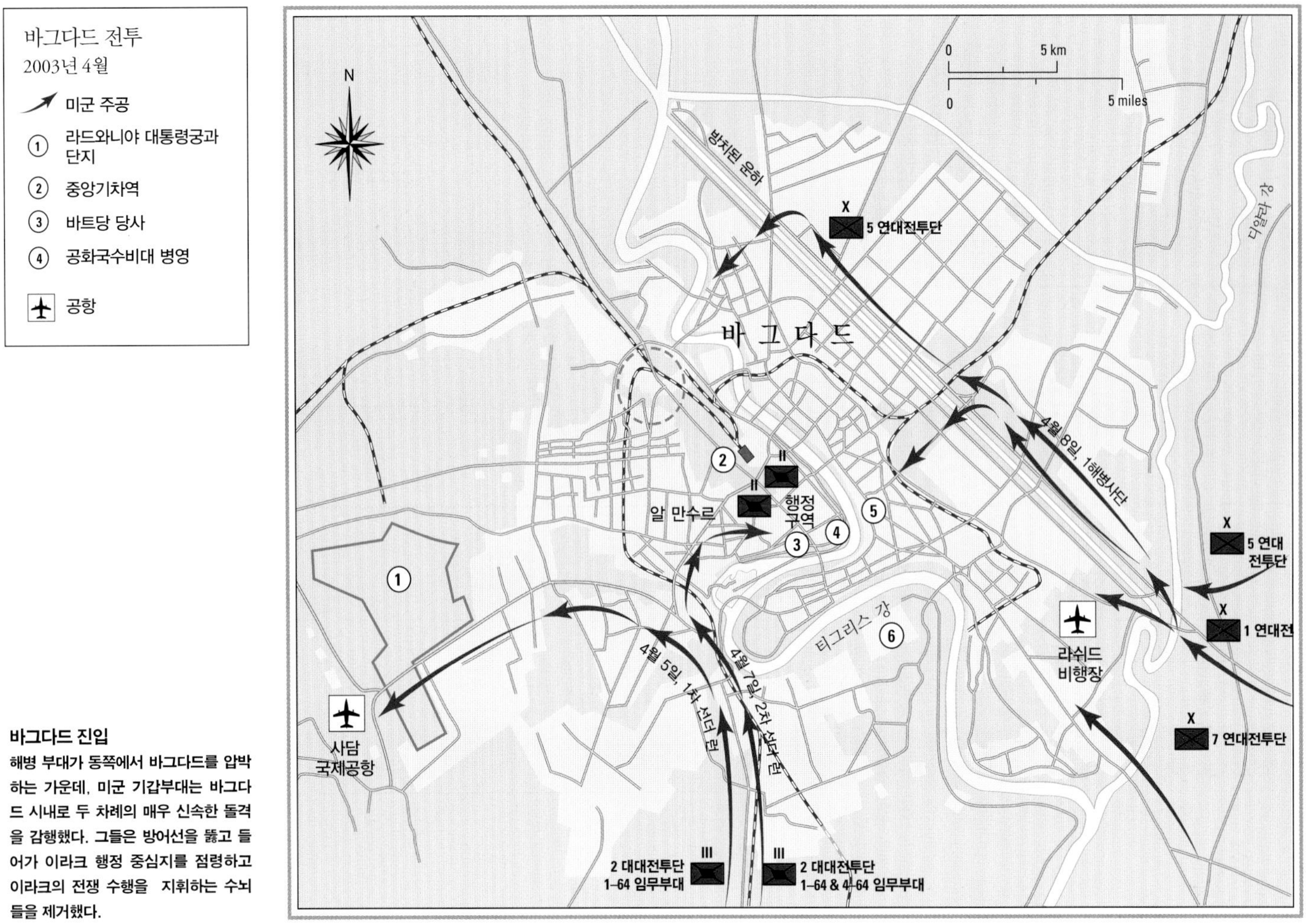

바그다드 전투

2003년 4월

↗ 미군 주공

① 라드와니야 대통령궁과 단지

② 중앙기차역

③ 바트당 당사

④ 공화국수비대 병영

✈ 공항

바 그 다 드

방치된 운하

X 5 연대전투단

알 만수르

②

행정구역

③ ④ ⑤

4월 8일, 1해병사단

X 5 연대전투단

X 1 연대전

라쉬드 비행장

티그리스 강

⑥

X 7 연대전투단

4월 5일 1차 선더 런

4월 7일 2차 선더 런

사담 국제공항

III 2 대대전투단 1-64 임무부대

III 2 대대전투단 1-64 & 4-64 임무부대

바그다드 진입

해병 부대가 동쪽에서 바그다드를 압박하는 가운데, 미군 기갑부대는 바그다드 시내로 두 차례의 매우 신속한 돌격을 감행했다. 그들은 방어선을 뚫고 들어가 이라크 행정 중심지를 점령하고 이라크의 전쟁 수행을 지휘하는 수뇌들을 제거했다.

아프가니스탄 기갑부대

소련은 1980년대 아프가니스탄 침공과 점령 기간 동안 대량의 BTR 병력수송장갑차를 배치했다. 일부는 소련군이 철수한 뒤 아프가니스탄 국군이 사용했다.

비로 대부분 붕괴되었지만, 공화국수비대는 바그다드 방어를 준비했다. 미군 지휘관들이 바라던 대로 공화국수비대는 시가지로 후퇴하지 않고 도시 전면에서 저항했다. 공습으로 큰 피해를 입은 그들은 미군의 공격을 받고 수도로 가는 길을 내주었다. 미군은 느린 시가전을 하면서 바그다드로 전진하지 않고 과감하게 곧바로 도시로 향하기 위한 신속한 돌격을 두 차례 감행했다. 선더 런 작전(Operation Thunder Run)으로 알려진 이 두 차례 돌격 중 첫 번째 돌격은 도시를 점령하기 위한 시도라기보다는 일종의 위력정찰에 더 가까웠다. 하지만 이 작전은 사담 후세인 국제공항까지 돌파하여 그 지역을 확보하고 있던 미군과 연결하는 데 성공했다.

두 번째 선더 런 작전에서는 역시 장갑차가 선봉에 서서 도시의 행정구역을 향해 곧바로 돌진했다. 격렬한 저항에도 불구하고 선더 런 작전이 성공하여 몇 시간 만에 주요 목표를 확보했다. 도시 전체를 진압하기까지는 약간 더 시간이 걸렸지만, 효과적인 타격으로 이라크 정부와 군지휘기구가 무력화되었다. 이런 신속한 돌격은 전쟁의 전반적 특징이 되었으며, 다국적군의 신속한 전진은 사상자를 낮출 수 있었던 요인이었다.

이라크와 아프가니스탄의 치안활동

바그다드의 함락은 이라크 전역의 종결을 상징했지만, 저항은 거기서 끝나지 않았다. 민주주의체제 국가로 이라크를

재건하는 과정에서 장기간 대반란이 있었다. 이 대반란을 진압하는 과정에서 기갑부대의 역할은 보병지원에 그쳤다. 기갑부대가 보병의 순찰과 검문소 주둔 임무를 대신할 수는 없었다.

그와 유사하게 기갑부대는 아프가니스탄의 치안유지활동에서도 그 정도의 기여밖에 할 수 없었다. 만약 반군들이 집결해 있는 위치를 확인하거나 그들이 멈춰서 싸우게 할 수

만 있다면, 기갑부대는 신속하게 그들을 공격할 수 있을 것이다. 오래전부터 전차를 위한 최적지는 대전차무기가 적은 모든 곳이라는 말이 있다. 그래서 현대의 기갑부대는 이라크와 아프가니스탄의 반군들이 사용하는 대부분의 무기에 무적일 수밖에 없었다. 하지만 아프가니스탄에서 기갑부대가 직면한 주요 문제는 그곳에 대전차무기가 거의 없었지만 기갑부대 공격에 적합한 표적도 별로 없다는 것이었다.

T-72
소련이 제공한 T-72는 이라크 육군이 사용할 수 있는 최고의 전차였다. 이것은 전성기 때는 훌륭한 전차였지만, 다국적군이 배치한 더 발전된 전차에는 전혀 상대가 되지 못했다.

M1A1
M1A1 에이브람스는 몇 대가 기동불능 상태에 빠지기는 했지만, 이라크의 대전차무기에 거의 무적이었다. 정교한 조준체계 덕분에 심지어 이동하면서 사격해도 먼 거리에서 단 1발로 적의 전차와 장갑차를 파괴하는 것이 가능했다.

미래의 기갑부대

현대의 기갑부대는 한 세기에 걸친 진화의 산물이며, 그동안에 전차는 단거리 보병지원차량에서 유동적인 돌파와 전과 확대 전투의 결전병기로 발전했다. 미래에도 살아남기 위해, 전차는 현대 전투 공간의 요건을 충족시킬 수 있도록 진화를 계속해야만 한다.

중장갑전투차량이 당면한 주요 문제 중 하나는 엄청난 비용을 정당화할 수 있는 이유가 있어야 한다는 것이다. 헬리콥터와 미사일이 적의 전차를 파괴할 수 있고 경장갑차가 잠재적 적을 상대로 효과적으로 보병을 지원할 수 있다면, 전차가 수행해야 할 역할이 아직도 남아 있는 것일까?

기갑부대 전투수행

경차량이나 원격조종 드론(drone), 헬리콥터의 역량은 놀랍지만, 필요한 곳에 화력을 집중시키고 그사이 승무원을 보호할 수 있는 전차의 능력은 타의 추종을 불허한다. 이런 능력 덕분에 전차는 장갑의 보호를 받지 못하는 다른 병과를 위해 선봉부대 역할을 수행하고 강력한 저항을 받을 때조차도 신속하게 전진할 수 있다.

전차는 결정적인 지점에 엄청난 화력을 집중시킬 수 있는 능력으로 자신의 고비용을 정당화한다. 적의 부대를 돌파하여 그들의 지휘와 군수 자산을 격파할 수 있는 능력은 값비싼 추가 전투를 불필요하게 만들기 때문에 생명과 돈을 모두 아낄 수 있다. 따라서 더 매력적으로 보일 수 있는 값싼 대안들이 존재하는데도 불구하고 전차는 여전히 비용 대비 효율이 높은 투자이다.

전차는 각각의 전차가 개별적으로 더욱 큰 역량을 갖게 되면서 더 효과적인 무기로 계속 발전하고 있다. 또 다른 전력승수 요인으로는 컴퓨터화된 정보공유체계가 있는데, 이를 통해 정찰용 드론이나 기타 부대가 확보한 정보가 전차에 전달된다. 이런 체계는 기갑선봉대와 포병, 헬리콥터 같

경량 주력전차를 향해
CV90120은 고등장갑차량 계열에 속한다. 이것은 이전의 많은 전차 모델들에 비해 더 가벼운 차체에 120밀리미터(4.8인치) 대포를 장착한다.

은 다른 부대 사이의 협동작전능력을 증대시킨다. 이를 통해 전차는 '언덕 너머를 볼 수 있는 시야'를 갖게 되며 가능한 한 가장 효과적인 방법으로 표적과 교전할 수 있다.

경장갑차의 역할

주력전차에는 적합하지 않아서 더 값싼 차량으로 충족해야 하는 몇 가지 역할들이 있다. 오늘날의 분쟁에서 장갑차량들은 전통적인 '전차전'보다는 특정 지역을 확보하려는 보병을 지원하는 역할에 더 많이 사용된다. 훨씬 더 경량의 차량으로 중화기 플랫폼 역할을 수행하면서 승무원들에게 뛰어난 방어력을 제공하는 것이 가능하다. 이 경장갑차량들은 전차 1대의 비용으로 몇 대를 구매하고 유지할 수 있다. 1대의 차량보다는 여러 대의 차량이 더 넓은 영역을 담당하면 화력을 활용할 수 있는 가능성도 더 커진다.

따라서 전차부대는 치안활동과 보병지원에 최적화된 경량 차량들로 보완되어야 한다. 보병전투차량(Infantry Combat Vehicle, 혹은 Infantry Fighting Vehicle)이 대부분 '전투택시', 즉 병력수송차량을 대체하고 있다. 보병지원화기로 무장한 이 차량들은 야전과 치안활동에서 효과를 발휘할 수 있다. 하지만 그들이 감당할 수 없는 위협도 존재하기 때문에 그들과 전차부대 사이의 협동은 매우 중요하다.

미래의 기갑부대

기갑부대의 미래는 정보를 공유하고 상호지원을 훈련받은 통합전투단의 일부를 구성하는 데 있다. 이것은 특히 전차의 시야가 제한적이기 때문에 보병 전차파괴반의 매복공격을 당하기 쉬운 시가전에서 중요하다. 전차는 보병과 항공자산, 경장갑차량들과 긴밀히 협조하면서 가장 긴급하게 필요한 지점에 화력을 집중할 수 있는 자신의 능력에 확신을 갖고 도시에 진입할 수 있어야만 한다.

3차원 전투 공간
미래의 모든 전투는 항상 공군력을 고려해야만 하는 복합적인 3차원 '전장'에서 발생하게 될 것이다.

차세대 병력수송장갑차
아마딜로(Armadillo)는 CV90 계열의 최신 차량이다. 이 차량의 무기는 내부에서 원격으로 조작된다.

지도 기호

부대 – 유형

⊠ 보병
▟ 기갑
⌒ 공수
☖ 낙하산
▪ 포병

지형 기호

건물
시가지
도로
철도
하천
계절적 하천
운하
국경
교량 혹은 고개
습지/늪
바위와 해안
수목지대

부대 – 규모

XXXXX 집단군
XXXX 군
XXX 군단
XX 사단
X 여단
III 연대
II 대대
I 중대

군대 작전

공격
후퇴
공군
폭파
비행장

한국국방안보포럼(KODEF)은 21세기 국방정론을 발전시키고 국가안보에 대한 미래 전략적 대안들을 제시하기 위해 뜻있는 군·정치·언론·법조·경제·문화·마니아 집단이 만든 사단법인입니다. 온·오프 라인을 통해 국방정책을 논의하고, 국방정책에 관한 조사·연구·자문·지원 활동을 하고 있으며, 국방 관련 단체 및 기관과 공조하여 국방교육자료를 개발하고 안보의식을 고양하는 사업을 하고 있습니다. http://www.kodef.net

KODEF 안보총서 62

아틀라스 전차전

1차 세계대전부터 현대 아프가니스탄 전쟁까지
상세한 지도와 사진으로 보는 지상 최대의 전차전

개정판 1쇄 인쇄 2020년 6월 19일
개정판 1쇄 발행 2020년 6월 26일

지은이 스티븐 하트 · 마틴 J. 도허티 · 마이클 E. 해스큐
옮긴이 김홍래
펴낸이 김세영

펴낸곳 도서출판 플래닛미디어
주소 04029 서울시 마포구 잔다리로71 아내뜨빌딩 502호
전화 02-3143-3366
팩스 02-3143-3360
블로그 http://blog.naver.com/planetmedia7
이메일 webmaster@planetmedia.co.kr
출판등록 2005년 9월 12일 제313-2005-000197호

ISBN 979-11-87822-46-2 03900

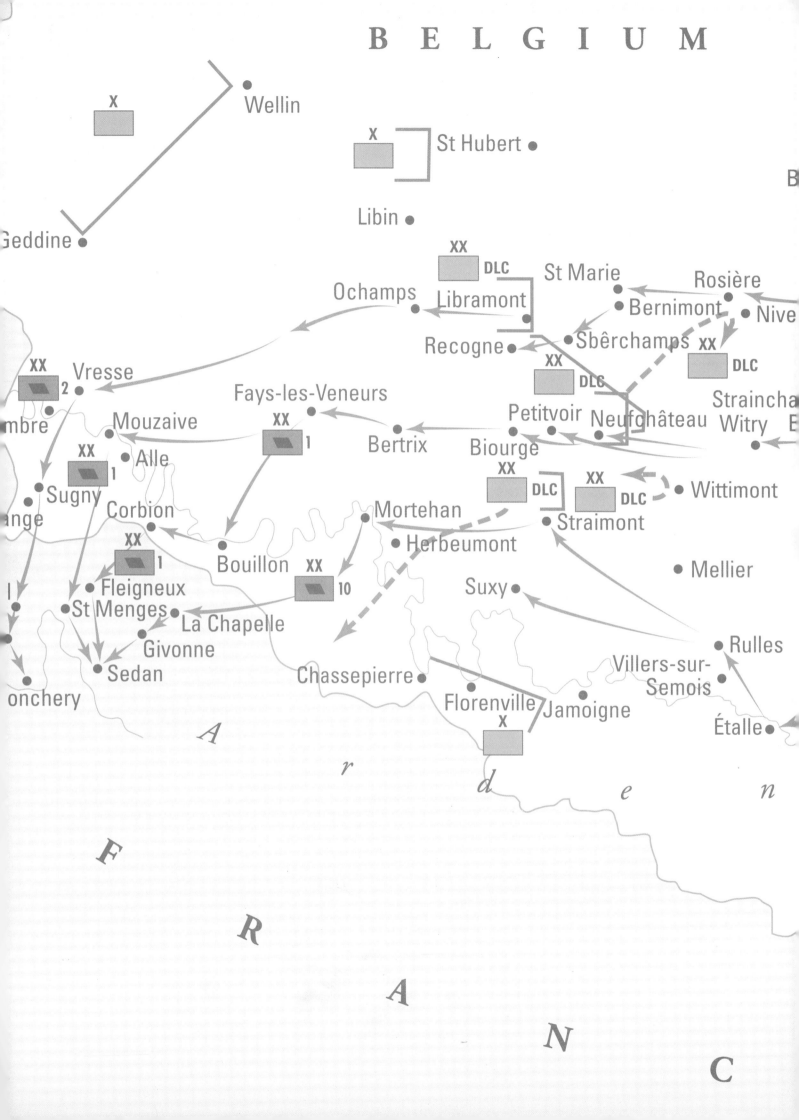

BELGIUM

Wellin

St Hubert

Libin

Geddine

X

X

Ochamps

XX DLC

Libramont

St Marie

Rosière

Bernimont

Nive

Sbêrchamps

Recogne

XX DLC

XX DLC

Straincha

Vresse

2

Fays-les-Veneurs

Petitvoir

Neufchâteau

Witry

mbre

Mouzaive

XX 1

Bertrix

Biourge

Alle

XX 1

Petitvoir

Straincha

Sugny

Corbion

Mortehan

XX DLC

XX DLC

Straimont

Wittimont

ange

Herbeumont

Mellier

Bouillon

XX 10

Suxy

Fleigneux

St Menges

La Chapelle

Givonne

Rulles

Villers-sur-Semois

onchery

Sedan

Chassepierre

Florenville

Jamoigne

Étalle

X

A r d e n n

F R A N C